RESEARCH ON THE
MENTAL HEALTH EDUCATION

心理健康教育研究

第五卷
心理健康经典理论思想研究

俞国良　著

北京师范大学出版集团
BEIJING NORMAL UNIVERSITY PUBLISHING GROUP
北京师范大学出版社

总　序

————

2000 年迄今的二十多年间，受教育部委托我主持了《中小学心理健康教育指导纲要》《中等职业学校学生心理健康教育指导纲要》《高等学校学生心理健康教育指导纲要》调研和政策编制工作，以及专项心理健康教育政策和相关课程标准的研制工作。在此过程中，我逐步放弃原来的社会心理学、发展心理学等研究领域，全身心专注于心理健康教育的理论探索和实证研究。经过十年磨一剑的不懈努力与辛勤耕耘，目前有所斩获。这就是摆在您面前的《心理健康教育研究》（全六卷）中辑录的六个专题研究。

第一卷"中小学校心理健康教育研究"。本专题研究立足调研，对中小学心理健康教育的现状、特点、影响因素和量表编制等进行了阐述，旨在提供适合中小学生发展需要的心理健康教育。

第二卷"高等学校心理健康教育研究"。本专题研究从总论、高职院校和普通高校调研、实证研究诸方面入手，试图全景式展现大学生心理健康教育的现状、特点和存在的问题及其教育对策。

第三卷"心理健康教育学科融合研究"。心理健康问题错综复杂，它是多学科领域的研究对象，需要协同"作战"。"新长征"刚刚开始，之后"路漫漫其修远兮，吾将上下而求索"。

第四卷"心理健康教育前沿问题研究"。唯其"前沿"必须有新意、有创新。本专题研究从理论研究、领域研究和应用研究三个方面进行了系统梳理，也是我目前继续努力的方向和目标。

第五卷"心理健康经典理论思想研究"。本专题研究精心选择了 18 位心理健康研究术业有专攻的心理学大师的理论思想，试图从大师们的著述和研究中，和大家一起寻找曾经失去的"经典家园。"

第六卷"心理健康教育基础应用研究"。本专题研究由基础研究、理论研究和应用研究三部分组成。无论何种研究都是对幸福感的不懈追求，人类借此完成了一场生命本质力量的精神突围。

实际上，二十多年的专题研究总是有限的，问题的答案也是有限的，更多的内容则是在论题和答案之外；其中的苦楚与酸甜，自然也不敢与专家学者分享，就让它留在耳顺之年的记忆中；至于各卷的写作动机、具体内容以及前因后果，已在各卷的"前言"中进行了"坦白交代"。特别幸运的是，我们正处于"不确定性"为现实生活底色的百年未有之大变局的时代，这为心理健康研究者和教育者提供了前所未有的研究素材、实践环境与发展机遇。我坚信，只要大家专心致志且持之以恒，就必定能迎来心理健康教育研究的新气象、新成果，为我国心理健康教育事业再创辉煌而固本强基，真正实现世界卫生组织 2001 年指出的，"心理健康是一种健康或幸福状态，在这种状态下，个体可以实现自我、能够应对正常的生活压力、工作富有成效和成果，以及有能力对所在社会做出贡献"。

让我们一起共勉，

让我们持续努力，

让我们热切期待。

俞国良

2023 年岁末记于北京西海探微斋

前　言

────

　　这是《心理健康教育研究》之第五卷《心理健康经典理论思想研究》。

　　经典与大师同宗同门、一脉相承。大师出经典，经典推大师！举凡大师，意谓拥有巨大成就而为人景仰、德高望重的学者或艺术家。他们或学富五车，满腹经纶；或巧夺天工，精美绝伦；或英名远播，功垂青史。不仅开一代风气之先，新论新作迭出，名篇名品湟湟，经典大作如恒河沙数，而且出现了具有历史穿透力的鸿篇巨制。

　　具体说到心理学大师，特指在心理学领域有突出贡献，举世公认且卓尔不群的思想家、科学家，他们是心理科学发展的标杆性人物，是心理学作为一门独立学科煌煌百年来，在理论创新与实践应用领域取得重大成就，强调人伦日用，有益国计民生，重视时代需要，贡献民族世界，突破空间限制，并经受时间考验的一代大家或一代宗师。

　　众所周知，科学心理学诞生于1879年冯特（Wilhelm Wundt）在德国莱比锡大学建立的世界上第一个心理学实验室，并在20世纪得到蓬勃发展。目前，心理学已成为学科分类的七大部类之一。进入21世纪，人们不禁要回首煌煌百年心理学的发展历程，看一看哪些心理学家做出了重要贡献，芸芸众生中究竟谁能有资格荣膺"心理学大师"的称号？仁者见仁，智者见智。为此，国际心理学界久负盛名的《普通心理学评论》杂志在21世纪初刊发了一项调查研究成果，公布了"20世纪最杰出的100名心理学家"（其中有4名诺贝尔奖获得者）。研究者通过三个量化指标与三个质性指标，对20世纪全世界最著名的心理学家进行了排序，结果提供了前九十九位心理学大师的名单，留下一个空额，任由人们展开丰富的想象和自由联想！

金榜题名的九十九位心理学家中，许多人的研究领域都涉及心理健康。其中一些人毕生的学术专长就是试图破解人类的心理健康奥秘。如大名鼎鼎的西格蒙德·弗洛伊德(Sigmund Freud，1856—1939，排名第三位)，素以梦的解析和精神分析理论的创始人、实践者闻名于世；卡尔·罗杰斯(Carl Rogers，1902—1987，排名第六位)的"以当事人为中心的心理治疗方法，以及对学校教育的独特贡献"更是被现代心理健康工作者奉为经典；马丁·塞里格曼(Martin Seligman，1942—　，排名第三十一位)作为"积极心理学之父"，其理论与方法大有"星火燎原"之势，不可阻挡。另外一些心理学家学术生涯涉猎稍广，但其在心理健康领域做出的贡献同样举足轻重。例如，新精神分析学派的代表人物卡尔·古斯塔夫·荣格(Carl Gustav Jung，1875—1961，排名第二十三位)、阿尔弗雷德·阿德勒(Alfred Adler，1870—1937，排名第六十七位)和安娜·弗洛伊德(Anna Freud，1895—1982，排名第九十九位)，需要层次论提出者、人本主义心理学家亚伯拉罕·马斯洛(Abraham Maslow，1908—1970，排名第十位)，应激理论的提出者和研究者理查德·拉扎鲁斯(Richard Lazarus，1922—2002，排名第八十位)、人格心理学家戈登·奥尔波特(Gordon Allport，1897—1967，排名第十一位)、埃里克·埃里克森(Erik Homburger Erikson，1902—1994，排名第十二位)、汉斯·艾森克(Hans Eysenck，1916—1997，排名第十三位)和雷蒙德·卡特尔(Raymond Bernard Cattell，1905—1998，排名第十六位)，以及以上瘾和情绪研究闻名的斯坦利·沙赫特(Stanley Schachter，1922—1997，排名第七位)，因攻击行为和愤怒情绪研究而横空出世的莱昂纳德·伯科维茨(Leonard Berkowitz，1926—2016，排名第七十六位)，对个体心理压力及其应对、压力情境下的决策行为和社会支持对决策的影响等方面研究享誉学坛的厄尔文·莱斯特·詹尼斯(Irving Lester Janis，1918—1990，排名第七十九位)，美国行为治疗心理学家约瑟夫·沃尔普(Joseph Wolpe，1915—1997，排名第五十三位)、发展变态心理学家迈克尔·路特(Michael Rutter，1933—　，排名第六十八位)等。

根据心理学科发展的内在逻辑，纵向上我不得已选择了18位术有专攻的心理学家为"目"，横向上则以精神分析、行为主义、人本与认知主义学派为"纲"，人为地区别了十八位心理健康大师，试图"纲举目张"，使大师们的理论和思想各有所属、各有所依。

精神分析学派包括弗洛伊德、埃里克森、荣格、鲍尔比、阿德勒和安娜·弗洛伊德六人，他们对心理健康研究及其心理治疗的开拓性贡献，可圈可点。因为，精神分析本身是从治疗人的心理障碍开始发展起来的，对人类心理健康问题的研究理所当然是精神分析学派浑然天成的使命。从弗洛伊德的古典精神分析到荣格的分析心理学与心理治疗，乃至埃里克森的自我心理学和社会文化学派等，精神分析学派系开枝散叶的历程，也集中体现了他们对心理健康问题的认识与回答方式的流变史。时至今日，精神分析学派理论的发展依旧瑕瑜互见，这也导致了来自不同领域的争议。但是，其对心理健康问题的认识和在心理分析治疗中所做出的独特贡献是无可訾议的。

行为主义学派包括沙赫特、艾森克、卡特尔、塞里格曼和沃尔普五人，他们在心理健康及其行为矫正、心理治疗等方面发挥了举足轻重的作用，至今仍余音绕梁。确实，行为主义学派对心理健康问题的理论研究与实验颇具影响，并取得了丰硕成果。从沙赫特的情绪认知理论、成瘾问题的研究到沃尔普的交互抑制理论与系统脱敏技术的提出，再到塞里格曼的积极心理疗法在个体与团体心理治疗中的广泛应用，都对当代心理健康问题的解决提供了重要理论依据和实践指导。它对心理学自然科学式的研究传统，既是革命的旗帜又成了批判的靶子，但无论其缺陷多大，仍瑕不掩瑜，尤其是在心理健康问题的研究和心理治疗领域所做出的突出贡献，功不可没，彪炳史册。

人本与认知心理学学派包括罗杰斯、马斯洛、奥尔波特、路特、伯科维茨、詹尼斯和拉扎鲁斯七人，他们以新的理论观点和丰富的实验成果改变着心理学的面貌，尤其给心理健康的创新性研究打开了一扇新的"窗户"，也已产生了巨大的冲击波和影响力。不可否认，人本主义在其创立时就对心理健康问题的研究报以极大热情，并取得了丰硕成果。无论是其经典理论中对心理健康的研究，从整体健康角度定义心理健康的标准，关注健康人格的特点，还是重视社会文化因素对心理健康的影响，分析心理行为问题形成的机制，在实践中强调咨询师对来访者的接纳、无条件积极关注，认为咨询师与来访者的关系是影响治疗效果的关键因素，上述做法都是"史无前例"。人本主义深刻地批判了西方心理学机械的与生物的两种非人化的还原论，直接将心理学回归于人性科学的本来面目，但同时他们也遭受了认知心理学家的严厉批评。认知心理学派从形成至今，只有短短几十年时间，它还处在发展的初期阶段，有许多不成熟的地方。然而，不管它将来的去向如何，其开拓的研究心理活动内部机制的方向，无疑对心理健康研究具有革命性意义。

由此，笔者对上述十八位心理学大师的生平以及在心理健康领域的理论、思想进行了"元分析、元研究"，主要定位在"大师生平·学术背景·理论解析·思想评价"上。首先是对其家庭环境、成长经历和学术事迹进行了简要分析，接着梳理其理论观点形成与发展的社会历史文化背景，然后对其有关心理健康的理论或思想的主要观点进行了较为详细的解析，再对其总体上的心理学理论或心理健康思想进行评价，最后论及其对心理健康相关研究领域的独特贡献及其研究进展与展望。

本以为这是一项简单的工作，真正做起来之后才知道分量和艰难。原因在于要用较少的篇幅，浓缩大师人生历程，概括大师滔滔宏论，总结大师功过得失，实在有"蜀道难，难于上青天"之感。好在我之前为此做过一些"功课"：2012年曾应邀为开明出版社主编了《心理健康经典导读》（上、下册），2014年为浙江教育出版社主编了《心理学大师心理健康经典论著通识丛书》（17册），2018年又修订了《心理健康经典导读》，这几项研究工作为完成上述任务奠定了一定的文献资料基础。特别是2016年商务印书馆出版的拙著《20世纪最具影响的心理健康大师》，为本卷撰写提供了重要参考，本卷一定程度上也可以说是此书的重写。再加上春节和暑假在时间上为书稿撰写、修改提供了一定保障。谨此，向上述各卷的合作者的信任和支持表示衷心感谢。他们大多既是我的及门弟子也是良师益友，是谓"教学相长"。从他们身上，我不仅看到了中国心理学、心理健康教育发展的未来希望，也真正懂得了"后生可畏""长江后浪推前浪"的道理。因此，本卷中任何有新意的观点、有价值的研究成果，应归功于弟子们的努力探索和积极思考；至于卷中的不足之处，自当由我负责道歉、检讨。

作为一个心理健康研究者、心理健康教育工作者，我编写本卷的初衷旨在向上述十八位心理健康大师学习、致敬！但一不小心，也被自己从事的工作所感动！在诸位大师面前，重新学习，"耳提面命"，实属感激涕零；在诸位同人和读者面前，班门弄斧，"小题大做"，又属诚惶诚恐、感恩戴德！实际上，在生命与灵魂的深处与心理健康大师相遇、神交，既是一种学习提高，也是一种幸福享受，实属意外收获，岂能无动于衷?！在这浮躁、喧嚣的社会转型时期，能静下心坐下来，除了镇静剂，唯有读书，唯有通过书籍与大师"对话交流"，才能彻底"禅定"。横跨冬夏，"禅"坐书房、"静"修心性，手捧一杯家乡龙井热茶，胸揣一腔报国赤胆热忱，心平气和、气定神闲地拥书与大师"促膝而谈"，寻找曾经失去的"经典家园、精神家园"，不失为一件很美妙、很有意义的事！

　　此愿足矣，此盼可矣。

目录 | CONTENTS

第三篇　人本与认知主义大师心理健康理论思想研究

第一篇

精神分析大师心理健康

理论思想研究

自 1879 年心理学作为一门独立学科诞生前后，产生于 19 世纪末 20 世纪初的精神分析学派就对心理学的形成与发展产生了重要影响。特别是以弗洛伊德为代表的诸位精神分析大师，对心理健康研究及对心理治疗的开拓性贡献，更是可圈可点。

西格蒙德·弗洛伊德，奥地利精神病学家，精神分析学派的创始人。其精神分析理论对心理学、教育学、哲学、人类学、文学艺术、伦理学等领域都产生了重大影响。弗洛伊德一生卷帙浩繁，著作多达 300 多种，全集共有 23 卷。在 1982 年由美国心理学史史学家评选的 1600 年后世界影响力最大的已故 1040 名心理学家中，他排名第一；在 2002 年由国际心理学界负有盛名的《普通心理学评论》杂志评选的 20 世纪最杰出的 100 名心理学家中，弗洛伊德位列第三。

埃里克·埃里克森，美国人格发展心理学家，儿童精神分析医生，新精神分析学派代表人物。埃里克森开创了自我认同在心理学领域研究的先河，因而，他被称为"自我认同研究之父"。埃里克森以自我心理学和心理社会性发展的研究闻名于世，尤其是针对"自我认同对角色混乱阶段"的一系列研究，影响深远。埃里克森在 20 世纪最杰出的 100 名心理学家中位列第十二。

卡尔·古斯塔夫·荣格，瑞士心理学家和精神分析医师，分析心理学的创立者。他早年曾与弗洛伊德合作，后来由于两人理论观点不同而分裂。荣格写作和出版了 60 多部书籍、文章与讲演。他也被称为人类灵魂及其深处奥秘的不懈探索者。荣格被认为是 20 世纪最著名的心理学家之一，位列第二十三。

约翰·鲍尔比，英国心理学家、精神病学家和精神分析学家，因其在儿童发展和依恋理论方面的贡献而闻名于世。他将精神分析、认知心理学和进化生物学等学科统合在一起，纠正了弗洛伊德精神分析理论对童年经历的过分强调和对真正创伤的忽视。因其卓有成效的研究工作，鲍尔比于 1989 年获得了美国心理学会（American Psychological Association，APA）授予的"杰出科学贡献奖"。鲍尔比在 20 世纪最杰出的 100 名心理学家中位列第四十九。

阿尔弗雷德·阿德勒，奥地利心理学家，是个体心理学的创始人，现代自我心理学之父。他是精神分析学派内部第一个反对弗洛伊德的心理学体系的心理学家，从生物学定向的本我研究转向社会文化定向的自我心理学。阿德勒在 20 世纪最杰出的 100 名心理学家中位列第六十七。

安娜·弗洛伊德，奥地利精神分析学家，儿童精神分析创始人之一，新精神分析学派的重要人物，她重视"自我"在人格发展中的功能，被后人认为是自我心理学的先驱。安娜是著名精神分析学家西格蒙德·弗洛伊德最小的女儿，也是唯一与父亲弗洛伊德的事业有着紧密联系的孩子。安娜·弗洛伊德在 20 世纪最杰出的 100 名心理学家中位列第九十九。

毫无疑问，精神分析本身是从治疗人的心理障碍、心理疾病开始发展起来的，因而对人类心理健康问题的研究，理所当然是精神分析学派浑然天成的使命。从弗洛伊德的古典精神分析到荣格的分析心理学与心理治疗，乃至埃里克森的自我心理学和社会文化学派等，精神分析学派系开枝散叶的发展历程，也集中体现了其家族成员对心理健康问题的认识与回答方式的流变史。时至今日，精神分析学派理论的发展依旧瑕瑜互见，这也导致了来自不同领域、不同学者的争议。但是，其对心理健康问题的认识和理解，以及在心理分析、心理治疗中所做出的独特贡献，仍是无可訾议的。

第一章
————

弗洛伊德：精神分析奠基者和心理健康启蒙者

西格蒙德·弗洛伊德是一名奥地利精神病学家，精神分析学派创始人。其精神分析理论对心理学、教育学、哲学、人类学、文学艺术、伦理学等领域都产生了重大影响。1856 年 5 月 6 日，弗洛伊德出生在现属捷克的摩拉维亚的弗赖堡的一个犹太商人家里，是其父亲和第二任妻子所生六个孩子中的长子。

一、弗洛伊德的生平与学术事迹

弗洛伊德的父亲雅各布不但是个不得志的羊毛商，而且也是一个极其专横武断的人。弗洛伊德出生时，他已 40 岁，其妻 20 岁。作为长子，弗洛伊德与其母亲有着一种强有力的亲情关系，他一生都体会到这种亲密关系对他的持久影响。4 岁时，他和父母一起移居维也纳。尽管他在维也纳生活了 78 年，但他并不钟情于此，因为反犹太主义的盛行，使得犹太人在维也纳受到歧视和侮辱，这样的社会氛围对西格蒙德·弗洛伊德的性格和思想影响甚大。

弗洛伊德年轻时就显示出非凡的智力，一直是一个聪颖勤奋的学生，9 岁进入中学，17 岁时就以第一名的成绩完成中学学业。1873 年，弗洛伊德考入维也纳大学，一面学习医学，一面在布吕克（E. Brucke）生理研究所工作了 6 年。由于他兴趣广泛，对海洋生物学、哲学、心理学、声学与语言生理学都有所研究，所以他花了近 8 年时间才学完 4 年的医学和科学研究课程。1881 年，他获得医学博士学位。第二年，他与玛莎·伯莱斯订婚，但是直到 1886 年才最后完婚。在订婚后的 5 年间，弗洛伊德给他未婚妻写了 400 多封书信。他们白头偕老，育有三子三女。小女儿安娜·弗洛伊德后来成为著名的心理学家。

1882 年，他与精神病学家布洛伊尔（J. Breuer）合作，用催眠术抑制并研究癔症，感觉到身心关系的微妙，由此产生了他的第一例精神分析病例——安娜·欧（Anna O），即佩珀海姆案例。其后 3 年，他在维也纳综合医院任住院医生，在外科、内科、皮肤科、眼科方面都积累了许多经验，并从事脑解剖学和病理学研究。1885—1886 年，他在让·马丁·沙可（Charcot，J. M.）的巴黎诊所工作了 5 个月时间，后又赴南锡观察利埃博尔（A. A. Liebeault）和伯恩海姆（H. Bernheim）的催眠疗法，深信神经症是可以通过心理治疗而奏效的。1887 年，他曾用催眠治病。从此他对癔症和催眠产生了浓厚的兴趣，于是回维也纳创办了一家私人诊所，开始治疗精神疾病。但到 1892 年左右，他发现催眠疗法的疗效不能持久，于是改用自己独创的精神分析疗法，借以挖掘忘却了的观念或欲望。

1897 年，弗洛伊德创立了具有深远影响的自我分析方法，认为心理障碍是由于性紧张积累而引起的。进行自我分析的主要方法是对自己的梦进行解析。之后十年，弗洛伊德进行了大量的精神病临床治疗和研究，诞生了"精神分析"（psychoanalysis）这个概念，并于 1900 年出版了《梦的解析》。这本书的出版，被认为是精神分析学或精神分析理论正式形成的标志，也成为弗洛伊德最著名的著作。尽管现在人们对此书的评价和认可度都很高，但在出版初期，却招致了一片批评和反对之声，尤其是维也纳的某些医学圈，导致此书出版后的 8 年间仅售出 600 册，而弗洛伊德从中只获得了相当于 209 美元的稿费。

1909 年，弗洛伊德应美国克拉克大学校长、著名心理学家霍尔（G. S. Hall）的邀请，与荣格等赴美国参加该校 20 周年校庆。在这里，他见到了美国著名心理学家詹姆斯（W. James）、铁钦纳（E. B. Titchener）、卡特尔（J. Mck Cattell）等人，并发表了以精神分析为主题的讲演，被授予名誉博士学位，声名远播。他在大会庆典上感言："我们的努力首次获得了官方认可。"这表明精神分析终于从之前被大多数人所唾弃，发展到引人注目。1910 年，在第二届国际精神分析大会上，成立了国际精神分析协会，这表明精神分析学派的正式建立。然而，与此同时，他的一些弟子阿德勒（Adler）、荣格和兰克（Ranke）等人，由于反对他的泛性论，先后离开他而自立门户。

随后，第一次世界大战爆发，弗洛伊德提出了自恋、生和死的本能，以及本我、自我、超我的人格三分结构论等重要理论，至 20 世纪 30 年代，他的理论达到了登峰造极的水平，精神分析逐渐成为了解人类动机和人格的方法。1930 年，弗洛伊德获得了歌德文学奖。1936 年弗洛伊德 80 岁寿辰时，他获得英国皇家学会通讯会员的殊荣。在他人生的最后 16 年里，弗洛伊德一边与口腔癌做斗争，一边仍旧坚持工作。其间，他接受了 33 次手术，虽然非常痛苦，由于他拒绝使用止痛药，他的头脑仍然十分清醒，并一直工作到生命停止。1938 年，在纳粹分子的胁迫下，他被迫离开维也纳前往伦敦，并于 1939 年 9 月 23 日在伦敦逝世，死于癌症，享年 83 岁。

链接：【弗洛伊德生平重大事件】

1856 年 5 月 6 日，出生于奥地利摩拉维亚省弗莱贝格。

1873 年，17 岁，以优异的成绩毕业于施佩尔中学，进入维也纳大学医学院就学。

1886 年，30 岁，与玛莎·伯莱斯结婚。

1895 年，39 岁，与布洛伊尔合著的《癔症研究》出版。

1900 年，44 岁，《梦的解析》问世。

1908 年，52 岁，第一届"国际精神分析大会"在萨尔茨堡召开。

1909 年，53 岁，应美国马萨诸塞州伍斯特市克拉克大学校长霍尔的邀请访问美国。

1916 年，60 岁，《精神分析引论》出版。

1923 年，67 岁，上颚发现肿瘤，做首次手术。发表《自我与本我》，提出新的人格理论。

1930 年，74 岁，荣获歌德文学奖。

1935 年，79 岁，当选为英国皇家学会通讯会员。

1938 年，82 岁，纳粹德国入侵奥地利，避往英国伦敦。

1939 年 9 月 23 日，因癌症不幸在伦敦去世。

弗洛伊德的一生卷帙浩繁，著作多达 300 多种，全集共有 23 卷，另有 1 卷作为索引及参考书目。他的主要著作有《梦的解析》(1900)、《日常生活心理病理学》(1901)、《性学三论》(1905)、《图腾与禁忌》(1913)、《精神分析引论》(1916)、《自我与本我》(1923)、《文明与缺憾》(1930)、《精神分析引论新编》(1933)和《弗洛伊德自传》(1935)等。此外，即使他工作繁忙，也仍会抽出时间来陪伴妻子和孩子。所有这一切，都奠定了弗洛伊德作为一名伟大的心理学家和精神分析学家的重要历史地位。

二、弗洛伊德精神分析理论产生的历史背景

一般地，"精神分析"这一术语包含三层意思：一是表达一组有关人类心理性质的观点；二是描述一种对心理失调予以治疗的干预技术；三是意指一种研究方法。所有这三个方面都源于 19 世纪末弗洛伊德的精神分析理论。精神分析理论是现代西方心理学的一个重要流派，不仅对医学、心理学，而且对哲学、神学、社会学、伦理学、美学和文化艺术都有非常深远的影响，它在临床治疗上的应用，为人类的心理健康做出了重要贡献。弗洛伊德作为精神分析学派的创始人，其个人经历和所处的社会文化历史背景与该理论学派的产生和发展有着千丝万缕的联系。

首先，精神分析理论的形成与发展有其特殊的社会背景。19 世纪末的奥地利正处于资本主义由自由竞争向垄断过渡的阶段，特别是在维也纳，社会贫富分化十分严重，各种阶级矛盾日益尖锐，工作和职业竞争异常激烈，人们的精神压力很大，焦虑和恐惧情绪不断增长，神经症和精神病的发病率越来越高。同时，维多利亚时代的伪善道德观，以及犹太人家长制性道德的压

抑，导致整个社会对性的禁忌十分苛刻，人们把性看成是一种罪恶，性本能受到严重压抑，人们正常的欲望得不到满足，在本能欲望的驱动下，产生了心理上的扭曲和变态，遭受精神与心理折磨的创伤者越来越多，以致犹太家庭中神经官能症和精神病的发病数量日益增多。因此，寻找精神病的发病原因及相应的治疗方法，是当时医学和心理学面临的重要课题。此外，第一次世界大战的爆发引起人们对战争的恐惧，也"极大地震动了精神分析学界及整个医学界"。可以说，精神分析是弗洛伊德企图解决资本主义国家的社会病态现象所做的不懈努力。

弗洛伊德在医学院的经历，使他对社会中的种种病态现象有直接的认识和了解，他与精神病学家布洛伊尔的合作，又对典型的精神病患者有第一手资料和记录。但是，最初他的精神分析治疗方法并没有得到主流精神病学家的认可，甚至遭到了强烈抗议和反对。他也曾喟然感叹："时至今日，我还是不能预见后世的人对精神分析学之于精神病学、心理学，乃至一般与心智有关的科学有何价值，会做怎样的判断。"直到1909年，他受到美国克拉克大学校长、著名心理学家霍尔的邀请，发表了专题演讲，才慢慢开始受到别人的肯定和追随。精神分析的人格结构论、本能论、泛性论和社会文化观等，为当时受到压抑的人们提供了自我解释的途径，并通过自由联想、梦的解析等方法，使内心情绪得到宣泄，从而有效地调节情绪和行为，恢复到正常的心理健康水平。

其次，精神分析理论的形成与发展有重要的哲学思想背景。弗洛伊德对哲学有深入的研究，柏拉图的性本能、"灵魂三部说"，莱布尼茨的"微觉"，黑格尔的"无意识精神"，叔本华的"无意识""性欲"和"双本能同一"思想，以及尼采的深层心理分析和赫尔巴特的"意识阈"概念等，都对弗洛伊德的精神分析思想有很深的影响。在柏拉图看来，爱的过程是从肉体到灵魂的提升，"一切生物的产生和生长所依靠的这种创造性力量就是爱的能力"，弗洛伊德对柏拉图的思想加以继承和发展。他认为，人的本能决定了其心理过程的方向，身体对某种物质或精神的欠缺，是人类心理和行为的根本动力，促使人通过各种方式来寻求满足。另外，他的"本我—自我—超我"的心理结构与柏拉图的三位一体说非常相似。莱布尼茨是近代第一个肯定无意识心理现象的人，他用"微觉"来阐述无意识，认为微觉是未被意识到的无意识，人们可以按无限小数的计算形式来解释心理活动，这为弗洛伊德对潜意识的研究提供了很大的启发。黑格尔与叔本华的无意识精神，则将人们意识深处的潜意识更加形象化，通过人的生活经验，证明无意识或者潜意识是一种非理性的东西，冲动、奋进、渴望和本能都是属于潜意识范畴的。

在这些研究的基础上，弗洛伊德将无意识分为前意识和潜意识，将那些能够进入意识中的经验当作前意识；将那些根本不能进入或很难进入意识中的经验当作潜意识。意识、前意识和潜意识三者共同作用在人身上，推动人的行为和思想。而且，无意识比意识对人的影响更大更重要，这一点，与传统心理学强调意识的重要性相矛盾。而尼采对梦和深层心理结构的解释引发了弗洛伊德对自己产生更加深刻的认识。他和尼采有一致的看法，认为无意识是人心理深层的基础，本我是人的人格中最黑暗、最难以接近的一部分，我们需要对无意识领域有更加广泛和深入的了解，才能够对冲动、本能等不受意识控制的部分有更全面和根本的理解。赫尔巴特在莱布尼茨"微觉论"基础上提出"意识阈"概念，认为占据意识中心的观念只容许同它自己和谐的观念出现在意识中，而将那些与它不和谐的观念压抑下去，即降到无意识状态。受此影响，弗洛伊德将无意识提高到前所未有的高度，并对其规律性进行分析。总之，这些哲学史和思想史上的伟人，对弗洛伊德精神分析思想的产生和发展提供了启发和帮助，思想的火花总是在不断撞击中产生。当人们陷入自我的精神困扰和神经病症中，就可以通过已有的认识进行合理的归因，找到病症的根源，从而进行最终的治疗而恢复健康。

最后，精神分析理论的形成与发展有特定的科学背景。19世纪中叶是人类科学史上的一个重大转折点。特别是自然科学的三大发现，能量守恒定律、进化论、细胞学说等科学思想以及弗洛伊德的医学背景，为精神分析的发展及其在临床领域的应用提供了重要的前提条件。弗洛伊德受过长期的物理生理训练，他把一切生命现象，包括心理现象都视为能被还原为物理学原理的东西。换言之，弗洛伊德的研究与思维方式超越了仅仅限制在意识形态中哲学层面的发现和认识，而是将其往自然科学的方向引导，甚至把精神状态模拟成自然界中的能量，认为人的心理能量也可以从一种状态转化成另一种状态。这种认识使他相信，通过自由联想和释梦的方法，让心理疾病患者将内心的力量表达出来，转移出去，其精神病症就能够得到治疗，心理也可以得到康复。再加上达尔文的进化论学说促进了弗洛伊德生物决定论的观点，有机体有规律发展的观点和泛性论的思想的确立，这些观点或思想结合弗洛伊德的医学和精神病学背景，特别是当时心理病理学的研究成果与发展，使他对精神病症有了更深入的认识和理解。

毋庸置疑，人类对心理疾病的病因及治疗方法的认识经历了一个发展过程。最初的神学和宗教用巫术、刑法来驱赶人内心的"恶魔"，到19世纪，形成了生理病因说和心理病因说这两种相互对立的理论。其中，心理病因说是弗洛伊德所主张的，这主要源于他在巴黎和南锡受到的教育影响。在那里，他学习用催眠术对精神疾病进行治疗，坚信神经症并非器质性病变，而是因为精神活动力创伤引起的功能性疾病，并非常认同性在神经病致病中的重要作用。之后，受到布洛伊尔的启发，弗洛伊德改用宣泄法，即将困扰的记忆和意识表达出来，来清理内心垃圾。但最终，他认识到无论是催眠术还是宣泄法都在很多方面有局限性。比如在治疗过程中，他发现患者常有抗拒现象，并不能够很好地将自我意识表达出来。弗洛伊德认为，这是患者的欲望被压抑的证据。于是，继而创造了以潜意识为基本内容的精神分析理论。该理论通过自我分析法、自由联想法和释梦等挖掘患者遗忘了的记忆，特别是童年的观念和欲望来治疗精神病症，收效甚佳。

所有的上述历史背景（社会背景、思想背景和科学背景），为弗洛伊德精神分析思想和理论的产生和发展提供了肥沃土壤，使得精神分析在历经一百多年的历史考验之后，仍得到人们的关注和青睐，为提高人类心理健康水平提供了一个新的视角和卓有成效的服务。

链接：【代表作《精神分析引论》简介】

该书是弗洛伊德系统表述精神分析理论的重要代表作。其内容来源于1915—1917年的两个冬季，他在维也纳大学讲授精神分析理论的三部分讲稿，全书分成过失心理学、梦和神经病通论三编，内容几乎涵盖了精神分析理论所关切与探讨的各个层面，特别是精神分析的三大基本理论：潜意识论、梦论，以及性欲论。第一编过失心理学，主要是针对一般正常人在日常生活中的失误动作来分析表面行为下的深层含意，这可视作某种预兆或信号；第二编阐述作者对梦的假说以及释梦的技术，试图由释梦的技术去探索梦的显意与隐意，并推演出梦的作用；第三编是结合前两编对失误动作与梦的分析，以确证支配神经症患者的症状与其经历相关，并探索精神分析的治疗方法。前两部分，弗洛伊德假定听者没有精神分析学的知识，因而从入门讲起，到第三部分时，弗洛伊德认为听众通过研究和阅读，已经不再是初学者，因而开始大胆地讨论一些更专业和更复杂的问题，阐述神经病心理治疗的原理，即神经病的精神分析和治疗。

链接：【代表作《梦的解析》简介】

该书运用自由联想法，详细阐述和论证了梦的理论，分析了梦的工作方式、梦的隐意内容，描述了俄狄浦斯情结，解析了梦是愿望的达成的原理，还说明了幼儿生活对成人心理的不可避免的影响。包括梦的材料、来源、本质、功能、表现方法、表现力、象征性、程序、解析方法以及梦的工作方式等内容。这本书是弗洛伊德精神分析理论体系形成初期的一个重要标志。

三、弗洛伊德精神分析理论及其心理健康思想

弗洛伊德的心理健康思想或观点，主要反映在其精神分析理论中。

诚如前述，精神分析是弗洛伊德创建的治疗神经症的一种方法，也是弗洛伊德及其后继者在精神病医疗实践中逐步建立积累的一组心理学理论。该理论的核心概念是潜意识（无意识）。弗洛伊德在治疗精神病症的过程中，先后采用了电击法、催眠法、宣泄法，最后发展到自由联想和梦的解析。他认为，精神分析研究的是人的潜意识，通过对潜意识的认识和了解，找到精神病症的根源，从而达到治疗的效果，维护人的心理健康。弗洛伊德紧紧围绕日常生活的心理病理学、梦及精神病这三个专题展开了论述。具体内容反映在其《精神分析导论》一书中。在该书中，弗洛伊德宣称治疗的主要目标是让人"在心理生活收复的失地中自己做主"。在《精神分析引论新编》一书中，弗洛伊德称精神分析的目标就是"让自我更加强大，使他能更独立于超我，拓宽其认知领域，扩展其结构组织，这样它就能占有伊底的新兴部分：自我对伊底如影随形"。也就是说，通过精神分析，个体可以控制自己的情绪和行为，而不受到一些本能欲望与外界权威的影响，能够很好地享受工作和生活，积极乐观地面对人生中的任何遭遇和经历。这也是心理健康所孜孜追求的目标。

（一）精神分析理论中心理健康思想的基础

精神分析的理论基础一般是指弗洛伊德在 1920 年以前的精神分析理论。在 1920 年以后，为了使其理论更加系统化，借以解释第一次世界大战后的社会变化，弗洛伊德对其理论作了一些比较大的修订。但潜意识作为精神分析的核心概念，这是弗洛伊德的理论基础，不管修正的程度如何，这一部分自然"岿然不动"。

1. 潜意识和本能

弗洛伊德认为，人的心理包括意识和无意识现象，无意识现象又可以分为

前意识和潜意识。潜意识中的本能冲动和欲望，总是会在人的前意识无法知觉的情况下出现，进入意识中，支配人的情绪和行为。可以说，意识和前意识只占人内心想法的很小一部分，占主体的是潜意识。潜意识包括个人的原始冲动和各种本能，以及出生后和本能相关的欲望，它们不容于社会文化而被压抑到意识阈限以下，但是它们并没有消失，而是不自觉地积极活动，追求满足。在这个意义上，也可以把意识、前意识和潜意识分别与人格结构中超我、自我和本我一一相对应。弗洛伊德认为，本我是人类最原始、与生俱来的潜意识结构，是完全非理性的，遵循快乐原则；自我是人的成长过程中，与现实进行过交流之后产生的人格结构，是理性的，遵循现实原则；而超我是从自我中分化出来，对自我进行监控，引导自我向更完善和道德方向发展的人格结构，是完全理性的，遵循至善原则。事实上，意识、前意识和潜意识的人格结构划分是弗洛伊德最初对人格的认识，到了后期则发展成为超我、自我和本我的划分。所以说，两者之间并不能绝对对等。本我完全包括在潜意识之中，而自我与超我的一部分也包括在潜意识中。换句话说，潜意识并不因为没有受到理智的控制，而完全失去道德的约束，往不善的方向发展。我们不应该对潜意识进行好与坏的价值判断。

基督教中有"原罪"一说，认为人从出生开始就是带有罪的，这个"罪"来自人类的始祖亚当和夏娃在伊甸园中受蛇的诱惑偷吃了禁果，即来自人的本能。弗洛伊德认为，这种本能"是心理和生理交界领域的未知部分，是生理刺激到达心理的心理表现，是生理对心理的要求度量"。它是人类一切行为的动机和基础。这个本能包括自我本能和性本能。后来，他进一步把本能发展为"生本能"和"死本能"。本能的根源是身体的状态或需要，是身体对某种物质或精神的欠缺。本能的目的是寻求满足，消除身体的欠缺状态。如果说人的原罪是因为脱离了上帝的控制，有了自我意识，并产生了性的意识，开始繁衍后代；那么，人的潜意识就应该是对性的追求和自我的追求。然而，人之所以为人，是因为人类社会创造了文明，有伦理道德与社会规范进行约束。在文明发展过程中，人的本能受到这些道德和规范的抑制，不能够完全实现，于是就产生了心理矛盾，引发了心理失衡，从而导致精神疾病。

2. 心理性欲的发展

弗洛伊德认为，人类的一切行为动机，都有性的色彩，都受性本能冲动的支配。精神症的产生，就是由于性本能冲动受到压抑而得不到满足的结果。他进一步指出，在性的后面有一种潜力，即是去追求快感，这种性力就是"力比多"。个体人格的发展也是"力比多"驱力的结果。在心理性欲发展阶段理论的基础上，弗洛伊德把人格发展划分为五个阶段。他认为在成人之后出现的人格特征是源于这些阶段产生的固着作用。

第一阶段：口唇期（0~1岁）。以口唇区域为快感的中心。这个阶段的人的活动主要以口唇为主，摄入、撕咬、含住、吐出和紧闭是五种主要的口腔活动模式。如果在这个阶段的摄入没有得到满足，那么，在成人后就会对摄入产生固着。这种具有口唇期人格的成年人往往会倾向于依赖、悲观、被动、猜疑和退缩等消极人格，对烟、酒、零食等能够放入嘴里的东西有超过常人的依恋，而得到摄入满足的人在成年后则倾向于乐观、慷慨、开放和活跃等积极人格。

第二阶段：肛门期（1~3岁）。以肛门区域为快感的中心。这个阶段的人会接受排便训练，第一次受到外部纪律约束，与规范产生第一次冲突。在这个阶段受到过于严格训练的人，在成年后倾向于洁癖、固执和强迫等过度控制的人格，而没有得到足够训练的人则会在成年后倾向于邋遢、浪费、凶暴，甚至反社会等人格特征。

第三阶段：性器期（3~5岁）。以生殖器为快感的中心。这个阶段的人开始对性别有认识，会因为性别的差异而对异性产生爱恋，对同性产生仇恨。一般地，我们把这种情结统称为俄狄浦斯情结（恋母情结）。人们在这个阶段开始发展超我，用来压抑内心对异性父母的欲望。如果这个超我发展得好，儿童会采纳父母的价值观和标准，逐渐形成正常的人格特征。如果没有得到正确的发展，就会陷入本我的混乱中，之后的成长会一直伴随仇恨、自卑、嫉妒等消极心理。

第四阶段：潜伏期（5~12岁）。该阶段仍以生殖器为快感的中心。这个阶段的人由于脱离了家庭的环境而进入学校，就会将家庭中对父母性别的认同和回避延伸到同伴身上。潜伏期倾向于回避异性。

第五阶段：生殖期（12岁之后）。随着个体的性发育，生殖器依旧是快感的中心。所不同的是，由于力比多压抑的解除，口唇期和肛门期时的性欲会集中到生殖器。如果早期的发展得到满足，并没有太多固着，那么，这个阶段就能具备正常的人格发展；如果早期没有得到满足，力比多的释放会引发更多的欲望，甚至产生人格的扭曲。

弗洛伊德认为，人类心理疾病的产生原因在于人格发展过程中遇到的"固着"和"倒退"两种情况。在人格发展的不同阶段，满足的过多和缺失都会使力比多停留在那个阶段，从而使人在成年后形成那个阶段的人格特质。即使成年之后发展了比较正常的人格，也会因为突发性事件或者挫折而导致人格的"倒退"，即从高级阶段返回到低级阶段，从而产生低级阶段的人格特质。要维护人的心理健康，就要在人格发展的各个阶段注意适度的满足。但人的一生难免会遇到各种挫折，引发人的力比多的失衡，引起心理问题，此时，则要了解低级阶段的特征，找到根源问题，通过各种方法加以满足和调节，再次恢复心理健康。

(二)精神分析或心理治疗的方法

弗洛伊德认为，神经症患者在婴幼儿时期性心理发展过程中未能满足的欲望，如恋母情结、恋父情结等，被压抑到无意识中形成症结。这种违反伦理道德观念的症结仍会要求在意识中表现，与自我构成心理冲突，经过心理防御机制的加工，最后以不带明显内容的神经症症状表现出来。如果能使病人无意识的观念意识化，病人在他人的帮助下，知道了症状的真意，即领悟，症状就会失去存在的意义而消失。在这个过程中，自由联想法、梦的解析法、自我防卫机制法等都是精神分析的有效方法，也是增进心理健康的有效方法。

1. 自由联想法

自由联想法（free association）是指患者在治疗过程中将意识领域中的所思所想，毫无保留地报告出来，这是精神分析治疗中最基本的方法。人的思想总是杂乱无章，常常不受人的理智的控制。那些零乱、不合逻辑、令人难以启齿、让人觉得尴尬甚至痛苦、不愿意和别人提及的想法，在弗洛伊德看来，都是具有价值的心理特质。因为正是这些障碍，躲避了有意识的理智的监控，得不到合理的调节，从而使情绪和心理失去平衡，最终引发了各种精神病症。通过自由联想，精神分析师根据患者所描述的事件、感受和想象，推论出其中的内部联系，帮助患者把潜意识中的冲动和痛苦记忆召回到意识中来，找到令患者逃避的真实根源，从而进行宣泄和重新认知，打开心结，消除障碍，恢复健康的心理状态。

弗洛伊德认为，个体的潜意识心理就像是一间储物室，里面储藏着早期生活中被压抑的材料及其强大的驱力。这些驱力和材料会受到人的两重阻力影响。第一重阻力使患者不愿意赤裸裸地进行自我表达，才有了精神分析的基本原则。假若患者愿意进行表达，那么，就产生第二重阻力，即非直接展现，而是通过象征、润饰、伪装等形式表现出来，而且阻力越大，患者所报告的情况与事实之间的差别也越大。

2. 梦的解析法

弗洛伊德认为，梦是一种潜意识现象，是潜意识愿望经过伪装后的象征性满足。在《弗洛伊德自传》中，他把梦看成"是一种未经解说的精神技能症状，或狂妄、虚幻的念头，暂时忽略它明显的内涵，而通过其个别的成分定向，去做自由联想，则精神分析可以获得一个迥然不同的结论"。这种看法是鉴于他之前的世俗观点，并不把梦看成是一种心理活动，仅作为"精神透过符号方式所感知到的肉体的活动过程"。因此，弗洛伊德认为，经由自由联想的方法达到精神分析的效果，可以"证明梦是有意义的"。

对弗洛伊德来说，梦是一种愿望的实现，代表个体期望的财富、权力与事件，是一种清醒状态精神活动的延续。这种观点当然遭到许多人的反对，显然，梦里痛苦不堪的内容比愿望达成的内容多得多，梦魇的出现也对愿望达成的说法进行了抨击。然而，弗洛伊德针对上述异议，把梦的意义划分成了显意和隐意。那些明确表现愿望达成的梦属于显意，并不需要我们进行过多的解释；而那些痛苦不堪的梦，甚至梦魇，我们需要解释的并不是它们的显意，而是需要揭示它们的隐意。如果说人清醒时的状态可以分为意识和无意识，那么，梦的状态作为清醒状态精神活动的延续，也可以分为意识和无意识。如此一来，隐意的梦就可以被视为一种无意识甚至潜意识状态。这样，将这些梦境中出现的潜意识进行报告，便是对人更深层次心理活动的描述。

在清醒状态下，我们的潜意识由于受到意识的阻碍无法完全表达心理，需要借助自由联想的方法。同样，在梦的状态下，我们的潜意识也会受到自我稽查机制的压抑，不能进入意识领域，也需要自由联想予以揭露。自由联想的优点就在于，人们可以将梦中所想所见完全倾诉出来，而不进行价值判断。需要注意的是，不同于清醒状态下的自由联想，心理分析师直接根据患者的描述进行分析；对梦的自由联想，必须结合患者的生活经历、兴趣爱好以及日常琐事。弗洛伊德曾在《梦的解析》一书中提到很多临床案例，其中有一个从表面上看似与愿望达成相反的例子。那是个年轻的女子，在对梦的自由联想式报告中说，梦见她最挚爱的姐姐的小儿子逝世了，她出现在葬礼中。她很伤心，不断地自责，认为自己在潜意识中诅咒姐姐的儿子，但事实是她非常爱她姐姐的儿子。于是，弗洛伊德对她的生活经历及日常琐事进行了了解，最后发现，这个妹妹曾经有个深爱的人因为姐姐的无理反对而分手，但分手之后，她仍旧追随他的踪迹。就在那个梦之后的几小时，她将再次见到那个人。之所以出现葬礼情景，是因为他们之前的最后一次见面，是在她姐姐的大儿子逝世的葬礼上。于是，在妹妹的潜意识中，那种希望再次见到她所爱的人的愿望和最后一次见到他的场景相重叠，构成了她的梦境。

自由联想在梦的解析中的应用，更多的是一种描述梦境的作用。至于解释梦境，弗洛伊德用了大量复杂的象征。例如，将房子代表人体，父母被伪装成国王和女王，小动物代表儿童，出生与水有关，火车旅行象征死去，衣服代表裸体，诸如此类。而且，弗洛伊德对梦的表征物的解释多是从性的角度加以阐释，就是说他总是从性的角度去解释人们在梦中表达的愿望。换言之，人们在梦中遭到的痛苦和快乐，是对性的满足的追求。对于这一点，我们认为，在精神分析的过程中过分强调性的作用，有可能引起患者某些不必要的心理阴影，从而影响其心理健康。

3. 自我防卫机制法

自由联想法和梦的解析法，是针对心理疾病患者的变异现象，设法找到心理能量失衡的原因，从而恢复心理健康的过程。自由联想过程中出现的抗拒，对于正常人而言在遇到应激性刺激时也会出现，弗洛伊德把这种在没有发生心理失衡的精神病症下出现的，用来处理正常心智刺激中的诸多抗拒称为"自我防卫机制"。该机制的目的是减少或避免焦虑。在弗洛伊德看来，自我防卫机制是精神分析发展的新领域，诸如"冲动的抑制，代用品的形成，妥协的形成，或把意识和下意识划分成若干心理系统"等抗拒，可以使精神分析不再仅属于精神病理学领域中的一个分支，而是成为认识"正常与不正常心理状况所必需的科学基础"，这样可以使精神分析学更上一层楼，成为阐释心理现象、精神现象和社会现象的一门学问。

根据弗洛伊德的理解，自我防卫机制是指自我用来应付本我和超我压力的防卫机制。当自我受到本我和超我的威胁而引起强烈的焦虑、内疚感和罪恶感时，焦虑将潜意识地激活一系列防卫机制，以某种歪曲现实的方式来保护自我，缓和或消除焦虑和痛苦，以求得心理安宁。自我防卫机制在成为习惯之后，当事人在意识上未必能够自觉，因而成为潜意识行为。这种行为常见于正常人，它不是病理性的，对维护个体日常的心理健康很有价值。弗洛伊德认为，日常生活中的自我防卫机制包括以下几种。

第一，压抑（repression）。压抑是指将引起焦虑的思想观念和欲望冲动排除在意识之外。例如，忘记自己经历过的痛苦事情。这个概念包含两层含义：一是压抑意谓一种主动遗忘的过程，需要自我持续地消耗能量；二是被压抑的思想观念并没有消失，而是隐藏在潜意识中，一旦条件成熟，就会进入意识。压抑是人最基本、最重要的防卫机制，其他的自我防卫机制都是以此为前提条件的。

第二，升华(sublimation)。升华是将可怕的无意识冲动转化为社会许可的范围。例如，将对某人的愤怒、仇恨转移到体育运动中，以体育运动的方式发泄内心的攻击冲动。弗洛伊德将人类在科学、艺术和文化等领域上的工作成就，都归结为无意识的本能冲动转移的结果。

第三，替代(displacement)。替代是指当个体的无意识冲动无法在该对象上得到满足时，就会转移到其他对象上。例如，将对某人的愤怒、仇恨转到另一个人身上，或者宠物身上等不会造成威胁的对象上。与升华不同的是，升华转移的对象是得到社会允许的，而替代的对象仍没有得到社会允许，只是对个体不足以造成足够大的威胁和伤害。

第四，拒绝(denial)。拒绝是指个体否认引起自己痛苦和焦虑事件的存在。这是自我防卫机制的一种极端表现。拒绝越多，与现实的交流就越少，个体心理机能的运作就越困难。

第五，反向作用(reaction formation)。反向作用是指个体会按照与无意识本能和欲望相反的方式行动。例如，将对某人的嫉妒藏在心底，反而表现出热情和友善的态度。

第六，投射(projection)。投射是指将自己内心不为社会所接受的本能冲动和欲望归咎于他人。例如，个体虽然会拒绝承认自己是多疑、好讲谎话的，却相信别人会有欺骗行为。弗洛伊德认为，社会偏见现象就来自投射作用。

第七，倒退(regression)。倒退是指个体遇到挫折时，会以早期发展阶段的行为来应付现实，目的是获得他人的同情，减轻焦虑。例如，大学生在学业上不能获得成就感，就迷恋儿童的游戏和娱乐节目；成年人在工作上得不到成就感，就出现"装嫩"等幼稚行为。

四、对弗洛伊德精神分析理论及其心理健康思想的评价

弗洛伊德是大器晚成的，他的精神分析理论真正得到国际心理学界认可的时候，他已经 53 岁了。在此后的一百多年间，精神分析理论对东西方心理、医学、法学、文化、艺术、教育、哲学和人类学、社会学、历史学、神话学、宗教学、政治学、伦理学、语言学等各个领域都产生了巨大的影响，这远远超出了精神医学和心理学的范畴，几乎成为一种世界观，弗洛伊德也成为心理学史上被引用论文最为频繁的心理学家，其主要成就是开辟潜意识研究的新纪元，开创动力心理学、人格心理学、变态心理学的新领域，为现代生物—心理—社会的医学模式奠定了基础①。

但后人对他的评价褒贬不一，这可能是一个"仁者见仁，智者见智"的问题。赞成的人主要肯定了他对人类行为和人格进行了综合性研究，开拓了心理学研究的新领域，并为建立心理治疗体系做出了杰出的贡献，他提出的许多独特见解，激发了后继研究者为之探索；而批评的人则主要针对他的理论在科学性上的缺乏，以及实验被试上的偏差，即个案资料的代表性问题。特别是他是从治疗非正常人的事例中构建其理论，其理论的片面性和臆测容易授人以柄。这里仅就弗洛伊德对心理健康领域的贡献和局限作一剖析。

一是对心理治疗的贡献。弗洛伊德所创立的精神分析理论自创始以来就包含着精神治疗法、关于心理的一般理论、精神分析的方法三个不可分割的内容，既有理论，又有实践，理论指导其临床治疗实践。

弗洛伊德身受医师训练，因此深信其研究与成果为科学产物，他所创立的精神分析作为一种治疗神经症的方法和理论，具有一定的疗效，对于临床心理学、心理治疗领域产生了重要的影响，他开创的心理治疗在心理健康领域应用

---

① 车文博：《弗洛伊德文集(第一卷)》，14~15 页，长春，长春出版社，1998。

广泛，成为当代"生物—心理—社会"新的医学模式的先驱。虽然他的同僚及后期的心理学者与学院派人士，对他的研究与实践多有批评，但是不能否认，弗洛伊德开创了无意识心理的研究的新纪元，用潜意识理论对变态心理和行为的形成原因以及有效的治疗方法进行了全新且系统的研究，确立了心理治疗的历史地位，促进了心理治疗职业的发展。他系统地揭露了埋藏在人的内心深处、受意识表层重重封锁和压抑的无意识世界的内幕，开辟了一条重视心理治疗的新途径。在弗洛伊德的精神分析实践中，突出了心理治疗的价值。他创造了一套治疗神经症的方法和理论。他提出了心理创伤是引起神经症的主要原因，主张用精神分析的方法去挖掘患者被压抑到潜意识领域的心理矛盾或情结，从而达到治愈患者的目的。这种研究思路和方法突破了过去单纯依靠躯体治疗来治疗精神疾病的局限，开辟了一条重视心理治疗的医学模式的新途径。至今，精神分析仍是心理治疗的基本范式。例如，自由联想、梦的解析等精神分析方法对现代人的影响仍很大，而且这种影响已扩展到社会学、人类学等许多学科研究领域。如果说弗洛伊德研究了人类心理的生物因素，那么，荣格研究了人类心理的灵魂因素，阿德勒则研究了人类心理的社会性，精神分析就涵盖了人类几乎所有的心理现象和层面，达到了理性、人性、社会性的全面和统一，为精神分析学派的发展搭建了基本框架。他系统地论述了人的个性结构学说，还发展和普及了一些心理学学说，如有关焦虑、防御功能、阉割情绪、抑制和升华等。此外，弗洛伊德从潜意识入手描绘出了一幅人类心理世界的地图，提出了人格的心理结构，完善了人类长期忽视的非理性部分的内容。

在心理治疗实践中，弗洛伊德对潜意识问题的研究，对于我们深入洞察人的精神世界的丰富内涵具有重要的理论和实践意义。例如，在司法领域，利用催眠技术来进行侦查工作，使犯罪嫌疑犯口吐真言帮助破案等；在医疗领域，利用暗示法来影响患者的心理和行为，如对癔症、酗酒等心理疾病具有明显的疗效。

二是对个体心理健康教育的贡献。弗洛伊德的潜意识学说，性发展阶段理论与人格发展理论，对今天我们更好地理解与指导个体的心理健康是有帮助的。他在研究人格发展的过程中，注重心理发展的阶段性、不同阶段的生理基础以及教育和训练在各发展阶段中的作用。其对心理发展的五个阶段的划分也与心理年龄阶段的科学划分有一致性。弗洛伊德强调早期经验在人格发展中的重要作用，认为人格障碍产生的原因之一就是早期经验产生的心理印记或创伤。这对儿童教育有着积极的启示。父母不仅要满足儿童的物质需要，更应满足其心理发展的需要。弗洛伊德认为，一个拥有充分爱的人，将来一定会成为人格健全、能爱他人、有责任心和独立感的人。和父母建立了安全依恋关系的儿童会积极主动地对事物进行探索，解决遇到的问题并在不断解决问题的过程中获得成长。弗洛伊德的这些心理健康思想，在今天看来，依然具有强大的生命力，是解决一些现实社会问题的重要理论依据。弗洛伊德认为，采用自由联想、梦的解析、移情方法等帮助患者摆脱无意识的控制，使其正确认识自我并接纳自我，在日常学习生活和工作中恢复自我，从而有助于正确面对心理压抑和心理冲突，实现心理健康。弗洛伊德认为，有强大的自我，才有健康的人格，现实的自我要同时受到来自本我、自我和超我三部分压力，这三者若能保持动态平衡，个体就能保持心理健康，反之，就可能产生心理冲突，并造成心理异常或变态，这是有一定道理的，特别是对儿童青少年心理健康教育具有现实指导意义。

三是对家庭心理健康教育的贡献。弗洛伊德的人格发展理论有助于我们了解孩子的心理发展过程，把握好孩子成长的关键时期，针对孩子可能出现的问题，采取积极的应对措施，防患于未然，使他们快乐健康地成长。

弗洛伊德认为在解决恋父或恋母情结的过程中，孩子以自己同性别的父亲或者母亲为榜样，认同他们，模仿他们，这样不仅使孩子获得男性或女性的行为风格，而且还把父母的道德观念、社会态度内化为他们自己的东西，从而形成第二自我，即超我。若解决不好俄狄浦斯情结，会导致各种性变态和心理失常，如同性恋。因此，父母亲都应该在家庭教育中发挥自己的作用。给同性子女树立榜样，让孩子获得正确的性别角色。

弗洛伊德认为，不同的教养方式会使孩子形成不同的人格特征。孩子在不同阶段有不同的发展任务，只有完成该阶段的任务才能顺利进入下一个发展阶段。因此，要把握好孩子在不同时期的训练和学习。在口唇期，孩子的主要任务是建立信任感，避免怀疑感和不信任感。在肛门期，孩子的主要发展任务是建立自主感、避免羞耻和怀疑感，学会表达消极情绪（如生气、敌意等）。在性器期，孩子的主要任务有两个方面：一是获得性别角色的认同和发展超我，即良心与道德；二是发展主动感，避免内疚感。在潜伏期，孩子的主要任务是发展勤奋感，避免自卑感。两性期的发展任务是建立亲密感，避免孤独感，自我同一感的建立，实现忠诚的品质。父母亲应根据孩子不同发展阶段的特点，为他们提供恰当的训练。过早训练或学习容易让孩子产生受挫的心理。过晚训练或学习会错过教育的最佳时机，停留在原来的发展阶段，严重的会发生固着或者倒退。

但由于精神分析对文化艺术领域的解释和广泛应用，这些意识形态上的事物又反过来影响人们，使得精神分析的作用和贡献被神化了，特别是精神分析对心理健康的贡献有所夸大。这方面，现代人格心理学家对弗洛伊德的批评尤其多。在他们看来，人格固然受到本能的影响，但是社会环境也会作用于人格的发展。个体在关注内心需求的同时，也需要关注外界的影响，用性驱力或性动力以外的因素同样可以解释人类的行为和动机。此外，人格具有一定的遗传性，诸如外向性和内向性、敏感性和神经质等人格特质在人出生的时候，就存在某些差异，至于心理性欲发展过程中发生的变化，也是根源于本身的差别。特别是在人本主义心理学家看来，人对本能的满足只是低级的满足，在本能得到满足之后，会有更高层次的需要出现，这是一种对"自我实现"的满足，也是一种积极的心理追求，自我实现者是心理健康的最高境界。由于精神分析源于病态人格的分析，精神分析的理论和方法都是建立在弗洛伊德对精神病患者的医疗基础之上，因此，他对人的了解有可能存在较大的偏见。精神病患者和正常人之间的差异会造成行为和心理上的不同，他们在维护心理健康上的方法也会不同，不仅仅是应对方式的差异，更是人格特征上的差异。显然，弗洛伊德把变态与常态一视同仁，企图用变态心理规律去说明常态心理的发展，这实质上是使用特殊代替或否定一般的形而上学的片面观点。

最后，由自由联想、梦的解析等方法得出的结果的解释也失之偏颇。尤其是在梦的解析中，例如，将帽子解释为男性的象征，将"被车碾过"解释为性交，将梯子和柱子解释为男性生殖器，将风景解释为女性生殖器。诸如力比多、恋母情结、自恋现象、死亡本能、初级过程等大量术语也很难下操作性定义，尤其是弗洛伊德对患者释梦做了深入研究，而对梦的自我分析则避重就轻，浅尝辄止。这些问题使得弗洛伊德的精神分析法在应用的过程中，无法到达科学实验要求的客观性、准确性和可重复性。弗洛伊德的后继者们为了避免上述缺陷，同时缩短疗程，提高疗效，在精神分析的方法上做了一些修改。例如，不用自由联想而改为面对面的交谈，不培养移情只要求良好的合作关系，少分析梦或不分析梦等。但治疗原理并没有改变，理论支撑也没有改变。这些后继者就被研究者称为"新精神分析学派"。在后面章节我们可以看到，新精神分析学派的所作所为，对推动现代心理健康教育发展起到了重要作用。

此外，弗洛伊德精神分析的基本方法个案法，且不说整个治疗过程昂贵而费时，单是在取样上，就缺乏代表性。他要求分析师在治疗过程中不能进行记录，以防止对患者产生干扰，这使得治疗的过程具有不可重复性，也缺乏准确性，甚至有可能为了解释的需要，分析师会对记录过程进行删选，把结果往自己希望的一个方面引导，从而影响心理治疗的效果。

五、结语

有人说，在20世纪的漫漫历史长河中，弗洛伊德可以说是能够和马克思、爱因斯坦相提并论，对人类历史产生深远影响的三位伟大人物之一。马克思揭示的人类社会发展基本规律改变了人们的历史观，爱因斯坦发现的相对论改变了人们的宇宙观，而弗洛伊德创立的精神分析学作为一种研究方法、治疗方法和心理学科，改变了人们对人类本性和心灵、精神世界的认识。

　　弗洛伊德的理论源自其丰富的临床经验，多年从事精神科医生以及自己开设诊所接待心理疾病患者的亲身经历。他因为创立了精神分析学派，使其影响远远超出了专业和学术领域，成为 20 世纪为数不多的具有世界性知名度的伟大人物之一，也使他在 20 世纪人类文化的地形图上毫无疑问地占据着一个显赫的位置。更有人以弗洛伊德的出现为标志，将人类的认识历史划分为前后两个时期，称弗洛伊德是"人类伟大的人物和领路人之一"。弗洛伊德以其对人类精神和行为所做的伟大贡献，不仅对心理学、哲学、历史学、人类学、社会学、伦理学、政治学、美学等几乎所有的人文学科和精神领域，而且也对当代人们对自我和世界的认识、了解，以及对日常生活方式和价值观都产生了划时代的影响。

　　然而，没有任何一位伟人会有像弗洛伊德这样的遭遇，既备受吹捧又惨遭诋毁。由于其所处时代的影响，不仅宗教观念禁锢着人们的精神世界，而且当时保守的医学权威也使得弗洛伊德的观点从提出伊始就触犯了医学界，他的理论、案例都遭受到医学界人士的冷落和排斥。但是，弗洛伊德是一个大无畏的人，是真理的勇敢卫士，他凭着对理想的无限信仰，承受住巨大的压力，坚持着对真理和真爱的追求向往。虽然弗洛伊德一生无缘诺贝尔奖，但他在心理学史上的地位是无与伦比的，他卓绝的学说、治疗技术以及对人类心理的深刻阐释，开创了一个全新的心理学研究领域。曾有美国心理学家搜集心理学史书籍被引注次数，在最多的 1040 人中按次序排列，弗洛伊德位列第一，高于亚里士多德和冯特。心理史学家波林曾经这样赞赏弗洛伊德的伟大贡献："他是一个思想领域的开拓者，思考着用一种新的方法去了解人性。尽管他的概念是从文化的潮流中取得的，他仍然是这样一位创始人，他忠于自己的基本信念而辛勤工作了 50 年，同时他对于自己的观念体系不断修改，使它趋于成熟，为人类的知识做出贡献……谁想在今后三个世纪内写出一部心理学史，而不提弗洛伊德的姓名，那就不可能自诩是一部心理学通史了。"

1982 年，由美国心理学史史学家评选的 1600 年后世界影响力最大的已故心理学家中，弗洛伊德位列第一；2002 年，国际心理学界久负盛名的《普通心理学评论》杂志刊发了一项调查研究成果，题为"20 世纪最杰出的 100 名心理学家"，弗洛伊德位列第三，由此可见他在心理学发展中的历史地位了。今天，无论在西方社会还是东方社会，弗洛伊德都已经广为人知。他所开创的精神分析学作为一种研究方法、治疗方法和心理学科在世界各地得到广泛应用，精神分析学已经不限于心理学、社会学，还渗透到了与人类研究有关的所有研究领域。在当今社会普遍关注人类心理健康的大背景下，弗洛伊德的心理健康思想依然具有强大的生命力。

弗洛伊德在他的自传中，对精神分析的评价是"一个在高水准下进行的一项庄严的科学工作"。确实，弗洛伊德的精神分析强调研究本能、潜意识、性驱力、梦和焦虑等与我们日常生活密切相关的问题，对提高个体的生活质量、过有尊严的生活大有裨益，这是一项"庄严"的工作。但是，我们必须看到，作为心理分析的一种手段，无论对心理变异现象还是正常现象，精神分析都需要得到进一步扩展和提升。从方法论上说，这是将人自然化，将社会心理学化，将心理生物学化，从而陷入心理主义、神秘主义和非理性主义的倾向。这种倾向在心理健康教育中应该避免。特别需要注意的一个问题是，将物质的力比多（性力）来解释心理的本质及其发生机制，将潜意识作为人的主导力量也是值得商榷的。过分重视力比多和潜意识的结果只会导致人们在维护心理健康时，无力逃避本能和欲望的控制，陷入消极的应对方式中。在积极心理学和主观幸福感看来，允许人存在某些消极的心理问题，并将注意力转移到追求积极乐观的事物上来，对于调节人的心理健康有很大的作用。

因此，取其精华，去其糟粕，为我所用，这是我们对待弗洛伊德精神分析理论及其心理健康思想应该持有的科学态度。

第二章
————

埃里克森：心理社会性发展理论的心理健康思想

　　埃里克·埃里克森是美国人格发展心理学家，儿童精神分析医生，新精神分析学派代表人物。他的主要贡献是首创"自我认同"（identity）（也译作"自我同一性"）概念，开创了自我认同在心理学领域研究的先河，因此，埃里克森被称为"自我认同研究之父"。埃里克森的身世、成长经历、人格特质、所处的社会环境以及学术背景等因素，对其观念、学说、理论思想的形成影响深远。

一、埃里克森的生平与学术事迹

　　埃里克森 1902 年出生于德国法兰克福，父亲是丹麦人，在他出生前就抛弃了他的母亲。在埃里克森 3 岁时，母亲与当地的犹太儿科医生西塞多·洪伯格（Hongburg）结婚，埃里克森一直把继父当作亲生父亲，并幻想能成为"更好的父母"的儿子。他微妙觉得自己不属于母亲的家庭，这种感觉随着青春期生理特征的变化而不断加剧，并成为现实。埃里克森身材高大，金发碧眼，白皮肤，外形很像丹麦人，但埃里克森的母亲和继父都是犹太人。在学校里他被认为是犹太人，在继父所在的教堂里，他又被视为异类。

　　在埃里克森的青少年成长时期，反犹浪潮席卷整个德国，他既无法在德国人中找到自己的位置，又因为自己的丹麦长相，不被德国的犹太人所认同。他的青春期正值第一次世界大战爆发，作为德国人的埃里克森，深为自己究竟该忠于德国还是丹麦感到困惑。出生、种族、宗教文化等问题困扰着这一时期的埃里克森，使他经历了人生第一次角色混乱，也促使他格外关注"我是谁？""我从哪里来?""我将往何处去?"等自我认同问题。

埃里克森在 1968 年至 1975 年先后发表了三个版本的自传体小说，称自己生命的前 25 年里经历着信任对不信任，自我认同对角色混乱的危机。可以说，埃里克森的一生充满了角色混乱问题。后来埃里克森提出并一直关注"青少年自我认同危机"可能与这段经历有关。18 岁高中毕业后，埃里克森违背继父要他成为一名医生的愿望，选择游学欧洲并"寻找自我"，他学过绘画，曾先后两度进入艺术学校学习，但都没毕业就放弃了。

与很多心理学家不同，埃里克森早年没有受过正规院校教育，只上过文科中学和文科预科大学，后又在游学欧洲期间学习艺术、历史和地理。总体上看，埃里克森在校期间不是一个优等生，但却很有艺术天赋。埃里克森多年来一直沿用继父的姓，甚至在第一次写论文时还使用埃里克·洪伯格的名字，直到1939 年他加入美国籍时，才改姓埃里克森。

1927 年，25 岁的埃里克森应同学之邀到维也纳的一所小学担任美术教师，那个小学的学生都是弗洛伊德的病人和朋友的孩子，他也因此结识了弗洛伊德的女儿安娜·弗洛伊德。在安娜的邀请下，他到维也纳一家新式学校进行儿童教学工作，并以每月支付 7 美元的培训费接受安娜的精神分析训练。这一时期对埃里克森非常重要：第一，他系统地学习了弗洛伊德的理论，并有机会了解新精神分析代表人物[如哈特曼（Hartman）、沙利文（Sullivan）等]有关自我心理学的主要理论；第二，安娜的精神分析理论与他父亲的理论不同，在诸多方面都有独特建树，对埃里克森产生了深刻影响。为表达对她的感激之情，1964 年埃里克森把自己的著作《洞察力与责任感》一书献给了安娜。

1927 年至 1933 年在维也纳的六年，是埃里克森重要的人生转折期。这期间埃里克森除了获得精神分析的训练，建立系统的弗洛伊德思想体系外，还谋到了一个心理分析师的职业，找到了在今后生活中坚定支持自己的人生伴侣，同校任教的加拿大籍教师琼·谢尔逊（Joan Serson）——一位舞蹈家和人类学家，并有了自己的两个孩子。这一时期是埃里克森的转折期和确定未来发展方向的关键时期，曾是艺术家的他成了一名精神分析师，被吸纳为国际精神分析协会的常规会员，从此迈入精神分析这扇玄妙而深奥的大门。埃里克森获得的维也纳精神分析研究所的毕业证书，也是他接受的唯一正规高级学校教育。因为埃里克森从没获得过高级学位，所以他成为弗洛伊德所认为的精神分析学家不必攻读医科专业观点的范例。

1933年至1950年是埃里克森人生的第三个阶段，也正是在这个阶段，他逐渐形成了心理社会性发展阶段理论。1933年为躲避纳粹的迫害，埃里克森全家迁居丹麦，后又迁往波士顿，并以精神分析家的身份私人开业，成为该地第一个儿童精神分析学家。

1936年至1939年，埃里克森在亨利·莫里（Henry Murray）主持的哈佛医学院神经精神病学系任研究员，并被哈佛医学院录取为心理学哲学博士候选人，但几个月后他就放弃了。其间，埃里克森研究了正常儿童和情绪紊乱儿童，结识了一批有名望的人类学家，如露丝·本尼迪克特（Ruth Benedict）和玛格丽特·米德（Margaret Mead）。1938年，在两位文化人类学家的帮助下，他前往南达科苏语印第安人的松脊居住地（pine ridge reservation）进行实地考察，观察了苏语印第安人抚育子女的情况，并对当地儿童首次进行了文化对心理发展影响的研究。

1939年至1944年，埃里克森参加了加利福尼亚大学伯克利分校儿童福利研究所有关"儿童指导"的纵向研究，这项研究涉及人生各发展阶段冲突的解决以及儿童游戏的性别差异等。从1942年起，他一直担任该校的心理学教授，同时抽空到上游的加利福尼亚海滨调查另一个印第安族——尤洛克（Yurok）渔民。对苏人和尤洛克人的人类学研究使埃里克森进一步认识到社会文化因素在人格形成中的重要性，这种认识渗透在他的整个理论之中，促使其人格发展阶段理论的逐渐形成。1949年，在反动的麦卡锡时代阴影的笼罩下，加利福尼亚大学要求教职员工进行反共忠诚宣誓，埃里克森因拒绝签名被免职。后来，加利福尼亚大学发现他"政治可靠"，准备重新授予他心理学教授职位，但遭到埃里克森的拒绝，因为其他教授也因同样的"罪名"被免职了。

　　整个 20 世纪 50 年代是埃里克森生命的第四个阶段。1950 年，埃里克森离开加利福尼亚州，同年出版著作《儿童期与社会》，该书描绘了他的人生发展八个阶段理论，1963 年再版时又进一步对这些阶段在不同文化中如何各有不同表现方式进行了阐述。该书高度强调了社会和文化因素对人类发展的重要性，对自我认同、自我认同危机、心理社会延缓期等概念进行了初步探讨，并详尽论述了自我的功能。该书及其后的一些著作，创立了关于儿童发展的新学说，形成了"自我心理学"的新学科。1951 年至 1960 年，埃里克森居住于马萨诸塞州的斯多克桥，在奥斯汀·里格斯中心（Austin Riggs Center）（情绪紊乱青少年治疗中心）任高级教员，专门从事情绪障碍青少年的治疗工作，并在匹兹堡大学医学院讲授精神病学课程。

链接：【埃里克森生平重大事件】

　　1902 年，出生于德国法兰克福。

　　1927 年，到维也纳一所小学任教。结识安娜·弗洛伊德。

　　1933 年，以精神分析家的身份私人开业。

　　1936 年，在哈佛医学院任研究员，并被录取为心理学博士候选人。

　　1939 年，参加伯克利分校儿童福利研究所有关"儿童指导"的纵向研究。

　　1942 年，担任伯克利分校心理学教授。

　　1950 年，出版《儿童期与社会》。

　　1960 年，聘为哈佛大学人类发展学和精神病学教授。

　　1970 年，退休。

　　1994 年，病逝于美国马萨诸塞州哈维克。

　　1960 年至 1970 年是埃里克森人生发展的第五个阶段，这期间埃里克森被聘为哈佛大学人类发展学和精神病学教授，讲授"人类生命周期"课程，深受研究生欢迎，他的研究和著述主要以他的新学说为基础并着重研究自我认同问题，直至 1970 年退休。埃里克森以自我心理学和心理社会性发展的研究闻名于世，尤其是针对"自我认同对角色混乱阶段"的一系列研究影响深远。他的代表性著作有《童年与社会》(*Childhood and Society*)、《青少年与自我认同危机》(*Identity*：*Youth and Crisis*)等。虽然埃里克森谦虚地称自己是在弗洛伊德理论的"磐石"上创建了以自我认同概念为核心的生命周期理论，但毫无疑问，他发展了弗洛伊德的理论，当之无愧为现代心理学界最有成就的精神分析学家。与弗洛伊德不同，埃里克森注重文化和社会因素对人发展的作用，将弗洛伊德的理论从潜意识上升到意识，从心理内部扩展到外部客观世界，从五阶段论扩展到人一生的发展，体现了毕生发展的观念。因此，心理学史学家墨菲借用柯尔斯的话说："如果要问谁代表今日世界精神分析自我心理学的锋芒，那似乎就没有多少理由不认为是埃里克·埃里克森。"

二、埃里克森心理社会性发展理论及其心理健康思想

埃里克森是美国著名的发展心理学家和精神分析学家，他提出的心理社会性发展理论，蕴含着丰富的心理健康教育思想。他在社会心理历史结构下描述心理发展阶段，强调独特的文化环境(包括政治、经济、文化以及语言)形成了个体的发展。他认为，健康人的一生是一个自我意识持续发展的生命周期，从婴儿期到老年期，分为八个发展阶段。这八个阶段的顺序是由遗传决定的，但每个阶段能否顺利度过却由环境决定，因此他的理论又被称为心理社会性发展理论。同时，他强调自我在各个发展阶段的重要作用，又被看成是"自我心理学"的创始人，著名的"自我心理学家"。埃里克森认为，每个阶段都有特定的危机解决任务，危机的积极解决能够增强自我力量，形成积极品质，促进心理健康发展，有利于个体对环境的适应；反之，危机得不到解决，就会削弱自我力量，导致心理不健全，阻碍个体对环境的适应。同时，每个阶段都是建立在上一阶段危机解决的基础之上，前一阶段危机的成功解决会扩大后一阶段危机解决的可能性，反之则会缩小其可能性。因此，危机的顺利解决是心理健康发

展的前提。心理健康教育的任务就是在每个阶段发展该阶段的积极品质，避免消极品质。埃里克森的心理社会性发展八个阶段理论，为不同年龄阶段个体的心理健康教育提供了理论依据和实践方向。

（一）心理社会性发展理论的主要观点

埃里克森认为，生命是由出生到死亡八个阶段组成，划分的依据是机体成熟、自我成长和社会关系三个不可分割过程的演化，这些阶段是以不变的顺序展开，将生物的、心理的与社会的因素结合起来，形成既分阶段又有连续性的心理社会性发展过程。从这八个阶段中，既可看出自我的形成与社会文化因素的关系，也能窥见自我与社会生活在个体心理发展中的作用。

埃里克森心理社会性发展八个阶段的前五个阶段与弗洛伊德的心理性欲发展阶段的划分一致，但在这些阶段中将要发生什么事情，埃里克森与弗洛伊德的看法却不尽相同；后三个阶段则是埃里克森的独特理论贡献。埃里克森心理社会性发展的八个阶段如下所示。

第一阶段：婴儿期（0~1 岁），获得信任感克服不信任感阶段。此阶段婴儿对母亲或其他监护人表示信任，婴儿感到所处的环境是个安全的地方，周围人是可信的，由此就会扩展为对一般人的信任。如果这一阶段的危机成功解决，就会形成希望的美德；反之，则会形成惧怕。此阶段良好的人格特征是"希望"品质。

第二阶段：童年早期（1~3 岁），获得自主性而避免羞愧怀疑阶段。此阶段儿童有了独立自主的要求，开始探索周围世界。如果父母及其他照顾他们的成人，允许他们独立去干一些力所能及的事情，并且表扬他们完成的工作，就能培养他们的意志力，使他们获得了一种自主感。如果这一阶段的危机成功解决，就会形成自我控制和意志力的美德；反之，则会形成自我疑虑。此阶段良好的人格特征是"意志"品质。

第三阶段：游戏期（4~6 岁），获得主动感而克服内疚感阶段。此阶段儿童除模仿行为外，对周围环境（及自己的身体）充满好奇，如果成人对孩子的好奇心及其探索行为不横加阻挠，让他们有更多机会自由参加各种活动，那么，孩子的主动性就会得到进一步发展，表现出更大的积极性与进取心。反之，如果父母对儿童采取否定与压制的态度，就会使孩子产生内疚感与失败感，影响下一阶段的发展。如果这个阶段的危机成功解决，就会形成方向和目的的美德；反之，就会形成内疚感。此阶段良好的人格特征是"目的"品质。

第四阶段：学龄期（7~12岁），获得勤奋感而避免自卑感阶段。此阶段他们的能力日益发展，参加的活动已扩展到学校以外的社会。此时，对他们影响最大的不是父母，而是同伴或邻居，尤其是学校中的教师。如果能得到成人的支持、帮助与赞扬，则能进一步加强他们的勤奋感，使之进一步对这些方面产生兴趣。如果这一阶段的危机成功化解，就会形成能力的美德；反之，则会形成无能。此阶段良好的人格特征是"能力"品质。

第五阶段：青春期（13~18岁），获得自我认同而克服角色混乱阶段。此阶段青少年经常思考"我是谁?"他们从别人的态度，从自己扮演的社会角色中逐渐认识自己。此时，他们逐渐从对父母的依赖中解脱出来，与同伴建立亲密友谊，从而进一步认识自己。如果这一阶段的危机成功解决，就会形成忠诚的美德；反之，就会形成不确定性。此阶段良好的人格特征是"忠诚"品质。

第六阶段：成年早期（19~25岁），获得亲密感而避免孤立感阶段。亲密的社会意义，是个体能够与他人同甘共苦、相互关怀。亲密感在危急情况下往往会发展成一种相互承担义务的感情，它在共同完成任务的过程中建立起来。此阶段如果危机成功解决，就会形成爱的美德；反之，就会形成混乱的两性关系。此阶段良好的人格特征是"爱"的品质。

第七阶段：成年期（26~65岁），获得繁衍避免停滞阶段。这一阶段有两种发展可能：一种是向积极方面发展，个体除关爱家庭成员外，还关爱社会上其他人，以及下一代甚至子孙后代的幸福；另一种是向消极方面发展，只顾及自己以及自己家庭的幸福，不顾他人的困难和痛苦，即使有创造，其目的也完全是为了自己的利益。如果这一阶段的危机成功解决，就会形成关爱的美德；反之，就会形成自私自利。此阶段良好的人格特征是"关爱"品质。

第八阶段：老年期（65 岁以后），获得完善感避免失望感阶段。如果前面七个阶段积极成分多于消极成分，就会在老年期汇集成"完善感"，回顾一生感觉很值。反之，就会产生失望感，感到自己的一生失去了许多机会，走错了方向，想要重新开始却为时已晚。如果这一阶段的危机成功解决，就形成智慧的美德；反之，就会形成失望和毫无意义感。此阶段良好的人格特征是"智慧"品质。

(二) 心理社会性发展理论的基本原则

需要指出的是，埃里克森是少数几个将个体心理与社会和政治问题联系起来的心理学家，他在人格和社会以及政治之间搭建起一座"桥梁"，这是非常难能可贵的。埃里克森心理社会性发展理论的基本原则表现在以下八个方面。

（1）埃里克森认为个体和社会是互为补充而不是对立的。他将个体自我认同形成的过程看作个体为社会贡献创造性和积极性，同时又制造消极性和破坏性的过程。

（2）埃里克森在承认无意识过程和治疗关系的价值和力量这两个基本方面，坚持心理动力学的发展观点。

（3）埃里克森强调多学科、跨领域合作的重要性。他认为，真正的对话是建立在尊重各个学科、领域的价值，并拒绝简化论的基础之上的。

（4）埃里克森坚持文化背景的相对论观点。他既运用心理分析和 20 世纪其他的心理治疗方法，又注重个体自我的作用。

（5）埃里克森强调道德的作用。虽然承认相对论，但埃里克森坚持认为，只有坚定的道德观念，才有可能支撑心理咨询师的积极建议以及对公众问题的心理治疗。

（6）埃里克森认为人类精神的发展应建立在对健康功能的理解之上，而不仅仅是关注病理学。他认为，虽然治愈的需求和对病理的洞察是非常重要的，但健康功能还应包含游戏想象的能力和彼此交往的能力。

（7）埃里克森把心理社会性的观点扩展到整个生命周期，同时也没遗漏重要的早期阶段。他之前的心理历史学家把这个观点扩展到历史背景中，弗洛伊德只强调本能的力量，却忽视了社会因素；埃里克森则将二者很好地结合起来。

（8）埃里克森认为把个人的观念和人生体验与公众关爱的事物联系起来，这是心理治疗学家的责任。这包括一些特定的问题，如青少年犯罪、种族主义和偏见、种族灭绝和疏离以及国际冲突等。

在理解埃里克森的心理社会性发展理论时，还需要重点关注以下几个问题。

第一，在埃里克森看来，虽然生物基础决定了心理社会性发展八个阶段产生的时间，但社会环境却决定了每个特定阶段危机能否顺利解决。基于这一原因，埃里克森把心理发展的八个阶段称为心理社会性发展阶段，以区别于弗洛伊德的心理性欲阶段。

第二，埃里克森并不认为解决危机的办法是完全积极或完全消极。相反，他认为危机的解决办法中兼有积极和消极两种因素，有时消极因素也并非毫无用处。只有在有利于积极解决的因素比消极因素所占的比率高时，才能说危机被积极解决了。如埃里克森认为，自主感应该强于疑虑感与羞耻感。儿童的勤奋感中也应有一点失败的经验，以便今后能经受住失败的挫折，但又不能经常遭受失败，经常失败就会产生自卑感。再比如，不信任感也有一点用处，它可以提高对外界危险的准备，但埃里克森认为，在人际关系中信任与不信任感要有一定的比例，信任感应该多于不信任感，这样才有利于心理发展。

（三）埃里克森理论与弗洛伊德理论的区别

埃里克森早年从安娜·弗洛伊德处学习精神分析理论，作为新精神分析学派的代表人物，他的心理社会性发展理论仍强调生物因素的重要性，但与弗洛伊德不同，埃里克森在如下几方面继承、发展和创新了前者的理论。

　　一是埃里克森提出了贯穿整个人生周期的心理社会性发展阶段。弗洛伊德的心理性欲发展阶段认为，人格发展的大部分最重要的东西在六岁之前就已经形成了，而埃里克森的心理社会性发展阶段则包括整个人生周期。他在弗洛伊德人格发展五个阶段的基础上，增添了三个成人期的新阶段。前几个阶段是发展，后几个阶段是成熟与完善，起决定作用的是前三个阶段，即六岁前。除了关爱儿童的发展以及成人对儿童发展的影响外，埃里克森的心理社会性发展的八个阶段的观点启示我们，成人本身还面临自己的发展任务，自我的发展是贯穿人的一生的，人生永远走在发展的路上，这对现代人尤为重要。

　　二是埃里克森将注意力从本我转向自我。埃里克森虽然仍强调潜意识的重要作用，但与弗洛伊德不同，他不是简单地把自我看成是本我和超我的奴仆，而是强调自我的作用，把自我看成是人格中一个相当有力的独立部分。埃里克森认为，自我的作用是建立人的自我认同感以及满足人控制外部环境的需要。当人缺乏自我认同感时会感到混乱和失望，从而产生自我认同危机。自我认同包括个体感、唯一感、完整感以及过去与未来的连续性，它对个体保持心理健康有着至关重要的意义。"自我"的相对力量能引导着心理性欲向合理方向发展，决定着每个人的"命运"。个人不再是社会力量的"玩物"，而是自身的主宰，埃里克森的这种乐观而富于创造性的人格观具有更现实、更积极的意义。

　　三是埃里克森赋予心理治疗目的以更多人文情怀。埃里克森强调的精神治疗目的与传统精神分析不同。他认为，今天的病人大都遭受"他应当信仰什么""他应成为什么样的人"等问题的折磨。埃里克森把成功地在人生八个发展阶段中获得希望、意志、目的、能力、忠诚、爱、关爱和智慧等美德的人看作健康的人。如果没有获得这些美德，那他们的自我就会比健康人的自我更加脆弱，帮助提供形成这些美德的各种条件正是治疗者的职责。可见，美德在形成健康心理中发挥着重要作用，这对后期积极心理学思想的形成与发展具有里程碑式的意义。在埃里克森看来，治疗过程的关键是增强病人的自我，使其达到有效处理生活问题的程度。埃里克森认为传统的发泄潜意识的治疗法弊大于利，而通过对病人自我认同各要素的重新整合，则会使患者的恢复工作更有效也更经济。

链接：【代表作《儿童期与社会》简介】

　　该书是埃里克森的第一部著作，收集了他 20 世纪 40 年代所撰写的文章，1950 年出版后使其迅速成为美国自我心理学的重要论辩者之一。本书以几位患精神分裂症的幼儿为实例，分析了儿童早期心理个性的形成与家庭、社会、环境和文化背景的关系，并指出母亲关爱是治疗儿童精神创伤的良方。本书主要内容包括了精神分析，特别是自我心理学和文化人类学两方面的材料，以及对现代国家的家庭形象的分析，表明了他的人格理论和心理历史观点的基本形成，并首次对人生周期以及诸如自我同一性的危机、合法延缓期等概念进行了描述和表达。作者特别强调自我在克服发展中的倒退和恶化，以及在防止潜能的消耗等方面所发挥的重要作用，以及人在个体发展中通过自身去克服心理危机的可能性。

链接：【代表作《同一性：青少年与危机》简介】

　　该书是埃里克森有关自我同一性理论的集大成之作，出版于 1968 年。作为新精神分析运动中"自我心理学"分支的旗手，在他的理论体系中，同一性是一个核心概念。早在 20 世纪 30 年代，他就提出有关同一性的见解，50 年代发表了一系列关于同一性的文章，60 年代后期，他将近 20 年来所撰写的有关同一性的文章做了整理和修订，即为此书。全书共 8 章，第 1 章为引言，对同一性的概念做了回顾；第 2、第 5 章，着重从治疗的意义上对同一性的概念进行探讨；第 3、第 4 章结合心理发展的 8 个阶段，阐述了自我同一性在各个阶段中的地位和性质。第 6 至 8 章则运用同一性的概念，探索了美国现代社会中的青少年问题、妇女地位问题，以及种族同一性的问题。特别是第三章中，他修订了弗洛伊德的心理性欲发展渐成说，提出了独树一帜的心理社会发展说，把人生分成 8 个心理发展阶段，每个阶段各有其中心任务（具体矛盾），该理论已成为阐释儿童青少年发展的经典之说。

三、埃里克森心理社会性发展理论对学校心理健康教育的启示

埃里克森心理社会性发展理论，强调个体心理发展中社会文化背景的作用，认为其心理发展受特定文化背景的影响和制约，因此，要将自我发展和环境影响结合起来。在他提出的八个发展阶段中，不少阶段几乎都是在学校中度过的。埃里克森的心理社会性发展理论强调，个体的心理发展是生物因素和社会文化因素综合作用的结果；心理发展在不同阶段面临不同的危机和需要解决的任务；各个阶段的心理发展是一个完整的连续过程，不能孤立看待。这些都是学校心理健康教育的重要理论根据。

（一）学校心理健康教育必须遵循学生心理发展规律

埃里克森关于个体心理社会性发展的八个阶段，为我们进行心理健康教育提供了理论上的支持和努力的方向，下面以第四阶段和第五阶段为例作一评述。

1. 第四阶段学龄期（7～12 岁）学生心理健康教育应注意的问题

（1）此阶段要完成的心理发展任务是体验以稳定的注意和孜孜不倦的勤奋来完成工作的乐趣。心理健康的学生，在这个阶段可以获得一种为他或她在社会中满怀信心地同别人一起寻求各种劳动职业做准备的勤奋感。相反，如果学生没有形成这种勤奋感，就会形成感到没有能力成为合格、有用社会成员的自卑感。埃里克森认为，能力是由于爱的关注与鼓励而形成的；自卑感则是由于学生生活中十分重要的"他人"对他嘲笑，或漠不关心造成的。

（2）此阶段的心理发展过程是完成任务与克服危机并存的。埃里克森认为，成人不仅要了解儿童在什么年龄不要做什么事，还要理解他们在什么年龄主动高兴做什么。成人往往以"不允许"和禁止的方式避免孩子心理发展出现问题与危机。但实际上，如果成人给孩子一定的自由空间，将控制与自由有机结合起来，对孩子积极引导和正面鼓励较之消极的反对和禁止更有利于健康心理的

形成。

（3）同此阶段联系的危险是，学生过分重视他们在工作能力方面的地位，看不到人类生存的其他重要方面。因此，必须鼓励他们掌握为未来就业所必需的技能，但不能以牺牲人类某些其他重要的品质为代价。否则，如果把工作作为他或她唯一的义务，把某种工作作为唯一有价值的标准，那么，他或她也许会成为一位因循守旧的人，成为他自己的技术和可能利用他的技术的那些人的毫无思想的奴仆，对这样的人说来，工作就是生活全部，而看不到生活的其他意义。

2. 第五阶段青春期（13~18岁）学生心理健康教育应注意的问题

（1）青春期的心理社会性发展任务是建立自我认同和防止自我认同混乱。自我认同贯穿于人的整个心理发展过程，但青春期自我认同的建立最为重要。进入青春期后，青少年就必须对自我发展中的一些重大问题进行思考并做出选择，把他们过去经验和对未来期望以及个人理想和社会要求进行整合。埃里克森认为，自我认同问题是青春期心理发展的核心，反映了青春期心理发展所遇到的矛盾和冲突的内在根源。

（2）青春期是自我认同形成的关键时期。此阶段青少年处于生理迅速发育成熟和心理困惑阶段，原已出现的自我认同达到发展高峰。埃里克森认为，对青少年的自我成长而言，自我认同形成是一种挑战，无论对求学或是就业的青少年来说都是困难的。进入青春期后，青少年的自我意识开始凸显出两个主要矛盾，即主观自我和客观自我的矛盾、理想自我和现实自我的矛盾。很多青少年因为不能化解这一时期的发展危机，出现自我认同危机。心理健康的青少年化解了危机，形成自我同一感，产生三方面体验：

第一，感到自己是独立而独特的个体；

第二，感到自己的需要、动机、反应模式是连续而且可整合的；

第三，感到他人对自己的评价和自我的觉察是一致的，自己所追求的目标以及实际目标的手段是被社会所认可的。

（3）此阶段应多鼓励青少年反省和参加实践活动，通过整合青少年理想自我和现实自我，形成自我同一感。自我认同的形成可通过两个过程实现。一是修正、改变理想自我，使之符合现实自我。应鼓励青少年多反省，使其更加清楚地了解自我，这是形成自我认同的前提。二是努力改变现实的自我，使之与理想自我一致。应鼓励青少年多参加实践活动，改变现实自我，使之与理想自我一致，或在实践中修正、改变理想自我，使之符合现实自我。

（二）用阶段性与连续性统一的观点看待学生人格发展

埃里克森认为，与个体生理发展的年龄特征类似，人格的发展和完善也不是一蹴而就的，而是按照一定的成熟程度分阶段向前推进的，同样存在着明显的年龄特征，每个阶段皆有发展的主要任务与目标，均要经历一场心理社会困境的考验。困境会导致发展危机的出现，也意味着发展机遇的来临，危机的成功解决会使个人和社会之间产生平衡，发展出积极的心理品质，进而进入下一阶段的顺利成长。反之，则容易导致一系列心理健康问题的出现，不利于个体的健康成长和良性发展。因此，学校心理健康教育工作应遵循学生身心发展规律，以个体人格发展的整体性、独特性、稳定性和社会性为核心，把握不同学段中学生的心理社会性发展任务，以促进其身心全面、和谐、有序发展。

基于幼儿的人格发展特点，埃里克森指出该阶段幼儿发展的主要目标是获得"主动感"，体验"目的"的实现，否则个体就会在自由发展的过程中遭遇创伤和挫折，导致心理危机的出现，进而引发一系列心理健康问题。而幼儿处于心理快速发展阶段初期，一旦出现心理健康风险，将给后期的心理发展带来无穷后患。因此，在该阶段开展心理健康教育，不仅是必要的也是必然的。小学生的人格发展延续了幼儿阶段的渐进趋势，进步与发展明显。埃里克森认为，小学生面临着新的发展任务，发展目标在于获得"勤奋感"。在该阶段除了要重视微观环境系统的影响外，还要关注中介系统对小学生人格发展的影响，尤其要关注同侪群体对他们发展的促进作用。如果小学生能够得到同伴和教师的支持与认可，则其勤奋感会进一步加强，并会体验到能力的实现。反之，则会形成自卑、焦虑等消极心理感受和问题行为，影响其健康成长。中学生人格发展所呈现的诸多标志性特点，预示着青少年新的发展任务的到来，青少年在该阶段需要形成自我认同感，防止角色混乱。要建立自我认同感，就必须对内部的自我和外部的环境有充分的认识，否则就极易产生自我认同感危机，导致诸多心理困扰和生活适应问题。因此，面向全体学生的心理健康教育目标之一是使中学生进一步认识自我。尽管大学生的人格发展逐步趋于完善，但大学生即将面临学业、社交、恋爱、职业选择等一系列人生的重大课题，容易给大学生的心理健康带来新的危机。埃里克森认为，该阶段个体面临的主要任务是建立良好的社会关系以获得"亲密感"，但由于大学生人格发展仍然存在一定的不足，他们难免会出现人际交往问题（如社会排斥、社交回避和苦恼等），陷入孤独感之中。因此，该阶段心理健康教育的首要任务是着力提升大学生的人际交往能力。

　　一言以蔽之，学校心理健康教育，从人格发展的视角考察是有规可循的，埃里克森的"人格发展观"是其理论基础。另外，人格虽有多种成分和特质，如需要、动机、态度、兴趣、理想、信念、气质、性格、能力和价值观、行为习惯等，但在一个活生生的人身上它们不是孤立存在的，而是一个相互联系、相互影响的有机整体。特别是随着年龄增长，人格的发展呈现出连续性和阶段性的特点，处于特定年龄阶段的人格特征都是围绕着一个特定优势主题或发展任务而组织起来的，小学阶段和中学阶段的人格特征及其表现形式是有差别的，如同样是焦虑，在小学生中表现为同学、同伴关系的紧张，在中学生中则更多表现为缺乏学业信心，而人格发展的完备程度又在一定程度上左右了个体的心理健康水平。因此，心理健康教育可以参照人格发展的一般规律，针对不同年龄段学生面临的发展任务和心理困境，促进积极心理品质的协调发展，帮助他们妥善解决心理矛盾，对可能出现的心理困扰和行为问题进行积极的预防和指导。

（三）用发展的观点看待学生的心理成长

埃里克森认为，健康心理是以八个阶段各种危机的积极解决所形成的相应积极品质为特征的。但每个阶段危机解决的结果却不是一成不变的，后面的发展阶段有其自身的相关问题，可以为新的发展和可能结果提供改变的机会。埃里克森认为，前一阶段任务完成的好坏，直接影响后一阶段的发展，而后一阶段如果条件好转，也可补偿前面阶段的不足。在某一阶段未获得积极品质的人，还可通过以后的发展阶段逐渐得到补偿。而那些曾经获得积极品质的人，也可能在以后的生活中失去它。因此，要用发展变化的观点看待个体的心理成长。但这并不意味着各个阶段在心理发展上不重要。恰恰相反，埃里克森一再强调，每个阶段都是不可忽视的，任何年龄段的教育失误，都会给一个人的终身发展造成障碍，自我的发展是持续一生的。

埃里克森认为，每个发展阶段都有相应的重要影响人物。第一阶段是母亲，第二阶段是父亲，第三阶段是家庭成员，第四阶段是邻居和学校师生，第五阶段是同伴和小集体，第六阶段是友人，第七阶段是一起工作和分担家务的人，第八阶段是整个人类。在不同阶段发挥这些重要"他人"的作用，对健康人格的形成大有裨益。埃里克森认为，每个发展阶段的危机同时也意味着转机，如果重要影响人物能从危机中看到生机，也可利用危机促使个体心理向积极方面转化。

此外，埃里克森认为，个体的心理发展是自我与社会文化相互作用的产物，各个阶段心理危机的产生以及危机的解决都与社会文化环境密切相关。在他看来，现代人的一切心理变态都是人的本性需求和社会要求不相适应所致，而人在克服心理与社会的矛盾和危机时，很大程度上是依赖个体的心理社会经验。因此，社会环境决定了各个阶段危机能否得到积极解决。因此，在学生健康心理的形成过程中，就不仅应强调其个人的心理发展，还应注重社会文化环境的作用。比如，学龄期儿童进入学校后，第一次接受社会赋予他并期望他完成的社会任务。此时影响儿童心理发展的重要人物已由父母转向同伴、学校和其他社会机构。如果能得到成人尤其是老师对他们在学习、游戏等活动中取得成就的称赞和奖励，他们将以成功、嘉奖为荣，形成乐观、勤奋的人格；反之，如果经常受到呵斥或成就受到漠视，就容易形成自卑感。显然，教师在培养这个阶段儿童的勤奋感方面具有特殊作用。

四、结语

综上所述，走过 20 世纪 92 年生命历程的著名心理学家埃里克森，因其生命周期理论闻名于世，即他提出的心理社会性发展八个阶段的理论为世人所知。埃里克森告诉我们，个体的心理发展并不止步于童年期，自我的发展是持续一生的任务。心理发展的八个阶段各有其危机，危机不是一次使人变得虚弱的冲突，而是一段使人改进弱点、提升潜能的时期，危机同时也蕴含着成长的转机。

埃里克森有着与众不同的经历，他曾是一个不知道父亲身份的孩子，一个"试错"成为精神分析学家的艺术家，一个因受迫害离开故土的移民，一个有缺陷孩子的父亲。同时必须承认，他也是一个有着非凡智力，却从未获得过大学学位的哈佛教授。埃里克森出生于德国，后成为美国心理学家，他年轻时游历欧洲学习艺术，后在维也纳找到学术方向成为一名儿童精神分析学家，他逃离纳粹掌控下的欧洲，在美国建立了生活家园。埃里克森的生活经历和他的理论发展密切相关，其生命周期理论强调生命周期的转换以及个人随年龄增长会不断面临新的危机。这同时也是他在 92 年的生命历程中多次体验到的地理和文化"移民"经历的真实写照。埃里克森的著作在人类学、宗教、生物学、历史学、哲学、传记以及医学等不同领域被阅读和讨论。他的理论与新的跨学科领域的发展联系在一起，他提出的概念把心理学和其他学科联系在一起，如心理社会性的，心理历史学的，心理传记的。他的心理传记《青年路德》(*Young Man Luther*)(1958)和《甘地的真理》(*Gandh's Truth*)(1969)，探索了个人能力的发展和社会历史的融合，后者还赢得了普利策奖(Pulitzer Prize)。其人生轨迹，可圈可点。

　　和所有其他杰出学者一样，埃里克森的影响也超越了心理学领域。晚年的埃里克森不仅是一位知名教授，还是一位伦理哲学家，开始关心 20 世纪人的道德和政治问题。他后期的研究已经深入美国资本主义社会的一些棘手问题，如黑人的社会地位、妇女地位的变迁、青少年异常行为等。其自我心理学也越出了精神分析的临床范围，与习性学、历史、政治、哲学和神学联系在一起，同时埃里克森的声望也远远超越了美国国界。

第三章

————

荣格：人类灵魂与心理健康奥秘的探索者

卡尔·古斯塔夫·荣格是现代著名的心理学家和精神病医生，分析心理学（analytical psychology）的创立者。他早年曾与弗洛伊德合作，后来由于两人观点不同而分裂。1875 年 7 月 26 日，荣格出生在瑞士北部著名的莱茵河瀑布旁边的一个小村庄里。

一、荣格的生平与学术事迹

荣格的名字源自他的祖父、巴塞尔大学医学教授的名字。他的父亲是瑞士一座教堂的牧师，父亲的情绪反复无常、变幻莫测。他的母亲是一位主教的女儿，也有情绪障碍，且行为诡谲多变。当荣格才几个月大的时候，全家搬到了洛芬城牧师住宅区。荣格父母亲之间的关系经常很紧张，在很小的时候，荣格就学会了不要信任这个世界上的任何其他人。他从理性的意识世界转向了梦、想象和幻想的世界，这成为他孤独童年的主导，并贯穿了他的整个成年生活。

当荣格 11 岁的时候，离家前往巴塞尔高级中学就读。沉闷乏味的学校生活让荣格感到无趣，他频繁发作昏厥疾病以逃避学校的学习。虽然父母很担心，但他自己却兴奋地利用在家休息的时间，大量阅读自己喜欢的书籍。直到有一次偶然听到父亲跟朋友的谈话，他才如雷轰顶，大梦方醒。从那以后，荣格在学习上发奋努力，成绩快速上升。与此同时，他仍然保持着广泛阅读的好习惯，并常常跟同学聊起他们不知道的知识和显得古怪的思想。荣格描绘自己的青少年时代是一个孤独而书生气十足的人。

随后，荣格进入了巴塞尔大学学习，并于 1900 年获得了医学学位。一开始他对历史、哲学和科学都很感兴趣，由于全家都依靠着父亲做牧师的微薄收入生活，所以荣格放弃了就业机会较少的人文学科，选择了医学专业。在大学期间，除了挤出时间阅读哲学书籍，荣格还经历了几次神秘现象的体验。其中一次的神秘现象是，一把放在篮子里的面包刀突然碎裂成一堆碎片，出于对神秘现象的好奇和兴趣，荣格把这些碎片一直保留到晚年。在大学快要结束的时候，荣格为准备最后的考试而阅读了由克拉夫特–埃宾（Krafft-Ebing）撰写的关于精神病学的教科书，24 岁的他立刻意识到，精神病学研究正是他命中注定要从事的职业。当时，精神病学是很没有前途的"荒唐"职业，他的老师都为他的决定感到惊讶。

1900 年年底，荣格接受了苏黎世布尔霍尔兹利精神病医院助理医生的任职。这个医院的院长欧根·布洛伊尔（Eugen Bleuler）因擅长治疗精神病并发展了精神分裂症的理论而闻名全世界，荣格庆幸自己能有机会在这样一位名人的指导下工作。1902 年，他还去巴黎跟著名的法国精神病学家皮埃尔·让内（Pierre Janet）学习了几个月。但真正给荣格思想以巨大影响的，却不能不首推弗洛伊德。在布尔霍尔兹利医院里，荣格一面观察病人，一面广泛阅读有关精神病学的书籍，提出了与弗洛伊德的精神分析发生联系的有关精神病的原因及治疗方法的观点。这期间，他逐渐熟悉了弗洛伊德的研究，并看到了其与自己工作的紧密关系。1906 年 3 月荣格给弗洛伊德写了第一封信，弗洛伊德为有一个非犹太人认可自己的思想感到非常高兴。1907 年，弗洛伊德邀请荣格到维也纳做客，两人的第一次会面可谓是相见恨晚、一见如故，谈话持续了整整 13 个小时。此后，他们保持了 6 年的私人关系和事业上的友谊。

1903 年，荣格与爱玛·罗森贝克（Emma Rauschenback）结婚，她协助荣格的工作一直到她 1955 年去世。1905 年，荣格 30 岁的时候，成了苏黎世大学精神病学的讲师并提升为医院的高级医生。1909 年，荣格与弗洛伊德同时受邀到美国克拉克大学讲学，他们在一起度过了为期 7 周的旅途生活。在讲学期间，荣格还与威廉·詹姆斯(William James)成了好朋友,詹姆斯在哈佛教授哲学、生理学与心理学,是实用主义运动中的领袖人物。荣格于 1909 年辞去了医院的职务,专心于迅速扩大的私人业务。1911 年,在弗洛伊德的坚持下,尽管遭到维也纳精神分析协会许多成员的反对,荣格成为国际精神分析协会的第一任主席。这之后不久,荣格同弗洛伊德的关系就开始显现出紧张的迹象。到 1912 年的时候,他们中断了个人之间的通信。1914 年,荣格辞职,退出了国际精神分析协会。

虽然弗洛伊德称荣格是他的长子、王储和继承人,荣格自己也一度把自己列为弗洛伊德的信徒,但是,他从不会不加批判地接受弗洛伊德的理论。在他们建立联系的初期,荣格的确努力压抑自己的怀疑和反对意见。但当他 1912 年写作《无意识心理学》时,感到痛苦不堪,他意识到其中的观点同正统精神分析有着显著的差异。从 1913 年开始,荣格进入了一段长达三年之久、没有多少著述而近乎隐居的生活时期。这段时期,他把所有的时间都花费在分析自己所做的梦和所产生的幻觉上,他要通过这种方式来对自己的无意识领域做一番探索。也正是在这一时期,荣格通过对诺斯替教(一种早期基督教的异端学说)、炼金术(是化学与心理学在古代与中世纪的精神先导)以及亚洲思想(尤其是印度和中国的哲学思想)的研究,开始提出了他的有关人的本质与心理治疗法的独特观点。

随着他的第一部主要著作《心理类型》(*Psychological Types*)于 1921 年问世,荣格完全从自我反思的时期走了出来。在此书中,荣格提出了划分和理解不同人格类型的方法。从这部书到第二次世界大战前的最后一部主要著作《心理学与宗教》(*Psychology and Religion*),荣格先后撰写和出版了 60 多部书籍、文章与讲演集,这些著述基本上确立和阐明了他的主要观点。他运用集体无意识和原型对梦的分析,使他成为人类历史上最著名的释梦专家。他认为,心理治疗的目的是发展健康的人格,而不是消除症状。他关于内倾和外倾的区分以及对心理类型的划分,使他在个体差异的理论研究和应用领域都获得了广泛的声誉。

值得一提的是，在此期间，他通过与德国汉学家理查德·维尔海姆（Richard Wilhelm）合作，深入了解和研究了东方宗教、炼金术和神话，出版了一些著作。1934 年，荣格创建国际心理治疗医学学会并任主席。在第二次世界大战时期，荣格继续著述与工作，坚持研究诺斯替教与炼金术，对亚洲哲学思想的兴趣也没有间断。不过，他的健康状况受到了威胁，他遭受着心脏病的严重折磨，1944 年在医院待了很长的一段时间。

链接：【荣格生平重大事件】

1875 年 7 月 26 日，出生于瑞士凯斯威尔镇。

1886 年，就读巴塞尔高级中学。

1895—1900 年，在巴塞尔大学就读自然科学专业。

1903 年 2 月 14 日，与爱玛·罗森贝克赫结婚。

1906 年，与弗洛伊德开始书信往来。

1910 年，撰写《力比多的转化与象征》。

1912 年，宣布与弗洛伊德决裂。

1914 年，辞去国际精神分析学会主席职务。

1921 年，《心理类型》出版。

1936 年，获哈佛大学荣誉博士学位。

1938 年，获牛津大学荣誉博士学位。

1944 年，心脏病突发，退出教学生涯。

1953 年，《荣格文集》在美国纽约出版。

1958 年，德文版《荣格文集》开始出版。

1961 年 6 月 6 日，于家中逝世。随后葬入库斯那赫特公墓。

为了更彻底地恢复健康，荣格在第二次世界大战后正式退休了。1948 年，荣格的学生、患者和一些亲密的同事、朋友从各地云集苏黎世，成立了以研究荣格思想为核心的学术团体——苏黎世荣格学院，他担任第一任院长。1958 年，在其学生与同事的积极催促鼓励之下，荣格与安妮拉·雅菲（Aniela Jaffe）

一起开始写作自传，其逝世后此自传以《回忆·梦·反思》(*Memories*, *Dreams*, *Reflections*)为标题出版。在这一时期，荣格接受了许多嘉奖与荣誉学位，并在全世界受到尊崇。1961 年 6 月 6 日，86 岁的荣格在家中逝世。去世之后，他的影响力越来越大，经过整理出版的《荣格文集》(*The Collected Works of C. G. Jung*)多达 19 卷。

二、荣格分析心理学理论产生的历史背景

荣格的理论与思想博大精深又晦涩难懂，很长一段时间里，人们提及这一点时往往讳莫如深，怯而止步。随着时间推移，人们对荣格的理论与思想越来越感兴趣。荣格的研究领域大多是世人知之甚少或完全无知的世界，他对无意识和种种人生神秘现象的分析和论述，他对人格、人性和人类灵魂的认识，不仅本身蕴含着丰富的心理健康思想，而且很多直接应用于他的心理治疗实践。尽管受到一些批评，但荣格诸多具有原创性的理论与思想启发了很多后来者，成了很多新思潮、新流派的理论先导。此外，由于受到来自东方宗教与文化的影响，荣格也是一位东西方心理学相结合的先行者。

1875 年荣格出生时，瑞士还处于保守与封闭之中。宗教生活渗透到生活的各个方面，两性关系秘而不宣，神经症和精神病患者急剧增加，尤其涉及性以及性压抑的疾病，往往被人们忽略或默默忍受了。世纪之交，西方人文、社会科学大大发展，人们开始反省以往的科学历史，一些新的思潮和理论不断涌现。哲学上，科学主义和人本主义时分时合，以生物学和物理学为龙头学科的自然科学飞跃发展，心理学分支逐渐完备，各流派从各自不同的维度把握着对人类心理的研究，特别是以弗洛伊德为代表的精神分析学派，将无意识引入对人的研究之中。同时，工业技术和自然科学的发展，一方面促进了资本主义的繁荣，另一方面也产生了不可调和的社会经济矛盾。1929 年至 1933 年，世界性经济危机席卷资本主义国家；1941 年至 1945 年，第二次世界大战危及全人类。荣格面

临着一个动荡的、理性与非理性激烈冲突的时代。

首先，哲学上，荣格受到了叔本华、尼采等人的生命哲学的巨大影响。19世纪末20世纪初，人们在重新开始强调理性的同时，也将目光投向了沉寂于人类心灵深处几千年的非理性。荣格面临的时代，是尼采、叔本华时代的继续，他们用同一视角观察世界，意识到随着西方文明的发展，人类本质中很重要的一面正在被忽视。宗教的衰败，象征文化的丧失，人类心灵中的非理性成分在理性的禁锢下挣脱出来，正在寻求某种形式的发泄。叔本华和尼采都强调要为生命和本能争取权利，荣格在他们那里找到了与自己的集体无意识和原型理论具有的一致性。例如，荣格对外倾与内倾的划分，与尼采的日神精神和酒神精神就有着一定的关联性。

其次，科学上，进化论、生物科学的发展，为荣格的理论提供了坚实的技术基础。生物科学的飞跃发展，改变了人们对于自身的思考方法。尤其是19世纪最伟大的发现，进化论使与人相关的研究领域能够从生物科学中汲取营养。荣格的分析心理学，从科学观、方法论一直到具体维度和概念的运用，许多范畴都是直接从进化论思想中吸收而来的。例如，原型概念就是综合了当时获得性法则和基因变异两种进化观点发展而成的。此外，神经科学、心理学、人类学和历史学的发展，也为分析心理学提供了发展和完善的基础。例如，人类学的研究开始强调人类成长的渐进性，原始人与现代人的关联性。荣格的集体无意识，实质上正是强调人类心灵深处的统一和完整。与此同时，荣格还亲历非洲、美洲许多部落，以检验自己的理论。

再次，精神病学的迅速发展，为荣格提出自己的分析心理学思想奠定了重要基础。其一，催眠术的出现，使精神病学家找到了探索人类深层心理现象的方法。其二，梦游症、癔症等一些关键性精神疾病开始受到真正的重视。其三，多重人格逐渐被世人认识并得到接受。其四，专业人士开始从多学科的角度，深入探讨神经症的病因，精神病学不再"孤独"发展。沙可（Jean Martin Charcot）、让内等精神病学家开始强调心理因素的致病作用，并确立了神经症的心因说，使神经症的概念有了进一步发展。此外，精神病学的治疗方法开始强调催眠的暗示。这些发生在精神病学理念、技术和方法上的深刻变革，大大开阔了荣格的研究视野，尤其是后来弗洛伊德提出的精神分析理论，更是直接促成了他提出自己的分析心理学理论。

最后，正像许多其他伟大的思想家一样，荣格的理论与思想也受到了他个人经历的影响。荣格出生在一个牧师家庭，除了他的父亲，荣格家族中有很多长辈都是牧师。因此，他从小就接触与宗教有关的各种现象和仪式。加之他本人内倾和反省的性格，从小就陷入了充满宗教、梦、幻觉和神秘体验的主观世界之中，并贯穿其一生的经历，他晚年所出的自传也名为《回忆·梦·反思》。而且，荣格曾到亚洲、非洲等很多地方游历，考察和分析了世界上很多民族和地区的宗教、神话、炼金术和其他文化现象。这些都为他提出集体无意识和原型思想提供了直观的体验、素材和思想来源。此外，在终其一生的自我分析过程中，荣格本人的中年危机导致他重视人格的发展，尤其强调中年期的个性化过程。可以说，荣格的思想具有一定自传的性质。

链接：【代表作《潜意识与心灵成长》简介】

由于做梦的绝对排他性，而它本身又具有难解性和一定的神秘性，因此，自古以来许多人虽试图揭开梦的奥秘，但迄今恐怕并无重大突破。该书作者所持的观点，对梦的解析都是沿袭弗洛伊德的基本理论体系，只是在某些观点或对梦的具体解析上有所不同。全书包括探索潜意识、古代神话与现代人、个体化的过程、视觉艺术中的象征主义和个体分析中的象征等五个部分。作者反对弗氏以性欲来解释一切人类行为的做法，而发展出他自己的"分析心理学"，研究心灵的结构与动力，其中包括对心理类型（内倾与外倾）的描述、对人类"集体潜意识"的探索，以及研究人类有目的的心理发展来体现"个体化"过程的概念等。

链接：【代表作《心理类型——个体心理学》简介】

作者把这部书的副标题确定为"个体心理学"，而且在这里也确认了其哲学思想的基本原理。这部著作从根本上使他与弗洛伊德、阿德勒学说区别开来，并向国际学术界显示了他——荣格的存在。其价值在于，事实上它是对心理学领域的一种成熟的、有意识的概观。该书探讨了个人与世界、他人和事物的关系，识别并描述了一系列基本的心理过程和五花八门的意识层面，揭示了这些过程怎样以不同的组合决定一个人的性格。致力于把研究普遍规律和过程的一般心理学，转变为描述一个特殊个体的独特性格和行为的个性心理学。全书共分为两部分，第一章至第九章主要从世界思想史的角度，从个体心理出发，勾勒两种心理类型——内倾和外倾，四种心理功能——思维、情感、感觉和直觉——的历史演变。最后两章是第二部分，它是作者思想系统的逻辑展示，是对第一部分的理论总结。前一章为类型学总结，后一章则对他思想中的主要概念作了界定和阐述。这两部分一是从历史的线索，一是从逻辑的线索，纵横交错而从整体上展示出他的类型学观念。

三、荣格分析心理学理论及其心理健康思想

（一）分析心理学的核心概念

在荣格庞杂的心理健康理论思想中，集体无意识和原型是他的核心概念，贯穿于其关于心理治疗的思想与方法、人格理论以及对宗教、幻觉与神话等各种问题与现象的论述之中。

1. 集体无意识

荣格描绘了两种水平的无意识心灵。在我们的意识觉察之下是个人无意识。它包含着在个人生活中被压抑或遗忘的记忆、冲动、欲望、模糊的知觉和其他一些经验。个人无意识隐藏得并不深，来自个人无意识的事件可以很容易地返回到意识觉察水平。

个人无意识中的经验群集成情结（complex）。情结是一些有着共同主题的情绪和记忆模式。通过专注于某些观念（如权力或自卑），一个人表现出某种情

结，因而影响着行为表现。因此，情结在本质上是整个人格中较小的人格。

在个人无意识下面是集体无意识（collective unconsciousness）。它是个体不了解的。集体无意识中包含着以往各个世代累积的经验，包括我们的动物祖先遗留下来的那些经验。这些普遍性的、进化性质的经验形成了人格的基础。但是，集体无意识中的经验是无意识的，我们并不能觉察它们，也不能回忆起或者具有它们的表象。

2. 原型

在集体无意识中，那些遗传倾向被称为原型（archetype）。原型是心理生活的先天决定因素，它使得个体在面临类似的情境时与祖先产生同样的行为方式。在与诸如出生、青春期、婚姻和死亡或者极端危险情境等一些重要生活事件相联系的情绪形式中，我们会明显地体验到原型的存在。

当荣格研究古代文明中的神话和艺术创造物时，他发现了一些共同的原型象征的存在。这种原型象征的共同性甚至存在于在时间和距离上相距得如此遥远，以至于相互之间根本不可能发生直接影响的文化之间。他在病人报告的梦中也发现了这些象征的遗迹。所有这些材料都支持了他的集体无意识概念。出现频率最高的原型是人格面具（persona）、阿尼玛（Anima）和阿尼姆斯（Animus）、阴影（shadow）和自性（self）。

（1）人格面具是当我们与其他人交往时，掩盖我们真实目的的假面具。当我们想要出现在社会中时，这个假面具就代表着我们。因此，人格面具同个体的真实人格可能是不一致的。人格面具的概念类似于角色扮演概念。角色扮演指的是在不同的情境中，我们根据其他人的期待产生行动。

（2）阿尼玛和阿尼姆斯这两个原型反映了这样一种观念，即每一个人都展示出异性的某些特征。阿尼玛指男人身上的女性特征；阿尼姆斯指女性身上的男性特征。就像其他原型那样，这两个原型也产生于人类种系的原始过去，那时的男性和女性采纳了异性的行为和情绪倾向。

（3）阴影原型代表着我们阴暗的自我，它是人格中的动物性部分。荣格认为阴影是从低等生命形式遗传而来的。阴影包含着不道德、激情的、不可接受的欲望和活动。阴影促使我们做通常我们不愿意做的事情。而一旦做了这些事情，我们有可能认为某种东西控制了我们。这个"某种东西"就是阴影，是我们本性中的原始部分。阴影也有它积极的一面，因为它也是自发性、创造性、顿悟和深刻情感的源泉。所有这一切，对于完整的人性发展都是必要的。

（4）荣格认为自性是最重要的原型。自性综合和平衡无意识的所有方面，给人格提供了整体性和稳定性。荣格把自我比作朝向自我实现的内驱力。在荣格那里，自我实现指的是能力的和谐、完整和全面的发展。然而，荣格认为自我实现要到中年之后才能实现，因为中年是人格发展最关键的时期。在这个时期，人格经历着必然的和有利的变化。

在荣格看来，现代人虽然在科技发展和改造外部世界方面取得了巨大的成就，却远离了人类的集体无意识和原型，这造成了意识与无意识的失衡，产生了普遍的精神问题。人类的历史就是不断地寻找更好的象征，即能够充分地在意识中实现其原型的象征。现代象征大部分由各种机械、武器、技术、跨国公司和政治体制所构成，实际上是阴影原型和人格面具的表现，它忽略了人类精神的其他方面。荣格迫切希望人类能够及时创造出更好的（统一的）象征（如曼陀罗），从而避免在战争中自我毁灭。

（二）分析心理学的治疗思想与方法

从精神分析理论的历史发展过程中我们看到，在弗洛伊德正统的精神分析作为主流的心理治疗领域，先有弗洛伊德的大弟子阿德勒创立自己的"个体心理学"，之后荣格也为了与精神分析区别开来，而把自己的治疗思想称为"分析心理学"。由于荣格的很多治疗思想都隐含着与精神分析进行对话并企图超越后者，所以要厘清荣格的心理治疗思想，离不开辨识荣格与弗洛伊德观点的分歧点。

荣格和弗洛伊德的观点主要有三点分歧：①首先是对力比多概念的解释，

弗洛伊德认为，力比多是性能量，早年力比多冲动受到伤害会引起影响一生的后果。荣格认为，力比多是一种广泛的生命能量，在生命的不同阶段有不同的表现形式。②荣格反对弗洛伊德关于人格为童年早期经验所决定的看法。荣格认为，人格在后半生能由未来的希望引导而塑造和改变。③前两个分歧导致两人对人性本身持有不同的看法。荣格更强调精神的先定倾向，反对弗洛伊德的自然主义立场，认为人的精神有崇高的抱负，不限于弗洛伊德在人的本性中所发现的那些黑暗面。

基于以上认识与理解，荣格认为心理治疗的目标是发展人格，而不是治疗症状。在荣格看来，神经症症状是人们的精神尝试自我调整的一种企图，是病人在无意识深处想获得更完整人格的一种外部表现。神经症症状又往往表现为情结，要使人格得到发展，就必须把这些情结与人格整合起来。如前所述，情结是个体一组一组的心理内容聚集在一起形成的心理丛，具有浓厚的情绪色彩，构成了心理生活的个体的、私人的方面。最初，荣格在使用词语联想测验进行研究时发现，当刺激词与病人心目中一些不愉快的事物联系时，回答的反应时间就会延长。这时若将病人延续做出反应的几个词选出来分析，就会发现其潜藏在表面下的深层含义，即无意识的情结。心理治疗的目的，就是使患者无意识深处的情结内容得到充分表露，成为意识到的东西。进而在自觉意识的指导下，使意识与无意识达到完满的和谐状态，这同时也是发展人格的过程。

像其他分析治疗家一样，荣格也使用释梦的技术来分析病症，不过他比以往任何一个释梦专家都走得更加深远。他不同意弗洛伊德关于象征是受压抑的欲望的伪装表现这一基本观点。在荣格看来，梦的象征，以及其他任何象征，是阿尼玛、人格面具、阴影和其他原型希望个性化，希望把它们统一为一个和谐平衡的整体的尝试。梦和象征不仅指向过去，也指向未来，具有预期导向，是实现人格发展这一最终目标的蓝图。如果变换一种角度来考察，那么，梦也可以是一种补偿；它试图补偿精神中所有那些遭到忽视，因而也就未得到分化发展的方面，企图以此造成某种平衡。因此，荣格不赞成鼓励病人进行自由联想，而是强调抓住梦的主题让病人进行积极想象（active imagination）。而治疗师则需要通过综合文学、艺术、历史、神话、宗教，以及病人的知识背景和最近经历等多种渠道的信息，对病人所做的梦的系列进行放大，以挖掘其中具有象征意义的无意识和原型。这种放大的方法需要分析者本人具有相当渊博的学识。

经过多年临床实践，荣格总结出分析心理学的 4 种治疗方法或说 4 个阶段。①倾诉法（宣泄法）。病人可以通过精神宣泄，重新发现那些被压抑或遗忘的东西，宣泄的目的就是达到彻底的倾诉，使病人不仅从理智上承认这些事实，而且自愿用心灵来巩固这些事实，从而真正释放出被压抑的情感。倾诉法对单纯、幼稚的人效果很好，但不适于意识程度很高的人。②解释法。许多病人在接受宣泄治疗之后，神经症症状消失，却陷入与医生的依恋关系之中，发生移情。此时，医生应尽力借助对梦和幻想的分析，来向病人解释他投射到医生身上的东西，并指出这种投射的不合理，使病人回到现实社会中来。③教育法。很多时候，病人完全理解自己的病因，却像个孩子一样无能为力。医生要对病人反复开导，不断进行强化和练习，使他们的一些习惯成为适应社会道德要求，符合社会标准的新习惯，进而使他们成为得到社会认可的健康人。④个性化方法（转变法）。每个人的需要各不相同，治疗要在医生积极的引导下，通过医生和病人的相互影响与沟通，使双方共同了解病人的内心世界。与此同时，医生也要不断地洞察自己的内在人格，与病人一起发生转变。

四、荣格心理类型和人格发展理论及其心理健康思想

（一）心理类型划分的维度

荣格关于心理类型的学说是非常著名的，1921 年出版的《心理类型》是其最有名的著作之一。他根据力比多（生命能量）的指向，把人分成外倾和内倾两种类型：外倾的人能量指向自我之外的外部事件和人，容易受到环境中各种力量的影响，他们喜欢社交，在各种情景中都充满自信；内倾的人能量指向自身内

部，他们抵制外部的影响，沉默并具有反省性，在面对其他人和情景时，他们显得信心不足。

在划分了外倾和内倾两种类型之后，荣格又将心理功能分为四种：思维、情感、感觉和直觉。思维是提供意义和理解的概念形成过程，情感是权衡和评估的主观过程，感觉是对物理对象的有意识知觉，直觉则是无意识方式的知觉。

(二) 人的 8 种心理类型

荣格进一步将人不同的心理机能与外倾或内倾相结合，产生了 8 种不同的心理类型或性格类型。

1. 外倾思维型

追求客观知识，这类人的典型代表通常是科学家。外倾思维型的人通常倾向于压抑自己天性中情感的一面，他们的思维往往超过了情感，因而在别人眼中，他们可能显得缺乏鲜明的个性，甚至显得冷漠和傲慢。如果这种压抑过分严厉，情感就会采取迂回甚至病态反常的方式来影响性格。

2. 外倾情感型

这种类型的人使理智服从于情感，受他们的感情与情绪驱动，并且随外界的变化而变幻莫测，女性居多。她们往往多愁善感，强烈却短暂地依恋他人，她们的爱可以轻易地转变为恨。外倾思维型的病态类型由于思维功能被过分压抑，因而在发展理智方面会遇到困难。

3. 外倾感觉型

这种类型的人喜欢积累关于外部世界的事实或感觉的名目，通常是男性。他们是现实主义者、实用主义者，头脑精明，但对事物的意义漠不关心。他们热切地寻求感觉、快乐和刺激。他们中的极端者或者成为粗陋的极端主义者，或者成为浮夸的唯美主义者。他们容易产生各种各样的执迷不悟。

4. 外倾直觉型

这种类型的人反复无常、性情多变，通常体现在女性身上。由于思维不受重视，她们很容易从一种心境跳跃到另一种心境。她们有许许多多兴趣爱好，但很快就会厌倦并放弃这些爱好，缺乏一种坚持到底的精神。

5. 内倾思维型

这种类型的人喜欢独自一人、安静地思考，哲学家和心理学家往往属于这种类型。他们希望理解的是他个人的存在。在极端的情况下，他探测自身的结果可能与现实几乎不发生任何关系，他最后甚至可能隔断与现实的联系而成为精神病患者。

6. 内倾情感型

这种类型的人更多的是女性，她们把自己的感情深藏在内心，而不是炫耀出来。她们往往沉默寡言、难以捉摸、态度既随和又冷淡，并且往往有一种忧郁和压抑的神态。然而，她们也能够给人一种内心和谐、恬淡宁静、怡然自足的印象，有一种神秘的魅力。

7. 内倾感觉型

这种类型的人远离外部客观世界，他们沉浸在自己的主观感觉之中。与自己的内心世界相比，他们觉得外部世界了无生趣。他们看起来沉静、随和、自制，而实际上由于在思想和情感方面的贫乏，他们并不是十分有趣的人。

8. 内倾直觉型

这种类型的人最典型的代表是艺术家，而且包括空想家、预言家、幻想家和疯狂者。他们往往被朋友们看作不可思议的人，而他自己则把自己看作不被理解的天才。由于他禁闭在一个充满原始意象的世界里，很难有效地与他人进行沟通和交流。与内倾思维型相比，他们的兴趣停留在自己的直觉范围内，不能对现象做出深刻的理解。

(三) 心理类型划分的影响和意义

荣格的心理类型学说，使他成为人格差异研究的重要开拓者，其理论来源于他在实用心理学领域近20年的工作积累，其中不仅集聚了他在精神病和神经病治疗方面的无数印象和经验，而且包含了他与所有社会阶层的人的交往和接触经历。在 20 世纪 20 年代，美国的迈尔斯和布里格斯根据该理论编制的职业性格匹配测验（Myers-Briggs Type Indicator，MBTI），直到现在，一直得到职业应用领域广泛的应用，并受到多方一致好评。

从心理健康的角度来说，荣格的心理类型不仅指出了不同的人格类型，而且揭示了心理机能背后的规律。我们不仅可以通过不同的心理类型认识自我和他人，而且，通过对自我的把握，通过对不同心理倾向和功能可能存在缺陷的认识，通过了解不同心理机能相辅相成的特点和规律，从而来指导我们塑造和发展自己的人格，促进我们的心理健康。

(四) 人格发展学说

如前所述，荣格认为心理治疗的目的就是发展个体的人格，因此，在他看来，心理健康必然包含了健全的人格发展。事实上，荣格的一生都在努力调适自身的内在矛盾，他不断地将自己的现实生活与梦、宗教、神秘体验等无意识世界相整合。在荣格看来，心理健康的标准就是在意识的指导下，使意识心灵和无意识内容融为一体。荣格将这一过程称为"个性化"（individuation）或"自我实现"（self-realization）。个性化的特点就是把精神的各种非自我方面——如阴影、人格面具、阿尼玛、阿尼姆斯，以及在人格中不占主导地位的态度和功能类型等——加以强化、区分和整合，使之成为意识的过程。在研究内倾、外倾和心理类型的过程中，荣格认识到，在个性形成过程中没有绝对的一面，应采取一种居间的立场。只有这样，人格才会保持一种平衡状态。因此，个性化虽然强调个体差异，但并不主张走极端，而注重达到适合个体自己人格特点的平衡与统一。荣格认为，只有达到个性化的人才是最健康的人，才是一个具有平衡和统一人格的人。

荣格把人生个性化进程分为四个阶段：第一阶段即人生的第一年，称为前性欲阶段，该阶段个体主要受本能支配，处于被动状态；第二阶段指儿童后期到青春期，可以被称为前青春期阶段，也被称为"精神的诞生"时期，从这一阶段开始，精神获得了自己的形式；第三阶段是从青春期开始到成年期，也被称为"成熟期"；第四阶段是老年期，即成年期之后。在人生发展的四个阶段中，荣格对童年期和老年期论述不多，他非常关注青年期和中年期，尤其是中年期。他认为这一阶段的人，由于很难获得新的成就感和满足感而容易精神崩溃，患上神经症，所以这一阶段的人最需要个性化。

青年期的人心理还不成熟，事业、婚姻等问题还没有解决，所以个体面临着许多问题和烦恼。各种选择与决定，常令青年期的人不知何去何从，尤其当他不能清醒地面对现实时，更会陷入无穷的痛苦与焦躁。荣格认为，人在青年阶段所面临的困难，并不完全是一些与外部事务有关的问题，还包括一些发自内心精神世界的困扰。这些困扰往往是由性本能所导致的精神平衡失调，同样也可能是由敏感紧张产生的自卑感。所以荣格主张，处在人生第二阶段的人，必须以培养自己的意志力为目标，努力使自己的心理与外部世界保持一致，排除困难，克服障碍，努力在社会中找到自己的位置，站稳脚跟。也可以说，青年期的生命能量主要是外倾的，主要用于处理外部世界和环境的问题。

中年期大约从 35 岁到 40 岁开始，此时，大多数人都已经或多或少地适应外部环境，事业有成，家庭稳定，在社会中的位置也已确定。这一阶段中青年时代的奋斗目标或者已经达到，或者无力完成，人们常会感到人生没有意义，很容易出现心理危机。荣格本人及他的大部分病人都是由于这一阶段心灵深处充满了绝望、痛苦和无价值感而感到空虚，进而引发某种心理危机或精神疾病。所以，荣格认为，帮助中年人将心理能量由外在引向内在，通过内省、沉思等内心世界活动加强对其内部经验的关注，帮助病人重新找到人生的意义与和谐是相当重要的。在此阶段，不同个体间差别很大，一方面他们的无意识过分强大；另一方面他们的自我又相当脆弱。因此，个性化过程也是一个复杂的因人而异的问题。

可以说，人的前半生是外倾的，后半生是内倾的。从外倾到内倾，实现个性化的关键是将无意识的原型内容转化为意识内容，这种转化往往要通过梦、幻想以及某种神秘体验来实现。荣格认为，人生的最高价值和个人心理发展所趋向的目标是那种整体性的价值和目标，达到这一目标的人，将拥有一种摆脱了情感纠纷和暴力打击，超然于世界之外的意识状态，其实质是为死亡做准备。伴随着新整合而来的自觉态度，从根本上说是一种顺应自然的态度，它不再刻意压抑或单纯发展人本性的某一个别方面。虽然达到这种境界的人可能并不承认任何宗教信条，但荣格仍称之为"宗教情感"。不难发现，荣格的这些思想受到了注重内省与超越的东方文化的深刻影响。

五、荣格心理健康理论与思想的评价

作为著名的精神病学家和心理分析家，荣格的理论与思想已远远超出医学心理学的领域，对20世纪的宗教、哲学、艺术、历史和文学等领域产生了广泛的影响。历史学家、神学家和作家等都承认荣格是他们产生灵感的源泉。然而，科学心理学一般忽略了荣格的分析心理学。尽管在集体无意识、心理类型学、分析心理治疗、人格发展等方面做出了很多贡献，荣格理论的主要内容并没有在心理学中流行。在20世纪60年代之前，荣格的许多著作甚至没有翻译成英文。之后，荣格的观念在20世纪80年代和90年代引起了公众的广泛注意，但这主要是由于荣格理论中的神秘内容。此外，荣格的错综复杂的写作风格和缺乏系统的组织方式，也阻碍了人们对他工作的全面理解。因此，要对荣格的理论和思想进行客观、全面的评价，并不是一件容易的事。也许，随着时间的推移，人们会逐步加深对荣格的理解和认识。

首先，荣格的重要贡献是作为心理分析家，提出了集体无意识和分析心理治疗的思想和方法，纠正了弗洛伊德经典精神分析过分强调性及早期经验对心理的影响，指出了人的心灵指向未来的积极方面，并自始至终将健康的人格发展作为最重要的主题。因此，荣格跟阿德勒一起，作为新精神分析理论的代表，启发了后来的人本主义乃至积极心理学的产生和发展。例如，自我实现概念促进了马斯洛和其他人本主义心理学家的工作，中年危机的概念被许多人认为是人格发展中的一个必要阶段，而且得到了许多后续研究的支持。就心理治疗而言，荣格强调医生与患者的平等友善关系，对以后的心理治疗家具有重要的启发和借鉴价值。同时，就集体无意识理论本身来看，具有一定的合理性。它一方面扩展了弗洛伊德的个人无意识理论，另一方面将意识与无意识、理性与非理性、个体与群体、历史与现代，在个体心理分析层面联系起来，使人类对自己本性的认识更加全面、深刻。

其次，荣格的很多理论观点在科学心理学领域产生了持久的影响，并等待着进一步的检验。值得一提的是，荣格的 8 个心理类型开创了对个体差异的研究，并激起了大量的研究与应用。其中，迈尔斯和布里格斯在此基础上开发的人格类型量表（MBTI），已被广泛地应用于员工选拔和心理咨询实践中。荣格关于内倾和外倾的理论还激励了英国心理学家艾森克，后者编制了莫兹利人格量表，这是用于测量两种态度的测验。使用这些测验进行的研究，为荣格的概念提供了经验支持，证明至少荣格的部分概念是可以进行检验的。如果说存在"实验室里的心理学"和"医疗实践中的心理学"两种心理学，那么，近年这两种心理学已经开始互相结合，有望形成统一的心理学。例如，当代人格与发展心理学家迈克亚当斯（Dan P. McAdams）提出人格的"新大五"整合性理论，其中就包含了对荣格理论与思想吸收的影子。

最后，荣格理论与思想中的人文精神，也许是他能够获得越来越多赞赏的最重要和持久的原因。这一方面体现在他的理论内涵中强调人性积极的、创造的一面，另一方面体现在他对人类社会整体发展的关注和分析中。例如，他对集体无意识和原型的论述，指出原始的人性本身的东西虽然具有黑暗性，但也是人的健康和平衡发展不可或缺的重要的因素，其中蕴藏着创造力，是生命的源头活水。在对现代性进行反思的基础上，荣格认为现代人的意识过于发达，使无意识受到过分压抑，将导致人的异化，被压抑的能量很可能会以阴影等负面原型的形式进行补偿，从而反过来伤害人类自身。荣格特别强调具有超越性的"宗教情感"对人的健康的价值，而现代人缺少的正是这种东西。正是这些理论观点同时包含着合理性和人文精神，使荣格的思想超出心理治疗和科学心理学范围，广泛地影响了人文学科的发展，成为许多新思潮和新流派的先导。

　　然而，尽管存在着这些贡献，荣格的理论与思想还是没有得到应有的重视，他的主要内容并没有在主流心理学中流行。他的观念后来引起了公众的广泛注意，也主要是由于其中的神秘内容。有一个大众电视系列节目，该节目邀请了神话学家约瑟夫·坎贝尔（Joseph Campbell）讨论集体无意识和原型对现代生活的影响。这就涉及荣格理论受到批判和误解的方面，人们对荣格的批判主要来自他思想中的主观性、神秘主义与东方色彩。诚如前述，一方面，荣格的思想具有自传的性质，很多内容来自他对自己的梦、幻觉和神秘体验的分析；另一方面，荣格的思想与对宗教、神话、炼金术的考察和分析有着紧密的联系，尤其是来自东方的思想和文化对他产生了重要的影响。即使是与弗洛伊德和阿德勒相比，荣格的思想也更加主观和具有内生性。因此，科学心理学批判荣格的理论，认为它太过主观和随意，无法进行验证，毫不可信。而西方文化的认同和坚守者们则批判荣格说他的理论陷入东方神秘主义，而他自己并没有真正地了解东方，实质是一派胡言。还有那些具有政治意识的社会思想家，认为荣格的思想过分强调了非理性的因素，会影响社会的健康发展，甚至曾一度将他与纳粹主义联系起来。

　　此外，荣格的无所不包的思想宽度，潜入个体与人类心灵深层的思考深度，以及他错综复杂的写作风格和缺乏系统的组织方式，都阻碍了人们对他工作的全面理解。对很多心理学家来说，荣格依赖于临床观察和解释的方法，对科学实验的蔑视，带有神秘主义色彩的、以宗教为基础的理论还不如弗洛伊德的理论具有吸引力。实际上，自始至终，荣格都是一个独立和内倾的人，他思想的独立性和整合性，他对人类灵魂孜孜不倦进行探求的努力，使他区别于很多心理学家。我们在评价荣格及其思想时，要有一种科学客观的态度，对其思想的合理方面要进行借鉴、吸收，而对那些晦涩难懂的部分，则要保持一种谨慎开放的态度，既不能受神秘色彩的吸引而盲目相信，也不能一概否定，而是可以等待着其经受历史进一步的检验和考证。

六、结语

荣格作为分析心理学学派的创始人，国际精神分析学会的第一任会长，有其独具魅力的一面。从体质上讲，荣格身高肩宽体壮，是业余登山运动员和老练的水手；从喜好上讲，他喜欢园艺、雕刻、劈柴、建筑等手工活动，喜欢游戏和竞赛；从生活上讲，他喜欢喝酒、抽雪茄和烟斗；从学术上讲，他是个天赋极高的作家，有着惊人的渊博知识，能够流畅地阅读英语、法语、拉丁语和希腊语的著作。此外，他作为见多识广的瑞士公民，政治上主张思想自由和政治民主。

分析心理学派后世多被称为荣格心理学（Jungian Psychology），足可见荣格其人与其学术研究之间密不可分的关系。国际分析心理学会前副会长莫里·斯坦（Murray Stein）认为，荣格研究心灵有其非常个人的因素，他不只探索病人的无意识心灵，也将自己作为主要的研究对象，透过分析自己，来扩展他的理论思想。他将弗洛伊德提出的潜意识推展到集体无意识，也由此发展出诸如"积极想象"等技术，这些都是对心理学乃至人类思想的伟大贡献。荣格通过分析心理学的理论和实践，影响了当代的哲学和整个人文学科，影响到了当代的科学思想和研究。以"荣格"为关键词检索当今的文献，会不难发现，涉及论文不光有心理学、教育学，还涵盖了哲学、艺术学、文学、语言学等领域。C. S. 霍尔1972 年在《荣格心理学入门》一书中曾评价说"荣格是现代思潮中最重要的变革者和推动者之一"，并强调"如果忽略了他，也就疏漏了与这一方多难的时代紧密相关的整个思想"。

有意思的是，荣格及其分析心理学与东方文化（主要是中国和印度文化）有着内在的联系，很多观点正是在充分吸收了东方文化的基础上，才得以完善和发展的。值得一提的是，就广义的心理学而言，中国是心理学的第一个故乡，古老的中国文化中包含着丰富的心理学思想。并且，这种思想与现代西方心理学有着根本的区别。在某种意义上，荣格可称为是将这两种不同的心理学进行结合的先驱。在荣格理论与思想的发展中，受到德国汉学家维尔海姆的影响，曾经与他合译《金花的秘密》，该书阐述了中国文化对于心理学的意义，指出科学必须转向心灵，寻求生活的意义。通过维尔海姆，荣格了解了《易经》，并促使他晚年提出了"共时性"概念，即除了"因果论"和"目的论"之外，不同事物之间可以有一种协同作用的现象。在荣格的整体思想中，我们可以发现中国文化重视内省和平衡的特征在其中有着诸多的表现。

荣格之所以对东方文化感兴趣，是因为他立足于现代西方的社会现实，对西方文化采取了一种批判态度。在经历了两次世界大战之后，西方人在精神生活领域出现了很多新的问题。青年人感到生活没有目的，人生没有归宿，个人安全没有保障，他们迷惘、空虚、冷漠，又对现实充满了恐惧，不知不觉陷入了虚幻的失落之中。这种状况从根本上动摇了西方的文化价值。在荣格看来，科学思想是西方文明的基础，但它仅是一种手段而已，单一的科学发展是片面的，单一地用科学来理解世界，也只能是心灵的空虚。与西方思维不同，荣格认为东方人的思维向世界展示了更开阔、更深奥和更高级的理解力，是一种高度发展了的直觉领悟能力，是一种心灵的智慧。西方意识的过度发展，将它推入了某种远离根基的危险，这正需要东方文化来弥补。荣格主张，人类追求的应该是一种物质与精神、肉体与心灵、外在生活与内在生活、客观实在与主观实在的和谐，一种西方和东方的调和和统一。虽然在荣格之前，有很多学者对东方文化产生了兴趣，但从心理学的领域和角度将东西方文化有机融合，荣格绝对算是一位开创者。

从某种意义上说，荣格心理学是东西方文化相互融合的结晶，是人类社会宝贵的精神财富。他的集体无意识与原型理论，更揭示了人类心理超越种族和文化一切差异的共同根基，阐明了人类共同的心理结构，对哲学、心理学、人类学、神话学、教育学等学科和文学艺术创作与批评，对人类思想均产生了巨大影响。而且我们有理由相信，这种影响必将历久弥新、日益深远。荣格心理学追求心理的整合与完整，力图调整和调动人的心理潜能，激发起人们创造的智慧与热情。荣格心理学又寻求生活的意义，以与贪欲和侵略性，与现代流行的物质和金钱崇拜、精神空虚和享乐主义相抗衡。荣格是一位伟大的医生，他为解除人们心灵的痛苦，献出了毕生的精力。特别是他的关于人格的理论研究给了我们如下启示。

第一，促进个体教育和发展。把握"完整的人"的丰富内涵，制定长期的教育计划和具体的实施措施。各级各类教育，应充分尊重不同年龄阶段个体的心理发展规律，根据"和谐的人"不同层次的内涵，研究、制订相应的教育计划和具体的实施措施。

第二，推进团队建设和管理。在现代社会知人善任、细化分工的前提之下，实现良好的人—职匹配，并大力促进不同类型的员工之间良好互动，最终达成团队的协作和问题解决。

第三，完善社会政策和服务。把"以人为本""尊重人性"真正贯彻落实到社会政策和服务体系中，最大限度地整合个体需要与社会需要，使个体价值和社会价值得到最充分的发挥。

近年来，分析心理学和其他深度心理学流派一样遭到了抨击。短平快的药物治疗和短程咨询都对费时费钱的长程心理咨询产生了冲击，越来越少的人愿意接受精神分析类服务，也因此越来越少的人进入任何学派的精神分析行业，包括荣格心理分析。但是，我们已经说过，荣格的思想正受到越来越多的人的注意，他的人格魅力更吸引和感染着许多人。有当事人回忆：在荣格应邀去耶鲁大学讲学时，大礼堂已经座无虚席，听众对荣格的报告报之以极大的热情和兴趣。报告结束后，主持报告会的一位教授的夫人邀请荣格去家中出席茶会。茶会上，她流着眼泪告诉荣格："你的报告我没有听懂，但我却深受感动。你的声音、你的举止、你讲话的方式感染了我。我明白你所说的全是真理。我无法控制自己，实在痛快极了。"在一些人眼中，荣格简直就像是一位圣人或"先知"。有人指出："无疑，现在有许多人认为荣格是一个有着自己基本教义的新的宗教圣人，在他身上能够发现救世主——耶稣基督的特征。"在荣格逝世后的50年里，荣格以及荣格心理分析得到了普遍的认可，这是荣格在有生之年不曾拥有的。

我们真心希望这股思想潮流能够得以长久，因为荣格的理论与思想有着久远的哲学渊源，表现出其深厚的哲学素养，他的著作是许多重要理论与思想赖以产生的温床。之前对于荣格思想种种不理解和不接受，只能说是这个急功近利、重视实用更甚于纯粹精神兴趣的时代的遗憾。换言之，荣格遭到他人的误解在很大程度上只是因为人们并不具有同样的精神兴趣和知识水准，而并不是由于人们在对他进行了仔细的研究后，发现他确实存在着这样那样的知识谬误或理论谬误。心理学界曾有人评价说："荣格的工作囊括了如此众多和不同的兴趣领域，他所产生的影响，迄今只能说刚刚开始。今天，人们对荣格的兴趣正越来越浓厚，特别在年青一代中更是如此。与此相应的是，他的影响的日益增长，迄今也只能说仍然处在早期阶段；从现在起，三十年之后，我们可能会用完全不同的话语来讨论他的工作和他的著作。也就是说，荣格是如此领先于他的时代，以至今天人们也只能逐渐地追赶他的种种发现。"

荣格在自传中说："我的同时代人无法领悟我的幻觉的意义，因此他们看见的只是一个匆匆赶路的傻瓜。"他的思想是如此广博深邃，并超前于自己的时代。或许，他的智慧的宝藏需要后世不断地去挖掘，尽管在这个过程中免不了误解甚至批判、嘲讽，但历史终将给这位人类灵魂的探索者以公正的评价。我们也期待着未来的心理学能够迎着新时代的曙光，真正融合东方与西方，发展出更完整的人类心理学思想体系。

第四章

————

鲍尔比：母爱剥夺与依恋理论中的心理健康思想

约翰·鲍尔比，英国心理学家、精神病学家和精神分析学家，因其在儿童发展和依恋理论方面的贡献而闻名于世。他将精神分析、认知心理学和进化生物学等学科统合在一起，纠正了弗洛伊德精神分析理论对童年经历的过分强调和对真正创伤的忽视。

一、鲍尔比的生平与学术事迹

鲍尔比的父亲安东尼·鲍尔比（Anthony Bowlby），是一位服务于英国王室的著名外科大夫。安东尼·鲍尔比和他的妻子玛丽·布里吉特·莫斯汀（Mary Bridget Mostyn）共有六个孩子，约翰·鲍尔比是他们的第四个孩子。

和当时这个阶层的所有家庭一样，孩子们的抚育和教养工作，主要是由保姆和家庭教师来完成。通常来说，鲍尔比能够在下午茶后和母亲待上大约一小时的时间，夏天的时候，这个时间会稍微长一点；因为和这个阶层其他母亲的看法一样，鲍尔比的母亲认为过多的关注和喜爱会导致对孩子的溺爱，不利于对孩子的教养。而值得庆幸的是，4 岁之前的鲍尔比，一直有一位与其有着深厚感情的保姆陪伴。4 岁那年保姆的离开，对鲍尔比的童年来说简直是一件"天塌下来"的重大事情，在他后来的著作中，心爱保姆的离开被他描述为如同失去母亲一般。

7 岁的时候，鲍尔比被送往寄宿学校。在后来的作品中，鲍尔比把这个时期称为"可怕的时期"，"即使是一条狗，我也不会在他 7 岁的时候把他送往寄宿学校"①。这样的童年经历，使鲍尔比对儿童的心理发展表现出不同寻常的敏感，尤其是对儿童遭受到的苦难的感知，这也成为其研究的前提和基础。大概正是在这样的家庭背景下成长的经历，使鲍尔比愿意花费大量的时间和精力去思考依恋与分离的问题。

1918 年，约翰·鲍尔比和哥哥托尼被送往伍斯特市的林迪法恩寄宿学校（后来改名为阿贝利府寄宿学校）。1921 年，14 岁的约翰·鲍尔比离开了林迪法恩寄宿学校，开始就读于达特茅斯的皇家海军学院。在从军的这段日子里，塑造了约翰·鲍尔比军人特有的专注的思维模式，在后来的研究工作中，鲍尔比将这种专注投入对依恋与分离问题的研究之中。

1924 年，约翰·鲍尔比开始了在皇家橡树号战列舰的海军学员训练，他感觉训练相当的枯燥。鲍尔比想离开，但是他无力偿付相关的训练赔偿费用。后来，是鲍尔比的父亲替他支付了 440 英镑的相关赔偿费用，并支持他开始了医学学习。鲍尔比在伦敦接受了必要的培训之后，进入了剑桥大学学习与医学事业相关的自然科学。两年之后，鲍尔比转向了精神科的学习。他学习的课程涉及哲学和心理学领域，也包括当时剑桥大学的首席心理学家巴特利特（Bartlett）的生物心理学课程。在学校的最后一年里，鲍尔比读到了弗洛伊德的《精神分析引论》（*Introductory Lectures on Psychoanalysis*）和威廉·里弗斯（William H. R. Rivers）的《直觉与无意识》（*Instinct and the Unconscious*），从此埋下了科学的种子。

从剑桥大学毕业后，鲍尔比跟随琼·里维耶（Joan Riviere）开始了精神分析的训练。1937 年，鲍尔比获得了资格证书，正式成为一名精神分析师。

1938 年 4 月，鲍尔比与外科医生的女儿乌苏拉·朗斯塔夫（Ursula Long-staff）结婚，此后他们一共育有四个孩子。1990 年，鲍尔比在暑期回家时，于苏

①　Joseph Schwartz, *Cassandra's Daughter：A History of Psychoanalysis.* London, Viking/Allen Lane. 1999, p. 225.

格兰的斯凯岛逝世。

　　也许与童年的成长经历相关，再加上又亲身经历了第二次世界大战中被逐和无家可归儿童与父母相分离的观察工作，鲍尔比几乎将其一生的研究精力和兴趣都集中在了依恋与分离的问题上。其中，鲍尔比第一篇关于依恋和分离的研究成果发表于 1938 年，而最早关于依恋问题的实证性研究则来自他对伦敦儿童指导诊所的 44 个失调儿童案例的分析，鲍尔比在其研究中发现，患儿的症状和他们的母爱剥夺及分离历史有着重要的关联。

　　第二次世界大战中断了鲍尔比作为一位儿童精神病学家的实践性工作，在战争中，他是皇家陆军医疗队的中校。但是，在战争过程中发生了很多和儿童相关的事件，如大量儿童与亲人的被迫分离，拯救犹太儿童的运输计划，伦敦空袭中的儿童疏散，举办集体托儿所以便让幼儿的母亲参与战争等，为鲍尔比提供了丰富的研究素材，为其后来的研究工作打下了坚实的基础。

　　第二次世界大战结束之后，鲍尔比被任命为塔维斯托克诊所儿童部的负责人，因为鲍尔比非常重视在儿童治疗中家庭关系的重要性，这个部门后来被他改名为"儿童与父母部"。这个部门最初是在梅兰妮·克莱因（Melanie Klein）的领导下工作的。梅兰妮·克莱因是儿童精神分析的先驱，也是客体关系理论的代表人物。应该说鲍尔比的前期研究工作受克莱因的客体关系理论启发很大，但是后来，两人的研究主张发生了很大的分歧。虽然同样以儿童为关注和研究对象，但两人对于母亲角色的理解有着很大的不同。克莱因非常强调儿童对母亲的幻想，并以此作为儿童精神分析的重点；而鲍尔比则对真实家庭互动模式进行分析更感兴趣。因为其理论主张得不到克莱因的认可和支持，鲍尔比自己建立了一个关注母亲与孩子分离问题的独立研究小组。鲍尔比坚持认为，儿童是对现实生活中的事件做出回应而不是对无意识的幻想做出回应，这一分歧使鲍尔比与主流精神分析学派产生了疏离，他自己也因此被精神分析学界所排斥。

　　1948 年，詹姆斯·罗伯逊（James Robertson）成为鲍尔比的工作助手。罗伯逊曾经在安娜·弗洛伊德为无家可归儿童设立的托儿所工作过。在那段工作经历中，罗伯逊在安娜·弗洛伊德的带领下，获得了儿童心理学研究的专业训练，使罗伯逊成为符合鲍尔比要求的具备系统观察水平的工作助手，给鲍尔比的研究工作带来了很大的帮助。

1952 年，鲍尔比和罗伯逊共同制作了纪录片《两岁孩子去医院》(*A Two-Year-Old Goes to Hospital*)，这是一部以"儿童的短暂分离"为主题的纪录电影。这部纪录片要表达的中心思想，是儿童与其主要监护人短暂分离的痛苦经历及带来的创伤性的影响。他们也把这部电影推荐给英国精神分析学会，但是传统的精神分析学家们并不认同一个孩子会因为分离而哀伤和悲痛，他们在片中看到的，是孩子由无意识的幻想而造成的痛苦(具体到这部影片中由于母亲怀孕所引发)。虽然没有得到英国精神分析学会同人的理论认同，但是在生活中，这部电影在改变传统医院对患儿父母来访的限制规定方面起到了实际的作用。

1950 年，鲍尔比开始担任世界卫生组织的心理健康顾问。此前，由于鲍尔比对失调儿童以及机构化养育儿童所产生影响的研究，世界卫生组织委托他编写欧洲第二次世界大战后无家可归儿童的心理健康状况报告。以这些研究为基础，1951 年鲍尔比发表了《母爱关怀与心理健康》(*Maternal Care and Mental Health*)。在这部著作中，鲍尔比通过对美国和欧洲案例的研究，得出了他的主要结论，即"婴幼儿应该经历一段与母亲(或母亲角色的永久替代人)的温暖、亲切和连续的关系，并在其中得到满足和享受"，以及如果婴幼儿缺失这样一种关系可能会造成重大和不可逆的心理健康后果。

这部著作在理论上引发了一些争议，一些批评家不赞同鲍尔比对母爱(或等价物)的功能必要性的过分强调，也不赞同其"与儿童形成持续的关系是为人父母的重要组成部分"这一观点。但是这部作品在实践中产生了很大的影响。鲍尔比提出的"对婴幼儿来说，任何与母亲的分离都是有害的"这一观点被一些政治组织所引用，用于反对妇女工作而把孩子留在政府的托儿机构。1962 年，世界卫生组织出版了《母爱关怀的剥夺：重估影响》，鲍尔比的合作伙伴玛丽·安斯沃斯(Mary Ainsworth)提供了关于依恋理论的最新研究进展情况，回应了此前存在的一些误会，也试图回应前期关于父爱剥夺的影响证据不足的情况。

在鲍尔比的研究工作中，玛丽·安斯沃斯是他最重要的合作伙伴。在依恋理论的相关研究中，鲍尔比提出了依恋理论的基本原则，对孩子与母亲关系以及对分离、丧亲及剥夺所带来的关系瓦解的后果进行了深入的研究。安斯沃斯则发展出了新方法来检验鲍尔比的一些观点，并对依恋理论进行了扩展和完善。

从20世纪50年代开始，鲍尔比综合进化生物学、习性学、发展心理学、认知心理学和控制论等领域的最新研究成果，开始构建新的研究框架。在这一框架下，鲍尔比发展了其依恋行为的理论内涵，明显超越了传统精神分析的视野。他从进化和人类学的角度来看待儿童的心理发展，认为只有考虑人类行为的适当环境即进化的基本环境，才能对人类行为有正确认知。在他看来，在人类进化的进程中，为保护弱小免受威胁，婴儿需要和父母保持接近，而这种依恋行为正是促进和维持与养育者亲近的姿态和信号，比如婴儿的啼哭和微笑，就是最明显的依恋信号。而依恋行为是婴儿与生俱来的本能。鲍尔比的这些研究成果，集中地体现在其后来于1969年、1973年和1980年出版的重要著作"依恋三部曲"中。

鲍尔比的最后一项让人关注的研究，是其采用了心理传记的研究方法，对达尔文进行了典型案例的分析研究。鲍尔比运用依恋理论，分析了早年丧母的经历对达尔文的性格和心理的影响，以及这种影响如何作用于达尔文的一生，并在1991年撰写了一本全新的传记《达尔文：新的生活》（*Charles Darwin：A New Life*）。

鲍尔比及其追随者所做的大量关于依恋行为的研究，以及在此基础上提出的儿童心理发展理论，对家庭及各种社会福利机构的儿童养育活动具有重要意义。因其卓有成效的研究工作和研究成果，约翰·鲍尔比于1989年获得了美国心理学会授予的"杰出科学贡献奖"。

链接：【鲍尔比生平重大事件】

1907年2月26日，鲍尔比出生在伦敦一个中上阶层家庭。

1911年，保姆离开。7岁被送往寄宿学校。

1921年，就读于皇家海军学院。第一次接触弗洛伊德著作。

1925 年，进入剑桥大学，两年后转向精神科。21 岁获得硕士学位。

1933 年，攻读博士学位。

1937 年，正式成为一名精神分析师。

1938 年，与乌苏拉·朗斯塔夫结婚。

1951 年，《母爱关怀与心理健康》出版。英文版销量达到 40 万册。

1957 年，在美国进修并接触到哈洛的母爱剥夺实验。

1959 年，发表《分离焦虑》。

1969 年，"依恋三部曲"：第一部《依恋与失落》出版。

1973 年，第二部《分离、焦虑和愤怒》出版。

1980 年，第三部《失落、悲伤及抑郁》出版。

1990 年，在苏格兰逝世，享年 83 岁。

约翰·鲍尔比一生著述宏丰。其主要著作包括《母爱关怀与心理健康》(*Maternal Care and Mental Health*)(1951)及"依恋三部曲"——第一部《依恋与失落》(*Attachment and Loss*)(1969)、第二部《分离、焦虑和愤怒》(*Separation, Anxiety and Anger*)(1973)、第三部《失落、悲伤及抑郁》(*Loss, Sadness and Depression*)(1980)等。

二、鲍尔比母爱剥夺理论及其心理健康思想

约翰·鲍尔比的研究，是从母婴分离所造成的巨大影响开始的。鲍尔比认为，儿童时期的心理发展对其日后的心理发展有着直接影响，因此，他主张研究者直接对婴儿和儿童本身进行研究，而不只是对成人已经有可能被扭曲的"回溯"进行研究。通过对心理失调儿童的案例研究，鲍尔比得出基本结论，早期的母婴分离给儿童后期的心理健康将造成不可逆的创伤性影响。在对这一结论进行深入阐释的过程中，鲍尔比认为传统的精神分析方法和当时正在兴起的客体关系理论都还有欠缺，传统精神分析观点用内驱力来解释所有的行为，客体关

系理论对真实生活的不关注，都让他觉得不能准确阐释母婴依恋问题，由此，鲍尔比创立了自己的依恋理论。他认为：①依恋是基于人的生物性需要，和进食与性等一样的生物性需要，但又不同于其他生物性需要；②依恋需要和探索行为之间存在着交互性关系；③每个人都会形成对早年依恋体验的心理表征；④通过依恋这一亲密的关联，促进个体把自己觉知为"自主的"人。这些观点共同构成了一个普遍性原理：人的依恋关系驱动着人的发展。

鲍尔比对母爱剥夺（maternal deprivation）的关注，是从失调儿童的案例开始的。约翰·鲍尔比在剑桥大学时的专业方向是心理学和临床医学，在这里，他接受了严谨的专业训练。但毕业之后，鲍尔比并未真正明确自己的研究兴趣和事业方向。离开剑桥之后，鲍尔比从事了帮助不良少年的志愿者工作。在这段工作经历中，他接触到了一些对其触动很大的个案，因为偷窃被学校开除的不良少年，成天跟在他后边的"小尾巴"孩子……鲍尔比在帮助这些孩子的过程中，得出自己的观察结论，在他看来，这些孩子的心理发展问题与其从小生活在母爱缺失或家庭关系糟糕的环境中有直接关系。正是这些个案的触动，再加上自己童年经历的影响，鲍尔比将儿童精神病学确立为自己的事业方向，并将关注的重点具体到了母爱丧失或剥夺给儿童造成的影响问题。

鲍尔比的研究工作开始的年代，正好处于两次世界大战之间。世界大战给欧洲造成的巨大影响，使鲍尔比接触到很多因为战争的原因失去或者离开父母的儿童。这些儿童多被送进了孤儿院，在鲍尔比看来，他们虽然在孤儿院里得到了身体上的照顾，但是在心理健康方面，已经产生了巨大的创伤性的影响。这种影响，鲍尔比也归为母爱剥夺问题。母婴分离，成为鲍尔比关注的研究对象，母爱关怀对孩子的重大意义和母爱丧失或剥夺给孩子造成的巨大创伤，成为鲍尔比依恋理论（attachment theory）的基础和源起。

鲍尔比认为，"婴幼儿应该经历一段与母亲（或母亲的永久替代人）的温暖、亲切和连续的关系，并在其中获得满足和享受"①。在鲍尔比看来，婴幼儿时期

---

① John Bowlby, *Maternal Care and Mental Health*, Belletein of the World Health Organization, 1951, pp. 1–63.

的儿童处于一个必须依赖母亲的阶段，只有母亲能够给予其所需要的一切。因此，与母亲的关系对婴幼儿来说至关重要，而对这种关系的破坏，则意味着有可能对其后来的心理发展造成巨大的不可逆的创伤。

鲍尔比的这一观点，是在其 1951 年发表的《母爱关怀与心理健康》(*Maternal Care and Mental Health*)一书中提出的。这部作品是鲍尔比受世界卫生组织委托而撰写的关注战后儿童问题的报告。在这部报告里，鲍尔比通过对美国和欧洲战争儿童案例的研究，提出了母爱剥夺的危害，也指出了大型机构养育的方式存在的问题。鲍尔比通过对母爱在儿童心理发展中重要性的分析，指出对于那些必须寄养照顾的儿童来说，由大型机构来实施的群体照顾并不利于儿童的发展，更好的方式是小型机构和寄养家庭的模式。鲍尔比还在报告中专门讨论了对患病儿童的照顾问题，认为医院在可能的情况下，应该提供由母亲陪伴和照料的方式，更有利于患病儿童的康复；而对那些心理失调儿童的治疗，则以寄养家庭组成的治疗小区的方式最有利于他们的治疗和康复。尽管这部报告的研究由于时间和条件所限，在数据支持等方面存在一定的局限性，但鲍尔比的观点在当时产生了很大的影响，对于机构养育问题和医院对于治疗儿童的探视安排等，都产生了很多实际的影响。

针对患病儿童的照顾问题，鲍尔比和詹姆斯·罗伯逊合作，进行了跟踪观察和研究。他们合作拍摄了纪录片《两岁孩子去医院》，呈现了患病儿童在前往医院治疗时被迫与家人短暂分离的情形，证实了鲍尔比的观点，即患病儿童不应当与家人分离，由母亲来陪伴和照料的方式最有利于儿童的康复，更重要的是，这样的方式不会在儿童的心理发展中造成伤害。

鲍尔比对母爱剥夺的分析视角，与鲍尔比这个时期在英国精神分析学会受到的影响有着密切的关系。当时的英国精神分析学会，分别以梅兰妮·克莱因和安娜·弗洛伊德为代表，已经在传统的弗洛伊德精神分析理论的基础上产生了分歧。对传统的弗洛伊德理论的吸收和对新的理论主张的关注，给了鲍尔比很多的启示。如果说此前鲍尔比更多地受到传统弗洛伊德主义的影响，那么在进入英国精神分析学会后，则更多地受到了梅兰妮·克莱因的影响。鲍尔比的精神分析导师琼·里维耶与克莱因关系密切，鲍尔比因此也曾经直接得到克莱因的督导训练。

作为儿童精神分析的先驱之一，克莱因对传统弗洛伊德的主张进行了发展，即不再将内驱力放在最重要的位置，而是将"关系"对个体的影响置于最核心地位。这一主张对于鲍尔比有着非常重要的影响，鲍尔比也成为早期克莱因客体关系理论的倡导群体之一，重视对客体的寻求，而把内驱力放在了相对次要的位置。

正是克莱因客体关系理论的引导，使鲍尔比关注到儿童早期发展中关系的重要性以及当这种关系发生变化（剥夺或丧失）时给儿童带来的心理健康方面的不可逆的影响，这也正是鲍尔比阐释母爱剥夺问题的基本出发点。

但是对于造成这种影响的具体原因，鲍尔比和克莱因的研究视角有所不同。克莱因的视角集中在儿童的幻想上，用侵略性与内驱力所致的内部冲突解释所有儿童存在的问题，并不重视外部真实事件的影响；可是，通过案例研究，鲍尔比发现儿童生活的真实家庭环境更为重要，认为外部真实事件对儿童发展的影响起着决定性的作用。由此，鲍尔比与克莱因在研究思路上产生了很大的分歧，这导致了后来克莱因对鲍尔比在精神分析学会内的一些研究活动的限制，鲍尔比只好开始组建自己的研究小组。

在这个时期，鲍尔比的研究小组成员主要包括了詹姆斯·罗伯逊和鲁道夫·谢弗。1950 年，另一个重要的成员加入了鲍尔比的研究团队之中，就是玛丽·安斯沃斯。这个名字和鲍尔比的名字一起，在此后的若干年里，总是与依恋理论联系在一起。

鲍尔比的母爱剥夺研究，最受关注的问题就是其对母亲角色的定位。他对母亲角色重要性的强调，既成为让人耳目一新的亮点，也成为后来被争议甚至被质疑的问题。

在理论层面，鲍尔比明确地提出了儿童的人际关系经验是他们心理发展的关键这一鲜明的观点，而儿童与母亲的关系，正是这一发展时期中最重要的人际关系经验。这成为后来鲍尔比依恋理论研究的基础，也成为心理学关注儿童心理发展的全新视角，对儿童人际关系（亲子关系）的关注成为儿童心理健康的重要分析视角，对于儿童心理健康的理论研究和治疗干预工作，都具有理论指导价值。

由于母亲在儿童的人际关系中居于主动地位，鲍尔比的理论在干预角度，则体现为可以通过对母亲的帮助来实现对儿童心理发展的帮助。根据鲍尔比的主张，如果给予母亲适当的干预和调整，比如说通过对母亲童年生活的回溯，使其重新体验小时候的经历并感受到被接纳，会非常有助于母亲与自己孩子相处中的共情与接纳，有助于良好的亲子关系的建立，从而实现对儿童心理发展的积极影响。

而在实践层面，鲍尔比对母爱的关注显然有利于整个社会对母亲角色的重视与关爱，并直接影响着寄养儿童和患病儿童处境的改善，使他们的心理健康问题和心理发展状况成为关注的内容之一。但这一理论也被一些政治组织所引用，成为其反对女性将孩子放入机构养育而投身工作的重要论据，这又不利于女性社会地位的平等实现。

链接：【代表作《母爱关怀与心理健康》简介】

1951年，鲍尔比发表了《母爱关怀与心理健康》。在这部著作中，鲍尔比通过对美国和欧洲案例的研究，得出了他的主要结论，即"婴幼儿应该经历一段与母亲（或永久替代母亲）的温暖、亲密和连续的关系，并在其中得到满足和享受"，如果婴幼儿缺失这样一种关系，可能会造成重大和不可逆的心理健康后果。自1955年至1986年，该书已经被引用至少405次，并被翻译成12种语言。1965年，《母爱关怀与心理健康》的第二版《关爱孩子与爱的成长》（*Child Care and Growth of Love*）出版，尤其是该书的第一部分，运用大量翔实生动的案例和研究数据，非常有力地证明了母爱在儿童成长中不可或缺的地位，以及由于母爱剥夺而对儿童身心所产生的严重后果。

链接：【代表作"依恋三部曲"简介】

从 20 世纪 50 年代开始，鲍尔比综合进化生物学、习性学、发展心理学、认知心理学和控制论等领域的最新研究成果，开始构建新的研究框架。他从进化和人类学的角度来看待儿童的心理发展，认为只有考虑人类行为的适当环境即进化的基本环境，才能对人类行为有正确认知。在他看来，在人类进化的进程中，为保护弱小者免受威胁，婴儿需要和父母保持接近，而这种依恋行为正是促进和维持与养育者亲近的姿态和信号，比如婴儿的啼哭和微笑，就是最明显的依恋信号。而依恋行为是婴儿与生俱来的本能。鲍尔比的这些研究成果，集中地体现在其后来于 1969 年、1973 年和 1980 年出版的重要著作"依恋三部曲"中。

第一卷：《依恋与失落》。鲍尔比在本卷重点对依恋行为的本质进行了系统论述。其由三部分构成。第一部分，鲍尔比阐述了依恋理论的产生背景及研究支持，论述了其观点同精神分析学派，尤其是弗洛伊德的区别。第二部分，鲍尔比详细阐述了本能行为，并以此为切入点，在探讨动物不同行为模式的基础上，阐述了他关于行为控制系统的观点。第三部分，鲍尔比详细论述了另外一个他非常关注的概念，内部工作模型（internal working model）。所谓内部工作模型，其实就是头脑表征（mental representation），由三个成分构成，个体对自我、重要他人以及两者间关系的期望。

第二卷：《分离、焦虑和愤怒》。本卷主要论述了婴儿的分离焦虑。全书由三部分构成：第一部分阐述了儿童的"安全、焦虑和悲伤"。第二部分，鲍尔比从动物行为学的角度，论述了人类的恐惧行为。第三部分，介绍了恐惧感的个体差异，详细论述了焦虑型依恋模式。

第三卷：《失落、悲伤及抑郁》。本卷主要探讨个体的悲伤和哀悼行为，以及焦虑和失落所引发的防御机制。全书共分三个部分，在第一部分，鲍尔比从行为观察、概念解读和现存争议三个角度入手，论述了儿童的失落和哀悼行为。与前两卷不同的是，在第三卷中，鲍尔比运用认知心理学和人类信息加工的最新成果，来解释个体的防御机制。

三、鲍尔比依恋理论及其心理健康思想

(一) 习性学视角的理论框架

在鲍尔比对其所关注的母亲与其孩子分离对孩子所造成的创伤性影响进行研究时，习性学的理论框架进入了他的视野。洛伦茨(Konvad Lorenz)对小鹅的印刻现象的描述引起了鲍尔比极大的兴趣，因为他觉察到这种行为学的研究范式，与他和罗伯逊正在进行的观察工作非常契合。而对于鲍尔比来说，其一生取得杰出成就的重要原因之一，正是他对于新领域、新知识强大的获取能力。鲍尔比为了获得更多的习性学的知识，与罗伯特·欣德(Robert Hinde)进行了联系。用鲍尔比的原话形容，正是在欣德"慷慨而严格的指导"之下，鲍尔比掌握了习性学的基本规则与研究方法，并开始使用这样的方法来探讨依恋问题。而受到鲍尔比的启发与影响，欣德也在马丁利建立了恒河猴实验基地，以便研究幼猴和母猴之间短期分离的影响。鲍尔比的第一篇行为学文章发表在1953年，这预示着鲍尔比开始尝试用行为学的相关概念来构建其依恋理论，而推翻了原来以精神分析概念为主的依恋理论体系。除了欣德，鲍尔比还关注了尼古拉斯·廷伯根(Nikolaas Tinbergen)的研究成果，并借鉴了他的研究方法和结论。

鲍尔比正式阐释其构建于习性学和发展心理学基础之上的依恋理论框架，是通过他提交给英国精神分析学会的三篇文章，分别是《儿童连接母亲的本能》(*The Nature of the Child's Tie to His Mother*)(1958)、《分离焦虑》(*Separation Anxiety*)(1959)和《婴幼儿的悲伤与痛苦》(*Grief and Mourning in Infancy and Early Childhood*)(1960)。到1962年为止，鲍尔比又完成了两篇进一步研究痛苦防御机制的文章，但是没有公开发表。[①] 应该说这五篇文章共同构成了鲍尔比依恋

---

① Bretherton, I., "The origins of attachment theory: John Bowlby and Mary Ainsworth," *Developmental Psychology*, 1992, 28(5), pp. 759–775.

理论的基础理论框架，描绘了鲍尔比基于习性学概念的依恋理论的图景。

在《儿童连接母亲的本能》一文中，鲍尔比回顾了当时流行的精神分析理论对于儿童与母亲连接的解读。鲍尔比不认同传统精神分析理论借满足需要的内驱力来解释母婴之间的连接，在他看来，2个月的婴儿具有明显的依恋行为，而这些行为是由大量的本能反应构成，这些本能的反应，将母亲与孩子、孩子与母亲连接了起来。这些反应（包括吸吮、紧握、目光追随以及明显的信号反应，比如哭泣和微笑）在儿童第一年的发展中相对独立地成熟起来，并且在后半年的发展里越来越多地整合和聚焦到了"母亲"的形象上。

为了支撑这一观点，鲍尔比研究了同时期其他学者对婴儿的认知和社会性发展所进行的观察研究数据，如皮亚杰，还整理了自己多年以来在伦敦参与的一个对年轻母亲进行支持的组织里所获得的经验。在对婴儿的发展进行了充分的研究之后，鲍尔比引入了廷伯根等人的行为学概念，包括符号刺激、社会性释放等。其中，源于行为学理论的"刺激可能是来自内部也可能是来自外部"的观点是招致传统精神分析学者批评的重要原因，因为他们认为这样的行为主义取向的研究，忽视了心理现象本身。

由于鲍尔比使用的理论分析框架完全不同于传统的精神分析方法，这篇文章在英国精神分析学会带来的无疑是一场风暴，连他自己的导师琼·里维耶都直接表示反对鲍尔比的观点。当然，他们中的一些人，虽然不赞同鲍尔比的学术观点，但是依然肯定了鲍尔比的学术价值，比如说安娜·弗洛伊德在看过其文章之后，就曾经评价说鲍尔比对于精神分析领域来说具有不可或缺的价值。

其他两篇文章，《分离焦虑》是建立在罗伯逊和海尼克（Heinicke）的观察研究基础上，以及哈洛（Harlow）和齐默尔曼（Zimmermann）在恒河猴研究中所进行的母爱剥夺的研究工作之上。[①] 罗伯逊在研究中将分离反应划分为三种类型，即抗议、悲伤和否认；鲍尔比则在此基础上，运用行为控制的概念对婴儿经历

---

① Harlow, H. F. & Zimmermann, R. R., "Affectional response in the infant monkey: Orphaned baby monkeys develop a strong and persistent attachment to inanimate surrogate mothers," *Science*, 1959, 130(3373), pp. 421–432.

分离焦虑时的情境进行了深入的研究。鲍尔比认为，只要情境发生变化，婴儿的分离焦虑就会随之出现，不一定是由于依恋对象不存在。在这篇文章里，鲍尔比还讨论了泛滥的或者不真实的母爱对婴儿的危险问题。在鲍尔比看来，不真实的和过度保护的母爱是源于一种补偿心理。事实上，婴儿如果出现过度的分离焦虑，往往与其不愉快的家庭经历相关，比如说被父母反复用抛弃来威胁或是拒绝，或者在失去兄弟姐妹的经历中承受了特殊的家庭责任等。此外，鲍尔比还在文章中讨论了另外一类案例，就是分离焦虑水平低于常态甚至缺失的情况。在鲍尔比看来，这是一种处于防御状态的伪独立水平，并非真实的成熟状态。事实上，得到充分关爱的儿童会用抗议的方式来应对父母的分离，但是他们也会很快发展出很好的自我依赖。鲍尔比的这些研究也成为后来与玛丽·安斯沃斯合作，深入研究依恋类型的基础。

在《婴幼儿的悲伤与痛苦》一文中，鲍尔比的观点与安娜·弗洛伊德的观点产生了分歧，即婴幼儿是否会感到悲伤？在安娜的观点中，婴幼儿尚未获得足够的自我发展，所以在发生丧亲事件时，如果有替代的照顾者给予相应的满足，那么，婴幼儿是无法体会其中的差异性的，因此不会因为丧失亲人而感到悲伤和痛苦。但是，鲍尔比的研究质疑了这种观点。鲍尔比认为，只要依恋行为被启动，无论是婴儿还是成人，都会感到悲伤和痛苦。这一观点受到了因研究成年人丧亲之痛而著名的精神病学家科林·帕克斯（Colin Parkes）的关注。帕克斯加入了鲍尔比的研究小组，他通过对寡妇的访谈，后来形成了一篇与鲍尔比合作的文章，其中应用了婴幼儿的分离反应阶段来阐释成人生活悲痛的四个阶段：麻木，怀念和反抗，混乱和绝望，重组。

至此，鲍尔比构建的依恋理论框架基本形成。基于习性学和生物进化论的观点，他特别强调了依恋的生物功能。鲍尔比认为，依恋行为的生物功能具体体现为保护儿童不受进化环境中有害因素的伤害，因为在客观上，弱小的婴儿需要与照顾者保持一种特定的亲近，以保证自身的安全感。所以，婴儿与母亲（主要照料者）之间密切的依恋关系，是婴儿适应生存需求的一种本能。正是这种亲密关系提供的安全感，向儿童提供了他所需要的勇气，使他开始摆脱对母亲的依恋，转而向外部世界进发。依恋理论的核心主张，就是形成密切的依恋关系（安全依恋），并基于此关系摆脱依恋。

（二）依恋三部曲：多学科研究平台的整合成果

尽管得不到当时的主流精神分析学家们的认同，但是，鲍尔比仍然坚持着自己的研究理想。在这段时间里，曾经邀请鲍尔比为世界卫生组织担任研究工作的罗纳德·I. 哈格里夫（Ronald I. Hargreaves）组织了一系列的儿童精神生物学的研究小组会议，邀请鲍尔比参加。在 1953 年到 1956 年的会议里，鲍尔比在会议中碰到了很多让他感兴趣的学者，除了皮亚杰，还包括埃里克·埃里克森、朱利安·赫胥黎（Julian Huxley）、巴贝尔·英霍尔德（Baerbel Inhelder）、康拉德·洛伦茨、玛格丽特·米德和路特维希·冯·贝塔郎菲（Ludwig von Berta-lanffy）等人。这些学者的研究思路和方法，进一步丰富了鲍尔比的研究视野。鲍尔比也开始将他们的研究成果运用于自己的研究工作中，验证自己的研究设想，深化自己的多学科研究框架，获得了具有创新价值的研究成果。

作为自己关于依恋问题研究的总结性成果，从 1969 年开始，鲍尔比陆续出版了他的"依恋三部曲"。

1969 年出版的第一部《依恋与失落》中，鲍尔比阐释了他关于婴儿对母亲的依恋行为的研究视角，提出了动机理论与行为调节的观念，并应用这些观念来解释婴儿与母亲特定的依恋行为，从而界定依恋行为的概念是一种寻求接近依恋对象的行为，是婴儿避免自己处于危险之中的自我保护行为。

1973 年出版的第二部《分离、焦虑和愤怒》中，鲍尔比重新回顾了弗洛伊德内在世界的概念，认为在个人的内部工作模式中自我及依恋对象是非常重要的，因此提供让婴儿自由探索的机会，并发展出相应的自我是非常有价值的。如果父母经常拒绝婴幼儿的要求使他们无法得到满足，孩子会在内部工作模式中认为自己是没有价值的、没有能力的；而由于个人内部工作模式的作用，会使婴幼儿能预期依恋对象的行为，然后在内心计划自己的反应，因而建立起两者的依恋关系。

1980 年出版的第三部《失落、悲伤及抑郁》中，鲍尔比使用了信息处理系统理论来解释内部工作模式稳定性的逐步增加及防御性的扭曲。这一观点基于以下两点：一是互动模式逐渐成为习惯并且自动化，二是亲子间的互动性已经逐渐习惯，并反对改变目前的状态。

(三) 依恋理论的发展：陌生情境测验与依恋类型研究

在鲍尔比的研究工作中，玛丽·安斯沃斯是其最重要的合作者，也是其理论的重要追随者和继承人。一般认为，鲍尔比是行为学视野下的依恋理念的创始人，他提出了相关的重要概念和理论框架，而玛丽·安斯沃斯则不仅使鲍尔比的理论具有了可验证性，更是将其理论进行了创造性的扩展和延伸。

安斯沃斯的《乌干达婴儿》一书是第一本对依恋理论进行实证研究的著作。安斯沃斯在长达 9 个月的时间里对 26 个家庭里的 1 个月至 24 个月的婴儿与母亲的互动模式进行了观察研究，获得了研究母子互动资源的第一手资料，提出母亲对婴儿依恋信号敏感度的概念，并将实际观察得到的案例资料分为安全依恋、不安全依恋和非依恋类型。这些研究工作对于鲍尔比提出的依恋理论框架的验证具有非常重要的意义。

此后，安斯沃斯又发明了著名的陌生情境(strange situation)测验，用于观察婴儿与其照顾者在陌生情境下的关系。测验最初是针对 1 岁左右的婴儿在陌生情境下产生的依恋和探索行为来设计，由八个片段构成：①母亲和她的婴儿第一次被带到一个游戏室中，由实验者向母亲短暂介绍情况；②母亲和婴儿在房间里相处一段时间，约 3 分钟；③陌生人加入进来，陌生人和母亲一起陪婴儿玩；④母亲短暂地离开，婴儿和陌生人相处；⑤母亲回来，陌生人离开；⑥第二次分离，母亲离开，婴儿独自一人；⑦持续分离水平，陌生人回来；⑧母亲回来，母子重聚，陌生人自然离开。分离控制的时间一般为 3 分钟，但是如果婴儿在分离中表现得非常痛苦，则会适当缩短时间。因为婴儿的个体差异，有的婴儿会在分离过程中表现出极高的痛苦水平，使这个实验存在一定的争议。不过，这一方法仍然被普遍应用于后来的母婴依恋关系研究，也使鲍尔比的依恋理论得到普遍的验证而被广泛接受。

安斯沃斯与鲍尔比合作研究的贡献，还集中在对与父母长久分离后得以重聚的学龄儿童的三种基本关系模式的分类系统的梳理：对母亲持有强烈乐观情感的儿童，展现出矛盾情感的儿童和表现出或冷漠或敌对情感的儿童，对应着后来被广泛接受和应用的三种依恋类型，即安全型依恋、焦虑—矛盾型依恋和回避型依恋。

四、鲍尔比依恋理论及其心理健康思想的评价

在过去的几十年间，鲍尔比的依恋理论一直争议不断。尽管如此，他的依恋理论依然为其赢得了巨大的声誉，翻开任何一本心理学概论的教材，都赫然可见鲍尔比的名字及其依恋理论，尤其在发展心理学领域，依恋理论更是讲述的重点内容之一。直至今天，在世界卫生组织有关儿童发展的材料中，依然可以找到他的思想。

在鲍尔比的青年时代，正是精神分析理论的鼎盛时期，于是，如同那个时期的绝大多数心理学家一样，鲍尔比也不可避免地首先踏入了精神分析的殿堂，受到了精神分析的熏陶。事实上，直至鲍尔比在出版自己的依恋三部曲时，他也承认是精神分析给予了他最初的灵感，并且奠定了他描述强烈的人类经验（如依恋、分离、丧失）的写作基调。

事实上，即使在同克莱因决裂之后，鲍尔比仍然认为自己是一名精神分析学家，对弗洛伊德的精神分析理论，他也基本保持接纳的态度。在 WHO 组成的工作团队的第一次正式报告中，在讲到自己选择本能为主题的原因时，鲍尔比这样解释："本能是精神分析的核心内容，本能的研究把精神分析同心理学的

其他分支区分开来。"①由此，我们也许会认为，鲍尔比在母婴依恋领域的研究会在精神分析学界大受欢迎。但是，事实并非如此。当然，他的研究也没有受到忽视，鲍尔比所提理论的轰动性令人无法忽视他的学说。鲍尔比在依恋领域的最初研究，在当时最有影响的精神分析杂志上引起了骚动，于是，很多当时颇有名望的精神分析权威对他发起了挑战。于是，他最终被精神分析团队放逐。精神分析流派之所以抛弃鲍尔比，是由于鲍尔比介绍了一个来源于对年幼孩子面对分离的反应的观察分析项目，鲍尔比时代的精神分析是一个思辨阐述性的系统，几乎完全封闭。在对心理与意识的结构解释上，弗洛伊德学说占据着统治地位，梅兰妮·克莱因则从最深层面拓展了她对精神分析的挖掘。在这两个强权人物理论的统治下，精神分析学家认为他们能够从人类互动的、肤浅的、行为的层面，看到其背后隐藏的本能冲突和幻想，从中挖掘出其深层含义。但是，同精神分析的做法不同，鲍尔比通过对孩子的行为观察，发现了母婴分离对孩子身心的巨大影响，他更相信自己的行为观察，而不是抽象地思辨。由此，鲍尔比对母婴依恋的本质进行了重新诠释，认为对母亲的依恋是婴儿的一种本能，而不是从属于其他驱力的次级驱动力。鲍尔比的这一观点，触动了弗洛伊德理论的核心内容，被精神分析学派所不容，于是，被精神分析学派驱逐的命运便不可避免了。

鲍尔比一直寻求把科学的方法引入依恋理论的研究中。为了发展出一个科学的理论，整合出符合已有科学领域的认同标准，他整合了多学科领域的研究成果。在早期对动物行为产生兴趣时，一方面，鲍尔比似乎相信，自己的工作仅仅是对弗洛伊德早期提到的工作的继续；另一方面，他更为迫切地感到需要建立精神分析同科学之间更为广泛的联系。他认为弗洛伊德所提出的心理能量模型是一种试图把心理学的数据用类似于物理学和化学的术语进行概念界定，因此，把心理学同自然科学适当联系起来可以产生巨大的价值。

---

① Tanner & Barbel Inhelder, *The Quanterly review of biology*, 1958(6), pp.177-178.

　　但是，尽管弗洛伊德坚持心理科学应归属自然科学这一信念，但精神分析或心理分析的科学性却一直遭到质疑。一方面，科学家们认为精神分析或心理分析是一门伪科学，不管这一理论到底包含了多少真理，都无法证明其正确性；另一方面，许多精神分析或心理分析学家，被弗洛伊德所提出的心理玄学的模糊性感到失望，同时又专注于临床工作中所必需的个别化思考角度，于是，也放弃了弗洛伊德的目标和口号，转而声称精神分析或心理分析并不是一门自然科学，恰恰相反，应该归属于人文科学。

　　鲍尔比利用那些来源于真实世界中的儿童的数据，来支持自己的理论。他声称自己更是一个科学家，会提出一些能够检验的假设。他能够运用其他科学家的研究和理论，如生物行为学、信息加工等，对自己的观点进行论证，使得自己的理论非常有说服力。对于当时的精神分析学家而言，这些都令他们难以忍受。同普通的精神分析学家相比，鲍尔比更加关注现实世界中的人际互动，其他学科的研究方法又为他提供了强而有力的理论依据。这也是当时的精神分析流派所不能比拟的。

　　除了研究方法的不同，鲍尔比和弗洛伊德都深受达尔文的影响（鲍尔比的最后一部著作便是关于达尔文的传记）。不过，他们眼中的达尔文却完全不同。弗洛伊德的目标之一，便是解决达尔文所提出的动物生命所谓低级和高级形式间的连续性在人类心理上的含义。在他的所有著作中，始终贯穿着原始主义以及对动物性比喻这一主题，在微观的意义上，弗洛伊德提出的心理结构模型，其实就是达尔文对于物种进化全面诠释的重新建构：伊底（id）的低级的、原始的能量被现实导向的自我（ego）转换成高级的、目标抑制的资源，从而使个体活动同超我（superego）的文化价值相协调，其实就是在个体发展上浓缩地展现了物种进化史。鲍尔比眼中的达尔文则是另外一番景象。鲍尔比对达尔文关于动物对环境适应性方面的论述非常感兴趣。事实上，在他依恋三部曲中的第二卷里，鲍尔比把弗洛伊德称为前达尔文主义（pre-Darwinian），因为弗洛伊德并没有抓住达尔文物种进化理论的"自然选择"原则的精髓。如同达尔文一样，鲍尔比的兴趣在于动物如何使自己的生存机会最大化。在达尔文思想的引导下，弗洛伊德关注于内部的、无意识的、原始的状态，而鲍尔比却关注于婴儿同母亲之间互动的行为分析。

根据对鲍尔比的研究框架的回溯，我们看到，鲍尔比一生的研究都集中在儿童与母亲的依恋关系，及其对心理发展带来的不可逆的影响。鲍尔比执着于自己的研究理想，敏感地捕捉到了最新的科学研究成果和研究范式，应用于自己的研究，从而创造了多学科平台的研究范式，取得了具有创新价值的研究成果。鲍尔比对研究工作的专注、对科学精神的执着、对新的知识和理论孜孜不倦地吸收，以及在研究工作中的创新精神，获得了人们的高度认可，即使在当时不能认同他的理论主张的一些学者，也在后来对于鲍尔比的研究工作表达了尊重。

鲍尔比的依恋理论是基于习性学、控制论、信息处理系统理论、进化生物学、认知心理学、发展心理学和精神分析等多学科平台研究的整合。在鲍尔比看来，依恋是人类在生物进化的时候已被预置的通向生存的密钥。对母亲的依恋关系是婴儿成长的基本和主要力量，奠定了应对挑战、关系处理以及人格发展的基础。这一观点置于现代，接受起来几乎没有什么难度，但是在其刚出现的那个时期，尤其是刚提出的时候，几乎被认为是离经叛道的观点。因为鲍尔比的观点挑战了传统弗洛伊德学说的观点，与其当时所处的英国精神分析学会的主流观点都存在分歧，所以鲍尔比在很长的时间里遭受了质疑和打击。但是，正是鲍尔比不懈的工作和努力，为儿童心理发展的研究提供了全新的视角和理论框架，将行为学的概念、系统控制理论的方法都引入了儿童心理发展的研究工作之中，使相关研究进入了创新性的阶段。也正是因为对此工作的高度认可，1989 年，美国心理学会授予了约翰·鲍尔比和玛丽·安斯沃斯"杰出科学贡献奖"的荣誉。

在理论研究领域，鲍尔比的这些理论主张在后来被广泛地接受，成为研究亲子关系、儿童心理发展等课题的重要理论依据；其研究方法和主要观点还从母婴依恋的范畴扩展到成人依恋关系的研究，得到了广泛的应用。

　　在临床应用领域，鲍尔比的理论主张也给治疗师们以启发。因为鲍尔比认为在母婴关系中，父母的行为对婴儿的作用，比婴儿对父母的作用要大得多，这一具有预见性的观点虽然同样饱受争议，但是其应用于预防干预的含义不言而喻，因为成人比先天的禀赋更容易转变。如果有更多的心理治疗师关注这个领域，投入母—婴心理治疗，鲍尔比的理论将能发挥更大的实践价值。从精神动力学角度看，当父母与婴儿被看成是"一体"时，他们的关系才会得到更迅速和有效的改善。在一种简短的和集中的干预过程中，不安全型依恋常常能够持久地转变为安全型依恋。[①]

五、结语

　　当然，对于鲍尔比依恋理论的争议，从其理论产生开始，从来都没有停止过，从一开始精神分析学者的强烈反对，到后来对鲍尔比行为主义取向的质疑，再到具体的研究证据的怀疑。在这些争议中，有一些被证明是观念的固守所致，而另一些则属于研究方法问题，在鲍尔比和其后继者的努力下，不断地进行着修正和深化。比如说鲍尔比自己在后来的出版作品中，对 1951 年的《母爱关怀与心理健康》中使用的数据等问题进行了说明和修正，并进行了深化研究。此外，鲍尔比的主张中非常强调的母爱重要性，也导致了将近五十年的争议，并常常被不同的政治组织予以利用。比如，女权主义者有时会抗议鲍尔比的观念成了反女权主义的微妙论据，因为根据鲍尔比的主张，母亲们是不适合担任社会性工作的，而应该留在家里照顾她们的孩子。由此，母亲们容易成为一系列政治、社会和经济失败的文化替罪羊。

　　虽然有这些批评和争议，但是鲍尔比的依恋理论仍然是 20 世纪心理学值得

───────────────

　　[①]　杨慧、熊哲宏：《如何成为心理咨询师：来自咨询与治疗大师的启示》，102~103 页，北京，中国社会科学出版社，2009。

关注和尊重的研究成果，它的许多预言一直在充分的检验中，更多关于依恋行为不同类别的研究，如关于父爱、兄弟依恋和祖父母看护的研究，以及成人依恋的研究，不断带来对依恋理论的发展和完善。

第五章

————

阿德勒：社会文化定向的个体或自我心理学

1870 年 2 月 17 日，阿尔弗雷德·阿德勒出生于奥地利首都维也纳郊区。他父亲是一名犹太商人，主要做谷物生意。由于父亲经营有方，他的家境颇为富裕，一家人热爱艺术，尤其是音乐。这为他的教育，以及日后创立社会文化定向的个体或自我心理学理论奠定了基础。

一、阿德勒的生平与学术事迹

阿德勒从小生活舒适安逸，物质生活相对丰富，但他却认为自己的童年是不幸的。阿德勒在 6 个兄弟妹中排行老二，哥哥体格健壮，是个典型的模范儿童，而他自觉长相既矮又丑，与长兄有一种激烈的对抗情绪。母亲似乎偏爱哥哥，但阿德勒与父亲相处融洽。阿德勒是一个直到 4 岁才会走路的体弱多病的儿童。他患有佝偻病，无法进行激烈的体育活动。但他并没有让身体上的缺陷压倒自己，相反，这刺激了他的上进心。阿德勒喜欢交游，结交各种各样的朋友，在孩子们的游戏中也总是试图超过他的哥哥。他的父亲鼓励他说："阿德勒，你必须不相信任何事。"其实他的父亲是在告诉他，不能让眼前的困境束缚住自己，不能相信当下的困难就是人的一生，而要勇于突破，大胆地去创造自己的生活，这种坚强的信条造就了阿德勒一生的功名。

5 岁时，阿德勒患上了致命的肺炎，医生认为他快死了，家人也不抱什么希望。但几天后，他竟奇迹般地康复了。这场病加上他 3 岁时大弟弟的死亡使他萌生了要当一名医生的愿望，他要用这个生活目标去克服童年的苦恼和对死亡的恐惧。所以，尽管他很喜欢音乐，也对许多艺术门类有很深的造诣，他还是选择了心理医生的职业，其许多个体心理学的观点都可以追溯到童年时的这一遭遇。

阿德勒 5 岁时上小学，9 岁时进入弗洛伊德上过的中学。刚上中学的时候，由于他数学不好而被老师视为差等生，老师因此看不起他，并建议他的父亲让他去当一名制鞋的工人。当然，他的父亲拒绝这样做，但这事也刺激了好强的阿德勒，促使他努力学习，在数学上有了很大进步。偶然的一个机会，他解决了一道连老师也感到头疼的数学题，成了班上的优等生，更增强了他的自信心。阿德勒后来经常提到这件事，在不无自豪的同时，也启示人们：人的潜力是没有局限的，更不是天生注定的，只要肯去挖掘，每个人都有成功和飞跃的机会，这也是阿德勒个体心理学的一个重要原则。

中学毕业后，阿德勒如愿以偿，进入维也纳医学院，系统学习了有关心理学、哲学的知识，并受到良好的医学训练。1895 年，阿德勒获得医学博士学位。毕业后，他先在维也纳医学院实习了一段时间。1896 年的 4 月到 9 月，他应征服役，在奥地利军队的一所医院工作。1897 年到 1898 年，他又回到母校深造。在这期间，他和来自俄国的留学生罗莎结婚。

在行医期间，阿德勒曾就公共卫生问题写过几篇文章，这是同他早期的兴趣，即社会民主运动相一致的。就在这一时期，阿德勒读到了弗洛伊德的《梦的解析》一书，他写了一篇捍卫弗洛伊德所论观点的论文。基于这一原因，1902 年弗洛伊德邀请阿德勒加入维也纳精神分析学会。1910 年阿德勒当选为维也纳精神分析学会主席。但是，阿德勒不赞同弗洛伊德的性决定论，强调社会文化因素在人格形成和发展中的决定作用。阿德勒与弗洛伊德的分歧日渐显露。1911 年，阿德勒辞去了精神分析学会的主席职位，并退出该学会，另组自由心理分析研究学会，1913 年更名为个体心理学学会。

1917 年，阿德勒发表了引起很大争议的文章《器官缺陷及其心理补偿的研究》（"Study of Organ Inferiority and Its Psychical Compensation"），标志着他与弗洛伊德的分歧已经明显化了。阿德勒在这篇文章中首次引入了"自卑情结"的概念。他认为，由于身体的缺陷或其他原因引起的自卑，一方面可能毁掉一个人，使人自暴自弃或发生精神病；但另一方面，自卑也能激发人的雄心，使人发奋图强，以超于常人的努力和汗水补偿生理上的缺陷，从而成为不平凡的人物。

随后，阿德勒更体会到：不管有无器官上的缺陷，儿童的自卑感总是一种普遍存在的事实；因为他们身体弱小，必须依赖成人生活，而且一举一动都要受成人的控制。当儿童们利用这种自卑感作为逃避他们能够做的事情的借口时，他们便会发展出神经病的倾向。如果这种自卑感在以后的生活中继续存在下去，它便会构成"自卑情结"。因此，自卑感并不是变态的象征，而是个人在追求优越地位时的一种正常发展过程。

1917 年，阿德勒在其《神经病的形成》(*The Neurotic Constitution*)中提出他的新心理学。新心理学包含了他的大多数主要概念。1918 年，他提出了"社会兴趣"这一概念。社会兴趣，同克服自卑感一起，成为阿德勒最重要的概念——心理健康的标准。在心理病理学的个案里，阿德勒把这些人称为生活失败者，他们的社会兴趣倾向未能得到适当的发展。这些人追求社会上无用的个人权力，反对健康的、社会上的有用的目标。心理治疗师通过鼓励、证实患者的错误，以及增强其社会兴趣来提高患者的自我尊重。治疗师的工作是帮助患者认知重组，并习得社会上更有用的行为，特别是早期回忆和出生顺序，也包括梦，都被用来促使患者了解自己的生活风格。

20 世纪 20 年代，阿德勒对预防产生了很大兴趣。他任教于维也纳教育学院，参与了维也纳教育学院的儿童指导师资培训；他在公立学校建立了众多的儿童指导中心。此后，他到欧美各国演讲，受到了热烈欢迎。1926 年阿德勒成为哥伦比亚大学客座教授。1932 年，他成为长岛医学心理教授。1934 年他定居纽约，次年创办《国际个体心理学杂志》。1937 年 5 月 28 日，阿德勒因心脏病逝世于苏格兰的阿伯登。

阿德勒著有《理解人性》(*Understanding Human Nature*)(1918)、《个体心理

学的实践与理论》(*The Practice and Theory of Individual Psychology*)(1927)、《生活的科学》(*The Science of Living*)(1929)、《生活对你应有的意义》(*What Life Would Mean to You*, 中译本名《自卑与超越》或者《超越自卑》)(1932)、《儿童教育》(*The Education of Children*)(1930)以及《社会兴趣：人类的挑战》(*Social Interests：A Challenge to Mankind*)(1933)等。

链接：【阿德勒生平重大事件】

1870年2月17日，出生于奥地利维也纳郊区。父亲是一名犹太商人。

1888年，进入维也纳大学学习。

1895年，获得维也纳大学博士学位。

1897年，遇见罗莎，并与其结婚。

1902年，加入星期三学会(后更名为精神分析学会)。

1911年，另组自由心理分析研究学会。

1913年，研究会更名为个体心理学学会。

1926年，被聘为哥伦比亚大学客座教授。

1932年，被聘为长岛医学心理教授。

1935年，创办《国际个体心理学杂志》。

1937年5月28日，逝世于苏格兰的阿伯登。

二、阿德勒个体心理学理论的历史背景

阿德勒的思想和其个体心理学学派的出现绝非偶然，它是在当时特定的社会历史背景、哲学背景和科学背景下孕育产生的。

一是社会历史背景。首先，资本主义国家的社会病态现象为阿德勒思想和理论的产生提供了可能。在19世纪末20世纪初，奥地利特别是首都维也纳，在经济上由资本自由竞争进入垄断阶段。在政治上奥匈帝国民族压迫和阶级压迫相互交织，广大民众遭受封建的、资本的和民族的三重压迫。在这种民族矛

盾和阶级矛盾日益尖锐、动乱连年的情况下，人们精神沮丧、惶惶不可终日，致使神经官能症和精神病的发病率日益增高。这时，社会急需治疗这种神经官能症的理论、方法和技术。阿德勒的理论与思想正是适应这一社会需要而产生的。

其次，弗洛伊德的精神分析理论对阿德勒的理论与思想产生了巨大影响。1900 年前后，阿德勒的研究兴趣集中在精神病理学方面。他熟读了弗洛伊德的《梦的解析》一书，认为这本书有助于了解人性。1902 年，他写了一篇分析《梦的解析》的文章，发表在维也纳一份有名的杂志上。该文立即引起弗洛伊德的注意，弗洛伊德非常欣赏这位年轻的医学博士对精神分析学的看法和理解的深度。不久后，弗洛伊德就给阿德勒发了一封亲笔信，邀请他加入由弗洛伊德本人主持的星期三学会。阿德勒的思想和见解大大深化了精神分析学的研究，阿德勒也随之声名鹊起。1910 年，阿德勒成为著名的维也纳精神分析学会继弗洛伊德之后的第二任主席，并担任《心理分析学刊》的编辑。这些经历使阿德勒成为精神分析学派中影响力仅次于弗洛伊德的人物，也为他日后创立自己的学说打下基础。弗洛伊德的潜意识理论对于阿德勒后续的研究产生了巨大的影响。阿德勒后来的"向上驱力"、先天"社会兴趣"潜能的思想等，均带有弗洛伊德精神分析的生物学化的烙印。

最后，第一次世界大战的爆发对阿德勒产生了极大的触动，这场战争使阿德勒的"个体心理学"的内容有了重大的变化。阿德勒本来期望用20 多年的时间将自己的思想和学说推向全世界，但第一次世界大战的爆发明显阻挡了他的计划。在第一次世界大战期间，阿德勒在奥地利军队中担任内科医生，他最初是在苏联前线工作，后来调往后方的儿童医院工作。他亲眼看见了战争带来的巨大损害和灾难，他对社会的思想发生了极大的转变，他认为如果人类想要生存，就必须改变他们的社会兴趣。因此，退役后，他开始研究人的社会责任和合作精神，并提出了"社会兴趣"的概念。社会兴趣，同克服自卑感一起，成为阿德勒最重要的概念——心理健康的标准。这一思想是个体心理学的重要转折点，它表明阿德勒对现实生活问题的关注，对人和他所处的社会环境的关系的关注。而这种转折正是第一次世界大战带给他的，这场战争使阿德勒的思想和"个体心理学"的内容有了重大的变化。

二是哲学背景。每一种心理学理论体系都是和它以前的哲学、科学中尚未解决的问题联系着，并总是以先驱者提供的思想资料为出发点。其实，在希腊哲学、科学的多种多样形式中，几乎都可以找到以后各种观点的胚胎和萌芽。

第一，新康德主义代表人物怀亨格（Hans Vaihinger）的影响。阿德勒与弗洛伊德决裂后，阿德勒组织了"自由心理分析学会"。1912年，他正式称自己的思想体系为"个体心理学"。从某种意义上说，阿德勒是人类历史上第一个深入个人心理的最深处，以科学的态度探究人的成功与失败的动机与原因的学者，他取得的成就丰富了人类对自身精神世界奥秘的认识。谈到阿德勒的这些成就，就不能不谈到德国新康德主义的代表人物怀亨格，他对阿德勒的"个体心理学"产生了重要影响。

怀亨格于1911年出版了一本书，叫作《"虚假"的心理学》（The Psychology of "As If"），这本书对阿德勒的思想产生了重大的影响。怀亨格说："人类都是凭借一些，在一些现实上不存在的虚假目标而生活着的。我们认为宇宙是一个井井有条的实体，并以此种虚假的观念为基础，作出种种行为，而其实宇宙是紊乱不堪的。我们造出了虚假的上帝，并且装模作样，仿佛他是真有其人一般，其实，哪里有什么客观存在的神？尽管这些东西在经验上都是虚假的，我们却不怀疑其真实性，我们的思想和行为都受其影响。"进而，他提出了"虚构主义"的概念，他认为人都是依靠一些现实社会中并不存在的虚构的目标而生活的。比如，人生而平等、善有善报、宇宙乃有秩序的实体等观念并非真实的存在，相反，现实的世界恰好与这些观念相矛盾。但这些重要的观念却深刻地左右着人们的思想，指导着人们的行动——尽管这是虚构的。

阿德勒对这一观点产生共鸣，他把这种概念引用到心理学上，尤其是因果关系的问题。弗洛伊德把因果关系当作心理学的一项基本定律；但是，阿德勒却在怀亨格概念中看到足以打倒弗洛伊德观点的事物。阿德勒认为，促使人类做出种种行为的，是人类对未来的期望，而不是其过去的经验。这种目标虽然是虚假的，但它们却能使人类按照其期待，做出各种行为。个人不仅常常无法了解其目标的用意为何，有时他甚至不知其目标何在，因此，这种目标经常是属于潜意识的。阿德勒把这种虚假的目标之一称为"自我的理想"，个人能借之获得优越感，并能维护自我尊严。阿德勒认为，个人一般并不了解他的生活目标的真实意义，它常常是潜意识的，但个人却能借此产生一种动力和优越感。

阿德勒的这个观点是重要的，他让我们明白为什么很多人每天生活在梦想中，尽管不断失败，但他仍然固执于自己的目标，他把自己虚构出来的幻想错误地当作现实的生活。后来，阿德勒进一步指出，每个人都有他"想象的目标"，人的全部心理表现、行为和创造力都集中在这个虚构的目标上。因此，要想真正地了解一个人，就必须了解他追求的目标，同时，要改变一个人的行为方式，也只有改变他的生活目标才能奏效。另外，失败者或精神病患者可以通过分析自己的生活目标，改变对自己或世界的看法，重新鼓起勇气，克服自卑，面向未来。总之，阿德勒"个体心理学"很大程度上受到了怀亨格的影响。

第二，马克思主义哲学的影响。阿德勒对人面临的社会现实问题的强烈关注带有马克思主义的印记，也有社会主义者的色彩。事实上，他在1898年前后，就阅读了马克思的一些重要作品，还在1909年，撰写了一篇关于"马克思主义的心理学"的文章，这是目前所知最早的一篇将马克思主义与心理学联系起来的研究论文。他也是社会主义的同情者并支持社会民主运动。

第三，实用主义的影响。阿德勒很尊重威廉·詹姆斯，还有霍尔，前者是阿德勒理论在美国的先驱之一。阿德勒曾以詹姆斯的话作为自己的著作《心理与生活》的开始："唯有直接与生活发生关系的科学才是真正的科学。"然后，阿德勒又说："也可以说唯有直接与生活发生关系的科学，才使真正的科学理论与实际变得几乎不可分割。"从中可以看到，阿德勒个体心理学的学究气越来越少，而实用性和大众性成了它的主要特色。阿德勒把他的理论应用到儿童教育和人

97

们日常生活的问题上，把孩子、教师和普通百姓当作学问和对象，并以通俗易懂的语言发表演讲。

第四，受尼采的"权力意志"（the will of power）思想的影响。阿德勒接受尼采的"超人哲学"，认为人类的一切行为都是受"向上意志"的支配，实际上也就是受所谓的"权力意志"的支配。一个人生来就有一种向上的内驱力，人们的一切动机，无论好坏，都是向着一个方向，追求征服、追求优越，永不停留。阿德勒心理学的重心在于权力意志的实现。

三是科学背景。19世纪中叶是人类科学史上的一个重大转折。许多科学分支都取得了重要进展，特别是能量守恒定律、进化论、细胞学说三大发现。所有这一切，不仅为人们深入认识心理活动的本质提供科学条件，也为阿德勒理论及其个体心理学思想的产生提供了重要前提。

三、阿德勒个体心理学理论及其心理健康思想

阿德勒是现代著名的精神分析学者，也是"个体心理学"的创始者。个体心理学，按照阿德勒的解释，是指试图理解作为一个有机整体的个体的经验和行为的科学。他坚信人的所有行为都是由个体对生活的基本态度所引起的，他对改进大多数人的生活产生兴趣也是因为这个原因。阿德勒的"个体心理学"并非强调个别差异的心理学。他所指的个体是一个与社会、与他人不可分割的有机整体，一个有自己独特目的、寻求人生意义、追求未来理想的和谐整体。阿德勒的个体心理学理论强调个体应在正确理解生活意义的基础上，进行积极的心理补偿，学会合作之道，培养健康的社会兴趣，从而不断超越自我，实现自身和社会的和谐发展。

个体心理学从人的整体性和能动性出发，认为每个人都有自己的追求目标，追求目标实现的动力都是为了克服自卑感，借助补偿作用获得优越感。在补偿的过程中，个体形成了独特的生活风格，生活风格又制约着个体进一步的补偿

...

作用，个体在追求优越的同时，自身的社会兴趣也逐渐发展起来。阿德勒的个体心理学的影响十分广泛，不仅在传统心理咨询领域获得了极大的成功，而且在一定程度上改变了人们对教育，尤其是家庭教育的看法。

（一）人性观与基本观点

1. 对人的基本看法

阿德勒强调人的整体观，认为人是不可分割的一个整体，人也只有就整体来看才能加以了解。[①] 人是有责任心、创造力、统一的社会的人，其行为是有目的，并指向目标的。阿德勒认为，每一个人从出生之后，都会积极地从过去的经验中选择资料建立对自己、对生活的看法，或主观的信条系统，形成生活风格。生活风格一旦建立，就成为个人行为的最高指导原则。个体的生活方式反映了个体面对生活挑战时，其思维、感受和行为的独特性。强烈的自卑感和社会兴趣的减少，可能导致生活方式出现问题，进而导致个体功能发挥失常。阿德勒认为人的生存永远离不开社会、人际关系、工作与性。虽然这些行为环境会决定一个人的生活风格，但生活风格也会决定一个人与生活环境的交往方式与内容。一个人会因为持有错误的生活风格而产生错误的看法、目标、学习及价值观念。这些观念很自然地导致挫折、泄气、失望，或失去生活的勇气。

2. 基本观点

（1）以追求优越为统一人格的核心和总目标。阿德勒认为追求优越是人生命中的基本事实。这种天生的内驱力将人格汇成一个总目标，使人力图成为一个没有缺陷的"完善的人"。

（2）以器官缺陷（后扩展到心理、社会方面）的自卑与补偿为人格发展的动力。阿德勒认为人总是有缺陷的，有缺陷就会自卑。自卑既能摧毁一个人，也能使人奋发上进，尽最大努力去补偿，以取得优越。

---

① Aved Adler, "The Feeling of Inferiority and the Striving for Recognition," *Proceeding of the Royal Society of Medicine*, 1927, pp. 1881–1886.

（3）以生活风格与创造性自我为个人定型化的行为模式。阿德勒认为生活风格约在个体四五岁时已在家庭环境中形成，其中个体在家庭中的出生次序和家庭氛围有较大作用。而创造性自我是人格塑造中的一种有意识的主动力量。

（4）以社会兴趣为个体形成关心社会、公共意识的精神的标志。阿德勒认为人具有一种为他人、为社会的自然倾向，有无社会兴趣是衡量个体是否健康的主要标准。社会兴趣的水平决定个体生活意义的大小和对社会贡献的程度。

（二）自卑与补偿

1. 自卑

自卑是个体心理学中一个最基本的概念。阿德勒认为，当个体面对困难情景时，一种无法达到目标的无力感与无助感，对自己所具备的条件、作为和表现感到不满和失望，对自我存在的价值感到缺乏重要性，对适应环境生活缺乏安全感，对自己想做的事情不敢肯定，这就是自卑感。

2. 自卑的形成

阿德勒认为自卑的形成来源于幼年时期的无能，他认为自卑始于婴儿时期。在这个阶段，婴儿需要成人的保护与管束，婴儿必须要依靠成人的帮助才能够生存下来，如吃奶或者玩玩具都需要成人的帮助。因此，成人在婴儿心目中是伟大的、无所不能的，而婴儿自己却是渺小的、无助的。即在最初与他人交往的过程中，婴儿就体验到了自卑与无能。随着年龄的增长，个体发现了自己在目标追求过程中的力不从心，这种体会加重了个体的自卑感。

3. 自卑的影响

阿德勒认为自卑感是人格发展的动力。他认为自卑感并不是变态的，是人类因为无法解决所面临的问题时的一种情感体验。自卑对个体人格发展的影响具有两面性。积极影响表现在，如果个体能在自卑的影响下，把自卑感表现为前进的动力，那么可以补偿其缺陷并获得成功。但是，当个体不能恰当地处理问题，因自卑而逃避，并形成了不敢面对现实的习惯，进而导致对社会、对世界的敌对态度时，也就是说当这种自卑感转化为内在的心理倾向——自卑情结时，这种自卑情结就会产生消极影响，阻碍个体人格的发展。

4. 自卑的补偿

每个人都有不同程度的自卑感，而优越感即是自卑感的补偿。一个健康、正常的人，当他的努力在某方面受到阻挠时，他就能在另一方面找到新门路，争取优越感。例如人类是所有动物中最弱小的，所以人类需要比其他生物更多的团结与合作。但是有些人却制定了错误的目标，使用错误的方法来追求优越感，将他们的努力转向生活中无用的一面，真正的问题却被遮掩起来或摒除不谈。例如缺乏勇气的人，因为不觉得自己强壮，所以他们总是逃避困难，通过避免战斗，他们得到一种比本身更强壮与聪明的感觉，这种优越感是他们用来逃避自卑感的方法。人类追求优越感是永远不会停止的，因为我们永远不会满足于自己的成就而止步不前。

(三) 追求卓越

1. 虚构目的论

阿德勒提出了虚构目的论(fictional finalism)，认为一个人所做的每一件事都会与最终的虚构目标相联系，例如"具有重要的地位，才能够被接纳""一旦有足够的钱，我就会十分幸福"等，这些假设反映出个体追求安全感的自我观念，这就是奋斗的目标。按照阿德勒虚构目的论的观点，这种虚构目标能够指导个体的行为，目标在个体前进的方向上具有重要的引导作用。阿德勒指出了未来对个人前进和奋斗的作用，但是他也认为个体的过去经验、现今处境和未来发展方向都会影响个体的目标的形成。

2. 追求卓越

阿德勒认为人的全部心理表现都是由目标引导的，那么人发展的目标到底是什么呢？阿德勒认为人所追求的目标就是一种卓越。

追求卓越(Striving for Superiority)是对完美或卓越的永无止境的追求。阿德勒认为，人具有寻求卓越的动机，总是力图从低劣的位置上升到卓越的位置，从失败到成功，从自卑到卓越和完美。阿德勒认为，每个人奋力追求的目标就是卓越，是"生命的基本事实"。阿德勒所指的"卓越"一词并非比别人卓越，而是发挥出个人的潜能，使自己的能力由低变高、由负转正。我们借助追求能力、精熟，以及完美来克服无助感。例如，我们将自己的短处转为优点，或在某方面追求突出以补偿其他方面的缺陷。在寻求增强能力的独特方式中，就逐渐形成我们每个人的个体性。

阿德勒区分了追求卓越的两种不同方法：一种是追求一种卓越、完善的社会，使每个人都获得益处；另一种是只追求个人卓越，很少关心他人，其行为往往受过度夸张的自卑感驱使，这时，个体产生了卓越情结。具有卓越情结的人之所以表现卓越感，其用意是掩饰自己的缺点，他们往往表现出专横跋扈、自卑、缺乏社会兴趣、不被他人喜欢的特点。

3. 追求卓越的体现

在人的生活中，总会遇到三类问题：与他人之间的关系问题——社交，与职业有关的问题——职业，与爱有关的问题——婚恋。而人的追求目标也无外乎这三个领域。在社交问题上，对自尊与卓越的追求是个体生活的基本目标；在职业方面，能够使兴趣与职业相适应，在职业中发挥潜能是个体的基本目标；在婚恋问题上，阿德勒认为在平等的基础上发展出能让自己和他人幸福的能力是个体的目标。

(四) 创造性自我

1. 创造性自我的概念

创造性自我(creative self)是人格的自由成分。它使得个体能在可供选择的生活风格和虚构目标之间，自由选择对自己最有效、最适合的组合。从这个概念中，我们能够看到阿德勒对人的意识的强调。阿德勒认为，人是有意识的个体，可以选择自己的生活道路、决定自己的命运，每个人都可以自由地选择环境和遗传作用的影响，按照自己独特的方式把它们组合起来，再加以创造，形成自己的生活态度。

2. 创造性自我的内涵

创造性自我是阿德勒人格理论中最重要的一个方面，是按照自己的创造性，构建出来的独特的生活风格，是人格塑造过程中的个体的有意识的主动力量，是人格直接参与自己的命运，并决定自己与外界的关系。阿德勒的创造性自我重视自我，也提高了意识的地位，体现了人生的主动性原则。

(五) 生活风格

1. 生活风格的概念

生活风格，也称生活方式，是指个体在环境中所表现的独特的生活形态与方式。是人在追求卓越过程中，解决生活环境问题的独特方式，即个体追求卓越的手段。它是一种标识生活存在的独特方式，是自我作为一个整体在社会生活中寻求表现的一种独特方式。人追求卓越的方式主要来自童年的经验。

2. 生活风格的影响因素

阿德勒认为生活风格是在儿童时代初期形成的。每一个儿童形成什么样的生活风格有赖于他的家庭环境和幼年的经验。生活风格的影响因素主要包括儿童所处的家庭环境、儿童的生活条件及周围的社会环境。儿童所处的环境不同，儿童便会形成不同的生活风格，其中家庭环境对于个体的生活风格的形成尤为重要。生活风格是由成长性自我发展并建立起来的，大多数形成于四五岁，儿童利用由遗传得到的条件和环境中获得的印象，加以修正并配合追求卓越的目标，塑造成自己所特有的特质。

生活风格基本在四五岁时形成，但是随后仍然会有所发展，这种发展主要是通过模仿获得的。从 5 岁以后，主要包括学校学习和职业社会两个阶段。当儿童离开家庭进入学校学习的时候，他就会面临挑战，接受考察，看一看已经形成的生活风格是否能适应学校生活。阿德勒提出，学校是家庭的延续。学校生活对生活风格的发展有着重要的作用。因此，当儿童的生活风格出现问题时，学校和教师的纠正对儿童形成健康的生活风格有着重要的影响。

3. 生活风格的内容

生活风格的内容包括：

(1)自我概念(我是什么样的人，好的、坏的，聪明的、笨的，有能力的、缺少能力的)。

(2)自我理想(我应该成为第一，最好的，最糟糕的等)。

(3)关于物质世界和社会环境的看法(生活是激动人心的，令人困惑，危险的；人是值得信任的，关心人的，竞争性的等)。

(4)一系列伦理观念(个体的是非观)。

4. 生活风格的类型

1935年，阿德勒根据个人的社会兴趣的程度，把人划分为四种类型：社会利益性、支配型、索取型和逃避型。这四类又可以归为两类生活风格。

(1)健康的生活风格(healthy style of life)。阿德勒把完美的追求作为生活风格的正常发展，他所说的完美指的是与社会利益的结合，即健康的生活风格。健康的生活风格可以使人逐步达到完美并与人协调相处，为社会发展做出贡献。社会利益型的个体就是具有健康生活风格的人，他们有正确的社会兴趣，试图用有益于社会的方式来解决问题。

(2)错误的生活风格(mistaken style of life)。当个人的追求与社会目标相抵触时，这时的生活风格就是错误的生活风格。错误的生活风格包括三类：第一种是统治型，这种人倾向于支配和统治别人；第二种是依赖型，这种人希望从别人那里获得一切；第三种是回避型，这种人采用回避矛盾的方法获得人生的胜利，常以碌碌无为的方式避免失败。

5. 生活风格与自卑

阿德勒认为生活风格包含着一整套的行为方式，借助这套行为方式，就可以补偿个体真实的或想象的自卑。这套行为方式由一些习得的行为模式和遗传的情绪反应构成。概括起来包括四个方面：①习惯，阿德勒称为性格特质（character traits），如忌妒、猜疑、报复、懒惰等；②情绪反应；③情结，如补偿情结、救世主情结等；④体式语言（organ dialect），如尿床，就是儿童表达一种敌意或者引起注意的行为方式。①

6. 了解生活风格的途径

每个儿童最初的生活环境都是家庭，出生顺序即是儿童的最初基本生活环境。儿童首先得找出其在这个顺序中的地位，从而获得家庭环境中的归属。进而，儿童在所在的社会范围内有所归属，具有意义成为一个人，并得到相应的认可和重视。这些认知和评价会影响儿童一个发展方向的生活风格。

（1）出生顺序

阿德勒指出人的出生顺序及在家庭中所处的地位，对一个人有极大的影响。哥哥、姐姐喜欢向弟弟、妹妹发号施令，甚至仗势欺人；弟弟、妹妹则对父母特别恭顺，以博得他们的欢心。他集中研究了长子、次子、幼子和独子。发现长子常为弟弟、妹妹的出生深感不安，他们大都轻视别人，犯罪者、精神病患者、酗酒者以头一胎较多。次子大都雄心勃勃，有远大的抱负，不墨守成规，一般比较干练、果断。幼子处于全家人溺爱的地位，往往缺乏通过自己的努力获得成功的勇气。独子常常是逗人喜爱的，他们在生活中可能为了吸引别人而形成优雅的举止，但在缺乏良好教育方法的情况下，也会产生相反的后果。

（2）早期记忆

阿德勒认为人的早期记忆可以显示出其生活风格的根源，从中可以看出他是被从小惯大的还是长期被忽视的；他愿意与什么样的人合作以及合作到什么程度；他曾遇到过什么样的人合作以及合作到什么程度；他曾遇到过什么样的麻烦以及他是怎样对待它们的。无论对待成人还是孩子，都应在听了他的抱怨之后，询问他早期的记忆，然后将这些记忆同他所提供的其他事实相印证。比如有人在回忆时可能犹豫不决，拖泥带水，由此便可推断事实上他的童年是不

---

① 罗继才：《欧美心理学史》，武汉，华中师范大学出版社，2002，237~242 页。

愉快的，对这种人必须加以引导和暗示，以获得我们所需要的东西。

（3）梦的分析

阿德勒认为意识和潜意识共同构成一个统一的整体，因此，梦能够显示一个人的生活风格。

（六）社会兴趣

阿德勒认为人不是单纯的生物，而是一种社会动物。他认为个体在追求个人目标或卓越的同时，也发展着自身的社会兴趣，社会兴趣不完全是天生的，而是一种先天的潜能，是一个人一生中必须有意识培养和发展的潜能。

1. 社会兴趣的概念

阿德勒认为每个人都有一种关心他人与社会的潜能，这种潜能不仅指对自己的亲人、朋友的情感，而且这种情感的发展可能扩及全人类甚至整个宇宙。阿德勒把这种潜能称为社会兴趣，也称为社会情感。

阿德勒从研究个人的自卑感出发，经过对人的生理、心理和社会方面的研究，最终把个体与社会结合起来，强调人类社会对人格发展的重要性。如前所述，按照阿德勒的观点，每个人在一生中必须解决三个重大问题：职业任务、社会任务以及爱情和婚姻任务。所有这些问题都需要一个充分发展的社会兴趣。在探讨社会生活对个体人生的意义时，他指出，生活的意义不是为了个人的卓越而奋斗，而是为了满足人类和谐友好的生活，以及建立美好社会的需要，也就是"对人类全体发生兴趣"。

2. 社会兴趣的特点

（1）社会兴趣是一种先天的潜能，而不是人的本能。阿德勒认为社会兴趣只有在适宜的社会生活环境中才能发展成熟。在社会兴趣的培养和发展中，家庭教育有着关键的作用。阿德勒认为决定一个人是否具有社会兴趣的主要因素是母亲，儿童碰到的最初的、主要的社会环境是与母亲接触。正是母子早期的互动，从根本上决定儿童今后是否能以一种健康的态度对待他人。当个体进入学校和社会以后，社会兴趣是决定学习和事业发展方向的关键因素。

（2）社会兴趣具有广度和深度。从广度上来讲，社会兴趣泛指一切与人有关系的对象。从深度上来讲，社会兴趣对生活风格具有指导作用。

（3）社会兴趣是个人对自卑感的一种最根本的补偿，它使每一个人都能更好地为社会贡献力量，在为社会服务的工作中感到自己的价值。

3. 社会兴趣的类别

人们通常会在社会生活中遇到三类问题：

（1）职业选择。每个人都期望自己成为对社会有价值的人，每个人都期望能找到实现自己社会价值、对社会有所贡献的工作。

（2）社会活动。人在社会生活中需要与他人交往，建立友谊关系是每一个正常人适应生活的最一般方式。

（3）爱情婚姻。幸福美满的家庭生活是每个人都努力追求的，但这也是出问题最多的一个方面。

4. 社会兴趣的发展

个体各个生命阶段中的重要他人，会影响其社会适应能力的发展。早期发展具有影响力的人依序是母亲、父亲、同胞手足与教师。母亲是孩子最初人际接触与合作的对象，社会兴趣也由此开始，儿童所学习而得的能力会扩展到家庭以外的社交圈，母亲也可能会是孩子发展社会兴趣的绊脚石。父亲也与儿童建立合作关系，并强化母子间初步建立的关系，弥补儿童无法从母亲那里获得的部分。兄弟姊妹能激发个人的合作态度并将其扩展到与其他儿童的合作上。

如果儿童无法与家人建立良好的合作关系，这时就需要教师帮助儿童进行修正和调整。早期因不良家庭教养而产生的不适应行为，也可以通过学校教育得到改正。在个体后期发展中，对社会兴趣有影响的人依序为朋友、伴侣、同事。个人的那些会鼓励和支持他的朋友，为他提供了追求兴趣和参与互利活动的机会。对某些人而言，朋友提供或替代了一个像家庭般的人际网络。伴侣间的亲密关系能丰富一个人的社会情感。如果在工作当中，个人与合作度高、富有创造力、会鼓励他人的同事(工作伙伴)一起做有意义的工作,那么个人就会体验到自己对团体的贡献是重要的。

5. 社会兴趣与心理健康

阿德勒把社会兴趣等同于认同感性同理心,是心理健康的一项指标。一个心理健康的人,往往有这样一些特点:有浓厚的社会兴趣,懂得互助合作,有健康的生活风格和正确的解决问题的方法。阿德勒认为,从自然的观点看,人是一种天生非常柔弱的动物,离开社会的保护,人类生命就不可能进化。因此,作为一种社会存在,为了保证自己的继续生存,每个人都必须在适应社会环境的过程中发展自己的精神器官。在这个过程中,健康的人就发展出了社会兴趣或者社会感。

如果一个人没有社会兴趣,个人的生活将是不幸的。他认为:"在所有人类的过失中,在神经症和心理变态中,在犯罪、自杀、酗酒、吸毒和性倒错中……都可以看到社会兴趣的极大丧失。"在这些心理出现问题的个体身上,能够看到他们赋予生活的意义,是一种属于个人的意义,他们的兴趣也只停留在自己身上。

阿德勒认为,生活的意义在于奉献、对别人发生兴趣以及互助合作。如果一个人不能体谅人类的重要性是依他们对别人生活所做的贡献而定,那么,他就很容易孕育出错误的意义,也就容易出现心理行为问题。那么,什么样的人容易出现心理行为问题呢?阿德勒指出,来自幼年时期的三种不佳状态,是导致个体社会兴趣丧失、产生心理问题的重要原因。

(1)身体有缺陷的儿童。阿德勒认为,身体缺陷是自卑感产生的主要原因。身体缺陷的儿童常因为别人无法了解他们的困难,变得只对自己有兴趣,进而成为失败者。另一些人则是滥用自己的弱点,强迫别人接受自己的支配。

(2)受到骄纵的儿童。由于父母或他人的宠爱和骄纵,儿童养成以自我为中心的习惯,什么事情都会从自己的利益出发,不会处理自己与他人和社会的关系。所以当他进入一个众人不是以他为中心,而且别人也不关注他的感觉的情境时,他就会觉得世界亏待了他。在这类儿童身上,经常会出现很强的挫折感，很难适应社会生活。当他们长大后，如果别人不再对他们谄媚或顺服，他们往往觉得社会对他们充满敌意，而想要实施报复，此时如果给予处罚，只会加强他们"别人都反对我"的信念。

（3）被忽视的儿童。被忽视的儿童在自己成长的过程中，因为发现自己的价值受到他人的忽视，因此他们从不知爱与信任感为何物。因为社会曾对他冷漠，他就误以为社会永远是冷漠的，所以他不但怀疑别人，也不能信任自己，他们往往对他人、对社会充满敌意，也毫无兴趣。当他面临生活问题时，他总会高估其中的困难，而低估自己应付困难的能力及旁人的善意与帮助。

链接：【代表作《理解人性》简介】

该书出版于 1918 年。这是以阿德勒在维也纳的人民学院为期一年的演讲为基础写成的，旨在向普通公众介绍个体心理学的基本原理。同时，也对这些基本原理的实际应用作了示范，这些示范处理了人们日常行为中的诸多关系。全书分为两个部分：人的行为、性格的科学。第一部分有八章，第二部分有五章。作者运用个性心理学的原理，对人的性格进行了科学的剖析，着重强调人的社会性和社会感，强调个人的人生观和价值观在形成性格过程中所起的作用。其目的是：指出个体的错误行为如何会影响我们社会和共同生活的协调；在此基础上，教会个体识别自己的错误，并在最后为他指出可以和共同生活协调一致的方法。商业和科学中的错误是昂贵和令人遗憾的，但生活行为中的错误却常常危及生活自身。本书的任务是照亮人类在更好地理解人性上前进的道路。本书倾注了作者对人的爱心与关注，其基本观点建立在作者自己多年来从事心理治疗、社会教育所积累的大量实际观测与调查基础之上，因此具有极强的可读性和积极的现实意义。

链接：【代表作《生活的科学》简介】

该书出版于 1929 年，全书共分为 12 章。这是阿德勒为一般人学习个体心理学而写的一本入门书，书中总括了其整个理论体系的轮廓，并联系社会生活中的普通事例做了生动而富有趣味的分析和阐发。阿德勒的观念围绕着"权力欲"的中心思想拓展，而非弗洛伊德的性学说；他认为促使人行动的，大都是驾驭别人的权力感。一个人如果要有健全的社会生活，必须对别人产生关心，不可以只封闭在自己的世界里，这样会使他采取不正常、无用的生活方式。从个人的生活方式就可以诊断出这个人的行为与思想。生活方式在四五岁时就由原型所决定了，所以人的早期生活是很重要的。阿德勒虽然不是最早提出揭开人类心灵秘密的潜意识的，但是，他在精神分析方面的成就与努力，及其对自己学说的忠贞与自信，也足够令我们折服。

链接：【代表作《自卑与超越》简介】

该书出版于 1932 年，共分为 12 章。这是阿德勒的思想最为成熟的时期，阿德勒认为人类的行为都是出于自卑感及对自卑感的克服与超越。这就是《自卑与超越》的主要思想内容。阿德勒在该书中运用个体心理学原理对普通人日常生活中面临的种种问题进行细密的剖析，指点迷津，破疑解惑。该书语言平易优美，对人类个体心理的描述和解释独辟蹊径，细致入微，客观而精辟，被认为是分析个体心理的经典之作，出版以来，一直畅销不衰。该书被西方人视为反省自我、了解自己和他人的生活风格，从而更真实地了解自我和他人的教科书式的作品。也有人认为他起到了《圣经》所起不到的作用——因为它能唤起人超越自卑，追求卓越的勇气，让人重新确立对生活的自信，找到坚定的信仰和健康、乐观的人生哲学。特别是阿德勒对人的"社会兴趣"和"合作精神"的突出强调，还被认为是医治现代人过度自我中心而导致的心理疾患的一剂良药。

四、个体心理学理论在心理咨询中的运用——阿德勒疗法

(一)咨询原理

阿德勒认为，心理行为问题都是由于错误的生活风格导致的。生活风格的错误之所以产生，是因为人们过于追求个人的权力与卓越，而缺乏足够的社会兴趣。当个体缺乏社会兴趣而面临无法解决的困难时，心理上就会出现失调。

尤其是当个体受到失败的威胁时，一些症状就"可以用来保护他的自尊心，并为他的那种错误的、自我中心的生活风格找借口"①。阿德勒认为，可以通过提高来访者的社会兴趣来达到咨询的目的。在咨询过程中，咨询师向来访者揭示人性的需要，通过各种方式鼓励来访者在应对生活问题时，做出有意义的选择。

(二) 咨询假设

阿德勒的心理咨询模式，体现了个体心理学对人的基本假设和看法：

(1) 人是可以改变的。

(2) 人不了解自己，心理咨询就是一个让人了解自己的过程。

(3) 咨询者要与来访者保持合作。

(4) 揭示症状和行为的目的是咨询的关键。

(5) 咨询者的陈述，应该传达一种相信人的内在力量的感觉。

(6) 咨询者应当促进人的归属感。

(7) 大部分的心理咨询是帮人改正错误的社会价值观。

(8) 通过咨询能够为善良的行为和有效的应对策略提供一个模式。

(三) 咨询特点

由于阿德勒强调人的意识性、选择性，指出克服自卑、追求卓越与社会兴趣是心理健康的标准，因此，阿德勒设定的咨询目标就是重新组织来访者的认知，帮助来访者表现出更多的符合社会要求的行为。阿德勒强调自尊、同情和平等的重要性，这一点与罗杰斯的来访者中心疗法类似。阿德勒重视在咨询过程中与来访者的分析和探讨，把对来访者的分析解释和评价看作一种积极的咨询过程，认为可以通过这种方式帮助来访者顿悟和重新认识自我。

---

① Heinz L. Ansbacher, "Suicide as Communication: Adler's Concept and Current Applications," *Journal of Individual Psychology*, 1969, 25(2), pp. 174-180.

(四)咨询目标

阿德勒不认为来访者是需要咨询的患者,咨询的目标在于再教育。因此,需要给来访者提供信息、教育、指导和鼓励,以全新的方式去看待自己、他人和生活,帮助来访者重建自信。具体的目标包括:

(1)培养社会兴趣。

(2)协助来访者克服挫折感与自卑感。

(3)调整来访者的观点与目标,即改变来访者的生活风格。

(4)调整错误的动机。

(5)帮助来访者感受自己与别人是平等的。

(6)帮助来访者成为对社会有贡献的人。[①]

(五)咨询过程

建立社会兴趣咨询的过程包括四个环节:建立适当的咨询关系、探索来访者的心理动力(分析与评鉴)、鼓励来访者了解自己(洞察)以及引导来访者做出新的决定(引导与再教育)。

1. 建立咨询关系

阿德勒认为,良好的咨询关系应该是平等的关系,建立在合作、互信、尊重、与目标一致的基础上。来访者不是被动的接受者,而是应主动地投入咨询关系中,并从合作关系中学会对自己的行动负责。咨询关系是改变来访者的起点,如果其中缺乏互信与融洽的关系,那么,来访者不容易改变其生活方式。

咨询关系建立在深入的关心、投入与友谊的基础上,咨询者是来访者在需要时能依赖的朋友,双方是合作关系,一起为来访者的利益而努力。

建立良好关系的非常有效的方法是使用各种支持与鼓励,帮助来访者去察觉自己的优势和自己的潜力。在最初的阶段里,咨询者可以通过倾听、反应、

---

① Harold H. Mosak, "Drugless Psychotherapy with Schizophrenics," *Individual Psychology*: *Journal of Adlerian Theory*, *Research & Practice*, 1995, 51(1), pp. 61-66.

尊重、相信对方能够改变及真诚等方式，和来访者建立起咨询关系。来访者普遍缺乏自我价值意识，自尊心低落，对于适应生活任务的能力缺乏信心。此时，咨询者所提供的支持可以去除其绝望与沮丧感。对许多人而言，可能因此第一次体验到别人对他真正的关怀。鼓励包括协助来访者发挥其潜能及化缺点为优点，例如，将固执与强硬转化为果断与整合。

为了建立与维持良好咨询关系，波尔斯与葛律弗斯建议第一次晤谈应该提出如下的问题：

（1）为什么你来找我？

（2）你以前如何处理你的问题？

（3）如果没有这些困扰，你的生活会有何不同？

（4）你期望我们之间的合作应有什么样的成绩？（或如果摆脱这些困境，你会做些什么？）①

2. 探索来访者内心动力

在这个阶段里，咨询者要帮助来访者了解和决定自己的生活风格，并了解此种生活方式对自己生活中各项功能的影响，以此进行初步的评估。刚进行咨询时，咨询者需要帮助来访者开拓视野，重新去看待这个世界。

咨询者需要帮助来访者把过去、现在，以及未来的行为串联起来，并密切注意来访者的感觉、动机、信念与目标，帮助来访者了解自己对生活方式的感受。

那么，咨询者如何才能了解来访者的生活方式呢？可以通过三种途径（出生顺序、早期记忆和梦的分析）来对来访者的生活方式进行评价和鉴定，找出这些错误的想法与解释，使来访者能察觉这些负面的想法及造成的影响。在这个过程中，咨询者就像是"心理探索者"，因为咨询者会和对方一起探索过去、现在与未来，会帮助来访者探讨有哪些成长的其他选择，并找出能够最有利于自己未来的途径。

---

① Roxann L. Powers & Griffith J. "*Understanding Life-style*: *The Psycho-clarity Process*," Americas Institute of Adlerian Studies，1987.

（1）出生顺序。

莫索克与舒尔曼曾设计出一份问卷，探讨来访者在家里的心理地位以及跟家人间的互动情形。问题包括：谁是家中最被喜欢的小孩？你的父母与子女的关系怎么样？他们以什么样的方式表达？你与父母的关系怎么样？你跟家中的哪个人差别最大？这些差别在哪些方面？哪个孩子最像父亲、母亲？体现在哪些方面？你最像谁？体现在哪些方面？你是什么类型的小孩？

同时，咨询者也要了解来访者进行咨询的理由，以及他对生活中基本任务达成情形的满意程度。所有这些，都能够帮助咨询者了解来访者的自我知觉情形及影响。

（2）早期记忆。

阿德勒认为，每个人都有数以百万计的记忆，在这么多记忆中，来访者能够记住的事件一定会投射出他的基本信念，甚至会投射出对生活的错误看法。对早期记忆的了解包括来访者对过去事件产生的感觉与想法。这些事件必须是来访者能清晰回想起来的。阿德勒认为人们只会记住与目前观点一致的过去事件，所以这些童年经验对于了解其生活方式，了解其信念与基本的歪曲的认知，是重要的线索。早期回忆也会帮助来访者了解自己如何去看待自己，如何去看待这个世界，以及了解生活目标、动机、信念与价值观。

相应问题包括："我想知道在你七八岁之前曾发生过的特殊事件，告诉我，你曾有过哪些深刻的记忆，而且这些记忆不是长大后别人告诉你的"，"我很想知道你幼年时期发生过的一些事件，而且是九岁前的事情。告诉我发生了什么，哪些情节令你印象深刻，以及当时你的感受或想法是什么？当时你有哪些感受呢？"

这种方式可以引导来访者进行许多回忆，在咨询过程中，最少要来访者回忆3个事件，当然，在具体的咨询过程中到底要来访者回忆几个事件，还要和具体情况联系。

（3）梦的分析。

阿德勒认为，梦投射了来访者的想法与心情，因此可用来探索来访者的内心动力。阿德勒疗法对梦的分析重点放在童年时期的梦及重复出现的梦。梦可能是未来行为的序幕。梦把问题浮至表面，所以可以成为咨询的内容。但是，梦又是有目的、独特的，所以想要了解梦的意义，就必须要了解来访者的个性。了解来访者个性，也是评价来访者生活方式的一条重要途径。

在上述的三个工作都完成之后，就要对资料进行整理、归纳和解释。评价生活风格是为了找出来访者的基本错误，这份摘要可以给来访者看，并在咨询中加以讨论。

在随后的咨询中，咨询师要鼓励来访者检查自己的错误认知，向自己的错误观念挑战，并把自己的优点与才华详细做记录。"鼓励过程"是阿德勒疗法最突出的特点，鼓励的技术在咨询的每个阶段都会用到。咨询者要抓住来访者所提供的每个机会，进行鼓励，来访者会慢慢接受自己的优势和长处，认清自己有能力做不同的选择，并能够加以执行。

3. 鼓励来访者了解自己

阿德勒疗法虽然注重支持和鼓励，但是也强调来访者洞察的重要性。咨询者会鼓励来访者发展出洞察力，以便察觉错误的目标与自我挫败的行为。解释是促进洞察的非常重要的技术，解释的重点要放在来访者此时此地的行为及意图中的期望。解释与生活方式有密切关系，咨询者在评价完来访者的生活方式之后，要通过解释使来访者察觉到自己的生活方式、目标与意图，以及其目前的行为等。通常，解释的重点是放在行为及其结果上，而不是行为产生的原因。

阿德勒疗法的假设是，没有人能知道另一个人内心世界的真相，因此只能冒险去猜测。所以他们在做解释时，会以开放式的语句来进行。例如，"我有个预感想跟你分享……""我觉得情形似乎是……""情况会不会是这样……"等。这样的解释方式不会令来访者出现防备，并能够自在地讨论。通过这样的方式和过程，来访者最后能够了解自己在哪些地方出了问题，情况是怎样产生的，以及应该如何去弥补。

4. 引导来访者做新的决定

这是咨询的最后一个阶段，在这个阶段中，咨询者要通过引导与再教育，帮助来访者自我努力、重新定向，将对自己的了解转化为行动；帮助来访者正视自己的优点和资源，鼓励他们认识到面临生活问题时自己有新的选择，以及自己做出选择的勇气。

在这个过程中，来访者需要调整自己的目标。在咨询者的鼓励下，让他们感受到自己"彷佛"已经成为他们想成为的人，这样才能打破自我设限的假设。但是，来访者有时还会想要重复旧的行为模式。因此，咨询者需要获得来访者的承诺和保证，即当来访者意识到自己想要重复旧有行为模式的时候，来访者自己要停止下来，只有这样，洞察才能转化为行动。

这个阶段是解决问题与做决定的阶段。咨询者和来访者要一起思考有哪些可能的改变方案以及各方案的结果，也要评估各方案能否达成来访者的目标，同时，也要考虑方案的具体的行动。这个阶段常用的技术包括直接法、欲擒故纵法、仿佛法、泼冷水法、把持自己、触钮法、避开陷阱、设定任务与承诺、中止与总结、忠告及沉默等。

由于阿德勒疗法的咨询模式是成长模式，不是医疗模式，所以可以应用在各种不同的领域，包括：儿童辅导中心、亲子咨询、婚姻咨询、家庭咨询、团体咨询、儿童与青少年个别咨询、文化冲突等。

五、阿德勒个体心理学理论在心理健康教育中的应用

阿德勒作为新精神分析学派学者，对弗洛伊德理论中的压抑、婴儿性爱以及注重潜意识的观点提出质疑。他是精神分析学派内部第一个反对弗洛伊德心理学理论体系，并由生物定向的本我心理学转向社会文化定向的自我心理学的。阿德勒因对弗氏的泛性论不能苟同，而创立了个体心理学，认为人类的行为都

是出于自卑感及对自卑感的克服与超越。在人性观方面，他认为人是自己生活形态的创造者、决定者，重视人格的整体观。自卑感是所有人都具备的一种正常感觉，自卑感激起个体产生追求补偿力量，这种力量便成为个体追求卓越的基本动力。生活方式是从早年在家庭中的互动中学习而形成，每个人都有自己的私人逻辑，朝向自己的生活目标。社会兴趣是阿德勒最重视的概念之一，社会兴趣越高，自卑感越低，社会兴趣的不足会造成个人的不适应。阿德勒个体心理学理论在心理健康教育中的应用，主要表现在家庭心理健康教育和学校心理健康教育两个方面。

（一）家庭心理健康教育

1. 家庭教育的重要性

个体心理学一直强调家庭教育的重要性[①]。阿德勒指出，人从出生之后，就要接受家庭教育。阿德勒认为父母对儿童进行早期教育有其不可替代的作用，因为一个人的生活风格在 4 岁或 5 岁就形成并固定下来，这会对以后的生活产生很大的影响。因此，父母只有从早期便开始训练儿童，才能使他们形成对职业、友谊和爱情的正确态度，形成自信、乐观、勇于探索等良好个性特征，以及善于与人合作的能力。

2. 母亲与父亲的区别

（1）母亲。

阿德勒认为，家庭对于个体的成长有着极为重要的影响。最早的影响来自母亲，母亲通过言传身教，在孩子遗传的基础上，充分发挥孩子的潜能，调整训练孩子的行为模式、想法和观点，使孩子发展良好的社会能力、形成积极的生活风格，促进孩子人格的健康发展。

阿德勒指出，母亲要对孩子施加良好的影响，培养出具有合作能力的儿童，应该注意避免两个问题：第一，不应该认为自己的地位是低下的。如果母亲认

---

① 刘红：《阿德勒的家庭教育思想及其借鉴意义》，载《贵州教育学院学报（社会科学版）》，2000（3）。

为对孩子的兴趣是一种低下的工作，她便无法学会孩子需要的技巧、关心、了解和同情，她生活的目标会阻止她和孩子进行亲密的联系，她也不会设法扩展孩子和别人的联系，并教导他们和其他人平等地合作。第二，不应该过分强调母亲和孩子的关系。阿德勒认为和母亲发生关联的，有她的孩子、丈夫以及围绕她的整个生活。母亲的角色是双重的，她必须给予孩子自己是一个可信赖人物的最初感觉，然后她必须帮助孩子把这种信任和友谊扩展到父亲及其他人。否则，假使母亲只考虑和孩子的联系，她难免会宠坏他们，使他们很难形成独立性以及和别人合作的能力。

（2）父亲。

阿德勒认为，在家庭生活中，父亲同样也是对孩子成长有非常重要影响的人，父亲通过自己的实际行动证明自己的能力。最开始，父亲和孩子的关系不够亲密，他的影响较晚才产生效果，而且非常大。父亲要想发挥在培养孩子合作能力方面的作用，他必须证明自己对妻子、对孩子以及对社会是负责的，他必须以良好的方式应付生活的三个问题：职业、友谊和爱情。另外，父亲不能成为体罚孩子的执行者。阿德勒指出，不能以友善方式进行的教育便是错误的教育。但是，家庭体罚的现象依然存在，而且责任经常落在父亲身上，这不仅会强化母亲在孩子心目中的弱者地位，而且破坏了父子之间的关系，影响了孩子与父亲合作能力的培养。

3. 教养方式与家庭氛围

父母的教养方式是阿德勒反复强调的一个问题。他认为，对孩子溺爱和忽视最不利于他们合作能力的形成和发展。被溺爱的孩子多会期待别人把他的愿望当法律看，他不必努力便可获得成功。孩子还会认为与众不同是他的权利，结果，当他进入一个不是以他为中心的情境，而别人也不以体贴其感觉为主要目的时，他即会若有所失地觉得世界亏待了他。他一直被训练成只取不予，这使他丧失了独立性和信心，也不知道该怎样与他人合作。被忽视的孩子则从不知爱与合作为何物，他们构建了一种没有把合作问题考虑在内的生活模式。当他面临生活问题时，他总会高估其中的困难，而低估自己应付问题的能力和他人的帮助及善意，他不知道能用对别人有利的行为来赢得感情和尊重。因此，他不仅怀疑别人，也不相信自己。

阿德勒还指出，父母在培养孩子合作能力的过程中要注意：①营造美满的婚姻生活。对孩子而言，婚姻不美满的情境是危险的。如果他的母亲觉得自己的力量不足以把父亲留在家里，她就希望完完全全地拥有孩子。也许父母双方都会为个人的利益把孩子当作争执的焦点。他们都希望孩子依附在自己身上，爱自己胜过爱对方。在这种气氛包围下的儿童，是不可能训练出合作之道的。②父母必须合力协商有关孩子教育的每件事情，使孩子觉得父母是平等的、合作的，这样他们就会对与他人的互助、合作有良好的准备。③父母不应该在家庭中过分强调自己的成功，也不应在孩子面前抱怨生活艰难、世道险恶，这会使孩子泄气、自卑，或是产生对社会、对他人歪曲的看法，不利于社会兴趣的形成和发展。

4. 家庭治疗与家庭动力

诚如上述，在阿德勒的理论中，我们可以看到，家庭对个体产生了巨大的影响，因此，面对需要帮助的个体，咨询师不得不考虑到个体所在的家庭对他的影响。或者说，家庭治疗可能对于某些来访者来说更为有效。请我们先来关注以下几点。

（1）家庭治疗的目标：不在于改变个人，而在于教导家人如何共同生活。刺激其社会兴趣并学会彼此鼓励，对家庭有一份归属感与责任感。

（2）家庭治疗的首要任务：观察家庭动力。家庭动力包括家庭结构与家庭功能。家庭结构指家人各自所占位置及家人如何被放在一起。家庭功能指家人间的互动及表现。

（3）再来观察家庭动力的重点。

第一，家人的距离与亲密度。在家庭中，不同的关系所呈现出来的距离及亲密度是不一样的。夫妻关系是一个家庭存在的基础，所以夫妻关系的亲密度一定程度上决定了家庭其他关系的亲密度以及家庭氛围等。夫妻关系应该是所有关系中联结最为紧密的，其他关系的紧密度不能超越它的紧密度。

第二，家中成员的力量、权力分配。不同的家庭成员所拥有的力量和权力是不同的。例如，父母在家庭中不论在哪些方面都会拥有更多的权力和力量；与父母相比较，儿童拥有的则较少。但是，即使同为父母角色，夫妻拥有的权力与力量的分工与比例也不相同。只有当家庭成员的力量、权力得到平衡合理的分配，并且每个人都负起自己的责任时，家庭功能才最完好。

第三，在家中不同的位置对彼此的期待。处在不同的家庭位置，被给予的期待不同，对家庭其他成员的期待也会不同，例如，父母希望孩子懂事、听话；孩子希望父母能保护自己、给予自己足够的安全感。只有当自己的期待被满足，同时也满足了别人对自己的期待时，才是最佳的情况。但是这种情况能达到的前提条件是：期待应该是合理的且能够实现的。

第四，沟通形态。家庭的沟通形态影响家庭氛围，同时会影响个体的成长，模糊的、不良的沟通形态会给个体造成负面影响。良好的沟通形态应该是：①坚持清晰沟通原则；②表达自己的感受，每个人只能清晰明白自己的感受，不能精确体验到别人的感受，所以沟通的时候要说自己的感受，"我认为怎样"，而不是"我认为某某某的感受是怎样的"；③家庭成员的观点应该被承认；④每个人直接对对方说话，而不要通过别人作为中介进行沟通。

（二）学校心理健康教育

1. 学校教育的重要性

阿德勒强调学校教育的作用。他认为学校是家庭的延伸。阿德勒热衷于把他的理念应用在教育上，认为学校教育可以纠正儿童的错误，帮助儿童发展出积极的生活方式。在矫正儿童的基本错误的方法中，他特别重视提高社会兴趣与维护心理健康。他指出在学校生活中，教师能够帮助儿童发展社会兴趣、培养合作意识、发挥个人潜能，促进个性的健康发展。

2. 关注儿童的社会兴趣

儿童在刚入学的时候，大多数已经有了一定的思想准备。但是当他们走入新的学校环境时，他们可能会表现出对新的学校生活的不适应，缺乏信心。通过儿童对学校这个新环境的反应，教师可以判断出他们的合作能力和兴趣范围，可以判断出他对哪些学科感兴趣，判断出他是否对别人的说话感兴趣、是否对所有一切都感兴趣。要确定这些方面的情况，教师需要研究儿童的态度、举止、眼神和倾听别人说话的方式，需要研究他是否以友好的方式接近老师，还是远远地躲避老师，等等。

3. 保持科学的教育观念，帮助儿童健康发展

（1）教师要保持良好的态度

阿德勒认为，学生是否专注于自己的学业，在很大程度上取决于他对教师的兴趣。促使并保持学生的专注，发现学生是否专注或是否能够专注，这是教师教学艺术的一个部分。有许多学生不能专注于自己的学业。他们一般是那些被宠坏的孩子，一下子被学校里这么多的陌生人吓坏了。若教师又较为严厉，这些孩子就会表现出似乎记忆力欠缺的问题。但是，那些被教师指责为记忆力欠缺的学生，却能对学业之外的事情过目不忘。

对于这些在学校里难以适应、成绩不佳和考试不及格的孩子，批评或责备是没有用的。相反，批评和责备只能让他们相信，他们不适合上学，并对上学产生悲观消极的态度。但是，如果这种孩子一旦获得教师宠爱，他们通常都会成为好学生。

因此，教师要对学生有爱心，当学生出现错误或问题的时候，教师应该保持和蔼的态度帮助他们认识到自己的问题，并且帮助学生建立信心、努力奋斗、克服困难。

（2）教师的评价方式要全面完整

在多数学校里面，教师都非常关注学生的考试成绩。阿德勒指出，虽然这种测试有时也有价值，但是对儿童的评价方式不应该只局限于此，而是要完整地评价孩子的真正能力，尤其是对成绩较差的学生，不能凭借测试的结果就得出绝对化的结论。教师在评价的时候，应该要考虑到学生的其他特点，并且在未来的教学中应该尽量帮助学生找到正确的方法来提高他们的分数。

(3)教师的教学方法要灵活多变，教学内容要丰富有趣

阿德勒认为，学习科目的教学应该富有趣味，并与实际生活相关联。例如数学(算术和几何)的教学应该与建筑的风格和结构、居住其中的人等联系起来。也可以把有些科目结合在一起来教。例如，把对某一植物的教学和这一植物的历史、所生长国家的气候等结合起来教学。这些教学专家通过这种方式，不仅激发了那些对这一学科本无兴趣的学生的兴趣，还使这些学生能以融会贯通的方法处理事情。

(4)形成良好的班级氛围，培养学生的合作意识

在学校读书的学生都感到自己处于一种竞争之中。阿德勒指出，教师应该注意把竞争和个人的野心限制在一定的程度，引导和帮助学生形成良好的合作意识。这种合作意识的培养和形成可以通过班级管理的方式进行，让学生们观察班级里的情况，提出意见，然后自主进行管理。

阿德勒在《儿童的人格教育》(1930)一书中指出，儿童的教育要注意以下几个方面。一是发展积极的自我观：教育者要给予儿童持续的信任，发展他的自信，过多的批评会造成怯懦和不自信；给予自由和机会，促进儿童自立，教育者过于展示卓越感会滋生儿童的依赖心理；树立榜样，鼓励儿童自我要求，自我创造，阻止儿童沉溺于自我，裹足不前；鼓励儿童认可自己的性别和异性，不要显示或暗示拒斥自己的性别和异性。二是发展积极的困难观：鼓励儿童努力克服障碍，提供适当的挑战，塑造儿童的勇气和自信，不要提出过高的要求，也不要提出过低的要求；允许和支持儿童创新尝试，不要把儿童视为被操纵的木偶；倡导和展示坚韧、恒心，做事追求完美，不要显示出没有耐心，或办事拖拉。三是发展积极的他人观：鼓励儿童培养一种人类的关爱感，不要向儿童灌输偏见和冷漠；鼓励合作和与人共享的愿望，不要挑起恶性竞争；教会儿童

理解和体察他人，不要培养他的自私和自我中心；帮助儿童对自己公平的份额满意，不要容忍贪婪和自私；展示和鼓励帮助他人，不要成为剥削者和暴君；展现自己乐于奉献，不要在儿童身上播种会使他成为一个索取的人的种子。四是发展积极的异性观：发展儿童深刻地认可异性，不要通过言行来贬损异性；全面理解异性和与异性的亲近感，不要创造无知或距离；促进热情，信任和友善，不要播种敌意和不信任。

六、结语

阿德勒的个体心理学理论对后来的心理学发展影响颇深。阿德勒的心理整体论、主观目的论和社会文化定向，不仅为新精神分析社会文化学派奠定思想基础，且为人本主义心理学的产生提供前提条件。至 20 世纪 20 年代，其个体心理学在实践中取得成功，令各国同行瞩目。虽然受到一些批判，但是阿德勒个体心理学的影响却是巨大的。许多著名心理学家（如阿尔伯特、勒温、马斯洛等）都对他与他的观点表示了好感。事实上，阿德勒也被认为是人本主义心理学的先驱者之一。

在阿德勒去世后，他的追随者迅速把他的个体心理学思想加以继承和发展，使之闻名于世。目前，欧美已经有按照阿德勒的个体心理学体系培训学员的机构30 余家；阿德勒理论研究组织共 100 多个。美国、德国、瑞士、奥地利等国甚至建立了全国性的阿德勒研究学会。在它们的基础上，组建了"国际个体心理学会"。出版的主要刊物有《个体心理学杂志》《个体心理学》和《新闻通讯》等。

由于阿德勒对人类个体心理的出色研究和取得的卓著成就，使个体心理学在他身后吸引了越来越多的研究者，它的影响也日益壮大。在 1949 年，著名心理学家奥尔波特就预言道，我们可以预见，个体心理学在 20 世纪会迅速发展，因为唯有它的帮助，心理学才能符合它所研究和服务的人类本性。个体心理学在多个有关人文科学的领域得到广泛的应用，尤其是以心理治疗和教育领域最为突出。在阿德勒看来，各种心理疾病或障碍都是"生活的失败"，是由于错误的生活风格导致的。而错误的生活之所以产生，是由于个人专注于夸大了的个人卓越感并缺乏足够的"社会兴趣"。如果一个人缺乏对社会的兴趣、与他人的合作精神，而自己的生活目标又遇到困难不能达到，人的心理就不平衡、不正常了。阿德勒的治疗方式就是通过分析病者的生活风格，帮助病者提高社会兴趣，面对现实，做出新的生活选择。这一点是个体心理学相当独特的特征，也是它广受欢迎的重要原因，因为它通过提高人的社会兴趣，改变了人在生活中的价值观念，从而重新树立了生活目标，填补了信仰的空白。从这一点来看，个体心理学有一种类似宗教的作用，而这恰恰是其他各派心理学忽视的东西。《个体心理学》一书的作者考西尼说："我发现个体心理学填补了我的空虚，并优于其他理论体系，它通过它的'社会兴趣'概念给了我一种生活哲学。"的确，如果耐心地品味阿德勒的名作，你会被他对生活的无限热情和他对人类健康、理性、乐观的执着精神而深深地感动。尤其在一个物欲横流、精神贫乏的年代里，阿德勒的心理学犹如侵入沙漠的一道甘泉，让人重新体味到生活的意义和价值绝不仅仅是金钱、物质和泛滥的私欲，它还有更广阔，也更令人心驰神往的精神家园。

阿德勒认为自己的个体心理学是所有目前在增进人类福利的伟大运动的继承者。可以说，阿德勒为自己确定的这个生活目标是实现了，世界上已经有无数读者从阿德勒的作品中重新找到了自己生活的意义，成功地跨越了自卑感的局限。今天，仍然会有更多的人从阿德勒的著作中体会个体心理学特有的魅力，省察自己的生活风格，寻找适合自我的超越之道。

总结阿德勒一生的工作，他的贡献主要概括如下几点：

(1)他强调人的社会性和社会因素，提高了自我的地位。

(2)他提出了出生顺序对个体生活风格的重要影响。

(3)他最早提出了创造性自我的概念。

(4)他提出人格的独特性。

(5)他指出意识是人格的中心。

（6）他创设了人本主义的人性理论：人能够主宰自己的命运，不必受命运支配。

（7）他早于认知疗法风行之前，指出应该要通过改变来访者的信念、感情和习惯去改善他们的心理问题。

（8）他建立了成长性的咨询模式。

（9）许多基本思想都被其他心理学派所采用，如家庭系统疗法、格式塔疗法、个体中心疗法、存在主义疗法以及咨询的后现代主义流派等。

（10）个体心理学是心理学史上第一个沿着社会科学方向发展的心理学体系。

梅森（F. M. Matson），一位政治科学家和社会精神病学家，他认为，阿德勒对精神分析的影响，似乎并不比弗洛伊德少多少。阿德勒在1911年孤独从事的工作，预期并鼓舞了这些旺盛的发展，如新弗洛伊德派（或阿德勒学派）、心理分析的自我心理学、患者中心疗法、存在心理学与当代的人格理论。从我们今天的观点来看，甚至可以说阿德勒在五十年前所从事的工作已经成为现代心理分析运动的"主流"——而弗洛伊德只是"支流"而已。

有些西方学者认为阿德勒的贡献与影响并不比弗洛伊德逊色。美国心理学史家墨菲把阿德勒的个体心理学评价为"心理学历史中第一个沿着我们今天应该称之为社会科学的方向发展的心理学体系"。它不仅为精神分析社会文化学派的产生奠定了思想基础，也为人本心理学的发展提供了前提条件。

第六章

————

安娜·弗洛伊德：儿童精神分析理论的心理健康思想

安娜·弗洛伊德，奥地利儿童精神分析学家，新精神分析学派的重要人物。她1895年12月3日出生于奥地利维也纳，是弗洛伊德家六个孩子中最小的一个。在她出生之前的一年半时间里，父亲弗洛伊德一直困扰于一种无法确诊的疾病。这段时间里他对自己进行的分析记录中充满了抑郁情绪，1895年2月得知夫人玛莎怀孕的消息时，弗洛伊德正准备接受一场手术。成年后的安娜一直认为，如果当时有避孕的可能，自己是一定不会来到这个世界上的。安娜的这种想法，可能源于她看到了弗洛伊德关于"文明社会对避孕的需要"内容的公开出版物。而且弗洛伊德写给朋友的信中也显示，在安娜出世前，弗洛伊德曾希望她是个男孩，因此，安娜一直认为自己的出生是不受欢迎的。

一、安娜的生平与学术事迹

也正是安娜出生的这一年，弗洛伊德开始了对自我的精神分析，同时出版了与布罗伊尔合著的《癔症研究》（*Studies on Hysteria*），此书的出版被认为是精神分析理论的奠基和正式起点的标志。因此，安娜认为自己跟精神分析是一对同时出生的"双胞胎"，一直在争夺父亲的注意力。直到30岁的时候，安娜作为专家在维也纳精神分析学会开办儿童精神分析讲座，她才终于与自己的竞争者——精神分析合为一体。

安娜有三个哥哥和两个姐姐，但是，她的童年并不愉快。她与母亲玛莎（Martha）的关系并不亲密，反而与家里雇佣的保姆之间有相对安全的依恋关系。

安娜与最小的姐姐索菲(Sophie Freud)的关系最为紧张，作为家里最小的两个孩子，她们俩一直在争夺家中其他人的注意和宠爱。安娜和索菲互相嫉妒，彼此都认为对方更受欢迎。童年的这些经历，可能是她后来特别关注儿童内心感受的原因之一。

安娜童年期最崇拜和亲近的人是父亲弗洛伊德，父亲的关怀和安慰对她来说意义重大。安娜年幼的时候，家里人有时候出行并不带着她，她为此感到很伤心。她在回忆童年的文字中曾写道："我所有的家人都坐着小船离开了，他们却不愿意带上我，并不是因为船太小，坐不下其他人，更不是因为我年龄太小。但对于这些，我并不难过，因为爸爸回来抚慰我、表扬我。这令我很开心，而且比任何事都开心。"安娜小时候经常向父亲描述自己的梦境，弗洛伊德还把其中一些内容收录到《梦的解析》一书之中。

上学之后的安娜成绩很好，特别擅长阅读写作，喜欢幻想，她后来进入维也纳精神分析学会的敲门砖——《打败幻想和白日梦》(The Relation of Beating Fantasies to a Daydream)中，记录的就是她8~10岁的白日梦内容。安娜在学校学到的东西仅是她知识结构的一部分，她从14岁开始就被允许旁听弗洛伊德家里每周三举行的精神分析讨论会。虽然她只能坐在图书室一角的楼梯上，但是，她无疑从父亲与同仁交流的过程中受到了精神分析的启蒙。与此同时，她开始阅读父亲的著作，并尝试将内容翻译为英文。这些学习过程，与她之后选择精神分析的道路也是分不开的。

1912年，安娜从维也纳的考泰季中学(Cottage Lyceum)毕业，没有选择继续进入大学深造。毕业后的安娜深受抑郁症的困扰，因此，被父亲送往国外休养，这段时间里她每天都会给弗洛伊德写信报告自己的身体状况和思想。1914年，安娜在父亲朋友的陪伴下去英国游历，同时提高自己的英文水平。但由于第一次世界大战爆发，她很快返回维也纳。之后安娜通过了考泰季中学的实习生考试，从1915年到1917年，她作为实习教师在学校教书；1917年，她成为正式的教师，之后的三年里她一直在学校从事教学工作。这段时间里，她致力于改善被第一次世界大战剥夺了社会与经济地位的孩子们的生活。这段经历，奠定了她一生为儿童的健康成长而努力的学术与人生基调。

1920 年，一场流感引起的肺结核使安娜最终放弃了教书的工作，此后她开始了正式的精神分析之旅。有资料显示，从 1918 年到 1922 年，安娜接受了父亲长达四年的心理分析。1923 年结束分析的安娜在维也纳精神分析学会上提交了报告——《打败幻想和白日梦》，并因此被学会接受成为正式会员，获得精神分析执业师资格。

从 1923 年开始，安娜开始了自己的儿童精神分析工作，两年后她开始在维也纳精神分析培训机构教授儿童精神分析的技术方法。1925 年到 1934 年，安娜担任国际精神分析学会的秘书工作，同时，她也一直继续儿童精神分析领域的研究。1926 年，她在维也纳精神分析学会作了一系列名为"儿童精神分析技术"的演讲，引起了听众的广泛兴趣，也奠定了她在儿童精神分析方面的先行者地位。1927—1928 年，她撰写并出版《儿童精神分析技术导论》(Introduction to the Technic of Child Analysis)，第一次系统地阐述了她的儿童心理学研究成果，在欧洲各国都引起了很大反响。1935 年，安娜成为维也纳精神分析培训机构的主任。

1936 年，安娜总结父亲对于防御机制的理论，同时结合自己的研究工作实践，出版了《自我与防御机制》(The Ego and the Mechanisms of Defence)一书，作为送给父亲八十大寿的生日礼物。这部著作产生了巨大的影响，被认为是自我心理学的奠基性著作，既体现了弗洛伊德作为理论先驱的地位，也包含了她自己从工作中观察和总结的自我心理学思想。

1938 年，由于纳粹德国入侵奥地利，安娜陪同父亲逃离维也纳，流亡到英国伦敦定居。在伦敦，安娜继续自己的儿童精神分析工作，同时照顾罹患口腔癌的父亲。直到 1939 年秋，弗洛伊德病逝。后人对这段逃亡生涯评论道："正是安娜·弗洛伊德坚定地担任她父亲的秘书、密友、代表、同事及护士，使她成为他生活中最宝贵的财富、对抗死亡的盟友。"

1939 年弗洛伊德去世后，安娜开始以伦敦为中心开展精神分析的实证与理论研究。其间，由于安娜所倡导的儿童精神分析理论和方法，与英国梅兰妮·克莱因所领导的学派不同，学术的争论越来越激烈，最终导致 1941—1944 年的"论战式大讨论"（Controversial Discussions）。论战的结果并未使以二人为首的学派观点达成统一，而是导致儿童精神分析学会分裂为三派：以克莱因为首的"克莱因学派"、以安娜为首的"维也纳学派"以及以温尼科特为代表的"中间小组"。虽然论战结果偏离了讨论的初衷，但这场长达三年的论战，却使得儿童精神分析的思想和方法广为传播。

第二次世界大战使得无数人流离失所，这让安娜有机会观察与父母的分离对儿童产生的影响。她在伦敦创立了"汉普斯蒂德托儿所"（Hampstead Nursery），在这里集中照顾在战争中和双亲失散的孩子。战后她将托儿所改为汉普斯蒂德儿童诊所，开设儿童心理治疗课程，并对精神紊乱的儿童和成人进行临床诊断和分析治疗。在这段时间里，安娜与合作伙伴桃乐丝·柏林翰-蒂凡尼（Dorothy Burlingham-Tiffany）观察并收集了大量的一手材料，并在此基础上发表了一系列关于儿童压力和寻求同伴支持的研究报告，如《战时的幼儿》（*Young Children in War-Time*）（1942）、《无家可归的婴儿》（*Infants Without Families*）（1943）、《战争与儿童》（*War and Children*）（1943）等。

1947 年，安娜跟同事一起设立了汉普斯蒂德儿童精神分析理论课程。她们在工作中提出了"发展路线"（developmental lines）、"诊断剖面图"（diagnosis profile）等概念，并构建了相关理论。从 1950 年开始，安娜走遍欧美，为各个国家的儿童精神分析工作者做专业和通俗的精神分析讲演，并担任耶鲁大学法学院和儿童研究中心的访问教授。1952 年起她担任汉普斯蒂德诊所的所长直到逝世。

1982 年 10 月 9 日，安娜在英国伦敦去世，享年 87 岁。她去世两年后，为了纪念她所做出的突出贡献，汉普斯蒂德诊所更名为安娜·弗洛伊德研究中心。1986 年，遵照安娜的遗愿，她居住了 40 余年的伦敦住所被改造为弗洛伊德博物馆。安娜终生未嫁，将其一生奉献给了她的父亲和她的事业——儿童精神分析。

安娜一生共发表 100 多篇论文，出版 10 多部专著，为教师、父母、社会工作者、法律工作者等各界人士开设讲座而做的讲演稿还有很多。她先后获得美国杜克大学(1950)、杰佛森医学院(1964)、芝加哥大学(1966)、耶鲁大学(1968)、奥地利的维也纳大学(1972)、美国哥伦比亚大学(1978)和英国剑桥大学(1980)授予的名誉博士学位。美国还曾授予她"麦迪逊奖"，英国政府也曾授予她大英帝国骑士爵位。

链接：【安娜生平重大事件】

1895 年 12 月 3 日，出生于奥地利维也纳。

1912 年，从考泰季中学毕业，陷入抑郁情绪。

1918 年，接受父亲的精神分析。

1922 年，在国际精神分析大会上以《打败幻想和白日梦》为题进行了案例分析报告。

1924—1929 年，大部分时间打理父亲的工作。

1926 年，维也纳精神分析学会开办儿童精神分析技术讲座。

1927—1928 年，出版《儿童精神分析技术导论》。

1934—1936 年，整理完成《自我与防御机制》一书。

1938 年 3 月，曾被德军纳粹逮捕，所幸被安全释放。

1939 年 9 月 23 日，父亲西格蒙德去世。

1950—1970 年，在欧美各国进行儿童精神分析讲座和培训工作。

1968 年，出版自己的文集，接受耶鲁大学名誉博士学位。

1980 年，英国剑桥大学授予其名誉博士学位。

1982 年 10 月 9 日，在伦敦去世，享年 87 岁。

二、安娜儿童精神分析理论产生的历史背景

1895 年，安娜·弗洛伊德出生，那正是父亲西格蒙德·弗洛伊德形成并正

式提出自己的无意识理论之时。安娜一直认为自己是跟"精神分析"一起出生的"双胞胎"，她的前半生一直在跟这个"同胞"争夺父亲的注意力，直到她青年阶段正式踏入精神分析的王国，从事精神分析的实践工作之后，才终于与精神分析合为一体。安娜后来提出的自我心理学思想、儿童精神分析观点和技术，均是建立在经典精神分析基础之上的。

19世纪末，欧洲处于从自由竞争资本主义开始向垄断资本主义过渡的阶段，资本主义社会的两极分化严重，阶级矛盾凸显，社会竞争也渐趋激烈。人们普遍精神沮丧，神经症和精神病的发病率日渐增高。弗洛伊德一家所在的奥地利，仍受到维多利亚时代个性压抑的影响。西格蒙德·弗洛伊德所身处的犹太社会宗教观念更为强烈，性的禁忌更为严厉，人们正常的性欲也得不到满足。在这样的社会文化环境中成长起来的弗洛伊德，开始特别重视和强调性的压抑在精神病和神经症形成中的作用，并从自己对精神病人的临床治疗中发现并提出了无意识理论，在此基础之上发展出自己的一套精神分析观点和技术。

无意识思想是欧洲19世纪80年代最重要的时代精神之一。叔本华和尼采的无意识思想对西格蒙德·弗洛伊德产生了很大的影响。叔本华认为生存意识是万物的本原。尼采不仅承认无意识的存在，而且认为最伟大、最基本的活动是无意识的。莱布尼兹在18世纪提出的原子论后来被赫尔巴特和费希纳继承并发展为意识阈限的思想，认为心理就像冰山一样，它的相当大的一部分藏于水下，有一些观察不到的力量对它发生作用。弗洛伊德自己也承认费希纳对他产生了很大的影响。西格蒙德·弗洛伊德的动机学说受到功利主义哲学的唯乐主义影响。他认为本我彻底遵循快乐原则，自我遵循现实原则，快乐原则与现实原则既统一又冲突。这种思想就是以当时流行的未来的唯乐主义学说为基础的。

西格蒙德·弗洛伊德认为人是非理性的，也是受了叔本华和尼采非理性主义哲学的影响。叔本华认为意志是自在之物，万物之所以成为我们的表象是由于意志的作用，是意志的不断外化，而意志是阴暗、邪恶的，是一种不可遏止的盲目冲动。尼采将叔本华的生命意志改造为权力意志，认为生命的本质是权力意志。在尼采看来，权力意志也是非理性的。西格蒙德·弗洛伊德的无意识学说和泛性论都表现出强烈的非理性主义倾向，这显然是受了叔本华和尼采的非理性哲学思想的影响。

西格蒙德·弗洛伊德深受达尔文进化论的影响，用生物学的观点看人，认为人的本能与动物的本能没有本质区别。弗洛伊德还受到了物理主义和能量守恒观念的影响。他认为力比多这种心理能量是守恒的，它只能从一种形式转化到另一种形式，不会有所损益。另外，由于精神分析是在神经症和精神病的治疗实践中发展起来的，心理病理学的理论和方法对弗洛伊德有直接的影响。关于精神病成因的理论主要有心理病因说和生理病因说，这两种学说在西格蒙德·弗洛伊德的理论中都有所体现。精神分析理论的产生有其深刻的历史人文背景，其观点、方法在近一个世纪以来经过众多的心理学家的努力得到不断发展，形成众多派别，不仅在西方心理学中占有重要地位，而且成为一种影响了当代西方文化的重要社会思潮。

精神分析在西格蒙德·弗洛伊德身后，又有了许多新的发展，它们都是基于弗洛伊德理论的某种局限性，从一个新的视角提出的更深入、更细致的研究。与其他心理学流派和其他文化领域有密切的关系，其中自我心理学就是一个很重要的方向。其实，在弗洛伊德的理论体系中早已蕴含有自我心理学的思想，后经其女儿安娜·弗洛伊德的过渡，最终由哈特曼建立，并经埃里克森等人发展，逐渐形成自我心理学体系。安娜在这个发展过程中，起到了承上启下的作用，被后来者当作自我心理学的奠基人之一。除了突破本我决定论，重视自我的功能外，安娜还发展了丰富的阻碍健康成长与发展的儿童精神病理的概念，创立了儿童精神分析的研究；她在应用领域的工作影响了全世界儿童的生活，她的学生以及被她所激励的人众多，不仅仅包括哈特曼、埃里克森、汉普斯蒂德和耶鲁团体，还有很多的分析师、精神病医生、心理学家和社会工作者，以及几乎所有的 20 世纪中后期的儿童分析师和儿童精神病专家。

链接：【代表作《儿童精神分析技术导论》简介】

安娜·弗洛伊德于 1928 年出版了《儿童分析技术导论》一书。该书第一次系统地阐述了她的儿童心理学研究成果，开创了儿童精神分析的治疗法。全书包括四个讲座，主要涉及开始分析的方法、必要解释的深度、移情、帮助儿童实现对周围环境再适应的教育规则等四个儿童分析的技术。安娜·弗洛伊德的儿童分析技术，强调在儿童分析之前准备阶段的重要性，这一准备阶段的目的在于与儿童建立移情，因此在开始治疗时会先与儿童建立联盟，告诉接受治疗的儿童身体里的"恶魔"会在分析师帮助下被驱除。但安娜发现这一技术迫使自己采取伪善的态度，这一移情方式对儿童最终态度的积极效应受到了质疑。该书在不止一个方向与传统的儿童分析程序产生分离，对其分析技术的合理性仍存在争议，但这一分析技术无疑引发了一定的思考与讨论。

链接：【代表作《自我与防御机制》简介】

该书是安娜于 1934—1935 年完成的。该书整理了其父关于防御的理论内容，加上自己的思考和整合以及在分析治疗中的实践经验。全书有四个部分：第一部分主要讲的是自我就如看门狗一样，在观察着本我的冲动。在这一部分，作者对自我防御机制的理论基础进行了多方面的论述。第二、第三、第四部分则是分别对不同类型的自我防御机制进行阐释，并举例说明如何分析这些机制。作者主要介绍了以下几种不同的自我防御机制：否认、自我约束、对攻击者的认同、利他主义和青春期阶段对特殊问题的防御等。该书的主要内容是参照弗洛伊德的人格结构理论提出的。其主题是个体自我为了面对或者避免本我、超我和自我之间的冲突而进行的防御。该书还特别关注了个体的青春期表现，因为处于青春期的个体为了应对逐渐成熟和强烈的性欲冲动而形成了各种防御机制。此书自出版以来，被不计其数的精神分析文献所引用和参考，直到今天，书中提到的防御机制概念及其分析方法仍然在心理咨询和治疗领域被广泛应用。

三、安娜儿童精神分析理论及其心理健康思想

(一) 儿童精神分析思想

安娜·弗洛伊德对于儿童精神分析的贡献是巨大的，作为儿童精神分析的两大创始人之一 (另一位是英国客体关系学派代表人梅兰妮·克莱因)，她发展出具有独立性的儿童精神分析理论，并应用于儿童治疗。当代西方许多儿童精神分析学家的研究和临床工作，仍然是在其理论和实践基础上进行的。同时，安娜将自我心理学与儿童发展的研究建立在父亲工作的基础上，不迷信父亲的理论，强调自我在人格发展中的重要作用，成为自我心理学领域的先驱。

安娜在追随父亲精神分析思想的基础上，将精神分析的对象扩展到儿童身上，为儿童精神分析以独立姿态登上心理学历史舞台做出了巨大贡献。

安娜确立自己儿童精神分析学的研究方向，是以其 1927 年出版的第一本儿童精神分析著作——《儿童精神分析四讲》(*Four Lectures on Child Analysis*) 为标志的。这本书对安娜早期儿童精神分析的思考进行了初步总结，主要包含分析导入、使用技术、移情在分析中的作用以及儿童教育等内容，在后来几十年的工作中，安娜在此基础上又进行了深入探索和研究，提出了"诊断剖面图""发展路线"等重要概念，区分了儿童心理障碍的类型，为儿童精神分析学积累了丰富的研究成果。

1. 诊断剖面图

为了提高儿童分析的诊断技术，在汉普斯蒂德诊疗所工作期间，安娜带领专门的研究小组逐渐发展出了诊断剖面图的思想。诊断剖面图为诊断的思考提供一个心理框架，它的目标是使诊断者快速地考虑儿童生活和发展的所有领域，对其正常功能和病理功能有一个平衡的看法。它不是一个提供机械诊断的问卷，而是帮助治疗师把注意力指向儿童生活和发展的每一个重要区域，从而使每个区域及它们之间的相互作用得到评估，同时，它也帮助治疗师意识到对儿童了

解不够的地方。诊断剖面图包括如下方面。

一是治疗安排的原因。是谁要求进行治疗安排；什么原因促使此时要求安排治疗等。

二是对儿童的描述。包括对儿童外表、心情、态度和其他突出之处的一般描述。

三是家庭背景与个人历史。指的是有利于揭示那些可能影响儿童发展和障碍的有意义的环境因素。

四是可能有意义的环境影响。从历史和家庭背景中抽取出重点，以决定儿童压力和影响的可能根源，包括父母所强调的东西，因疾病、死亡和分离造成的家庭生活的破裂，父母失业，对儿童有侵害的父母人格的特征，创伤性事件，家庭的迁移，家庭和亲密朋友的丧失，以及身体残疾等因素。

五是发展的评价。考察儿童的内在世界，评价他的情绪发展和人格结构。安娜主要关注内驱力的发展和自我、超我的发展。安娜的独特贡献在于指出了儿童对其环境适应的重要性：儿童对关系的需要和他努力寻找表达内驱力方式之间的相互作用。

六是发生的评价——退行与固着。通过儿童父母和其他人对儿童行为的描述以及诊断者的观察，与特定发展阶段相关的特定症状，可用于准确指明儿童倾向于退行或不能前行的力比多阶段和客体关系水平，并指出在何种水平上儿童遇到了无法解决的问题，以至于通过退行来逃避。

七是动力和结构的评价——冲突。通过在儿童身上可观察到的冲突和焦虑可以评价其人格结构的发展。第一种冲突形式是"外在的"，需要和愿望能否获得满足是儿童与其客体产生冲突的根源。但是，当冲突被内化，冲突就产生于自我、超我和本我之间，儿童所害怕的是自己的超我，如体验到羞愧感。第二种冲突形式是"内在冲突"，如爱与恨、主动与被动等，这些内在冲突会引起儿童更大的焦虑。外在的冲突可以通过管理而改变，但是，内化的和内在的冲突只能通过分析内在世界来解决。

八是一般特征评价。安娜提出具有心理健康预测价值的一般特征有：挫折容忍力、升华的潜力、对焦虑的整体态度（回避、逃避还是积极控制）、发展的力量和退行趋势之间的平衡。

九是诊断。通过对前面阶段的整合和总结，治疗师要做出诊断，为治疗提供建议。

安娜及其同事提出的这种评价方式（诊断剖面图），比较全面地展示了儿童心理发展的各个方面，为正确而有效地进行儿童心理分析提供了翔实的依据。这种评价方式即使在目前也是很有意义的。

2. 发展路线

安娜在其生命的最后 20 年，把发展的观点渗透于所有的工作领域，"发展路线"就是其中的体现之一。"发展路线"细致地考察儿童特定领域的驱力序列和结构的发展，是对诊断剖面图的补充。如果说诊断剖面图给出了儿童当前的发展状况和病理的整体概观，构造了一个宏观系统，那么，"发展路线"就提供了一个来自本我、自我、超我和外在世界的微观系统、微小要素之间的相互作用的中观系统。"发展路线"是通过仔细观察微小领域和发展序列来表明人类发展的巨大复杂性。

安娜提出了 6 条发展路线分别是：从完全依赖到情绪独立和成熟的客体关系；从吮吸母乳到理性进食；从大小便不能控制到控制自如；从对身体管理不负责任到负起责任；从自我中心到建立友谊关系；从关注自己的身体到关注玩具，从游戏玩耍到投入工作。

安娜认为，儿童分析学者可以宣称发展线路是儿童精神分析的专有研究领域。在个体发展过程中，存在多种决定因素在发挥作用。以路线 6 为例，儿童从玩耍到成年人投入工作的发展路线中，有一系列的玩耍形式，包括抓摸母亲的身体、玩绒毛玩具、玩沙子和玩水、填满和倒空容器、玩建设性的玩具、角色扮演、游戏、爱好等。在这个过程中，本我的皮肤接触、客体依恋、贯注于摄入和排泄、建设和破坏倾向、性驱力等冲动形式，决定了这些玩耍的形式；

自我方面决定了个体的好奇心、探索精神、手动能力和想象力等；环境提供了物质条件，以及模仿和识别的机会；最后，当本我的冲动不再那么急切需要得到满足，自我已经成熟到能满足即时快乐的需要，个体会根据现实原则以新的方式获得一种能力：将婴幼儿期的玩耍活动转变为关注首要任务的成熟工作能力。

"发展路线"是安娜儿童精神分析理论体系中具有重要意义的概念，不仅具有理论价值，而且具有实践意义。它把重点放在自我适应生活要求的能力上，同时，注重儿童内部世界的发展、与年龄相应的发展任务，以及环境和人际关系的要求对儿童自我发展的影响；特别强调儿童从依赖到情绪独立和客体关系的发展对其他发展路线的主导作用，强调母婴关系在儿童发展的多个领域的重要作用。与单纯仅关注受内部本能冲动支配的纯内部世界的经典精神分析相比，安娜的理论在摆脱内驱力本能的方向上迈进了一大步，使精神分析更接近儿童的现实。"发展路线"从微观的角度，为人们提供了儿童发展的精致详细的图景，对于无论是正常还是失调儿童都有指导作用，特别是对于有障碍的儿童，发展路线的协助诊断和建议治疗的功能更为明显。

3. 从发展的观点看待儿童的精神病理

安娜很关注儿童早期各方面的正常发展，她在 1945 年就提出应该把儿童分析从临床症状转移到对正常发展的干预。她提出评价儿童障碍的三条基本标准：儿童的发展或迟滞是否在驱力和自我发展的正常范围内；儿童朝向客体的行为是否正常；儿童在不同水平上的冲突是否与其年龄和发展阶段符合。安娜指出，将分析师的注意力从病理病状转向普通的人格成长和适应问题是很困难的，但是，她认为这种转向是十分重要的，并且她自己也一直在为此而努力。晚年的安娜将研究重点放在"发展性帮助"（developmental help）方面，研究精神分析的发展性帮助对有发展缺陷的儿童是否真正发挥作用。发展性帮助对于儿童的精神病理理论有重要的补充，安娜从发展的角度提出了很多指导临床实践的意见。

对于儿童的发展性障碍，安娜认为，只要儿童能解决好每一阶段的问题，继续发展到下一阶段，所有的发展性障碍症状都能正常消失。如果儿童没有成功地解决好问题，就会带着困难滞留在那一阶段，可能最终导致更严重、更长久的障碍。很明显地，安娜的这种观点对后来埃里克森提出的心理社会性发展理论有很大的影响。

对于儿童的精神病理，安娜强调要使治疗与潜在的障碍原因相匹配，要深入理解儿童障碍的本质原因，给予相应的治疗。一般精神分析学家特别关注病理症状，但安娜坚决反对从症状出发去考察儿童，她坚持用发展的观点辨别出潜在的障碍类型。她认为，儿童分析师应该能够理解表层和深层之间的关系，能够从类似的表面症状中区分出不同的深层含义。这无疑给儿童分析师提出了更高的要求。为了指导分析师的实践工作，安娜根据症状的潜在意义，讨论了以下几类儿童精神病理症状：

一是躯体和精神过程的不分化。婴儿期正常的躯体—精神统一体随着发展过程应该逐渐分化，所以儿童早期对于情绪体验的躯体反应是正常的，而心理的表达途径一旦建立，身体的表达就应该逐渐减少。如果分化没有实现，就有可能导致心身疾病，如哮喘、湿疹、溃疡性大肠炎和周期性偏头痛等症状。

二是本我—自我不协调。如果儿童的本我欲望发展和自我功能发展之间不能达到良好的平衡，就可能出现歇斯底里、强迫和恐惧等神经症状。

三是本我入侵自我。如果儿童的自我跟本我相比不够强大，本我的成分就有可能在自我中表现出来，导致思维、语言和幻想障碍或者违法、犯罪行为。

四是力比多结构的变化。儿童自恋障碍的多种形式是由力比多的贯注偏离了正常发展线路而引起的。从心理偏移到身体将会导致抑郁症状；客体力比多退缩转移到自我将会导致自我中心或自我评价过高，乃至极端的妄想自大狂；自恋力比多的缩减将导致对身体的忽视、自我贬低或者抑郁。

五是攻击性质量或方向的改变。通常是因为防御方式的改变，导致攻击性由客体转向自我，再返回；或从心理转向身体的攻击，反之亦然。由此引发的症状包括抑制、学习失败和自伤行为等。

六是器质原因。出生前或者出生后的器质障碍原因将导致儿童发展的迟缓、运动、言语、一般智力功能、注意、情绪管理等的困难。

（二）儿童精神分析的主要方法

1. 直接观察

在安娜之前，精神分析对儿童心理的研究，都是基于从成人精神分析衍生而来的童年期知识，而安娜在研究中采取了更为科学的直接观察法研究儿童。安娜认为，让儿童按照要求解释他们自己的过去或者自由联想是不现实的，因此，她建议在分析儿童时应该利用儿童家庭提供的信息，以及分析师对儿童活动的观察来补充。她将精神分析的直接观察和分析资料的重构相结合，认为直接观察为发展过程的研究提供了不可替代的机会。甚至在一些领域，例如儿童还未发展出言语能力的时期，直接观察是理解儿童心理的唯一方法。

安娜在第二次世界大战期间建立了汉普斯蒂德战时托儿所，战后她继续创办和领导汉普斯蒂德儿童诊所，并在伦敦、维也纳、艾塞克斯等地也建立了儿童诊所，对年幼儿童进行了大量细致、系统的直接观察。她发现，跟母亲的分离对孩子造成的伤害比其他因素都大；母亲对于战争的反应决定了儿童的反应，母亲慌乱，儿童也慌乱；如果在轰炸时母亲很镇定，儿童也会很镇定。安娜在其著作《无家可归的婴儿》中，描述了大量对儿童系统而细致的观察结果，说明早期母子分离对儿童的影响，强调了母亲—孩子关系质量对于儿童发展的重要性。

观察的材料是理解理论的关键。安娜指导工作人员和研究者进行观察的对象有：儿童与父母分离的反应和发展、儿童的战时体验、依恋的发展、对客体关爱的发展、自我和超我的发展、攻击性和焦虑的发展、不同抚养环境的儿童之发展的比较等。由此可以看出，安娜对儿童健康人格发展的关注，父母、客体对儿童影响的关注、环境对人格影响的关注等，与经典精神分析仅关注纯粹的内部世界形成了鲜明的对比。

观察和记录的方法也是逐渐发展成熟的。在汉普斯蒂德托儿所时期，工作人员就开始使用观察卡片，记录观察到的婴幼儿有趣或令人费解的行为，以供临床和研究的讨论。在汉普斯蒂德诊疗所成立后，安娜要求对观察的个案材料予以常规笔录，每周的观察要有小报告，每月的观察要有月报，定期有观察的长期总结。汉普斯蒂德索引(the Hampstead index)发展出来之后，由观察获得的资料被系统记录在索引中。这就意味着多年来观察记录的临床资料系统地累积成册，供研究者详细查阅、集体讨论、进行理论建构。在将精神分析理论知识与系统观察相结合的基础上，安娜提出了一系列关于儿童精神分析的概念和理论。①

2. 游戏治疗

在探索儿童精神分析的手段时，儿童的游戏成为分析者的首选。游戏治疗(play therapy)是一种将治疗的元素加入游戏情境中，以游戏作为治疗的媒介，协助儿童与治疗师建立良好互动的关系，让儿童在游戏中能用最自然的沟通方式来完全表达和揭露自己的情感、经验及行为的治疗方法。游戏治疗早期的发展与精神分析对儿童的治疗有关。在成人世界里，进行精神分析治疗的主要方法是自由联想方法，但这种方法应用于儿童时便有局限。因为儿童对语言的掌握是一个逐渐发展的过程，幼儿还不能够或不能准确地用语言表达自己。这个特点决定了通过语言进行自由联想的方式不适合儿童，不能成为探索儿童潜意识的主要媒介。

安娜除了使用直接观察法之外，在治疗中也使用了游戏方法。但跟客体关系学派代表人物克莱因相比，她们对于游戏的观点并不相同。作为儿童精神分析的先驱，尽管两人都承认游戏是儿童自由表达愿望的方式，并重视对游戏的使用，但是，由于她们所持的基本理论观点有分歧，因而对于游戏治疗的具体使用存在很大的差异。

安娜对游戏的使用是以她对于儿童及儿童游戏的看法为基础的。首先，在她看来，儿童不同于成人，儿童前来接受分析并不是出自主动的要求，因而要

---

① 郗浩丽：《儿童精神分析学的主要方法及其应用》，载《南京师大学报(社会科学版)》，2009(5)。

想使儿童明白治疗的目标和意义就特别困难，这需要一个长期的准备阶段。其次，游戏并不都具有象征意义，尽管有些游戏能够重复最近的经验，但其价值并不太大。所以她不主张直接解释儿童游戏的潜在意义。最后，她不相信儿童会发展出移情性神经症，因为儿童仍然依赖他们的父母，所以对儿童进行成人式的纯粹分析性的治疗是不可能的。①

从总体上说，安娜主要把游戏用于儿童分析的准备阶段，作为一种鼓励儿童与分析者建立积极的情感关系的方式，所以游戏在儿童分析的准备阶段与谈话配合使用。而克莱因认为，游戏是儿童表达和通彻其潜意识幻想、探索和把握外部世界的方式。所以，游戏可以成为分析者探索和控制儿童焦虑的手段。克莱因认为，游戏就是儿童的语言，儿童的游戏可等同于成人的自由联想，分析者通过观察和解释儿童游戏的象征性内容，就可以接近儿童的深层潜意识。

安娜主张，在儿童分析的准备阶段，分析者通过与儿童游戏和谈话，建立一种强烈、积极的移情关系，从而奠定分析治疗的基础。进入分析治疗过程之后，则应该主要依赖儿童对其幻想和梦的言语报告。她把这些结果看作潜意识过程的症状派生物，认为只有通过解释，才能了解其内涵。此外，她还主张解释儿童与分析者之间的关系，她认为儿童对分析者产生的移情不同于成人分析情境中的移情。这种移情关系包含着某种教育成分，分析者分享的是儿童对其父母的感情。由于这种移情关系，分析者不仅要考虑分析情境中当时当地发生的事情，而且要把注意力指向可以发现神经症反应的地方，即儿童的家庭。安娜重视家庭和当前的外界现实对儿童的影响。

在安娜所进行的儿童分析过程中游戏虽然重要，但并不是全部。它只是使儿童接受分析和认识分析者的权威性的重要手段，她的最终目标不在于对神经症进行彻底的病理治疗，而是关注儿童的发展过程和未来的心理健康，即培养儿童健康的人格。因此，她的分析治疗常被称为教育性的治疗措施。

---

① 王国芳：《儿童精神分析中的游戏治疗概述》，载《心理学动态》，2000(4)。

(三) 自我心理学思想

安娜对于父亲始终重视本我的作用，即认为本我控制自我、自我仅是本我与外界之间的中介持不同的看法。她认为从临床的角度，更应该重视自我的作用以及客观环境对自我发展的影响。她认为，自我在发展的过程中是由弱到强、由不成熟到逐渐成熟的。人在幼年时，自我十分软弱，行为受到本我的驱使，随着儿童身心的不断发展，自我逐渐强大起来，不再服从本我欲望的冲动。进入青春期之后，个体的自我就能控制本我的愿望满足了，父母和教师的要求被个体内化，从而开始形成超我，此后自我就能根据超我的要求行动了。此时，为了抑制本我的冲动和防止由此引起的焦虑，自我发展出了各种防御机制，以此来改变心理失调，进一步适应环境。

安娜 1936 年出版的《自我与防御机制》一书，系统总结了其父弗洛伊德关于自我防御的理论，也是她早期自我心理学思想的初步总结。在这本书中，安娜归纳了弗洛伊德已经提出的防御机制，如压抑、退行、投射、升华等。同时，根据自己对儿童的观察又补充了五种防御机制，即对攻击者的认同（identification with the aggressor）、否认（denial）、禁欲主义（asceticism）、利他主义（altruism）和自我约束（ego restriction），并把主要注意力放在这五种防御机制上，认为它们普遍存在于儿童之中。所以从内容上看，这本书中也蕴含了丰富的儿童精神分析思想。在此，我们主要介绍五种儿童常用的防御机制：

一是对攻击者的认同。这是一种变形了的认同，是对自己所恐惧的人或对象的行为进行模仿和学习，使其在心理上感到自己就是那个令人恐惧的人或对象，以此来消除自己的恐惧心理。安娜曾描述一个六岁男孩在治疗室中弄碎了很多小东西，以此对痛苦的牙齿治疗做出反应。安娜认为，男孩找到了一种成为攻击者的方式，以此应对痛苦事件（治疗牙齿）引起的焦虑和羞辱。

二是否认。否认就是通过拒绝承认的方式来试图把危险排除在外。安娜在分析她父亲在《性学三论》中提到的小汉斯病例时指出："汉斯是通过幻想来否认现实的。"①例如，一个 7 岁的男孩，为了否认对父亲的俄狄浦斯恐惧，编织了一个白日梦：他拥有一头驯服的狮子，对他自己是无害的，但能恐吓其他人。这种幻想经常出现在儿童的故事中，通过获得勇猛动物的帮助，而征服强大的国王或父亲的形象。这种防御机制在儿童中非常普遍，它不是直接反对儿童的本能愿望和情感，而是反对痛苦的现实。在成年人身上也经常见到这种防御机制的作用，如一位失去了丈夫的妇女总是在丈夫生前吃饭的位置上摆上一双碗筷，经常幻想自己正与丈夫谈话等，这实际上是在心理上否认她的丈夫已经去世。

三是禁欲主义。这种防御机制是指青少年表现出来的一种心理特点。在安娜看来，青春初期的少年常常对出现的性冲动感到不安，为了使自己不至于做出越轨行为，他们便通过放弃一切欲望和快乐来保护自己。在某些极端的情况下，他们可能会通过限制睡眠和食物摄入，以及尽可能保留大小便来"克制"自己，达到禁欲的目的。这种防御机制主要是青春期的青少年，特别是神经症患者控制自己冲动的一种手段。

四是利他主义。在安娜看来，利他主义也是一种投射作用。她认为，人们通过采取某种行动，一方面满足了自己的需要，另一方面也帮助了别人；在某些极端情况下，人们可能会不惜放弃自己的需要来满足他人的愿望。例如，一个过于胆怯而不敢向教师要求自己权利的学生却拼命地为另一位朋友的权利出头呐喊，不惜放弃自己的需要来满足他人的愿望，表现出极端的利他行为。

五是自我约束。这是一种比冲动的抑制更为激烈的焦虑反应，指个体放弃了诸如感知、思考、学习和记忆在内的自我功能的所有领域。这种自我约束的结果通常会导致心理不适、内疚感、抑郁以及受虐癖的情感。例如，一名女子由于在童年时代非常嫉妒弟弟和母亲的亲密关系，长大之后，她把这种情感转向了自我，产生了一种强烈的自责、消极和自卑的情感。安娜认为，这种情感产生于将本能向自身转变的真正受虐现象，通过对自身的情感或肉体折磨来保护自己，达到心理平衡。

---

①　Anna Freud，*The Ego and Mechanisms of Defense*，New York，International Uniuersity Press，p. 113.

安娜认为，分析儿童的自我防御机制，可以作为了解儿童心理障碍的成因及人格特点的途径。因为对于儿童这样一个特殊的群体而言，他们的思维和语言能力有限，让其进行自由联想等精神分析方法并不适用，但是分析他们的自我防御机制则不受此限制。安娜认为，只要一个人的自我所建立的防御是完整的，分析和观察者就会一无所获；一旦这些防御被打破，例如当压抑遭到失败潜意识材料恢复时，大量有关内部心理过程的信息就可以加以利用了。在安娜眼里，自我防御机制是人格的成功保护者，这是因为自我并没有意识到它在保护自己，这一切都是在不知不觉中进行的。因此，自我和本我仍然是伙伴关系，它仍然需要在本我的支配下完成自己的任务。

四、安娜儿童精神分析理论及其心理健康思想的应用

安娜认为，精神分析发展的观点在任何一个与儿童有关的领域都是有价值的。对于非专业机构来说，如果缺少精神分析的思考，那么，学校只会注重智力发展，完全忽视儿童的幻想、恐惧和情绪；医院只会医治身体疾病，不考虑儿童的恐慌、对家庭的忠诚和身体伤害的恐惧幻想；法院只会试图保护儿童的宗教、道德和经济安全，而不考虑其情绪需要。对于专业人士而言，实际的精神分析治疗不是对所有儿童期的困难都适用，更重要的是领悟精神分析，用它去改进现存的抚养、教育、社会化、健康管理和制定法律的方法。

(一)儿童精神分析在教育领域的应用

先是作为教师，后来成为精神分析师，这样的工作经历成就了安娜用精神分析的视角对教育的关注。例如，在《为教师和父母写的精神分析》(*Psychoanalysis for Teachers and Parents*)(1930)一书中，她提出了教师和父母可以从精神分析理论中知道那些关于儿童发展和学习的东西。

安娜为父母们写的大量文章，集中于解释儿童如何成长、如何启蒙他们的行

为、阐明他们需要从父母处得到的支持和指导，特别是与父母的稳定关系在儿童健康发展中的重要作用。安娜还有一些专门面向教师的文章，1952 年她发表了一系列的文章，来建议教师和父母如何更好地控制儿童的各种焦虑和心理冲突。对于应用于教育的精神分析她提出了一些原则，如教师应从整个童年的角度理解他们的学生，而不是从特定的年龄段去考虑；在教学中，教师要坚持成人价值观，注意反移情的发生；教师不要与学生建立过深的依恋，但是必须对儿童的发展保持兴趣，还要保持客观的立场。安娜 1960 年在英国保育学院联合会的讲座，1976 年在美国教育研究协会和 1970 年在维也纳的专题讨论会，都使用了发展路线，讨论儿童上幼儿园和上学的准备状态，解释了教师会遇到的儿童的一些困难行为。

(二) 儿童精神分析在法律领域的应用

早在汉普斯蒂德托儿所工作的时候，安娜及工作人员的一些做法就对国家立法产生过积极的影响。如在 1942 年春天，为了减少儿童对个别工作人员产生的不安依恋，安娜引入了"家庭分组"(family‐grouping) 的方法，将儿童每四人分为一组，每一组分配给一个护士"母亲"照顾，其好处是减少了儿童与工作人员分离时的痛苦。这一家庭分组方法非常成功，被纳入第二次世界大战后英国儿童护理立法(postwar British childcare legislation) 中。

20 世纪 60 年代初期，安娜在美国讲学，受到在耶鲁大学研究家庭法律的戈尔茨坦(J. Goldstein)教授、卡茨(J. Katz)博士的邀请与他们一起工作。他们的工作产生了一些对英美的儿童护理政策具有巨大影响的著作，如《超越儿童最佳利益》(*Beyond the Best Interests of the Child*)(1973)以及《在儿童最佳利益面前》(*Before the Best‐Interests of the Child*)(1975)。

关于儿童寄宿还是收养的问题，安娜认为不管采取何种形式，重要的是环境要适合儿童的需要，要有连续性，能提供适宜刺激，有良好的母子关系，能提供解决发展冲突和困难的帮助等。她质询法院的裁定在支持家庭，特别是单身母亲抚养儿童方面做得是不是充分。他们的工作引起了较大的反响，改变了人们认为儿童是父母私有财产的观念，代之以法律必须将儿童视为有自己权利的个体，其发展性需要在做出收养、离婚后的监护以及其他处置决定时必须得到优先考虑。在做出儿童养育决定的时候，儿童自己的观点以及与成人的依恋最重要，而不是成人的需要起决定性作用；儿童需要与一个"心理父母"（psychological parent），即儿童需要的父母在一起，而不必是生物学上的父母。以前只有当事人请求减小法律责任时，精神分析师才会介入法律，现在安娜及其同事将精神分析介入了家庭法律的领域，扩展了精神分析适用的范围。

（三）儿童精神分析在儿科学领域的应用

安娜在战时托儿所以及儿童诊所的工作经验也带来了儿科护理的变化。比如，儿童把与母亲分离体验为拒绝，而疾病更加强了儿童的焦虑。安娜建议，母亲带儿童去医院，在治疗过程中陪伴在其身边，并帮助其进行物理治疗。她指出，儿童病人的父母经常将儿童神经症困难的起源归因于身体疾病，实际上疾病经常唤起神经症冲突——关于手术、关于被独立护理、关于节制饮食与行动等。儿童对于疾病的反应决定性地受到真实的或想象的母亲反应的影响。母亲自己的行为，如有意掩盖严重疾病等，也会引起儿童的愤恨和不信任。还有一些问题源于母亲强迫生病的儿童吃东西，尽管他没有胃口。

安娜还指出，儿童对母亲与医院护理的反应因人而异，有些儿童是妥协，另一些儿童对母亲的焦虑感到生气；有些儿童强烈地拒绝和反对医院治疗，还有些儿童，特别是被剥夺的儿童欢迎治疗所提供的退行性依赖。安娜提出医生不仅要意识到疾病的心理原因，而且要认识到疾病的心理结果。她一再呼吁，为那些与各年龄阶段的、正常或异常的儿童打交道的，从事医学、教育、法律或社会福利工作的专业人员提供全方位的实践以及理论的训练。只有如此，儿童护理工作者才能对从婴儿起就可能产生的幻想与现实、心灵与躯体、认知与情绪、安全与道德的相互作用有所警醒。

五、结语

安娜·弗洛伊德，在父亲西格蒙德·弗洛伊德的光环笼罩之下，从"精神分析的公主"一路成长为"儿童精神分析之母"，她的一生时间都用来捍卫父亲创建的精神分析王国和为儿童心理健康服务。安娜在自我心理学领域的独创性思想、在儿童精神分析领域奠基性的工作，以及她对儿童心理健康工作的无私投入，都值得后人学习。她个人的成长和奋斗历程也激励着我们不断前行。

安娜作为弗洛伊德家最小的女儿，在一个有着六个孩子的大家庭中，要吸引父母的注意力是十分困难的。跟自己漂亮可爱的小姐姐索菲相比，安娜从小就将自己定位于"聪明"，这种自我价值的确立，使得安娜最终在学术事业方面有所成就。安娜并没有将自己定位于一般女性的立场上，她在跟父亲的相处过程中不断学习、不断进步，通过成为跟父亲比肩的精神分析"斗士"来获得父亲的肯定和成就感。这毫无疑问是一条光明的道路，得益于安娜的智慧选择，我们能够从她留下的思想和观点中得到如此多的收获。

虽然父亲对安娜一直关怀有加，但安娜每每回忆自己的童年都倍感孤单，想起占据母亲大部分注意的姐姐索菲就心有不甘。这些童年的经历，加上青年时期安娜自己作为教师在小学的工作，为安娜一辈子关注儿童的内心世界奠定了基础。中学阶段的安娜有着丰富而敏感的内心世界，她喜欢阅读、充满幻想、善于编造故事，她的求知欲让她在精神分析大师频繁出入的弗洛伊德家里学到了书本之外的知识。在精神分析王国里，西格蒙德是毫无疑问的君主，他的个人成就是如此的闪耀，以至于安娜从来都没有想过超越父亲。安娜作为父亲身边唯一能够理解父亲思想的女性，自从踏上精神分析之路，就一直陪伴父亲，在父亲的思想遭到质疑时，她表现得比谁都激动。西格蒙德一辈子都在不断地跟各个弟子和朋友决裂或争论，那些男性的追随者总是想着如何超越他和质疑他。只有安娜，他身边最亲近的继承人和追随者，对他自始至终都保持着忠诚。不过即便安娜毫无原则地捍卫父亲，她也在儿童精神分析领域提出了自己独创性的观点，发展出了一系列适用于儿童的分析技术。这让我们明白，继承跟创新其实并不矛盾，只要选择好方向，站在巨人肩膀上将会看得更远。

在安娜成年之后，她很大一部分精力都放在了精神分析的应用领域，包括她在世界各地开办的精神分析技术培训和讲座、在各个儿童诊所的临床治疗、在各种儿童青少年学校里的教育实践，以及她为争取儿童的利益在法律、儿科学等领域的研究和宣传等。在职业生涯和学术生涯中，安娜显得锐意进取和精力无限。终生未嫁的安娜一辈子都在使用"弗洛伊德"这个姓氏。她孑然一身，没有家庭关系的负担，在弗洛伊德的家谱上，只有安娜名字的后面是一片空白。安娜本人没有留下任何后代，但看到她为整个人类的后代——全世界的儿童所付出的一生努力，又怎能说她没有当过"母亲"？安娜在儿童精神分析领域的贡献是不可忽视的，安娜作为儿童心理健康领域的先驱地位也是无可替代的。

安娜的一生兼顾各种角色的任务：作为女儿，她陪伴父亲四十多年，在父亲罹患口腔癌之后，放下自己对儿童的临床工作，将大部分精力投入照顾父亲和打理父亲的事业中去；作为唯一一个坚守在家的孩子，在德国纳粹闯入家中时，挺身而出保护全家老小；作为唯一继承父亲衣钵的孩子，她在精神分析的战场上奋力捍卫父亲的思想，在父亲死后仍然到处传播经典精神分析的思想和技术；作为儿童精神分析的先行者，她投入大量的实践工作，提出自己的观点并坚定地捍卫自己的立场，跟克莱因代表的客体关系学派论战半生……安娜身上同时具有女性的温柔和男性的坚强特质，她精彩而奋斗的一生带给我们相当多的感动和启发。

从安娜的理论与思想传播来看，在第二次世界大战结束之后，安娜以伦敦为中心，开展儿童精神分析的主要工作。安娜跟克莱因的三年大论战为儿童精神分析吸引了相当多的注意，她们二人似乎也达成了默契，在之后的儿童精神分析技术培训中彼此轮流执教。后来，儿童精神分析思想传往美国，受到了热情的欢迎。在美国，斯皮茨、马勒、雅克布森和埃里克森等人，以自我心理学理论为出发点，开创了对早期婴儿的实验观察，总结了儿童自我形成与发展的全过程，对儿童精神分析做出了各自的贡献。在法国、阿根廷等国家的儿童精神分析也逐渐发展起来，安娜的著作和观点被儿童心理健康工作者频频引用，可见她对儿童心理健康领域的巨大影响。安娜在工作中使用的游戏治疗和诊断剖面图等方法，在现代儿童心理治疗中仍然在继续发展并广泛应用。安娜去世后，汉普斯蒂德诊所更名为安娜·弗洛伊德研究中心，至今仍然在积极参与和组织儿童精神分析领域的各项工作。安娜从精神分析人格结构的角度，对青少年阶段异常行为的分析鞭辟入里，引人深思。她很敏锐地指出，青春期的混乱情况是正常的，大部分个体的混乱是暂时的，需要接受指导的对象是家有青少年的父母们，这一观点对现在发展心理学仍然很有启发意义。

安娜·弗洛伊德在其近六十年的职业生涯中，将自己的大部分精力投入儿童和青少年的精神分析工作中，特别是致力于儿童精神分析的研究、治疗与培训，致力于将儿童精神分析从精神分析的附属分支中独立出来，使儿童精神分析成为一个与精神分析既相关又独立的领域。当今儿童精神分析在英美等国的蓬勃发展是与她的努力分不开的。1925 年，晚年的弗洛伊德公开认可了克莱因和自己的女儿安娜在儿童精神分析方面做出的贡献，并于 1933 年指出"儿童精神分析为精神分析做出了贡献，儿童是适合分析的，分析的结果是彻底而持久的"。在其最后一部重要著作《摩西与一神教》(*Moses and Monotheism*)中，他宣称："儿童精神生活的分析性研究正在提供一种意想不到的财富，以填补我们对生命最早期知识的缺口。"

作为精神分析学派的创始人，弗洛伊德在人类思想史上的贡献是毋庸置疑的，这导致现在大多数心理学史文献提起安娜·弗洛伊德时，都会首先强调她是西格蒙德·弗洛伊德的女儿，而并不将其作为独立的精神分析工作者进行介绍。实际上，作为儿童精神分析的两大创始人之一（另一位是英国客体关系学派代表人梅兰妮·克莱因），安娜·弗洛伊德发展出具有独立性的儿童精神分析理论，并应用于儿童治疗。当代西方许多儿童精神分析学家的研究和临床工作仍然是在其理论和实践基础上进行的。同时，安娜通过自己丰富的临床经验，总结整理的自我防御机制理论和分析技术具有重要价值。安娜将自我心理学与儿童发展的研究建立在父亲工作的基础上。她不迷信父亲的理论，强调自我在人格发展中的重要作用，成为自我心理学领域的先驱，推动了自我心理学和后继的精神分析临床和理论研究的发展。

　　最后，作为大师身后的研究者，我们要走的路还很长。儿童心理健康领域的工作，还有很多问题需要探索和思考。希望后来者能够从安娜的成长奋斗经历中，寻找激励自己不断前行的力量；从安娜提出的理论和观点中，学习和思考儿童心理健康领域的理论和实践问题。

第二篇

行为主义大师心理健康

理论思想研究

行为主义是 20 世纪初在美国兴起的一个心理学派，其标志是其代表人物华生(J. B. Watson，1878—1958)在 1913 年发表的《行为主义者眼中的心理学》一文。该学派反对把意识作为心理学的研究对象，强调心理学研究对象只能是客观可观察的外部行为，包括刺激和反应两个方面。之后，行为主义在美国乃至世界广为传播，成为 20 世纪 60 年代前心理学的主流，深刻地影响了心理学的发展，并在心理健康及其行为矫正、心理治疗等方面发挥了举足轻重的作用，至今仍余音绕梁。许多心理学家成为行为主义的忠实信徒。

斯坦利·沙赫特(Stanley Schachter，1922—1997)，美国社会心理学家。他的贡献跨越了多个领域：沟通、社会影响、团体过程、合群动机、出生顺序、情绪的本质、归因、肥胖、成瘾等。1969 年沙赫特获美国心理学会颁发的"心理学杰出专业贡献奖"，1976 年当选为美国艺术与科学院院士，1983 年当选为美国国家科学院院士。在 2002 年由国际心理学界负有盛名的《普通心理学评论》杂志评选的 20 世纪最杰出的 100 名心理学家中，位列第七。

汉斯·艾森克(Hans J. Eysenck，1916—1997)，德裔英国心理学家，主要从事人格、智力、行为遗传学和行为理论等方面的研究。艾森克在心理学、生物学、遗传学和其他一些专业刊物发表过近 700 篇文章，出版了 75 本书籍。艾森克在世时是科学论文被引用次数最多的心理学家。艾森克被认为是 20 世纪最著名的心理学家之一。他在《普通心理学评论》杂志评选的 20 世纪最杰出的 100 名心理学家中，位列第十三。

雷蒙德·卡特尔(Raymond Bernard Cattell，1905—1998)，美国心理学家。他最早应用因素分析法研究人格，发展了一整套详尽的人类行为研究的理论体系，为扩展现代心理学的广度和深度做出了巨大的贡献。他被美国心理学会授予心理科学终身成就"金质奖章"。卡特尔被认为是 20 世纪最著名的心理学家之一。他在《普通心理学评论》杂志评选的 20 世纪最杰出的 100 名心理学家中，位列第十六。

马丁·塞里格曼，美国心理学家，主要从事习得性无助、抑郁、乐观主义、悲观主义等方面的研究。塞里格曼已发表了 200 多篇文献，并且出版了 20 余部著作。他的著作已被翻译成超过十六种语言的版本。塞里格曼 1998 年当选为美国心理学会主席。他还获得了美国国家科学院颁发的"杰出工作者"奖项。塞里格曼被认为是 20 世纪最著名的心理学家之一。他在《普通心理学评论》杂志评选的 20 世纪最杰出的 100 名心理学家中，位列第三十一。

约瑟夫·沃尔普，美国行为治疗心理学家。他在研究动物神经性症状的基础上，提出了"交互抑制理论"，并发展了具有创新意义的"系统脱敏技术"，为治疗人类的心理疾患做出了贡献。他还担任了行为治疗协会的第二任主席，1995 年因为对行为治疗做出卓越贡献而获得终身成就奖。1979 年，他获得美国心理学会的杰出科学奖。沃尔普被认为是 20 世纪最著名的心理学家之一。他在《普通心理学评论》杂志评选的 20 世纪最杰出的 100 名心理学家中，位列第五十三。

毫无疑问，行为主义学派对心理健康问题的理论研究与实验颇具影响，并取得了丰硕成果。从沙赫特的情绪认知理论、成瘾问题的研究到沃尔普的交互抑制理论与系统脱敏技术的提出，再到塞里格曼的积极心理疗法在个体与团体心理治疗中的广泛应用，都对当代心理健康问题的解决提供了重要理论依据和实践指导。它对心理学自然科学式的研究传统，既是革命的旗帜又成了批判的靶子，但无论缺陷多大，仍瑕不掩瑜，尤其是在心理健康问题的研究和心理治疗领域所做出的突出贡献，功不可没，必将彪炳史册。

第七章

————

沙赫特：现代心理健康研究的奠基者

斯坦利·沙赫特，美国社会心理学家。他的学术贡献跨越了多个领域：沟通、社会影响、团体过程、合群动机、出生顺序、情绪的本质、归因、肥胖、成瘾等。沙赫特的父母从东欧移民到美国纽约，他们都是犹太人。沙赫特1922年4月15日出生于纽约皇后区的一个半乡下地区弗拉兴，之后在这里长大。

一、沙赫特的生平与学术事迹

沙赫特在纽约市的公立学校读书，随着他父亲洗衣店生意的兴隆，他的家庭达到了中产阶级的水平。他的父亲想让沙赫特读一年和洗衣有关的技术学院，为他进入家族企业做准备；不过，他的高中辅导员建议沙赫特读正规的大学。他先申请了西弗吉尼亚大学，不过申请遭到了拒绝，后来他进入了耶鲁大学求学，那年他17岁。

沙赫特虽然有求学的动机，但他对研究学院却知之甚少，完全不知道他将要去一个纯净的、学院风格的环境。一开始他选择主修耶鲁大学的艺术史，但是，不太习惯学院中这种纯粹的学院气氛，尽管如此，他还是在1944年拿到了艺术史的文学学士学位。之后，他继续留在耶鲁大学心理学系攻读硕士学位，他发现心理学比艺术史有趣得多。对他的主要影响来自当时在耶鲁工作的学习理论之父——克拉克·赫尔（Clark Hull）。

在第二次世界大战期间，沙赫特在航空医学实验室进行了短暂的视觉研究，之后他发现自己更喜欢研究迫切需要解决的社会问题。因此，他在1946年去了麻省理工学院和伟大的德国社会心理学家库尔特·勒温（Kurt Lewin）共事，勒温刚好在那里成立了群体动力学研究中心，主要对社会问题进行理论和实践研究。其他很多年轻教职人员如多温·卡特赖特（Dorwin Cartwright）、利昂·费斯汀格（Leon Festinger）和罗纳德·利比特（Ronald Lippitt）等后来都成了著名的社会心理学家。第一批学生中许多后来也成了杰出的社会心理学家，如库尔特·拜克（Kurt Back）、莫顿·多伊奇（Morton Deutsch）、哈罗德·凯利（Harold Kelley）和约翰·蒂鲍特（John Thibaut）等。1947年，勒温去世，群体动力学研究中心搬到了密歇根大学，并成了社会研究系的一部分。沙赫特于1949年在密歇根大学拿到了博士学位，指导教师是费斯汀格，对沙赫特的影响最大。

沙赫特曾经和费斯汀格、拜克一起研究了麻省理工学院中已婚学生的社会影响，他们发现，人们会以非常不同的角度定义同一个客观场景，这依赖于他们和持哪种观点的人接触。另外，他们还发现，在决定和谁交流时，物理距离和心理距离非常重要。沙赫特的博士论文受此项研究的启发，进一步地考察了社会影响的作用。沙赫特的博士论文（《偏离、拒绝和沟通》）在费斯汀格的指导下研究了沟通和社会影响。

沙赫特的博士论文在1951年发表，该论文曾经是社会影响实验研究中最著名的实验研究范式。

沙赫特博士毕业之后继续从事社会影响的研究，同时，沙赫特还把博士论文中的实验技术借鉴到合群关系研究中。他发现人们有时会追根溯源地寻找在某个情景下他们体验到的是什么情绪。当情景不是特别清楚的时候，而且可能有潜在的危险时，人们似乎能从其他人的情绪状态中获取信息，以帮助他们解码自己的情绪。在合群研究中一个最有趣的结果是，情绪有时是认知构建产生的，而不是直接通过刺激情景诱发产生的。沙赫特最有影响力的工作是他和杰罗姆·辛格（Jerome Singer）、比伯·拉坦纳（Bibb Latané）及莱德·惠勒（Ladd Wheeler）一起完成的，即解释性过程是情绪体验的基础。他们的实验结果表明，受到未知源的唤起（例如，注射了肾上腺素）的被试会根据他们所在的场景体验到生气、愉快和害怕。沙赫特认为，所有基本情绪的生理基础、非中枢神经系统的活动模式可能是相同的。它是一个情景解释过程，从其他人那里获得线索经常会对情景的解释有所帮助，这个过程决定了我们会体验到什么情绪。

沙赫特在情绪研究中一个更为重要的发现是关于归因的概括化过程。对于某人的情绪和行为的归因并不像我们以往所认为的是一个客观的事情，而是一个非常主观的过程。我们可以通过纯生理方法唤起个体，让他们把唤起归因为一些外部根源，例如一些恐惧的社会情景。相反，我们也可以抑制个体把他们对一个唤起情景正常的情绪反应错误地归因为所服用药物（事实上是安慰剂）的作用。情绪归因的研究工作是归因研究的核心，在 20 世纪 70 年代几乎垄断了社会心理学的所有领域。这项工作还具有非常巨大的现实意义，特别是安慰剂效应在医学中的应用。

情绪状态的研究工作引发了两个方面的研究进展。第一，沙赫特等人 1964 年研究了反社会个体（这些个体情感淡漠，经常因为做了一些常人不敢做的事情而导致犯罪）。有研究者发现反社会个体在学习以焦虑为中介的回避行为时比正常人要慢。[①] 在他们的研究基础上，沙赫特和拉坦纳等对该问题进行了深入研究，发现反社会个体比正常个体有更高的持续唤起水平；他们还发现，不管是注射盐溶液还是肾上腺素溶液，正常个体比反社会个体在学习如何避免惊吓时更容易。第二，沙赫特等人 1968 年还开展了另一项创造性的工作。他们认为，生理唤起的症状可以和许多情绪状态联系起来，甚至可以解释为有机体状态（这个状态可能不是情绪），如饥饿信号。如果一个个体经常把唤起解释为饥饿信号，则即使他们在一般的压力生活中，也可能会成为过度肥胖的人。沙赫特虽然没有发现支持此理论的证据，但是，他发现肥胖不是因为食物剥夺引起的饮食行为造成的，而是因为外部线索，如食物的味道和易得性会诱发饮食行为。沙赫特认为，他们对外部线索的过度反应会让个体搜寻过度饮食的诱惑物，而

---

① David T. Lykken, "A study of anxiety in the sociopathic personality," *Journal of Abnormal Psychology*, 1957, 55(1), pp. 6–10.

且这种外部线索随处可见。

　　沙赫特和他的学生 1978 年研究了尼古丁成瘾的一些特征。这个事情应该追溯到 20 世纪 70 年代，在当时尼古丁是否会成瘾还有争议。在一个双盲实验中，沙赫特让被试轮流抽高、低尼古丁含量的纸烟，被试报告在低尼古丁周期中抽烟数量更多，这一结果表明尼古丁的摄入量是恒定的。更为重要的是，因为尼古丁是一种生物碱，其排泄比例可以通过尿样的 pH 或酸性程度来确定，通过苏打水或水果汁非常容易控制尿样的 pH。沙赫特发现，压力会增加尿样的酸性。当沙赫特减少抽烟者尿样的酸性时，他发现也会减少压力条件下的抽烟行为。

　　除了以上提到了沙赫特职业贡献的重要性，我们也可以根据他在情绪归因工作、社会病态、肥胖和抽烟等方面的工作，把他称为现代健康心理学的奠基者。这个领域把社会心理学、人格心理学、认知心理学的研究成果，应用到生理和心理健康问题上，许多早期的工作是以沙赫特的研究为参考的。

　　在沙赫特的晚期工作中，或许是因为人类被试研究伦理委员会对心理学研究者的要求越来越多，开展欺骗方面的研究越来越难，也不能把被试放到一个不舒服的情景中，沙赫特开始对群体水平的现象感兴趣。例如，犯罪活动的宣传对百货大楼销售量的影响，报纸暴力事件的数量和飞机灾难对股票的影响，等等。另外，沙赫特在研究社会心理学、人格心理学和临床心理学的问题时，设计实验包含控制条件，控制条件和实验条件在所有方面都比较类似，在支持一个理论假设时一定会反驳另一个假设。他把精巧的实验和理论、现实结合起来，从而让他的研究独特而且令人信服。

　　沙赫特博士毕业后的第一份工作是明尼苏达大学教研人员，他非常喜欢明尼阿波里斯市和明尼苏达大学。1961 年，沙赫特到了哥伦比亚大学，并于 1992 年在这所学校退休。1997 年 6 月 7 日，沙赫特由于结肠癌逝世于纽约的东汉普顿，享年 75 岁，他的文章被收藏在密歇根大学的本特雷历史图书馆。沙赫特一生获得了多个学术荣誉和奖项，包括 1976 年当选为美国艺术与科学院院士，

1983 年当选为美国国家科学院院士，同时还包括美国心理学会的"詹姆士·麦卡恩·卡特尔奖"，美国科学促进联合会社会心理学奖，等等。

链接：【沙赫特生平重大事件】

1922 年 4 月 15 日，出生在纽约皇后区的一个犹太家庭。

1939 年，进入耶鲁大学学习。

1946 年，加入麻省理工学院团体动力学中心。跟随费斯汀格攻读博士学位。

1959 年，出版《合群心理学》。获得美国科学促进会的社会心理学奖。

1960 年，开始研究犯罪、肥胖、饮食行为等。

1967 年，和索菲亚·达克沃斯结婚。

1969 年，获得美国心理学会的杰出科学贡献奖。

1974 年，开始关注尼古丁、压力、情景和吸烟行为的关系。

1976 年，当选为美国国家艺术与科学院院士。

1982 年，重新关注饮食和成瘾行为。

1983 年，当选美国国家科学院院士。

1997 年 6 月 7 日，逝世于纽约东汉普顿，享年 75 岁。

二、沙赫特心理健康理论与思想产生的背景

1929 年，纽约股票行情猛跌，美国最严重的经济萧条从此开始，银行倒闭浪潮涌现；1941 年，日本偷袭珍珠港，美国对日宣战，正式参加第二次世界大战；1945 年战争结束；1946 年，美苏进入"冷战时期"。这段时间恰好是沙赫特的求学时期。也许是因为战争的原因，沙赫特 1944 年在耶鲁大学拿到硕士学位之后，就进入了一个军事机构开始研究夜视问题，即如何让军人在夜间尽快地完成暗适应过程，以提高军人在夜间的视力。

20 世纪 50 年代，第二次世界大战结束后美国进入一个平稳的快速发展时

期，美国经济完全走出了"经济大萧条"的阴影，步入了经济发展的"黄金时期"，也是科学研究的"黄金时期"，研究经费充足，研究时间宽裕。但是，对于沙赫特来说，他似乎不是特别开心。沙赫特刚刚进入明尼苏达大学的前几年，一直在重复自己以往的实验，这不是沙赫特愿意做的事情。50 年代后期，沙赫特和他的老师费斯汀格开展了《当预言失效时》(1956) 的研究，但是，沙赫特一直感觉自己生活在费斯汀格的阴影中，一直到他的专著《合群心理学》(The Psychology of Ailiation) 1959 年出版，并获奖。对于归属感的研究，让沙赫特的影响力大增，同时也让他有了自信，同时也为他提出自己的情绪理论带来了灵感。在这之后的 60—80 年代，沙赫特的研究主题转向犯罪、肥胖、吸烟和股票心理，这些问题在美国都有很强的社会背景和时代背景。

20 世纪 60 年代美国的社会问题十分严重，美国公民进行了反越战运动、黑人民权运动、女权运动等。当时的犯罪率达到了美国历史上的最高峰，整个社会处于激烈的动荡中。出现这一现象，有研究者认为是第二次世界大战后，美国南方乡村的很多人向北方城市的大迁徙造成的。黑人居住的区域"内城化""隔离化"，他们不能得到很好的教育，失学人数多，单亲家庭居多，经济贫困，从而造成黑人素质低、反叛社会、绝望等。这种文化上的冲突，种族隔离政策等，都让社会变得很不稳定。沙赫特在 20 世纪 60 年代中后期开展的犯罪方面的研究和当时的社会需求有密切的关系。虽然他在监狱中对罪犯的研究，后来因为种种原因没有完全的铺开，但他的研究思路为犯罪心理学的研究领域注入了新的活力。

20 世纪 60 年代中期，美国开始进行禁烟运动，1965 年，美国公共卫生署长公布了一份报告，阐明了吸烟对人身体的坏处后，香烟以及其他烟草制品的盒子上开始加上健康警示，提醒人们吸烟会损害人的身体。但是，在此之前很长一段时间内，吸烟被认为是有益于健康的活动。从 18 世纪中叶起，医学界就有人开始表示吸烟可能损害人体健康；但是，因为人类当时的寿命较短，夺取生命的疾病很多，吸烟造成的疾病很少引起人们的注意。直到 1939 年，医学界才出版了第一份关于吸烟与肺癌之间关系的科学研究报告。1959 年 11 月，美国卫生部的研究表明，吸烟可能是肺癌发病率不断增加的主要诱因。后来有很多数据表明吸烟会引起肺部疾病，甚至会提高心脏病的发病率。对烟草危害的认识随着调查结果的增多而增加，各个国家也在积极地开展戒烟运动。沙赫特对于吸烟的关注主要是 20 世纪 70 年代中后期和 80 年代初。虽然对尼古丁的研究灵感可能来自自己的吸烟经历，但是，当时的社会环境无疑给沙赫特提供了很好的研究背景。

　　20 世纪 50 年代，甚至在第二次世界大战中，美国的审美标准不是以瘦为美，当时的著名影星玛丽莲·梦露的身材非常丰满、性感，体态圆润。当时似乎女性以丰满为美，骨感美女在当时没有市场，"珠圆玉润"之风盛行。但是到了六七十年代，人们的审美风格发生了 180 度的转变。世界第一位真正意义上的超级模特特姬的出现几乎彻底颠覆了人们对美的定义。当年她 17 岁，只有1.67 米，41 千克，身体还没有完全发育成熟。留着短发，几乎没有胸部曲线，没有腰线，也没有臀线，有点像一个小男孩。但是，她却代言了当时几乎所有的世界名牌，触发了美国的减肥浪潮。沙赫特对肥胖的研究集中在 60 年代中后期到 80 年代初，虽然他对肥胖和减肥有过研究，但他似乎不是特别关心人们为什么去减肥，而对人们为什么会肥胖这一问题非常感兴趣，对减肥的效果他也做过一些调查研究。1968 年，他关于肥胖的研究成果发表在国际顶级杂志《科学》（Science）上①，也是对他在这一领域贡献的认可。

　　美国的股票市场由来已久，美国纽约证券交易所于 1811 年由经纪人按照粗糙的《梧桐树协议》建立起来并开始运营，从此有了美国股市。第二次世界大战结束后，美国经济进入了 20 年的快速增长期，经济泡沫和通货膨胀已经积累到了一定的程度，从 20 世纪 70 年代开始，美国经济步入了前所未有的"滞涨"期。1972 年，道琼斯指数达到 1000 点以上，和 20 年前相比翻了一番；但在 1974 年末到 1975 年初，道琼斯指数跌到了 500 点左右；1976 年末道琼斯指数重返

---

① Stanley Schachter, "Obesity and eating," *Science*, 1968, 161(3843), pp. 751–756.

1000 点以上；1977—1982 年的五年间，道琼斯指数一直在 800 至 1000 点之间波动；1982 年年底，道琼斯指数再次突破 1000 点；1985 年年底，首次突破 1500 点大关；1987 年年初，首次突破 2000 点大关，年末出现过"黑色星期一"，日跌幅曾经高达 22.6%。沙赫特对股市心理的研究主要集中在 80 年代，而 70、80 年代恰好是美国股市震荡比较激烈的一段时间。沙赫特对股市心理的研究为经济心理学、决策心理学等领域的发展起到了重要的作用。

沙赫特心理健康理论与思想的形成，不仅有特定的社会历史背景，还有深刻的文化思想渊源。

一是哲学思想的影响。对沙赫特的研究思想产生重要影响的哲学思潮首先要提到的是实证主义。实证主义是 19 世纪中叶法国哲学家孔德首创的一种科学哲学。孔德倡导"以被观察到的事实为基础"的实证精神，他认为，哲学应当以实证自然科学为根据，以可以观察和实验的事实及知识为内容，建立知识的客观性，摒弃神学和思辨形而上学所研究的那些所谓绝对的、终极的，然而却无法证明的抽象本质，即以实证的知识代替神学和形而上学的思辨概念。中国有研究者对实证方法论的内涵做了具体的阐释，认为实证主义在现代西方心理学中的方法论内涵主要表现为 6 个方面：①强调科学对象的可观察性；②摒弃传统哲学的抽象思辨方法，强调实证研究方法；③元素主义；④还原论；⑤描述性；⑥定量性。[①]

实证主义的基本原则是：一切科学知识都必须建立在来自观察和实验的经验事实的基础上。孔德曾在《实证哲学教程》一书中指出，每一门科学都有其特殊的研究程序和方法，但各门科学在方法论上又是统一的，人们都必须观察事实和现象，并通过形成定律来协调事实和现象，为此，必须采取假设、演绎和验证等方法。

实证主义能够向人们提供精确和有用的知识，是一种超出了任何神学和形而上学的新理论。它不仅对哲学，而且对整个社会科学均发生了深刻影响。沙

---

① 陶宏斌、郭永玉：《实证主义方法论与现代西方心理学》，载《心理学报》，1997(3)。

赫特深受实证主义哲学的影响，无论是有关情绪的研究还是关于尼古丁成瘾等研究，沙赫特始终在研究中严格遵循实证主义和实证研究方法。他的实验设计严谨，极度重视数据和证据，更愿意通过数据改变理论，追求科学研究的客观性，重视观察和实验在研究中的重要作用，致力于社会心理学实证化和科学化。

此外，作为美国官方哲学的实用主义对沙赫特的影响比实证主义更为直接和深刻。实用主义英文原名为 pragmatism，源于希腊文 pragma，其含义是行为和行动。实用主义产生于 19 世纪 70 年代的现代哲学派别，到 19 世纪末 20 世纪初，通过心理学家詹姆士以及美国实用主义另一位代表人物杜威等人的活动，实用主义逐渐发展成为在美国影响最大的哲学流派和主流思潮，对法律、政治、教育、社会、宗教和艺术的研究产生了很大的影响。实用主义哲学的要点是强调立足于现实生活，把确定信念当作出发点，把采取行为当作主要手段，把获得效果当作最高目的。实用主义方法论的根本原则，是一切以效果、功用为标准。

与传统的唯心主义经验论相比，实用主义的经验论强调经验的能动性。杜威认为，人适应环境的活动不同于动物消极被动地适应自然，因为人有情感、意志和智慧，他按照自己的意志利用环境，使环境发生有利于人生的变化，以满足自己的需要。因此，人同环境交互作用所形成的经验，不是单纯记忆性的知识，而是活动的、实验的，是由现在伸向未来的过程，是利用过去的经验、变更现有的东西、建设未来的更好的经验。

沙赫特曾在自传中提到，他加入麻省理工学院勒温的团体动力研究中心的动机是在经历了 20 年代的经济不景气、法西斯主义以及战争，得知有这样一种心理学研究——这种研究能够推进现实社会中的问题解决，对他来说有巨大的吸引力。毫无疑问，沙赫特对现实问题很感兴趣，并且在此后的研究生涯中，沙赫特的研究始终关心现实问题，与时代现实息息相关。此外，沙赫特的研究方法也有很强的实用主义色彩，他强调"方法折中主义"，即无论什么方法，只要是能够对自己的研究问题产生帮助的方法，他都不排斥。沙赫特的研究成果在实际应用中凸显了强大的实用价值，如他的尼古丁研究推动了美国的禁烟运动，也为戒烟行动提供了更多的科学支持；他关于犯罪的研究对人们更深入地认识犯罪行为、降低犯罪率有启发作用；甚至他晚年关注的股票研究都与当时的股市波动有着密不可分的联系，这些都是实用主义哲学在心理学中的具体体现。

二是心理学思想的影响。沙赫特研究生涯中遇到多位对他产生重要影响的老师和同事，其中很多是著名的心理学家。耶鲁大学的赫尔曾是沙赫特的指导老师，赫尔是新行为主义的重要代表，赫尔在 20 世纪一百位最著名心理学家中位列第二十一位。他重视学习的中介变量，并根据其实验研究资料制订了一个精确的学习理论系统，还把学习定律加以数量化。当时，赫尔领导耶鲁大学"人际关系研究所"的一个小组，专门研究学习在处理人类事务方面的作用，在与沙赫特共事期间，他的教学技巧、研究思路、行为主义思想以及不断钻研和完善研究的精神，尤其是赫尔对刺激与反应的中介变量的重视，以及对动物研究、生理因素的重视，都在沙赫特研究思想中有所体现。

虽然沙赫特在耶鲁求学期间受到了行为主义、学习理论的影响，但是，谈到沙赫特所属的心理学流派，我们更为倾向于把他归到勒温、费斯汀格为代表的社会认知学派。因为沙赫特是费斯汀格的第一批学生，而费斯汀格是勒温的学生，很明显，沙赫特和勒温的思想似乎是一脉相承的。

勒温对沙赫特的影响主要包括两个方面，一方面，沙赫特在勒温的团体动力研究中心参与许多勒温指导的行动研究，其早期的研究主题偏向亲和动机、群体研究，这些研究主题与勒温晚年致力于研究的团体行为和团体心理过程研究主题是一致的；另一方面，在研究思路上，沙赫特与勒温的思想也不谋而合，勒温的研究注重理论与实践的紧密结合，他的研究严谨而不枯燥，更为重要的是这种结合大大地提升了心理学研究的应用性，他的研究不仅具有很高的科学价值，而且应用广泛，产生了巨大的影响力。沙赫特当年正是由于受到"心理学研究并应用于实践"的吸引，才来到勒温的研究中心。

对沙赫特产生重要影响的另一位导师，则是大名鼎鼎的费斯汀格，费斯汀格是勒温的嫡传弟子，也可以说是勒温衣钵的继承人。沙赫特晚年的自传回忆说，对他而言，在密歇根大学最有意义的事情应该就属费斯汀格每周一次的晚间小组研讨会。讨论会上，和费斯汀格一起就项目进行深入的研讨，一起进行实验设计，并且对实验做出解释。在大家的共同努力下，费斯汀格得出了他著名的社会沟通和社会影响力理论，这些无论从研究主题还是研究方法上，都对沙赫特有很深的影响。有趣的是，在某种程度上，费斯汀格也是促使沙赫特离开这个明星荟萃的地方，开始自己研究的主要动力之一，沙赫特曾坦言"那时候，无论写什么，提出什么观点，总是要和很多人分享，不管我自己怎么看，我都只不过是费斯汀格手下的一个微不足道的研究者而已"。因此，沙赫特决心走出费斯汀格的影子，开辟新的研究领域，开创自己的研究天地，并最终在情绪领域做出了骄人成就。

提到情绪研究，就不得不提詹姆斯—兰格的情绪理论，沙赫特的情绪理论与詹姆斯—兰格的情绪理论有着密切的联系。心理学上最早对情绪提出系统理论解释者，当推 19 世纪末美国先驱心理学家詹姆斯。差不多在同一时期，丹麦生理学家兰格（Carl Lange）提出了与詹姆斯类似的情绪理论。后来合称为詹姆斯—兰格情绪理论（James-Lange theory of emotion）。他们强调情绪的产生是植物性神经活动的产物，后人也称之为情绪的外周理论。詹姆斯提出情绪是对身体变化的知觉。在他看来，是先有机体的生理变化，而后才有情绪。所以我们"因哭泣而悲伤""因殴击而生气""因战栗而恐惧"。这一理论看到了身体和情绪变化之间的联系，强调了神经系统的活动在情绪产生中的作用，有一定合理成分，并且这一理论还激起了后来关于情绪的大量实验研究，其中最引人注目的就是沙赫特的情绪研究。他的研究打破了詹姆斯—兰格情绪理论的二维情绪模型，证明了任何一种情绪的产生，都是由外界环境刺激、机体的生理变化和对外界刺激的认识过程三者相互作用的结果，而认知过程又起着决定的作用，这一发现可以说是情绪研究领域的又一大进步。

链接：【代表作《合群心理学》简介】

该书于 1959 年出版。作者认为，人们加入群体至少有两个原因：一是为了达到本质上与社会无关但只能通过与他人合作才能实现的目标；二是为了满足人际需求，如获得认可和威望。为了阐明影响合群倾向的一些情境和变量，作者在该书中总结了一系列在明尼苏达大学进行的实验研究。研究发现，处于焦虑诱发状态下的被试更愿意和其他人在一起而不愿独处。进一步的证据发现，焦虑的人更愿意和处境相似(同样焦虑)的人在一起，原因可能是为了与他人对比内心的感受抑或为了互相支持和鼓励。此外，研究还发现，出生顺序与子女数量会影响合群倾向，头胎和独生子女与其他人在一起的倾向更强。总之，该书主要传递了一种观点，当情绪产生的情况不明确或根据过去的经验无法解释时，情绪感受，如同观点和能力一样，需要进行社会评价。

链接：【代表作《情感、肥胖与犯罪》简介】

该书出版于 1971 年。作者在开篇就对一些显而易见的事情提出疑问，例如，为什么有些人肥胖？为什么一些人比另一些人更可能犯罪？你如何知道自己是生气还是愉悦？作者就这些问题，避开了特质性的、习惯性的、人格类型的解释，而选择从情境性的、环境的、可控的因素出发对其进行解答。第一部分介绍了情绪形成的认知因素和生理因素，提出其关于情绪形成的理论。作者的基本假设是，情绪状态是认知因素和生理唤醒交互作用的功能。随后作者提出，犯罪行为可能是由于个体不恰当的生理唤醒导致其未能形成合适的恐惧回避反应而造成的。此外，关于肥胖的原因，作者提出并通过实验法验证其假设，即对于肥胖者来说，饮食是通过外部控制实现的，而对于正常体重人群，饮食则是内部控制的。最后，作者对其研究的优势与不足做了深入分析。

三、沙赫特心理健康研究的主要领域

沙赫特对心理健康方面的研究是在一系列情绪研究之后开始的，也是情绪研究的扩展。在这个领域他最关注的研究主题包括三个方面：犯罪、肥胖、尼古丁成瘾。

(一) 犯罪

反社会个体一般情感冷漠，经常做一些常人不敢想也不敢做的事情。一些研究发现：反社会个体在学习以焦虑为中介的回避行为时比正常人要慢。他们认为反社会个体不会产生焦虑，从而无法对焦虑刺激的相关预警信号做出正常的情绪反应。[①] 之后，沙赫特和拉坦纳等进行了进一步的研究，发现反社会个体持续唤起水平比正常人更高；不管是注射盐溶液还是肾上腺素溶液，正常个体在学习如何避免惊吓时比反社会个体更容易。

沙赫特根据自己的情绪理论(情绪是生理唤起和认知因素相互作用的结果)对这一结果进行了解释。他认为，反社会个体在成长过程中没有学会对自己的唤起进行合理的解释。反社会个体和正常个体对肾上腺素的反应程度可能没有差异，但是反社会个体的行为反应完全由肾上腺素引发，他们对唤起没有一个认知上的合理解释；而正常个体的行为则是由个体自己的认知解释决定的，肾上腺素的唤起反应对正常个体的影响不大。反社会个体在自己的成长过程中没有学会如何解释自己的唤起状态，因此他们的情绪没有起伏。也就是说，他们没有犯罪的情绪动机(如仇恨、愤怒和嫉妒等)，也不会产生犯罪之后的情绪体验(如后悔、害怕、焦虑和恐惧等)。因此他们的犯罪大多不是冲动性犯罪行为(如杀人、抢劫等)，而是偷盗、诈骗等有预谋的行为。

(二) 肥胖

沙赫特等人在 1968 年开展了一系列非常有创造性的工作。他们认为，生理唤起的症状可以和许多情绪状态联系起来，甚至可以解释为有机体生理状态，例如饥饿状态。如果一个个体经常把唤起解释为饥饿信号，即使他们在现实生活中压力不大，也可能会出现过度肥胖。沙赫特研究发现，给被试提供的食物

[①]　David T. Lykken, "A study of anxiety in the sociopathic personality," *Journal of Abnormal Psychology*, 1957, 55(1), pp. 6-10.

味道越好，被试的饮食量会增加；但是，在他们正餐之前，即使摄入了额外的食物也不能减少他们在正餐中的饮食量。这项研究发现表明，肥胖的原因可能是因为他们对"外部"食物线索反应更强，对"内部"饥饱线索反应更弱，这项研究报告发表在1968年的《科学》杂志上。

在同一年，沙赫特等人在同一期《人格与社会心理学》杂志连续发表了3篇对肥胖研究成果的文章。首先，他们考察了恐惧和食物剥夺（内部线索）是否会影响饮食量，发现正常个体在平静状态下比恐惧状态下吃得更多，在食物剥夺状态下比在吃饱状态下吃得更多。可是肥胖者在所有状态下的饮食量基本相同，即恐惧和食物剥夺对肥胖者的饮食量没有影响。沙赫特根据自己的情绪理论解释这一结果，他认为，肥胖者不能把身体的生理症状标定为饥饿信号，他们饮食的动机不是自己的内部状态，而是食物线索。

其次，他们通过使用医用的钟表（外部线索："晚餐时间"）来操纵一部分被试进入一个就餐情景中，让他们相信已经过了常规的就餐时间；其让另一部分被试认为还没有到常规就餐时间。结果发现，当肥胖者知道他们吃饭的时间比常规时间晚时（比他们知道吃饭时间比常规时间早时）吃得更多。但是对于正常被试则没有这种效应。

最后，他们考察并证实了前两项研究成果可以应用到非实验情景下，他们选择了三个情景：宗教禁食、制度性食物的容忍度、时区变化对饮食行为的影响。结果发现，过度肥胖的犹太人更有可能在犹太人赎罪日禁食，过度肥胖的学生更不能容忍宿舍的食物，肥胖的飞行员更容易调整以适应时区变化。

1971年，沙赫特在《美国心理学家》杂志发表了关于肥胖方面的研究成果。他们通过比较来自肥胖人群和肥胖老鼠的结果，发现：①肥胖个体会吃更多的味道比较好的食物、更少的味道比较差的食物；②肥胖个体每天吃的餐数更少，每餐吃得更多，吃得更快；③肥胖个体的反应带有更多的情绪性，当食物比较容易获得时吃得更多，食物难以获得时吃得更少；④肥胖者如果预先吃了固体食物之后不会调节他们的食物摄入量，不过如果先吃的是流体食物则会调节食物摄入量；⑤肥胖个体不够积极和活跃。他们通过实验研究还发现肥胖个体：①回忆测验的成绩会更好；②在复杂的反应时任务中反应更快，错误率更低；③更容易分心；④当食物线索比较明显时，他们为了获取食物会加倍努力。①

总体来看，肥胖个体的饮食行为是外部线索控制的，是刺激驱动的。沙赫特认为刺激的凸显性和被试对刺激的反应性是理解饮食行为的关键变量，他们进一步猜测刺激凸显性对肥胖个体的反应性影响更大。另外，沙赫特对肥胖个体肥胖原因的脑生理机制比较感兴趣，但是由于当时条件的限制，没有特别有效的脑成像研究工具，没有进行相关的实验，但是他们还是对肥胖的脑机制进行了推测。

(三) 尼古丁成瘾

沙赫特等研究者在 1977 年，以一种超乎寻常的速度和效率一连在《实验心理学杂志》发表了 5 篇文章，占据了这一期的第 5 ~ 40 页的版面。这些研究主要考察了药理学和心理学因素在抽烟中的作用。

第一项研究考察了重度和轻度抽烟者的尼古丁调节。他们通过让被试抽尼古丁含量高低不同的纸烟来考察抽烟者对尼古丁摄入的调节功能。结果发现，长期的重度抽烟者在抽低尼古丁含量的烟时抽的数量更多。这一结果说明，重度抽烟者会调节他们的抽烟频率来保持尼古丁的摄入量。之后他们提出了抽烟频率依赖于新陈代谢和尼古丁的排泄率的假设。药理学的证据表明，尽管尼古丁新陈代谢的速度很快，但还是会有一小部分尼古丁逃脱分解而通过尿液排出体外。尼古丁逃离新陈代谢的比例依赖于尿液的酸性。尿液的酸性越强，没有被代谢掉的尼古丁量越大。

为了考证抽烟频率和尿液酸性之间相关的假设，沙赫特等研究者在第二项

---

① Stanley Schachter, "Some extraordinary facts about obese humans and rats," *American Psychologist*, 1971, 26(2), pp. 129–144.

研究中开展了两项实验。结果发现，当抽烟者的尿液呈酸性化时（比碱性化时），抽烟量更大。在接下来的研究中，沙赫特想探查是否存在这种可能：尿液pH可能是决定抽烟频率心理因素的生化调节器。为了确定这个推理的内在基础，他们考察了重度抽烟者中尿液pH的影响因素。

因为在聚会或压力状态下抽烟量会增加，因此，他们在第三项和第四项研究中考察了这些事件对抽烟和尿样pH的影响。第三项研究结果发现，聚会确实会增加抽烟量，也会导致尿样中的酸性度增加；第四项研究结果发现，压力或应激会伴随抽烟量的增加，尿液酸性增加。考虑到这些鼓舞人心的一系列相关结果，沙赫特等研究者又开展了第五项研究，设计了一个实验，考察pH变化是否为压力—抽烟关系中的有效中介器。他们对压力和尿样的pH进行独立操纵，如果pH变化是压力—抽烟关系中必需的中介器，在pH没有得到控制的高压力条件下比低压力条件下抽烟量更大，在pH控制在稳定水平时两种条件应该没有差别。另外，如果pH变化不是压力—抽烟关系中必需的中介器，则不管尿液中pH的状态如何，高压力条件下比低压力条件下抽烟量都要大。结果他们发现，压力对抽烟的影响只有当尿样中的pH没有有效控制时才会起作用，他们依此似乎可以得出结论，压力—抽烟关系是以pH变化为中介的。

沙赫特除了对肥胖的原因进行了系列研究之外，还对烟瘾的治疗有过自己独特的见解。他在1982年《美国心理学家》杂志发表了关于烟瘾的复发和自我治愈的研究报告[①]。以往对烟瘾的治疗研究都一致发现烟瘾很难完全戒掉，沙赫特的研究成果发现烟瘾的自我治愈是一个比较普遍的现象，出现这种不一致的结果可能是由于被试的自我选择和戒烟尝试次数不同造成的。

---

① Stanley Schachter, "Recidivism and self-cure of smoking and obesity," *American Psychologist*, 1982, 37(4), pp. 436–444.

四、沙赫特心理健康研究的其他领域

沙赫特的总体研究思想虽然跨越了多个研究领域，但是主要的研究成果基本上可以划分为三个部分：沟通、社会影响、合群动机的研究；情绪本质的基础研究；归因、肥胖、成瘾等应用方面研究。

（一）合群动机的研究

沙赫特的早期研究主要是他 1951 年博士论文的研究成果以及之后的合群动机的研究。他的博士论文主要的关注对象为：社会影响。他的主要发现是来自群体的压力会把偏离者排斥在群体之外，排斥的程度依赖于群体的凝聚力和问题的相关性。同时，如果偏离者回到群体，则先前的错误会得到完全的宽恕。沙赫特的这项工作之后成了经典，主要是因为他把数学方法应用到了群体交流和拒绝过程研究中。他的工作为此研究领域的快速发展建立了理论基础。沙赫特获得博士学位之后，将博士论文中使用的实验技术用于研究合群动机，在 1959 年出版了专著《合群心理学》。

（二）情绪的研究

他发现人们有时会追根溯源地寻找在某个情景下他们体验到的是什么情绪。当情景比较模糊，而且可能存在潜在危险时，人们似乎能从其他人的情绪状态中获取信息，以帮助他们理解自己的情绪。在合群研究中一个最有趣的结果是：情绪有时不是通过情景刺激直接产生，而是通过认知建构产生。

1. 沙赫特的情绪实验

沙赫特最有影响力的工作是他和自己的几个学生一起完成的，即解释性过程是情绪体验的基础。这一重要的研究成果刊登在当年的《心理学评论》（*Psychological Review*）杂志上。这项研究考察了决定情绪的三个因素：认知的、社会的和生理的。詹姆斯和兰格在1884年和1885年分别提出了内容类似的情绪理论，之后他们的理论被称为詹姆斯—兰格情绪理论，他们认为情绪的产生是植物性神经系统的作用，即情绪是一种身体状态的感觉，先有有机体的生理变化，之后才有情绪产生。坎农（Cannon）曾对詹姆斯—兰格情绪理论提过质疑，首先，有机体的生理反应在不同情绪状态下是非常类似的，很难把情绪与生理反应一一进行对应；其次，有机体的生理变化（尤其是植物性神经系统支配的生理变化）反应缓慢，而有些情绪变化速度很快；最后，有机体的生理变化可以通过药物来诱发，但不能产生情绪。坎农认为情绪的中心不在外周神经系统，而在中枢神经系统——丘脑，遇到情绪的诱发情景时，情绪体验和生理变化同时发生，他们都受到丘脑的控制。

根据坎农的质疑，沙赫特结合自己的研究提出了两因素情绪理论：一个因素是个体体验到的生理唤醒，如心律和呼吸等；而另一个因素是个体对生理状态的认知性解释。情绪的产生需要两个因素的共同作用，两者缺一不可。

他们设计了实验来验证两因素理论。被试选取的是明尼苏达大学的男性大学生，实验共分为以下几个步骤：①把被试随机分为四组，给三组被试注射肾上腺素，但告诉被试注射的是一种维生素，另一组被试注射安慰剂（生理盐水，不会告诉被试产生的症状），三组注射肾上腺素的被试分别为知情组（被告知会产生症状，如心悸、手颤抖、脸发烧等）、不知情组（不被告知产生的症状）和假知情组（被告知会产生症状，但为假症状，如腿发麻、身体部分发痒、轻微头痛等）；②把三组注射肾上腺素的被试分成两部分，分别进入两种实验情景，一种是诱发愉快的情景（被试和实验助手做游戏和滑稽表演），另一种是诱发愤怒的情景（让被试回答带有侮辱性的问题）；③主试观察被试的行为表现，记录被试的自我报告结果，发现不知情组和假知情组在愉快情景下表现出愉快的情绪，在愤怒的情景下表现出愤怒的情绪，知情组既没有愉快的情绪体验也没有愤怒的情绪体验；④最后解释实验中的欺骗行为，及其欺骗的原因，让被试发誓保守秘密，如果被试怀疑实验中的一些关键特征，则要删除该被试。

总体来看，如果情绪体验是由生理唤起决定的，则前三组被试注射的都是肾上腺激素，他们的生理反应应该是比较类似的，也应该有类似的情绪体验；如果情绪体验是由环境因素决定，则愉快情景下的被试都应该感受到愉快，愤怒情景下的被试都应该感受到愤怒。此实验结果表明，受到未知源的唤起（例如，注射了肾上腺素）的被试会根据他们所在的场景体验到生气、愉快和害怕。沙赫特认为，所有基本情绪的生理基础、非中枢神经系统的活动模式可能是相同的。情绪是一个情景解释过程，从其他人那里获得线索经常会对情景的解释有所帮助，这个过程决定了我们会体验什么情绪。情绪产生过程是生理唤起、环境因素和认知解释整合的结果，其中认知因素决定了最终的情绪体验。

2. 情绪理论的新发展

在沙赫特和辛格提出自己的情绪双因素理论模型之后，有研究者曾经对该理论提出过质疑，他们研究发现，肾上腺素的生理唤起缺乏"可塑性"，更倾向于引起消极情绪。沙赫特和辛格设计了实验考察这一问题，发现出现不一致的结果可能是两个实验中肾上腺素注射剂量不同造成的。如果他们把肾上腺素的注射剂量加大到马歇尔和津巴多实验中使用的剂量，那么被试的反应和小剂量注射时差别较大，即肾上腺素和情绪诱发强度之间的关系可能不是简单的线性关系。同时，沙赫特和辛格以及其他研究者在后续的研究中也没有发现单纯的肾上腺素会引发消极情绪，除非他们是在一种消极的情景中。由此来看，马歇尔和津巴多的质疑对沙赫特和辛格的情绪理论冲击并不大。

不过，罗伯特·扎荣茨（Robert Zajonc）提出的"情感优先假设"（the affective primacy hypothesis）认为认知因素在情绪产生过程中并不是必不可少的，积极情绪反应和消极情绪反应可以通过很少的刺激输入来诱发，甚至不经过认知加工。他们考察了短时（阈下）和长时（阈上）的情绪性、认知性启动效应。结果发现，阈下呈现的情绪性启动物能够改变被试对新颖靶刺激的判断，这一结果表明当情绪诱发是在意识之外（无意识）时，这种情绪是弥散的、非特异性的，很难通达情绪产生的根源，认知参与的成分很少。而在阈上条件下，结果的模式是相反的，只有认知性启动物影响了被试的判断。

随着电生理技术和脑成像技术在情绪研究领域应用，研究者发现了情绪产生的关键脑区和生理机制。不管在动物身上还是在人身上，勒杜(LeDoux)等人都发现杏仁核是情绪产生的关键脑区，最重要的是他们发现情绪产生可能不止一条神经通路。一条被称为快速通路，是外部刺激信息直接通过初级视觉皮层经丘脑直接到达杏仁核的快速神经通路，这条通路不经过大脑皮层的详细加工，通常不会通达意识，即被试不会有意识地去进行认知评价等过程；另一条是慢速通路，即通过初级视觉皮层经丘脑到达大脑皮层，最后通达杏仁核，这条通路可以被理解为常规通路，一般都会通达到意识水平，被试对这条通路的认知加工和评价更为细致。

扎荣茨的"情感优先假设"似乎是对沙赫特情绪理论的挑战，不过如果仔细分析不难发现，情感优先假设和双因素情绪理论似乎不存在根本的冲突。"情感优先假设"和双因素情绪理论的构建是在不同的实验范式下进行的，"情感优先假设"更强调情绪的自动化加工、无意识加工，倾向于把意识或认知排除在情绪产生之外；而双因素情绪理论更强调认知评价、认知解释等高水平的认知过程。即双因素情绪理论和"情感优先假设"在表面上看似乎相互矛盾，实际上两个理论可能解释了情绪的不同方面，是相互补充的关系。

(三)肥胖和成瘾的研究

沙赫特对肥胖和成瘾方面的研究可以概括为两个方面：一个是他对成瘾原因的探索，另一个是他对治疗的观点(关于沙赫特在这两个方面的研究详见第二部分)。对肥胖和成瘾的原因他基本上从两个方面进行了分析：一个是内部的生理和心理原因，另一个是外部的环境、线索。他发现正常个体的进食量和自己的生理需求等内部原因有关，而肥胖个体的饮食量和食物的美味程度、易得程度、供给时间等外部线索有关。对于抽烟成瘾者而言，抽烟量会受到外部压力的影响，同时他还发现这种外部压力是通过调节尿样 pH 的变化来影响抽烟量的，即 pH 的变化是压力—抽烟关系的中介器。除此之外，他还发现肥胖者和抽烟成瘾者的自我治愈率比平常认为的要高。

五、沙赫特心理健康研究与理论的评价

沙赫特在健康心理学方面做出了有益的探索，其研究主要集中在犯罪、肥胖和尼古丁成瘾方面。沙赫特采用其在情绪研究中的方法和理论解释了社会病态人格和行为，他认为社会病态人格个体在成长过程中没有学会对自己的唤起进行合理的解释。社会病态个体和正常个体对肾上腺素的反应程度可能没有差异，但是，社会病态个体的行为反应完全由肾上腺素引发。也就是说，他们没有犯罪的情绪动机（如仇恨、愤怒和嫉妒等），也不会产生犯罪之后的情绪体验（如后悔、害怕、焦虑和恐惧等），这些都助长了他们的犯罪行为。

在肥胖研究中，沙赫特等注重刺激和线索，他们认为被试对刺激的反应性是理解饮食行为的关键变量，并在研究中发现了一些共性，例如肥胖个体在美食面前以及在食物容易获取时吃得更多也更快；肥胖个体的进食反应带有更多的情绪性；肥胖者如果预先吃了固体食物之后不会调节他们的食物摄入量，但如果吃的是流体食物则会调节食物摄入量；以及肥胖个体不够积极和活跃等，关于肥胖的研究为解读肥胖和控制肥胖提供了新的认识角度。

在尼古丁成瘾研究中，沙赫特发现，长期的重度抽烟者在抽低尼古丁含量的烟时抽的量更多；且"压力—抽烟"关系是以尿样 pH 变化为中介的，在尿样 pH 没有得到控制的高压力条件下，被试比低压力条件下抽烟量更大，在 pH 控制在稳定水平时两种条件没有显著差别，因此戒烟和控烟不能仅仅考虑提高香烟价格，还应更加重视抽烟者的身心状况。同时，沙赫特强调人类能够成功地自我戒除烟瘾，也能成功地减肥。以往对烟瘾的治疗研究都一致发现烟瘾很难完全戒掉，可能是由于被试的自我选择和戒烟尝试次数不同造成的。这一观点鼓舞了尼古丁成瘾患者和肥胖患者，给他们带去了信心。沙赫特在健康领域的

研究不仅仅使理论得到了丰富，更重要的是，他的研究着眼于与人们健康息息相关的问题，有极大的应用空间。

尽管沙赫特在健康心理学领域成果卓著，甚至有研究者把他称为"现代健康心理学"的奠基者，但是沙赫特的贡献远不止这些，他对社会心理学中的一些基本问题的研究，每一项拿出来都是精品。即使到了他的学术晚期，他的研究依然非常有吸引力，不管是对股票、金钱心理学的研究，还是对知识结构的探索。但是，我们也不难发现，沙赫特研究中的一些局限性。

第一，缺乏系统性，理论不够厚重和深入。沙赫特的研究风格是喜欢有趣、独特的研究，属于跳跃性的研究策略，研究方向受自己的个人兴趣影响很大，不是稳扎稳打型的研究者。他的研究思路经常是开个头，然后离开了，去其他领域找更有趣的研究再开头。他不喜欢几十年如一日地只关注一个领域，或者一个问题，尤其不喜欢对一个问题做修修补补的研究。对一般的研究者而言，这种研究思路不一定合适，因为进入一个新的研究领域需要大量的背景知识和方法技能的训练，会极大地影响研究成果的产出率，同时也会影响研究本身的质量。但是，沙赫特似乎非常喜欢这种模式，这种模式也非常适合沙赫特，最重要的是，他在每一个领域所完成的研究都达到了本领域非常优秀的标准，甚至有的研究成为这些领域的经典，影响了这个领域的发展方向。也恰恰因为这种研究模式，让他的研究很难系统化。尽管他的研究之间也存在某种内部联系，但由于自己跟进的研究少，不利于知识的积累，让他的理论很难进一步地发展和完善，很难发展成宏大和系统的理论。

第二，过分强调生理过程在心理活动中的作用。如果我们去浏览沙赫特的研究履历，不难发现，从沙赫特的情绪双因素理论算起，到他对犯罪、抽烟、肥胖等一系列的研究中，几乎都能看到他对生理因素的重视，如肾上腺素、尿液的 pH、尼古丁、氯丙嗪、血压和心率等自主神经系统等。他的学生称他为极端的"生理还原主义者"，沙赫特甚至认为膀胱中存在意识。现在看起来确实有些不妥，有机体中某些器官的生理指标可能确实可以预测一些行为，但是，支配和调节这些器官的中枢应该是大脑。因为当时没有检测大脑活动的有效工具。我们可以设想，如果沙赫特生活在当下的话，也许他会成为一名出色的脑科学家。过度关注生理因素在心理与行为中的作用，很自然可能会忽视诸多社会因素和环境因素，以及个体主观能动性的作用。

第三，对数据的过分执着，可能导致了他对理论构建的轻视。沙赫特在数据的理解和分析方面非常有天赋，他总是能找到或者总结出数据当中的规律，他自己也承认，太过于重视数据了。数据是为理论服务的，如果所有的研究都是数据主导，可能会让研究走偏，不管什么样的数据只要花足够多的时间去分析，总能找到规律，这也是一件挺可怕的事情。

尽管沙赫特的研究具有一定的局限性，但是和他的贡献比起来，我们几乎可以忽略。如果我们非要对沙赫特的学术贡献进行一个评价，可以借鉴20世纪前一百位心理学家的排名。在所有心理学家中沙赫特位列第七，仅仅比自己的老师费斯汀格（第五位）落后两位。在健康心理学家的排名中，他位列第三，仅次于弗洛伊德和罗杰斯。沙赫特在情绪研究领域中提出了自己的双因素理论，之后把这一理论应用到了心理健康领域（如社会病态、犯罪、肥胖和抽烟等），同时也把自己造就成了现代健康心理学的奠基人，在这一领域中很多早期的研究都和沙赫特的工作分不开。

六、结语

首先，目前心理健康的研究领域已经有了很多新的特征，但是，沙赫特所倡导的很多研究思路依然是这一领域的主流，尤其是他提倡的严格设计"控制条件"的思想，这一思想让我们可以非常细致地考证理论假设，对理论的发展大有裨益。随着心理健康领域的发展，这一思想还会得到长期的应用。沙赫特这种把巧妙研究设计与理论、现实问题（如心理健康问题）结合起来的研究，非常值得我们深思和借鉴。

其次，沙赫特在心理健康理论方面的贡献也是非常突出的，他的理论不求大，不求能涵盖许多心理现象，只求在某一个范围内具备较强的解释力和预测力，比较容易修订和发展。社会学家罗伯特·莫顿（Robert Merton）把他的这种理论称之为"中观理论"（theories of the middle range）。这种构建理论的风格到目前在心理学领域还是比较盛行，虽然我们不能武断地说这种构建理论的方式是最优的，但是我们不能否认它是一种比较重要和有效的理论构建方式。

此外，沙赫特还培养了超过40名的博士生，这些学生很多都成了社会心理学领域、情绪和心理健康领域的中坚力量，其中有理查德·尼斯贝特（Richard Nisbett）、辛格、惠勒、拉坦纳、李·罗丝（Lee Ross）等。

最后，沙赫特不仅在学术研究上颇有建树，而且为人非常谦逊和低调，不管对方是杰出的研究者还是初出茅庐的研究生，他都一视同仁。除此之外，他还极富人格魅力，幽默且健谈（但是从来不会恶意中伤），思想含蓄、深刻。他经常以自己为例，鼓励他的学生要含蓄、低调。沙赫特的业余爱好类型众多，他喜欢艺术、文学、戏剧、网球、西洋双陆棋，甚至包括科学研究中的离奇事实。可能是出于审美方面的考虑，他不喜欢乏味无聊的研究，尤其是那些为了增加数量而完成的粗糙的研究成果。他的这种独特的美感，和他的这种自娱自乐的科研精神让他免于成为工作狂。在我们看来，他不仅享受生活、娱乐，也享受工作、研究。

第八章

————

艾森克：人格结构观及其心理健康思想

　　汉斯·艾森克，德裔英国心理学家，主要从事人格、智力、行为遗传学和行为理论等方面的研究。1916 年 3 月 4 日，艾森克出生于德国柏林的一个声誉显赫的家庭。他的父母都是著名演员，父亲擅长喜剧表演，同时也是一名歌手，母亲则是幽默剧演员。

一、艾森克的生平与学术事迹

　　艾森克出生以后，父母就计划让他长大后进入娱乐圈发展，并让他在一部电影中表演了一个小角色。遗憾的是，在他 2 岁时，父母离婚了。由于艾森克母亲更换工作以及再婚，他就被寄养在伦敦由外祖母抚养长大。在伦敦外祖母家的大房子里，艾森克自由地成长，生活也非常舒适，伦敦浓厚的文学气息与文化氛围，让他少年老成，习惯于以自己的方式思考问题。

　　艾森克非常同情犹太人的遭遇。在 18 岁时，他因拒绝加入纳粹组织，而无法进入柏林大学就读，这也让他的生命处于危险中，最后他被迫离开德国去国外求学。他先到法国巴黎第六大学学习文学和历史。之后去伦敦大学，他本来打算学习物理学和天文学，但是，他报名后被告知英国不承认德国的科学学科的学分，除非他愿意接受一年的训练。当他询问是否可以申请其他本科课程时，他被告知心理学专业是可以直接让他读本科课程的。因此，他面临一个选择：要么花一年时间接受科学学科的基础训练，要么选择另一个他未曾听闻的专业——心理学。最后他选择了心理学。艾森克自己曾经说过，他学习心理学之前不知道心理学是什么。但是，物理学的激烈竞争让他逐渐意识到自己选择学习心理学的正确性。艾森克认为心理学改变了他的命运，学习心理学对他来说是最好的决策。可以说，艾森克从内心接受了心理学学科以后，就爱上了这门学科。

从 1935 年开始，艾森克在伦敦大学学习心理学课程。艾森克在伦敦大学学习期间，有幸在著名心理学家西里尔·伯特（Cyril Burt）指导下学习。伯特于 1942 年任英国心理学学会的会长，1946 年成为第一个封爵的心理学家，以提出心理测验中的因素分析以及研究遗传对智力和行为的影响而著名。在伯特的指导下，艾森克 1938 年获文学学士学位，1940 年获哲学博士学位。艾森克攻读博士学位时，具有传奇色彩的统计学家卡尔·皮尔逊（Karl Pearson）也是他的指导教师。

1940 年从伦敦大学获哲学博士学位后，第二次世界大战期间，艾森克在伦敦附近的米尔希尔急救医院工作，这所医院主要对个人心理问题进行治疗。第二次世界大战结束后，艾森克在莫兹利医院工作。莫兹利医院是英国最为著名的精神病训练机构。1947 年艾森克成为莫兹利医院心理学系的系主任。

在 1948 年，艾森克加入了伦敦大学的精神病研究所。在该所初创时期，艾森克筹建了心理学系。之后，他作为英国的一名教授，承担了开创临床心理学的任务，由他创建的心理学系是英国的第一个培养临床心理学家的机构，并开发了行为治疗的方法。在英国工作期间，艾森克也是美国宾夕法尼亚大学与加州大学伯克利分校的访问教授。1997 年 9 月 4 日，艾森克因脑瘤病逝于英国伦敦。

从 20 世纪 50 年代到 80 年代的几十年的时间内，艾森克是英国最受欢迎的一位心理学家。他的心理学教科书是社会工作者、教师以及大学生最受欢迎的读物或教材。艾森克在伦敦大学精神病研究所任职时，他的本科学生、研究生、博士后研究者以及访问学者，都为他的书籍以及论文提供了丰富的资料。艾森克所使用的主要研究方法是因素分析（factor analysis）的方法，他认为人格与智力更能够通过数学精确地分成不同的成分，一种成分就是一个维度，如内倾—外倾（extraversion-introversion）、神经质（neuroticism）、精神质（psychoticism）。艾森克使用因素分析方法，让人们在不同的维度中找到自己的位置。但是，批评者认为计算题目相关而得出的因素或维度是经验性的观察，是在没有假设基础上获得的一种观察结果。艾森克同其他的不重视心理学理论而重视统计方法的心理学家一样，遭受的批评是经由因素分析得出的因素是否存在与独立。不过，艾森克的职业生涯达到成熟期以后，从因素分析方法应用转到重视遗传倾向，特别重视统计和测量方法与行为遗传的关系。艾森克是较早进行行为遗传学研究的心理学家。

艾森克把自己关于遗传与行为的观点应用到了吸烟与癌症关系的研究中，这引起了很大的争议。20世纪60年代，艾森克使用美国烟草协会与英国烟草研究会的经费进行了吸烟与癌症关系的研究。1965年，艾森克出版了《吸烟、健康与人格》（Smoking, Health and Personality）一书，他认为吸烟者的基因具有肺癌的易感性，而不是吸烟本身增加了吸烟者的癌症发病率。因此，研究者把艾森克称为一个敢于"玩火的人"。

艾森克认为，人是一个生物有机体，其活动同等地受制于生物因素（遗传、生理、内分泌腺）和社会因素（历史、经济、相互作用），这一观点决定了他主要的思想及其研究方向。他认为，只强调生物因素，或只强调社会因素都会阻碍科学的发展。他关于人是进化的产物，人仍然保留着几百万年前早期生命形成发展过程中痕迹的观点，遭到了那些倾向于社会因素的社会科学家的反对，但艾森克却认为这是恰当地理解人性的基础。

总体来看，艾森克带领许多研究人员使用很多方法，如观察方法、相关与因素分析、行为遗传学以及生理实验等方法开展了实证性的心理研究，其主要研究领域为人格。1950年之后，用实验心理学的方法研究变态心理、临床心理。他反对弗洛伊德的精神分析理论，不断地提供证据批判精神分析理论及其精神疗法。同时，以条件反射理论为基础，研究并提倡行为疗法，提出了莫兹利人格问卷(Maudsley Personality Inventory，MPI)。另外，对动机知觉、心理测量的统计分析和智力的基础等问题也进行了多方面的研究。

艾森克在心理学、生物学、遗传学和其他一些专业刊物发表过近700篇文章，出版了75本书籍。他一生勤于著述，自从1983年退休以后，艾森克主要忙于写作。艾森克在世时是科学论文被引用次数最多的心理学家；不过也有研究者指出目前为止，艾森克论文的引用率在所有的心理家中位列第三，而第一名与第二名分别是弗洛伊德与皮亚杰。艾森克一生的主要著作有：《人格的维度》(*Dimensions of Personality*)(1947)、《人格的科学研究》(*The Scientific Study of Personality*)(1952)、《人的人格结构》(*The Structure of Human Personality*)(1953)、《政治心理学》(*The Psychology of Politics*)(1954)、《焦虑与歇斯底里的动力学》(*The Dynamics of Anxiety and Hysteria*)(1957)、《变态心理学手册》(*Handbook of Abnormal Psychology*)(1960，1973第3版)、《弗洛伊德学说的实验研究》(*The Experimental Study of Freudian theories*)(与H.R.魏尔逊合著)(1973)、《人格测量》(*The Measurement of Personality*)(1976)、《性心理学》(*The Psychology of Sex*)(1979)、《智力的模式》(*A Model for Intelligence*)(1982)等。

链接：【艾森克生平重大事件】

1916年3月4日，艾森克在德国出生。

1938年，在伦敦大学获得学士学位。

1938年，艾森克与玛格丽特·戴维斯结婚。

1940年，在西里尔·伯特指导下获得博士学位。

1946年，成为莫兹利医院心理学系主任。

1947年，出版第一本书《人格的维度》。

1955年，成为临床心理学教授，在英国首先培养临床心理学专业人才。

1963年，创建行为研究与治疗。

1983年，从莫兹利医院和伦敦大学精神病医院退休。

1988年，获得美国心理学会杰出科学贡献奖。

1996 年，获得美国心理学会临床心理学分支临床心理学贡献百年成就奖。

1997 年 9 月 4 日，因脑瘤病逝于英国伦敦。

二、艾森克人格结构理论产生的历史背景

从某种意义来看，艾森克所处的时代背景与当时的世界政治经济图景，促进了他像行为主义心理学派的华生那样试图在心理学内部引发一场革命。艾森克与华生两人存在的一个最大的共同点是他们都特别强调心理学的实证性研究取向，都试图采取物理学与化学的研究方法研究人类的心理现象。我们可以从华生的行为主义心理学观点窥探艾森克的研究所秉承的哲学基础。艾森克为了突出行为主义心理治疗的作用，把行为主义心理学与精神分析心理学严格地对立起来。精神分析的产生与 19 世纪末叶的政治经济状况相适应。19 世纪末 20 世纪初，资本主义开始进入帝国主义阶段，阶级矛盾日益尖锐，整个社会精神沮丧，惶惶不可终日，以致神经病和精神病发病率增高。精神分析就是在这样一种特定的社会历史条件下产生的。精神分析心理学肯定了心理问题的客观存在，但在艾森克眼中，弗洛伊德的精神分析理论缺失有效治疗心理问题的证据，仅在机会水平上起作用。艾森克认为精神分析的科学性值得怀疑，因为大约三分之二的神经症患者在一定时间内不需要任何疗法就可以摆脱心理困扰。

如前所述，艾森克的心理学思想与行为主义密不可分。美国的行为主义心理学产生于 20 世纪初叶，第一次世界大战爆发的前一年，当时美国资本主义发展已进入新的垄断阶段，迫切要求充分利用人的全部潜力来提高生产效率。从当时的生产力发展来看，生产活动主要通过直接的变化身体动作来提高效率，要提高生产效率就得提高身体动作的频率。因此，探索和掌握行为规律，预测和控制人的行为，最大限度地提高工作量及其效率，是美国资本主义社会大机械生产的一种迫切需要，也是华生行为主义受到广泛重视的社会基础。以华生为代表的行为主义心理学思想是与精神分析理论相对立的。华生认为，心理学

不应该研究无法直接观察的意识，只有研究行为才能发现心理现象变化的可靠规律。行为主义者眼中的行为就是有机体适应环境变化产生的各种身体反应的组合。行为主义者同时认为行为带来的身体反应主要的表现是肌肉收缩和腺体分泌，前者表现于身体外部，后者隐藏于身体内部，但他们的强度不一样，有大有小。华生极端地认为意识影响下的思维和情绪活动，其实就是内隐和轻微的身体运动变化。思维是全身肌肉，特别是言语器官的活动变化，情绪是内脏和腺体的活动变化。华生认为，肌肉收缩和腺体分泌都可归结为物理或化学变化；引起有机体反应的刺激，最后分析也只能是有机体内部和外界的物理或化学变化。由此看出，全部行为，包括通常所说的心理活动，都不过是一些物理或化学变化引起的另一些物理或化学变化而已。因此，华生认为心理现象都能够用物理和化学的概念来说明。但让人迷惑不解的是，华生本人主张心理学只应着眼于有机体整体的适应性行为，无须过问这些物理和化学变化。华生自称行为主义是唯一彻底而合乎逻辑的机能主义。华生的这些心理学思想与艾森克的观点有很强的相似性。

机能主义哲学思潮对艾森克与华生的心理学思想影响较大。机能主义代表人物之一安吉尔也说过心理学要研究行为。但机能主义者把意识和行为都看作人适应环境的手段。按机能主义的哲学依据——实用主义来说，检验意识适应性的唯一标准只能是行为的适应性。所以，研究行为就无须考察意识；反之，若不考察行为则无法考察意识的适应性。彻底的机能主义承认，心理学研究应该丢开意识去考察行为，但不能丢开行为去研究意识。华生宣称心理学家应该与物理学家一样去使用意识，只把它看作关于客观事物的经验，而不看作关于心理活动的经验，把心理学家所研究的意识和物理学家所研究的客观事物等同起来。华生认为：①把人与动物相混淆，只承认两者之间的连续性，不承认人与动物行为的本质区别，如人类具有高级心理机能的特点；②割裂意识和行为，否认意识的存在及其意识的可知性，否认心理的认知功能，把心理与行为等同起来，把一切心理活动都简化为刺激—反应(S-R)的活动和单纯的适应功能；

③否认行为的遗传，单纯强调学习和训练的作用，导致环境决定论和教育万能论。然而，华生承认生理机能是可以遗传的，但是行为机能是不可能遗传的。

与华生的激进行为主义心理学相比较，艾森克不仅重视人格与行为的环境基础，也重视心理行为活动(人格、智力与创造力等)的生物遗传基础。在一定程度上来说，艾森克的观点及其研究成果是对行为主义心理学观点的继承与发展。艾森克是一个出生在战争年代(第一次世界大战)，生不逢时的人。因此，通过操作环境改变行为，进而改变命运的心理学观点可能对他尤其有吸引力。第一次世界大战开始于1914年7月，1918年11月结束，历时4年3个月。战争最初在欧洲进行，但是很快就超出欧洲范围，席卷欧、亚、非三大洲，最终34个国家卷入了这场战争，当时世界75%的人口卷入了这场战争。这场战争造成840万人死亡，2100万人受伤。最终第一次世界大战以同盟国集团的德、奥等国战败而结束。艾森克就出生在这场人性泯灭的战争发生后。第一次世界大战的失败让德国人蒙羞，因此民族主义在当时的德国大行其道。然而，头脑理智的艾森克认为民族主义会把德国带向深渊，他公开反对极端民族主义的代表人物希特勒的种族政策，最后他不得不放弃梦寐以求的柏林大学，转而进入英国的伦敦大学。留学生涯可能也使艾森克表现出了非凡的文化智能。文化智能是指一种能够从容应对国家文化、企业文化和职业文化的能力。一般认为文化智能有三个来源：①凭死记硬背来掌握外国文化的信仰、习俗以及禁忌，这种做法不是很有效。②能够与外国友人、同事融洽相处，理解异乡文化；同时，行为风度在一定程度上显示已融入当地生活。③调整适应一种新文化意味着要克服许多障碍与挫折，发自内心地信仰新的价值观。文化智能帮助人们把不同文化导致的人类行为从大众的普遍行为习惯和个别人的特殊行为习惯中区别出来。和外国人一起工作，不仅需要敏感性，还需要适应性。在单一文化环境中的人士，却不一定具有这些特征与能力。因此，从某种意义上来看，艾森克逃离纳粹的魔掌，求得了人身安全，丰富了自己的阅历，更提高了运用文化智能获得在不同文化背景下生存与发展的能力。总之，艾森克的命运是与德国在两次世界大战中的表现及其历史发展紧密地联系在一起的，在历史的更替变化中，艾森克的心智不断成长。

　　艾森克经历了德国的第一次世界大战战败、战时通货膨胀、失业或丧失经济来源、希特勒政权的疯狂、漂泊他乡、有家不敢回等难以计数的困苦与磨难。混乱的社会生活，个体独特的心理体验，让艾森克的很多心理学思想与众不同。艾森克在心理科学研究舞台上不断地凸显自己，这可能与父母是舞台上重要角色有关。艾森克的很多观点都是一石激起千层浪，如：①精神分析治疗的神经症患者与没有进行治疗的神经症患者经过一段时间后在临床表现上没有差异，而行为治疗方法的疗效很明显；②智力在很大程度上受遗传影响，环境与经验的作用有限；③吸烟与肺癌的关系不明显，遗传可能对癌症的影响比吸烟对癌症的影响还明显；④笔迹、星座可以很快地预测人格特征等问题。艾森克的确是一位充满争议的心理科学研究者。艾森克被认为是一个敢于"玩火的人"。①不过，心理学研究可能有时会受到公众的误解，不断宣传科学观点，也是心理学家推广研究成果要做的一件重要工作。举例来说，由于艾森克的吸烟研究发现了吸烟与癌症之间相关的松散性，他受到了很多人的误解，然而从科学的角度看影响癌症发生的因素有很多，控制其他变量的影响后，吸烟与癌症间的相关程度就会非常低的。毫无疑问，艾森克所处的心理学背景、社会文化环境、个人的生活经历与人格特征决定了他的价值观支配下的学术生涯会与众不同。艾森克的心理学思想充满了他对心理学现象的独特观察与思考，表现出了他对心理学研究的独特理解与系统思考。

　　在艾森克的讣告中，格雷（Gray）说出了下面的一段话：

　　"在艾森克的贡献中，与人格理论同样重要的是创立了以实证经验为基础的系统的心理治疗——现在被称为认知行为治疗——这替代了心理动力学的教条。尽管他自己本身并不从事临床治疗，但是他创立的系科最先在此领域进行研究。同时，'莫兹利'临床心理模型被传播到世界各地，尤其是美国。"

---

① Steven Rose, "Hans Eysenck's controversial career," *The Lancet*, 2010, 376(9739), pp. 407-408.

三、艾森克的人格结构理论及其心理健康思想

艾森克与心理健康有关的观点与思想主要是他对于人格的一些看法，他认为人格差异主要来自基因遗传。如前所述，艾森克是一位研究型的心理学家，主要使用因素分析的方法研究人格与智力等问题。例如，艾森克让人们使用一些形容词评价他们自己，评价结果会反映出他或她的人格特点。试想一下，一个人格测验中有 4 个词语，如"羞怯""内敛""外露""粗犷"。很明显，羞怯的人会经常用"羞怯""内敛"评价自己，而开朗的人会经常用"外露""粗犷"评价自己。艾森克的最初研究发现人格具有神经质、内倾—外倾以及精神质维度。下面我们分别看一些这些维度人格特点，以及艾森克的心理学理论在智力以及犯罪中的其他应用。

(一) 神经质

艾森克使用"神经质"命名了人格的第一个维度(或特征)[①]，这一维度主要描述个体从冷静、镇定到惶恐、紧张的变化。艾森克指出神经紧张的人经常会出现一些神经紧张失调症，也就是神经症。但是艾森克认为在神经质量表上得分高的人，不一定是神经症患者，在神经质量表上得分高的人只能说明他们的生活容易受到生活问题困扰。艾森克相信任何一个常人都会在神经质这个人格维度获得一定的分数，也就是每一个人都会表现出的一定的神经质倾向。因此，艾森克认为神经质维度有遗传的基因作为基础。艾森克应用生理学研究解释了这一维度的生物内涵。

艾森克认为交感神经系统可能是与神经质维度有紧密联系的一个植物神经系统。交感神经系统的主要功能不同于中枢神经系统，主要控制紧急情况下人们的情绪反应。例如，当大脑告诉交感神经系统出现紧急情况时，交感神经系

---

① Hans Eysenck, *Dimensions of Personality*. New Brunswick, HJ: Transaction Publishers, 1947.

统会通知肝脏释放葡萄糖转换为身体所需能量，这让消化系统的负担减轻，同时瞳孔放大，头发竖起等。这些身体变化会告诉肾上腺释放更多的肾上腺素。肾上腺激素会让身体准备行动，因此，交感神经系统的一种机能就是提示我们"逃跑还是迎战"。

艾森克假设某些人的交感神经系统会比其他人的反应更快。紧急情况下，一些人表现得非常镇定，一些人体验到较多的恐惧或其他的情感(如焦虑或抑郁等)；然而，另一些人可能会因为一点小事变得恐惧不安。艾森克认为后两种人的交感神经系统过分敏感，他们有明显的神经症症状。

神经症的一个最典型表现是恐慌症。艾森克认为恐慌症发病像麦克风附近的小声说话而听众听到的较大声音一样，是正反馈的结果。讲话者很小的声音被麦克风放大后输出成很大的声音，不用多久，听众就会听到小时候自己曾经听到的尖叫声。恐慌症也遵循类似的模式，你可能会恐惧一个小事情，如过桥。在不断反复播放的恐惧的场景中，你的交感神经就会让你变得敏感。你为过桥感到紧张，以至于更敏感一些其他的刺激物，这样你会更紧张。因此，有神经症的人对恐惧的过分反应会强于最初的外在刺激诱发的恐惧。回想一下我们自己感到恐惧或害怕的时候我们就会更能体验到，恐惧本身会比引起恐惧的东西更让人痛苦不堪。

(二) 内倾—外倾

艾森克认为人格的第二个维度是内倾—外倾，他用这一维度描述人们的羞怯、安静程度以及人们是否敢大声说话。[①] 所有的人都会表现出一定程度的羞怯与安静程度，但是艾森克对这一维度的生理学解释有一点复杂。艾森克假设内倾—外倾是大脑活动受抑制与兴奋加强后平衡的结果。大脑兴奋时会处于唤醒以及学习状态；大脑抑制时处于放松与睡眠状态，或大脑为回避某些刺激进入自我保护的状态。大脑会对不同的压力状态做出反应，艾森克对人格的内

---

① Hans Eysenck, *Dimensions of Personality*. New Brunswick, HJ: Transaction Publishers, 1947.

倾—外倾的解释主要根据巴甫洛夫让狗处于压力状态下的反应差异。

艾森克认为外倾的人有较好的大脑抑制能力，他们的大脑在出现创伤性刺激（如车祸）时处于抑制状态，很难记住过去发生的事情。车祸过后，外倾者会感到大脑一片空白，以为什么事情也没有发生。外倾者可能会询问其他人是否记住过去所发生的事情，但他们完全没有感觉到车祸对自己的影响，所以第二天会继续驾车外出。

另外，内倾的人有较差的抑制力。他们遭遇车祸时，大脑不能很快地提醒他们保护自己，也不能很快地让大脑停下来。内倾人的大脑处于高度唤醒状态，能够了解到很多的东西，也能够记住过去所发生的每一件事情。内倾的人或许报告说，他们以极慢的速度目睹到了车祸的全过程。车祸过后，内倾的人不愿意再驾驶汽车，或者不愿意驾驶任何交通工具。

内倾与外倾的人参加聚会时可能会有不同的表现。设想一下，内倾的人与外倾的人在聚会上都喝醉了，他们脱光了衣服在桌子上跳裸体舞。第二天早晨，外倾者会询问你昨天晚上发生了什么事情，当你告诉他所发生的事情，他或许大笑后就开始准备下一次聚会。相反，内倾者会记住自己的糗事，并且待在家里不敢出门。你是一个内倾的人，还是一个外倾的人，如果你是一个内倾的人，你可能会羞愧得无地自容，且会永远不再参加朋友举办的聚会活动。

艾森克认为犯罪与人格倾向也有一定的关系，如暴力犯罪的人一般是外倾者。这不难理解，一个害羞的人很难夜晚抢劫便利店，一个有恐慌症的人也很难做这样的事情。但是需要理解的是暴力性犯罪的人可能是内倾或外倾的人。

艾森克注意到人格的神经质维度与内倾—外倾维度可能会交互影响，很多的心理问题都是二者交互影响的结果。他发现，有恐怖症以及强迫症的人一般都是默不作声的内倾者，然而患有躁狂症的人一般都是外倾者。艾森克给出的解释是，高度紧张的神经症患者对引起恐惧的刺激过分反应。如果他们是内倾者，他们会回避让人恐惧的情景，甚至非常害怕引发恐惧的一些小细节。然而，其他的内倾者可能学会一些行为消除恐惧，诸如重复洗手等。然而，外倾明显的神经症者善于忽略与遗忘影响他们做过的事情。他们一般采用"压抑或拒绝"等经典的防御机制。他们一般会忘记痛苦的周末，甚至会忘掉自己腿脚的能力。

（三）精神质

艾森克使用大样本研究发现了人格具有神经质、内倾与外倾等维度，但是他认识到大样本未必能够发现人格的所有维度，一些人群可能会有他们自己的独特的人格特质。于是他把研究视野转移到英格兰。他们分析了从英格兰收集到的大量数据后，发现了人格的第三个因素——精神质。[①] 与神经质一样，精神质并非暗指精神病，它在所有人身上都存在，只是程度不同。精神质特征主要包括倔强、固执、粗暴、强横和铁石心肠等特点，但如果一个人表现明显，则容易发展成行为异常。精神质分数高的个体可能会孤独、不关心他人，难以适应外部环境，不近人情，感觉迟钝，对别人不友好，喜欢寻衅搅扰，喜欢干奇特的事情，并且不顾危险。艾森克认为精神质与神经质维度一起可以表示各种神经症和各种精神病。

可以看出，艾森克的人格研究不像许多美国心理学家偏重特质水平，而是集中于类型。他认为特质是观察到的个体行为倾向的集合，类型是观察到的特质的集合体。他把人格类型看作某些特质的组织。他提出的人格理论主要是属于层次性质的一种类型。每一种类型结构的层次明确，因此人格就可分解为有据可查、有量可计的因素。这是心理学家多年来一直探讨而没有明确的东西。

链接：【代表作《心理学的正用与误用》简介】

心理学在现实生活中如何得以正确地应用，心理学在现实生活中得到哪些错误的应用，如智力测验、职业选择、变态行为，这是该书要回答的两个重要问题。该书详细地探讨了有用的心理学研究，需要批评以及进一步研究的心理学问题。即心理学研究在当时的有为与难为，已经解决的问题、当时难以解决的问题以及没有明确答案尚需深入探讨的问题，充分地体现了艾森克对心理学

[①]　Hans Eysenck, *Psychoticism as a dimension of personality*. London, Hodder and Stoughton, 1976.

研究成果的独特分析与独到见解，如对智力问题、职业问题与心理治疗等问题的论述。这部书是科学性、可读性与知识性兼顾的心理学书籍，对美国以及整个欧洲的心理学发展产生了重大影响，一些人正是因为阅读这本书才走上心理学的探索之路。

链接：【代表作《人的人格结构》简介】

该书作为艾森克的经典著作，主要阐述与概括了他的人格理论研究方法及其思想观点，其目的是总结不同人格结构理论的研究方法，以检验这些理论的正确性。其人格研究的一个主要方法是因素分析方法。他认为人格研究达到科学的标准，要具有很好的信度与效度指数，要采用数量化的因素分析方法，也要采用实验研究的办法。因此，建构人格理论后通过因素分析以及实验方法检验才能很好地检验人格结构理论与人格测验的关系。在艾森克看来，应该像物理学研究的标准那样研究人格。由于他是因为没有学成物理学才进入心理学研究领域的，所以他把他对物理学学习的渴望都体现在了他对心理学的研究中，这让艾森克在研究心理学(包括人格心理学)时与众不同。

四、艾森克的智力理论及其心理健康思想

(一)智力与阶级

心理学家使用遗传论观点研究的一个问题是智力在多大程度上是父母生物遗传的结果。[1] 艾森克为智力问题的行为遗传研究奠定了基础。智力遗传问题一般以双生子为被试。如果遗传起主要的作用，同卵与异卵双生子的智力应该没有多大不同。事实上，艾森克认为共同抚养的同卵双生子在智力上有很大相似性，这表明遗传的重要性，否则，他们的智力应该有较小的相关性。艾森克认为即使是分开抚养的同卵双生子在智力上也有很大的相似性。来自收养孤儿的研究显示，收养孩子与自己亲生父母智力的相关程度要高于与养父母智力的

---

[1]　Hans Eysenck, *The IQ Argument. Race*, *Intelligence and Education*. New York, Library Press, 1971.

相关程度。这方面研究的一个结论是个体智力的 80% 变异由遗传决定，影响智力变化的遗传变异是环境变异量的两倍。

如果智力本来就有个体差异，如果智力是事业或成就的一个主要的决定因素，那么阶级社会是不可避免的，艾森克关于阶级的理论主要基于这些观点。他提供了证据说明社会阶层的变化主要建立在智力的基础上。我们需要慎重对待这些证据，因为这些模棱两可的证据主要来自西里尔，艾森克本人也没有足够的耐心驳斥其他的解释。无论如何，影响智力的其他因素有很多。例如，平均数回归效应预示着高智商父母后代的智商会变低，愚钝父母的后代会更聪明。智商的平均数回归效应表明经过 6 代到 8 代，遗传影响就会消失。不同智力水平的人对应的阶层是不断变化的。任何时候智商高的人向低水平回归，或者低智商的个体向高水平回归。尽管一些阶级差异是不可避免的，但是艾森克从不关心这个问题，他特别关心的一个问题是一个社会有较多的机会进行阶级流动。艾森克的这种思想是有合理的一方面的。

(二) 智力与种族

不同种族的智力分数是艾森克引起的另一个学术争论。艾森克认为智力差异在不同的种族与文化群体中都有体现。例如，白人比黑人在智力测验上超出 15 分左右；犹太人比其他种族有较高的智商水平。智力与种族的关系都与遗传有关。然而，艾森克强调的一个问题是这些差异是群体水平的平均数差异，并不能说明任何一个个体比不同种族的其他个体聪明或智商得分高。艾森克没有试图通过种族标准来确定个体的身份与地位。

艾森克不是一个种族主义者，他认为支持与否定某一个观点的证据都有认识上的价值，他们没有贬低黑人。然而，一些人采取的观点是，无论是什么样的证据，都应该压制，避免引燃种族仇恨的"火药库"。艾森克通过证据说话的研究态度让民众难以接受。比如，艾森克对于教育政策的一些评论让一般民众愤愤不平。艾森克对教育政策提出的一个批判是智力低下的黑人儿童与聪明的白人儿童不能在同一个班级学习。① 艾森克认为黑人与白人儿童共同学习，对于任何人都没有帮助。艾森克认为黑人儿童理解不了老师所教的课程，他们在课堂上很不安，经常捣乱，行为变得更具破坏性，自己不学习，而且影响别人学习。经验已经证实艾森克的观点是正确的，但是实际上种族问题是一个政治敏感问题，不仅仅是一个科学问题。从科学的角度看，智力不仅受到遗传的影响，而且也与环境因素有关。一些人批评说艾森克对环境因素与智力关系的论述不够清晰。

不过，种族的智力差异至少部分取决于经济地位。因为随着群体的发展，他们智商的平均分也在增加。举例来说，第一次世界大战时美国军队中的犹太士兵在心理测验上的得分很低，以至于权威学者认为这是犹太人不够聪明的证据。但是随着犹太人在经济上取得的巨大的成就，他们在智力测验上的得分现在也超过了国家的平均水平。

需要重申的是，艾森克的关于智力的观点并不是在贬低与诋毁下层人士。声称智力的变化由遗传获得是一个有争议的问题，但是认为这种争议决定着个人的社会地位或政治观点就有问题了。

五、艾森克的犯罪理论及其心理健康思想

行为主义者试图使用刺激—反应理论解释所有人类的行为。在行为主义看来，行为主要由条件反射决定。巴甫洛夫关于狗听到铃声后分泌唾液的实验是一个经典的条件反射实验，另外一个经典的条件反射实验是一个名叫艾伯特的孩子看到白色物体（如小白鼠）就会感到恐惧的实验。行为主义者认为行为也可以通过上述的方式条件化，重复接触一种让人不快的信息，这种信息就会成为让人回避的刺激。与此相反，重复接触一种带来正性情感的刺激，这种因素就会成为人们趋近的刺激。

①　Hans Eysenck, *The IQ Argument. Race*, *Intelligence and Education*. New York, Library Press, 1971.

艾森克关于犯罪行为的理论主要建立在两个假设基础上：（1）良心是一种条件反射，某种行为得以抑制的原因是惩罚诱发条件反射的影响，惩罚设置了一种道德标准来诱发痛苦情感，抑制错误行为；（2）个体的生物学差异决定着条件反射的影响程度。[①] 无论是内倾或外倾的儿童或成年人，对良心形成的条件反射都有抵制作用，都有可能进行一些不道德的行为。艾森克认为表现出犯罪倾向的人会在所有的领域中都表现出犯罪行为，比如超速驾驶者更有可能是银行抢劫者。艾森克从驾驶犯罪的证据出发，发现公路罪犯绝不可能与其他的犯罪没有任何关系，相反可能是惯犯。艾森克分析了653起致死、不专心驾驶、酒后驾车、无证驾驶以及肇事逃逸的公路犯罪案例。超过五分之一的罪犯都有非交通性的犯罪记录。然而，大多数人并不经常违反法律，但是他们会进行一些行为，如乱扔垃圾、玩赌博游戏、公共场合饮酒、公司电话私用。如果这些行为也属于犯罪，那么很多人都可能有精神质与神经质类型的攻击倾向，犯罪的人的数量也会是非常大的。

除非人口的基因结构出现很大的变化，否则遗传并不能解释罪犯数量的上升与下降。然而，艾森克重视条件反射。他认为犯罪率之所以提升，是因为有些刺激降低了道德标准，这主要是因为正性情感与攻击行为存在联系。艾森克认为电视节目过分渲染的暴力与性，可以带来舒服的感觉。暴力与性，相对于良心来说，是去条件反射，不利于条件化的良心解决问题。如果想要鼓励文明的行为，那么控制负面刺激，加强媒体控制是重要的。对于那些已经犯罪的人来说，必须用痛苦与快乐来形成一种条件化的良心。例如犯人在监狱中可以因为表现好的行为而获得一些代币，这种方法可能会有助于形成良心有关的条件反射行为。

不过，研究者批评艾森克没有注意到意识在犯罪决策中的作用，这使艾森克的观点有些说服力不够。很多人仍然是守法的公民。但是艾森克却非常关注行为是否能通过物质刺激条件化，或者受到非物质化的心境与情感强化。艾森

---

① Hans Eysenck & Gisli H. Gudjonsson, *The Causes and Cures of Criminality*. New York, Springer US, 1989.

克经常假设外在的物理刺激是重要的。艾森克也认为男人可能是一种形式的变形虫，很盲目地寻找一点食物，回避火与尖锐的物体。如果这是人类行为的典型方式，那么人们会尊重法律，也不会因为违法遭遇惩罚。相反，监狱提供了食物与住所，但是没有工作，这应该是收容人类（尤其是女人）这种变形虫的地方。

利益驱动的犯罪是驳斥艾森克观点的一个重要证据。就一些财产犯罪而言，病态地占有财产超过了进监狱的代价。这时罪犯是在有意识地犯罪。如果外在刺激物一直存在，罪犯就不能在监狱中因为获得的代币而抑制犯罪，或者说通过条件反射减少未来的犯罪。这仅是有意识犯罪的一个案例。

尽管艾森克受到了一些人的质疑与声讨，但这让他受到了公众的关注，自己也有了听众。作为一个社会思想者，艾森克的思想具有鼓动性，但不够高深。批评家也一直以一种错误的态度寻找艾森克智慧背后的种族主义情绪。他遭人诽谤的主要原因在于他试图把意识与行为分开来看，并且受自由主导的人类行为不能通过一种理论得以解释。

六、结语

艾森克是一位在德国长大，求学于英国，扎根于英国，享誉世界的心理学家。作为一名世界水准的心理学大师，艾森克对心理学在生活各领域的广泛应用做出了无法磨灭的贡献。他创建了英国历史上第一个培养临床心理学家的机构，并开发出了行为治疗的方法。他强调人格研究应该把统计学上的因素分析与人格理论紧密地结合起来。艾森克在研究与生活中表现出了超乎常人的聪明才智，表现出了强烈的批判精神，他是一个彻头彻尾的偶像批判者。从艾森克个人成长来看，他是误打误撞进入心理学队伍的，他把自己对自然科学（尤其是物理学）的兴趣迁移到了心理学的研究与推广中，促使他严格地以科学的标准看待与研究心理学。

作为一个坚定的行为主义者，艾森克认为只有科学的方法能让我们精确地理解人类。作为一个统计学家，艾森克感觉数学的方法是必不可少的。然而，作为一个生物学定向的心理学家，艾森克认为只有生物学的解释是可信的、有效的。当然，我们也承认，有些人认为现象学的质化研究方法也是科学的。确实，有一些心理现象很难用数字表达，并非所有的心理学家都认同因素分析方法。另外一个有争议的问题是，并非所有的心理现象都有生理基础。但无论怎么样，艾森克对于人格类型以及生物学基础的描述，是有价值的。大多数父母、教师以及儿童心理学家都倾向地认为，孩童自从出生后就有差异。我们对心理问题的认识也应该考虑到人格特征，改变不同人格特征的心理问题，也应该考虑到一些被艾森克证明为有效的方法，如行为疗法。

人格特征与心理健康状况有紧密的联系。内倾的人关注自身及其主观世界，内心活动丰富，敏感，细心，喜欢独处，不善交往，含蓄，安静，与人保持一定距离。因此，内倾的个体会幻想较多而缺乏行动，常深思熟虑，耐受性强，较少冒失行动，稳重而少冲动性。外倾的人喜交往，也善交往，热情，活跃，进取，敢说敢做。但是，外倾的人缺乏周密思考，冲动性高，缺乏稳重，耐受性差，易变化，粗心。

人的日常生活极其复杂多变，但人可以随机应变，因为人的条件反射而处于一种自动化了的或半自动化了的状态。但是，如果这种条件反射产生负面作用的话，就会引起强迫症状、焦虑或不安，或也会形成某种心理疾病。不良习惯、辍学或恐怖多由此而形成。对于在无意识中的条件反射所形成的不良弊病、恶习或身心障碍、心理行为问题，在治疗和咨询时可以使用反条件刺激予以清除和击退。行为主义关于条件刺激的强化，条件反射的消退、奖励、惩罚、反馈、模仿、替代强化等概念和原理，为行为主义心理咨询方法开拓了广阔的前景。

第九章

――――

卡特尔：16PF 和人格理论中的心理健康思想

雷蒙德·卡特尔，美国心理学家，被誉为 20 世纪最有影响力的行为主义心理学家之一。他对人格特质、智力、动机、创造力和成就、群体行为等研究，为人们预测行为和了解自我奠定了基础，发展了一整套详尽的人类行为研究的理论体系，为扩展现代心理学的广度和深度做出了巨大的贡献。卡特尔 1905 年 3 月 20 日出生在英格兰南部的海边度假胜地——特奎镇，在这里度过了幸福的童年。

一、卡特尔的生平与学术事迹

在海边度假胜地——特奎镇的童年经历，使他对大海产生了浓厚的兴趣，在他的第一本书中，就提到了他在德文郡（Devon）和康沃尔郡（Cornwall）附近海域的航海经历。卡特尔的父亲是一名机械工程师，就职于生产蒸汽机和内燃机等设备的工厂。在他 9 岁的时候，英国参加了第一次世界大战，他的父亲帮助制造新的战争设备，而年幼的卡特尔则帮助照料伤残士兵。他目睹了战争的惨烈和生命的脆弱与短暂，这使他认为"一个人应该在有限的生命中，尽最大的努力做更多的事情"。于是，这种对死亡的危机感被卡特尔转移到工作的紧迫感中，致使他的一生发表了 500 多篇学术论文和 56 部专著，以及超过 30 个用以进行人格和智力研究的规范化测试工具。高中时的卡特尔就以其突出的成绩而著名，1921 年，卡特尔获得县奖学金，进入伦敦大学国王学院学习物理学和化学，三年后以优异的成绩获得了理学学士学位，成为家族中唯一的大学生。

　　大学毕业后，卡特尔进入伦敦大学研究生院学习文学和哲学。在此期间，受到第一次世界大战以及诸如伯特兰·罗素（Bertrand Russell）、乔治·萧伯纳（George Bernard Shaw）、威尔斯（H. G. Wells）和奥尔德斯·赫胥黎（Aldous Huxley）等一批思想家的影响，他开始对心理学产生兴趣，意识到心理学在解决各种严峻的政治、经济和社会问题中的作用，认为传统的解决方法并不有效，而心理学能够理解人类本性，找到新的有效的解决方式。他受聘担任了因素分析创始人查尔斯·斯皮尔曼的研究助手，帮助其进行智力方面的心理学研究。1929 年，卡特尔顺利获得了伦敦大学心理学博士学位。同时，在 1926—1932 年，卡特尔还担任英格兰埃克塞特大学的讲师，之后 5 年，他创办和主持了英格兰莱斯特儿童心理辅导中心，进行了大量的临床工作，积累了丰富的资料和经验。

　　1937 年，卡特尔受美国著名心理学家 E. L. 桑代克（Edward L. Thorndike）的邀请，到美国哥伦比亚大学师范学院工作了一年，在这一年里，他和他的追随者一起用多因素分析法研究智力理论。之后，卡特尔到克拉克大学工作了 3 年，对人格和智力进行了客观的行为测量，并在 1942 年的美国心理学大会上报告了他对晶体智力和流体智力的研究成果。其间，伦敦大学授予卡特尔荣誉科学博士头衔，以表彰他在心理科学领域做出的杰出贡献。1941—1944 年，卡特尔在哈佛大学讲授心理学，受到当时工作环境中同事亨利·莫里、罗伯特·瓦特（Robert White）和戈登·奥尔波特（Gordon Allport）等富有创造性的人格心理学家的激励，他对人格的研究和思考有了进一步的发展，认为既然因素分析可以研究智力，那么也可以研究复杂的人格。两年后，卡特尔前往伊利诺伊州立大学担任心理学系教授和人格测量实验中心主任，直到 1973 年。伊利诺伊州立大学发明了第一台电子计算机，使得用因素分析法得到的大量数据可以进行快速计算。于是，在伊利诺伊州立大学的 27 年时间里，卡特尔做了大量的人格特质方面的研究工作，奠定了他的理论基础，为临床应用提供了宝贵的支持，成为世界公认的人格理论家。其中，于 1949 年首次发表了"卡特尔十六种人格因素量表"（Cattell's Sixteen Personality Factor，16PF）。该量表被公认为权威的人格测量方式，先后翻译成 40 多种语言。

1978 年，卡特尔从伊利诺伊州立大学退休，到科罗拉多定居了 5 年，5 年后担任了夏威夷大学的兼职教授，在此期间，他仍旧孜孜不倦地进行心理学研究并发表了大量的文章和著作。有人评论说，卡特尔书写的速度比一般人阅读的速度还快。他是一位多产的美国心理学家，一生发表了 500 多篇学术论文和 56 部专著，以及超过 30 套用以进行人格和智力研究的规范化测试工具，16PF 只是其成果的冰山一角。卡特尔对心理学主要贡献之一是编制了 16 种人格因素量表，并将其应用于临床研究。作为最有影响力的心理学家，在他去世的前一年，被美国心理学会提名为美国心理学基金（American Psychological Foundation，APF）心理科学终身成就奖金质奖章（Gold Medal Award for Lifetime Achievement in the Science of Psychology）。卡特尔被认为是 20 世纪最著名的心理学家之一，在国际心理学界最负盛名的《普通心理学评论》杂志"20 世纪最杰出的 100 名心理学家"榜单中位列第十六位。1998 年 2 月 2 日，卡特尔逝世，享年 93 岁。

链接：【卡特尔生平重大事件】

1905 年 3 月 20 日，出生在英格兰特奎镇。

1915 年，获得奖学金，就读于托基镇男子文法学校。

1924 年，获得伦敦大学国王学院化学专业理学士。

1929 年，获得伦敦大学国王学院心理学专业哲学博士学位。

1930 年，设计一系列智力测验并发表。

1933 年，首份性格测验发表。

1937 年，受邀前往哥伦比亚大学，成为桑代克的研究助理。

1938 年，受聘哈佛大学心理学讲师。

1946—1973 年，受聘伊利诺伊州立大学心理学教授，创办并领导人格和群体分析实验室。

1997 年，获评美国心理科学终身成就奖金质奖章，因不满批评而拒绝授奖。

1998 年 2 月 2 日，卡特尔逝世，享年 93 岁。

卡特尔是位勤奋而多产的学者，甚至在圣诞节还要到办公室工作。卡特尔也是一位富有个人魅力和亲和力的学者，他的一生与无数心理学工作者合作过，并教出了无数优异的学生，他总是鼓励他们为心理学做出更大贡献，受到了成千上万学生和合作者的喜爱、赞美和尊重。卡特尔的主要著作有《人格的描述与测量》(The Description and Measurement of Personality)(1946)，《人格研究导论》(An Introduction to Personality Study)(1949)，《人格：一个系统的理论和事实的研究》(Personality: A Systematic, Theoretical, and Factual Study)(1950)，《人格的科学分析》(Scientific Analysis of Personality)(1965)，《多元实验心理学手册》(Handbook of Multivariate Experimental Psychology)(1966)，《人格与动机的科学分析》(The Scientific Analysis of Personality and Motivation)(1977)。

二、卡特尔人格理论的方法来源和理论背景

卡特尔的人生分为两个阶段。第一个阶段是在英国，从他出生起到 1936 年。这 31 年间，他培养了心理学研究的兴趣，完成了心理学的入门教育，并开始从事相关的研究与临床工作。第二个阶段是在美国，从 1937 年直到他逝世的 1998 年。在这漫长的 62 年里，他出版了大量心理学著作，创建了人格特质因素理论和人格动力理论，并开展了大量临床研究，总结编制了《卡特尔十六种人格因素量表》，彻底奠定了他在心理学界的地位。无论是卡特尔的人格理论，还是 16PF 的产生和临床应用，都与卡特尔个人的经历以及他当时所处的社会文化环境有着密切的联系。

(一)方法来源

16PF 主要应用了因素分析的方法。卡特尔在伦敦大学学习期间，作为该方

法创始人斯皮尔曼的科研助手，进行了大量研究和实践。查尔斯·爱德华·斯皮尔曼（Charles Edward Spearman，1863—1945），英国理论和实验心理学家，将因素分析方法应用于智力研究，提出了智力结构的"二因素说"，即"G"因素（general factor，一般因素）和"S"因素（special factor，特殊因素）。斯皮尔曼认为，一般因素是每个人都具有的一种智力，其区别在于每个人的大小不同；而特殊因素并不是每个人都具有的一种智力，只有那些在某个特殊方面（如体育）有能力的人才有这种智力因素，且大小不同，另外一些人可能不具备这种特殊能力，但在另一个特殊方面（如文学）上有能力。在斯皮尔曼看来，人完成任何一种活动的过程都是由 G 和 S 两种因素共同决定的。卡特尔跟随斯皮尔曼开展了各种相关研究，掌握了因素分析方法。

以往的人格特质心理学家一般从微观的角度研究人格，根据现实的表现来猜测个体存在的人格特质。而卡特尔则是使用经验主义的方法，从宏观角度首先确定人类所具有的所有人格特质。由于卡特尔在本科期间曾主修过化学，化学元素周期表对他的心理学研究有很大的启发。他认为在研究人格特质之前，并不需要先入为主地进行分类，或者将某个人的突出特点作为他的特质类型。相反，个体的许多特征之间也许存在较高的相关，可以将它们归入同一特质中。于是，他希望能够用因素分析的方法建立类似于化学元素周期表一般的人格特质量表。也就是说，卡特尔将来自生活记录材料、问卷材料和客观测验材料的三方面数据进行统计处理，把用来描述人格的几百种特质通过相关性测量，将高度相关的特质划为同一个人格维度，最后确定了 16 种大致的基本维度，这些维度是人的根源特质。卡特尔认为，每个人都具有 16 个因素，正如智力的 G 因素一样，是人人都有的，只是程度不同，16 种根源特质的综合程度决定了人们的人格表征。

(二) 理论背景

早在古希腊时期，人们就对不同的人格进行区分，包括多血质（快乐型）、抑郁质(悲观型)、胆汁质(易怒型)和黏液质(淡漠型)。也有人根据体型进行分类，包括内胚型(肥胖型)、中胚型(强壮型)和外胚型(弱型)。根据不同的性格、体型或者别的属性归类，称为类型法。这种方法发展到现代，在普通人中仍然非常流行，例如根据血型、星座和属相分类。显然，这样的分类大多数不符合事实，于是，逐渐被特质流派所取代。

特质流派的典型特征是预测那些得分处在特质连续体上某一范围内的人有什么样的典型行为表现，从而区分不同特质群体之间的差异。一般而言，人格的特质流派建立在两个重要的假设之上。第一，人格特征在时间上是相对稳定的；第二，人格特征具有跨情境的稳定性。在这两个前提之下，特质流派很少论及人格的变化，也很少预测某个个体在某个特定情境下的行为，而是关注群体的特征，将不同特征的群体进行比较，从而对人类的人格进行相对的定义和划分。

弗朗西斯·高尔顿爵士(Sir Francis Galton)是达尔文的表弟，对测量的实践与理论以及个体差异的心理学研究做出了重要的贡献。他首先提出了词汇假设，认为某语言中说话写作所用的语言应能包含描述这一文化中任何一个人所需的概念。同时，那些非常突出的、与人的社会生活密切相关的个体差异都会被人的自然语言所编码、表征。之后，德国心理学家鲍姆加登(Baumgarten)按照心理学途径对特质名称进行了分类。接着，戈登·奥尔波特和奥伯特(Odbert)进行了深入研究，从1925年版的《韦氏国际词典》中选出了17953个能区分人类行为差异的形容词，将其分成4大类：表示稳定人格特点的词；描述暂时心境和活动的词；对性格进行评价的词；一些混合术语以及含义不清的术语。其中表示稳定人格特征的词有4504个。

在这些研究的基础之上，卡特尔将4504个稳定人格特质词，加上精神医学和心理学文献的形容词，进行了聚类分析，删减到200个，然后将这200个词两两对立起来。如自大的—谦卑的，愚钝的—聪慧的，无耐心的—有耐心的，幻想的—实际的等。针对总结的这100对特质词，卡特尔编制了和日常生活相关的问卷，要求被试对自己和朋友分别进行评价，得出每个人在各个人格特质上的分数，然后用统计方法求出各个特质之间的相关关系，将彼此相关较高的分为一组，并用一个概括性的名词来标志。这个概括性的名词就是根源特质。

链接：【《人类动机和动态微积分》简介】

　　该书包括前言、24 个专题、参考文献、名词索引、姓名索引和作者简介几个部分。其目的是给本科生提供一种整体实用的高级研究方法。作者以尔格（ergs）和情感（sems）两种重要的动机因素为核心和出发点，精致地构建了人类动机的体系。对动机的本质、成分、测量方法、影响因素和未来的研究问题都做了深入、细致的描述与刻画，并引入了大量的数学与统计学的方法，运用各种方程来模拟动机的各要素。除此之外，卡特尔还分析了人格学习的过程、提出了结构性学习的理论和方程、分析了社会及文化环境的模型，在此基础上，对整个应用心理学的发展提出了模型化、标准化和方程化的建议。

链接：【《人格和能力的遗传》简介】

　　该书对人格和能力的遗传学研究方法和研究成果做了全面的梳理和总结。全书共有 10 章，前 5 章主要内容是行为遗传学的研究方法和主要模型、双生子研究的范式和 MAVA 分析方法等，后 5 章从学习和遗传过程的关系、能力和人格的遗传等角度对当时的行为遗传学研究做了回顾。每一章都有一个小结。当时遗传科学的研究已经取得了长足的进步，但很少有著作是写给心理学家的。因此，有必要从心理学的角度，以人格和能力等核心变量为基础，展示行为遗传学的研究成果，只有这样才能不断地提升心理学的科学性。卡特尔特别强调，年轻的心理学专业学生应了解和掌握此书的内容，一定要像化学和物理学科那样，引入复杂模型以深入地分析心理现象。

三、卡特尔人格特质的理论模型

卡特尔认为，人的气质类型没有好坏之分，每种气质类型都有积极和消极两方面，通过对现实中人们的实验研究，卡特尔发现人格特质有三分之一是由遗传决定的，有三分之二是由环境决定的。并且，随着个体年龄的增大，特质具有相当大的稳定性。卡特尔将理论探讨和科学测量结合起来，采用归纳—假设—演绎的方法，找到复杂人类行为中那些相对而言更加稳定和综合的特质，得出了16种独立人格因素，包括乐群性、聪慧性、稳定性、好强性、兴奋性、有恒性、敢为性、敏感性、怀疑性、幻想性、世故性、忧虑性、求新性、独立性、自律性和紧张性，作为根源特质和初级因素。然后将这些初级因素进一步分析产生次级因素，包括适应与焦虑型、内向与外向型、感情用事与安详机警型、怯懦与果断型、心理健康因素、专业有成就者、创造力强者和在新环境中有成长能力的人格因素8种。16种初级因素和8种次级因素相结合，可以全面地描述和概括所有的人格群体。

人格的特质流派着重在于描述人格和预测行为，而不是解释人们为什么会在某个场景下表现出某种行为，这就使得人格特质的研究结果只是为那些在某人格维度上可能过高或过低的人们提供一个如何改变的方向，而无法通过实际的方法进行改善与治疗，所以，没有哪个重要的心理治疗学派是源自人格特质流派的。但是，随着社会的发展和心理学研究范围的扩大，现代心理学的研究对象已经不仅仅是那些患有心理疾病的群体，也不只是关注人类发展过程中的消极心理，对积极心理学的研究热潮说明心理学对普通大众的心理健康维护有很大作用，通过关注积极心理也能够帮助人们解决不健康的心理问题。人格特质研究中收集的信息有助于治疗者在治疗过程中进行诊断和制订治疗计划，特质研究考察的许多特征，如自尊和社会焦虑，则有助于被治疗者在社会交往中的个人适应。因此，特质研究对避免消极心理、追求积极心理、维护心理健康具有重大意义，尤其是卡特尔的 16PF 能够计算出心理健康者的人格因素，找到那些情绪不稳定程度较为显著的心理不健康者，通过后天环境的影响来改善和预防因为心理问题造成的行为偏差。

卡特尔的人格理论认为，人格是由许多彼此独立的特质因素构成的复合结构，这些特质是个人相对恒定的体质特征和行为倾向。根据不同的方式，卡特尔把这些特质进行了分类，建立了四个层次的理论模型。一是体质特质和环境特质，前者是先天遗传的行为倾向，后者是后天习得的行为倾向。例如，16PF 中的因素 A（乐群性）就是体质特质，因素 Q1（求新性）就是环境特质。二是共同特质和独特特质，前者是所有社会成员所共同具有的行为倾向，后者是单个个体所特有的行为倾向。三是表面特质和根源特质，前者是从外部行为中可以直接观察到的行为倾向，后者是不能直接观察到，但可以通过外部行为进行推知的行为倾向。卡特尔认为，人格研究的终极目的是找到根源特质。四是能力特质、动力特质和气质特质。能力特质是在认知过程中，表现知觉及运动的个别差异的特质；动力特质是在情绪与动机过程中，使人趋向某一目标的行为动力的特质；气质特质是由遗传而来，在意志行动中不随环境变化的特质。例如，智力就是能力特质，它决定了个体有效完成学习任务的水平；而个人行动的温和与暴躁则是气质特质，决定了一个人的情绪色彩。

卡特尔对本能的认同和精神分析学派的思想类似，把动力特质看作人格的动机因素，包括意识本我、自我表达、理想自我、生理需求表达和压抑情节五种成分。他在对人格形成的年龄趋势的研究中指出，自我和超我是在个体二岁至五岁阶段发生的，这一时期的冲突与解决对人格的形成非常重要。到了 6~13 岁，个体的自我进一步发展，容易发生情绪不稳定和对外界社会没有把握的情况。而 25~55 岁是人格的稳定和成熟阶段。尽管生理机能在不断下降，但是生活经验的积累有助于创造力的增加（说明创造力是一种环境特质）。

四、卡特尔人格理论及其心理健康思想

在日常生活中我们经常发现，处在同一个压力环境下，有人容易生病，有人不容易生病；面对同一种冲突，有人的情绪容易失控，有人的情绪比较平和；抑郁症和高血压等疾病的发生除了受到外界环境的影响之外，还存在家族遗传的情况。种种现象说明，人格和心理健康之间也有相应关系。在应对压力、向别人吐露心声、发泄情绪、宗教信仰、焦虑、孤独等很多涉及心理健康的方面，都存在人格的个体差异。

(一)卡特尔人格因素的评鉴

对于人格与心理健康的关系，卡特尔认为心理疾病是由无法解决的冲突造成的。在青少年阶段，他认同精神分析学派对自我发展的看法，指出个体的自我发展不成熟，无法对自己和周边环境有清晰和理智的认识，情绪容易受到外界环境的影响，一旦失去理智，就会难以控制自己的行为。在成年阶段，他认为，如果个体的人格发展不够稳定和健康，那些根源特质的过度发展就会支配个体的行为，如好强性会使个体产生更多攻击性，敢为性让个体产生更多冒险行为，忧虑性则使得个体多疑和不安，在人际关系中不信任，从而将好强性和敢为性转化为表面特质，产生冒险攻击等表现行为。到了老年阶段，他赞成现代精神医学的一些观点，指出老年人会有下列典型特点：担心经济状况和健康状况；感到无所希求，寂寞孤独；多疑；兴趣狭窄；记忆力减退；思想僵化，保守；多话，特别喜欢谈论过去；喜欢收藏(特别是琐碎的东西)；感到身体功能不足，导致不安全感和焦虑感；自罪感，易激怒；性活动减少，但对性兴趣增加(特别是男性)；不整洁；对条件改变不能适应；社会联系和社交活动减少。这些典型特点会引发各种不同的心理疾病和偏差行为。无论哪个阶段的心理疾病，都离不开人格因素的影响。

　　卡特尔对心理疾病治疗的技巧主要依赖于他对人格因素的评鉴。他认为，评鉴越客观精确，其评鉴结果在治疗过程中对被治疗者的判断也就越客观精确，治疗者可以更好地了解治疗前后行为的改变，帮助找到更加有效的治疗方法。但是，他不同于"爱空想的，先于测定、先于实验就提出假象的"理论家，而是将敏锐的临床观察结果应用到精确的测量中。也就是说，他对人格因素的评鉴建立在生活资料之上。

　　在卡特尔看来，人的所有特质都源于根源特质，只需要找到人的根源特质，就能够解释人的所有人格和行为。他总结出 16 种人的根源特质，并根据生活实情编制了 187 个自我陈述题目。每一种根源特质都由一个分量表来测量，每一种特质都分两级，这样，每一个分数都存在意义，都能够说明人格的某个方面。该量表即"卡特尔十六种人格因素量表"。卡特尔在不同国家(美国、德国、英国、法国、意大利、印度等)对不同年龄段(成年人、儿童)进行了人格量表的适应性测试，根据群体的文化、宗教信仰等差异，最后得出五个版本，以适用于各个层次的被试。这些版本之间只存在项目数量和回答方式的差异，因此对人格测量的最后结果并不产生特别大的影响。中文版卡特尔 16 种人格因素量表的解释如下(见表 9-1)。

表 9-1 卡特尔 16 种人格因素量表

序号	人格因素	低分者特征	高分者特征
A	乐群性	沉默孤独	乐群外向
B	聪慧性	愚钝、抽象思维能力差	聪慧、抽象思维能力强
C	稳定性	情绪不稳定、无耐心	情绪稳定、有耐心
E	好强性	温顺、随和	支配、好斗、有主见
F	兴奋性	严肃、谨慎、安静	轻松、热情、活泼、幽默
G	有恒性	权宜、敷衍、轻视规则	有恒、负责、遵守规则
H	敢为性	畏怯退缩	冒险敢为
I	敏感性	粗心、迟钝	细心、敏感
L	怀疑性	信任、接纳	怀疑、警觉

续表

序号	人格因素	低分者特征	高分者特征
M	幻想性	实际、合乎常规	幻想、不实际
N	世故性	直率、天真	精明能干、世故
O	忧虑性	安详沉着、有自信心	不安、多疑、自责
Q1	求新性	保守、传统、抗拒改变	自由、批评、求新
Q2	独立性	依赖群体	自立
Q3	自律性	冲动、无法自制	克制、自律、严谨
Q4	紧张性	放松、沉着、欲求低	紧张、迫切、欲求高

在16种根源特质的基础上，卡特尔用因素分析法得出八个次级因素，用来进一步解释人格特质。这八项人格特质次级因素如下所示。

1. 适应与焦虑型 X1

适应型个体的积极方面是对生活适应性好，通常感到心满意足，能做到所期望的及自认为重要的事情，而消极方面是对困难的工作缺乏毅力、不肯奋斗努力、知难而退。焦虑型个体则常常对生活上所要求的和自己意欲达到的事情感到不满意，也因此会知难而进，工作异常努力，也会因此影响身体健康。

2. 内向与外向型 X2

内向型个体趋于胆小，在与别人接触中采取克制的态度，有利于从事精细的工作。而外向型个体性格外倾、善于交际、不受拘束，有利于从事贸易工作。

3. 感情用事与安详机警型 X3

感情用事者的情感丰富，经常感到困惑不安、缺乏信心，对生活中的细节较为含蓄和敏感、性格温和，讲究生活艺术，采取行动前会顾虑很多。安详机警型个体富有事业心，果断刚毅，有进取精神、精力充沛、行动迅速，也因此常常忽视生活上的细节，只注意明显的事物，会有考虑不周、不计后果和贸然行事的冲动。

4. 怯懦与果断型 X4

怯懦的个体容易顺从和依赖别人、个性被动与纯洁、受人驱使而不能独立、迁就别人。果断的个体则比较独立、有气魄、有攻击性，会主动寻找可以施展这种行为的环境或机会来充分表现自己的独创能力，并从中获取利益。

5. 心理健康因素 Y1

在此量表上得分低于 12 分的个体，容易出现情绪不稳定，失去心理平衡而造成各种心理问题。

6. 专业有成就者的人格因素 Y2

在此量表上得分高于 67 分的个体比其他个体更有可能在各自的领域获得较高的成就。

7. 创造力强者的人格因素 Y3

在此量表上标准分高于 7 分的个体属于创造力强者的范围。需要指出的是，卡特尔认为，人的创造力和他过往的经历和经验有关，一般而言，年龄越大人的经验越多，创造力也会越高。这说明此项特质不仅受到遗传的影响，也受到后天环境的培养。

8. 在新环境中有成长能力的人格因素 Y4

在此量表上得分低于 17 分的个体从事专业或训练成功的可能性极小，而大于 25 分的个体有成功的希望。在新环境中有成长能力说明个体能够适应新环境，并能在新环境中迅速进行学习，掌握技巧和知识。

通过这八个分量表的评价，可以对个体的人格特质有进一步的了解和分析，从而为健康的维护、职业的选择、人员的评价做出贡献。

（二）卡特尔对 16PF 的临床研究

1. 治疗方法

在治疗方法上，卡特尔持折中主义的立场，认为在可靠、有效的测量基础上，任何有效的治疗方法都可以使用，而不应该拘泥于某一种治疗方法。他既应用精神分析的个案分析法，认为治疗者对患者早期创伤经验的研究将有助于治疗，因为重新提起这些经验，患者可能会从较好的角度重新认识自己的情绪反应以改变其行为；也应用直接条件作用，如行为疗法。卡特尔的治疗观点是：精神病人的整个人格机能都有障碍，测量和治疗方法都必须针对其整体的人格结构，而不能仅针对其某些具体的行为方法。

卡特尔等人曾就精神疗法和药物治疗相结合的方法对神经症患者进行治疗有过研究。在研究中，他们发现两种方法的相互配合对治疗更有效果。精神疗法能够使得药物治疗的安慰效用持续更长的时间，还能降低麻醉剂在最终治疗结果上的副作用。在关于强迫症治疗的改善率上，他们指出光靠药物治疗并不能达到明确的效果。因为治疗师既不能清楚地描述出这些症状的特点，也不能详细地区分恐惧症和强迫症之间的症状差异。通过实验显示，在人格特质的 O 因素（见表 9-1）上，精神疗法可以有效地降低内疚倾向，但只能在那些没有服用安宁片的被试群里，这说明经过药物治疗和不经过药物治疗的群体是不一样的。而在人格特质的 C 因素（见表 9-1）上，精神疗法却只在那些服用了安宁片的被试群里有效果，这说明药物治疗对 C 因素有影响。这两个实验说明，在某些神经症上，光靠精神疗法就能够达到效果；而在另外一些神经症上，光靠精神疗法也不行，需要配合药物疗法。如何有效地将两者结合起来，是治疗过程中应该注意的问题。

2. 临床研究

卡特尔将 16PF 应用到犯罪、焦虑症、强迫症等问题的测量上，发现这些患者和正常人存在很多人格上的差异。正是由于这些差异的存在，使得患者在心理和情绪上产生异常，从而导致行为异常，甚至引发违反社会规范和社会道德的犯罪行为。这些研究结果对治疗具有很大的启发，如果可以找到偏差行为的根本原因，我们就可以通过改善和完善人格的方式，对患者进行引导，降低或提升他们的某一项人格因素分数，来减少他们的偏差行为。

卡特尔和其他学者在一项对青少年犯罪的研究中发现，无论是美国还是欧

亚国家，青少年犯罪的现象越来越普遍，而且出现了很大比例的重犯率
（80%）[1]。除了受到第二次世界大战的影响之外，人格因素中，高分 G 和 Q3
（见表 9-1）能够预测个体对社会行为的负责程度。在其他因素保持不变的前提
下，在这两个因素上得分较高的个体，更加成熟和可信赖，较少出现反社会行
为，而在这两个因素上得分较低的个体，尤其是青少年，容易出现犯罪行为，
产生人格障碍。而在 E 因素（见表 9-1）上，犯罪的青少年会为他们的攻击行为
找到合适的借口，他们知道什么时候应该停止攻击然后表现出正常行为。但是，
在 I 因素（见表 9-1）上，犯罪青少年的得分低于平均分。有趣的是，一般而言，
医生、工程师、警察和技术人员的 I 因素得分较低，说明他们是理智的。而犯
罪青少年也拥有理智型人格，若加上他们对社会行为的不负责任和攻击性，就
会共同导致高犯罪率和高重犯率。卡特尔等人认为，如果在治疗的过程中，提
高他们的 I 因素分数，也就是说，降低他们的坚韧性和愤世嫉俗的人格，增加
他们情绪的敏感性，也许可以降低他们的犯罪率。

卡特尔和斯特尔 1961 年为诊断神经病、精神病和心理病态者，特别是区分
焦虑性歇斯底里、强迫症、转换性歇斯底里和身心机能紊乱症等综合病群体提
供了人格上的划分标准。[2] 在焦虑和外向型的比较研究中，卡特尔等人（1965）[3]
发现，美国被试的焦虑水平较低，而外向型水平和自律水平都较高，日本被试
则在独立性上有偏高水平。卡特尔和沃伯顿（Warburton）则发现，英国人比美国
人要稍微内向和焦虑。[4] 这些结果说明，尽管世界各国的根源特质相似，但是，
在这些特质的程度上，存在差异。这有可能是受到文化和价值观等因素的影响。

此外，在卡特尔看来，人格特质除了存在个体和国家差异之外，还会发生

---

① Raymond Bernard Cattell & Morony, "The Use of the 16PF in Distinguishing Homosexuals, Normals, and General Criminals," *Journal of Consulting Psychology*, 1962, 26(6), pp. 531–540.

② Raymond Bernard Cattell & Ivan H. Scheier. The Neuroticism Scale Questionnaire(The NSQ), 1961.

③ Tsujioka B. & Raymond Bernard Cattell, "A cross-cultural comparison of second-stratum questionnaire personality factor structures–anxiety and extraversion–in America and Japan," *The Journal of Social Psychology*, 1965, 65(2), pp. 205–219.

④ Raymond Bernard Cattell & Warburton F. W., "A cross cultural comparison of patterns of extraversion and anxiety," *British Journal of Psychology*, 1961, 52, pp. 3–15.

遗传，特别是在智力这一能力特质方面，遗传的影响尤其大。卡特尔把智力分成流体智力和晶体智力。他认为，流体智力（如知觉、记忆、推理等）大部分是天生的，依赖于大脑的神经解剖结构，并且多半不依赖于学习。而晶体智力是过去对流体智力应用的结果，大部分属于从学校中学到的能力。显然，这部分智力是可以通过培养得到的。一个人的智力在一生中并非一成不变。卡特尔认为人的流体智力在青年中期达到顶峰，然后便逐渐开始下降；而晶体智力则随着年龄的增长而增长，只是增长的幅度逐渐减小。而在另外一项有关犯罪的研究中，他指出，同卵双胞胎比异卵双胞胎在犯罪率上更相似。也就是说，同卵双胞胎的两个个体在长大后进行犯罪的可能性非常接近，异卵双胞胎则不同。他总结了无数双胞胎研究的前例，认为通过双胞胎来研究人格的遗传性非常有效。结果显示，并不是所有的人格因素都会得到遗传。其中，人格因素 F、H 和 Q3 具有较高的遗传性，而 A、E、G、I 和 Q4 具有较低的遗传性。从遗传的角度解释人格有利也有弊，一方面，人格的遗传性正好说明了它的根源特质属性；另一方面，遗传性的说法削弱了环境因素的影响。也正是由于卡特尔对遗传的过度重视，导致他受到其他学者的抨击。

（三）16PF 在现代心理健康中的应用

由于 16PF 具有较高的效度和信度，且能够对人的特质做出详细的测评和分析，经过几十年的发展，它在国际上的影响越来越大，被广泛应用于人格测评、人才选拔、心理咨询和职业咨询等工作领域。1979 年，中国也将其引入国内，并编制了中文版的 16PF 问卷。无论是在中国还是在外国，16PF 与健康的关系得到越来越多学者的关注，特别是用 16PF 鉴定人格异常被试的异常心理方面，如犯罪、焦虑症、抑郁症等，有很多研究。这些研究发现，心理异常的个体在某些人格因素上不同于正常人，或者偏高，或者偏低，正是由于存在这样的人格差异，才使他们的情绪和行为非常不稳定，更有可能引发神经问题。

国内有研究者用 16PF 问卷对大学生的心理健康进行诊断时发现，C 因素

（见表 9-1）得分低（自我力量太弱），而 O 和 Q4 因素（见表 9-1）得分高，是心理健康不良的最主要因素。[①]自我力量的强弱代表了个人的自我心理调控能力，有了坚强的自我，才能抵制过多的忧虑和抑郁，才能避免紧张和激动，在心理压力和冲突中免于心理失衡，保持心理健康。这说明培养和加强个人的自我力量对个体应对社会和生活中出现的各种心理问题非常重要。他们还发现，F 因素（见表 9-1）在心理健康的诊断中作用不大。这是由于中国人的行为举止普遍较为含蓄，情感不易外露，在行为方式上自我限制和监督能力较强，因此，即使在社会交际中表现出严肃、谨慎、冷静和寡言等特征也是正常的。这一结果在以往的个案研究中也有发现。

与正常人群比，抑郁症患者具有情绪激动、畏缩退却、忧虑、抑郁、烦恼多端，自卑、悲观、自觉不如别人，怕与人接触等特征。神经衰弱患者存在精神过度紧张、疑病等心理缺陷，他们在 16PF 中的测量表明，在因素 C、G、Q3（见表 9-1）上低于常模，在因素 O、Q4（见表 9-1）上高于常模，显示出情绪不稳定、忧虑抑郁等个性特点[②]，主要表现为脑功能的衰弱，轻微的脑力活动即表现出用脑疲劳，注意力不易集中，记忆力下降等，在情感活动中表现出感情控制能力降低，易激怒，好伤感，烦躁不安和感觉过敏等，且对自己的疾病缺乏准确的认识从而产生疑病症状。

而在对精神分裂症患者的研究中，研究者发现，男性精神分裂症患者有高乐群性、高敢为性、高幻想性、高世故性、高忧虑性、高紧张性、低聪慧性、低怀疑性、低实验性和低独立性的人格特点，女性精神分裂症患者有高乐群性、高稳定性、高敢为性、高紧张性、低聪慧性、低怀疑性和低实验性的人格特点，这些特点与传统观点对精神分裂症患者的看法大体一致，即存在依赖、缺乏进取、保守、墨守成规、思维迟钝等问题。[③]但也有了新的发现，即较常规人群

---

① 王益明：《16PF 在大学生心理健康诊断中的应用》，载《心理科学》，1997（2）。
② 陈文明、方昭庚、王文蛟：《神经衰弱患者 16PF 及 MMPI 测试结果分析》，载《中国心理卫生杂志》，1996（6）。
③ 徐锡芳、沈逸明、张琰：《精神分裂症患者 16PF 测试报告》，载《中国临床心理学杂志》，1997（3）。

更加乐群外向、冒险敢为、顺应合作和无猜忌。

最新的结合脑成像的研究发现,H 因素较低的个体,交感肾上腺系统的灵敏程度较高,对压力的抵抗水平较低。这些被试对危险(无论是真实的还是虚拟的)的反应非常迅速,在自我感觉的表达上非常害羞和压抑。[①] 这为进一步科学验证人格差异提供了精确的说明。

在药物成瘾的问题上,国外的研究显示,海洛因依赖者的性格多以探求感和反社会人格特征为主。而国内的研究表明,适应不良、过度敏感、冲动型、对外界耐受性差、不顾及人际关系和社会义务是导致吸毒的潜在根源。在研究者对男性海洛因依赖者的 16PF 测试中发现,有 15 项因素偏离常态,其特点为热情、依赖、缺乏主见,好冒险,精明老练但学识浅薄,情绪不稳、易生烦恼、消极阴郁、内心充满矛盾,且经常受到紧张忧虑困扰,缺乏责任感、耐性和恒心,为达目的不择手段。[②] 在这些人格异常因素影响下的个体,容易产生焦虑和抑郁的心理,从而依靠毒品来摆脱自己,反而陷入难以自拔的境况中。

综上所述,16PF 在现代心理健康领域的应用非常广泛,实证研究也证明那些在心理和躯体上不健康的个体在人格上也存在不同于常人的差异。这个发现为人们预测疾病、在治疗过程中找到合适有效的治疗方法及平衡心态起到了非常重大的作用。但是,在不少研究中,研究人员也发现,患者或者被试在不同情境下也会有不同的人格表现,这是因为人们的行为不仅受到遗传的影响,也受到环境的影响。如何区分人格与环境的作用,对于 16PF 在心理健康领域的应用有着至关重要的意义。

五、结语

卡特尔对心理学的贡献毋庸置疑。在 1968 年发表的一篇文章中,研究者通

---

① Konareva, "Correlation between Level of Aggressiveness of Personality and Characteristics of EEG Frequency Components," *Neurophysiology*, 2006, 38(5-6), pp. 380-388.

② 李德强、李旭娟、黄满丽等:《男性海洛因依赖者卡特尔 16 项人格特征分析》,载《浙江医学》,2006(4)。

过统计将卡特尔评为"当代美国最高产的心理学家"。他的学术论文得到无数人的关注和引用，在被引用文章最频繁的心理学家中，卡特尔排在斯金纳之后，位列第七。而在"20 世纪最伟大的心理学家"评选中，卡特尔被排在第十六位。于是，在卡特尔逝世前，美国心理学会 APA 决定给他颁发该年度美国心理学"金质奖章"（Gold Medal Award），以奖励他在心理学领域中对实证研究和理论的杰出贡献。但是，这一项"名副其实"的评选却遭到了一些非心理学家和心理学家的抗议。原因在于，他们认为，卡特尔的思想和理论支持了"优生学"和"种族卓越理论"，影响了他的政治立场，并由此引发了一场名为"超越论"（beyondism）的宗教革命，如果 APF（APA 的非营利组织机构）将此奖项颁给卡特尔，对 APF 的纪律和组织都是一种沾污。

诚然，卡特尔曾在他的书里明确表明过，若鼓励高智力家庭的出生率大于低智力家庭的出生率，那么文化、经济和政治生活都会越来越富裕和健全。因为那些低智力个体需要消耗两倍的教育资源，而成就与贡献却并不见得很大。他们也更有可能成为行为不良者，或者成为煽动贫民造反的政治危险分子。他对社会阶层有明确的分类，认为那些属于不同阶层的人之间会有很大的差异。至于种族方面，他不仅把黑人排除在高智商人群之外，还表示欧洲大陆的矛盾和冲突都是源于犹太人侵入欧洲改变了欧洲人的血统，使现代欧洲人的人格里面产生了种族差异。但是，卡特尔的追随者表示，卡特尔的所有言论都是从科学研究的角度出发，并没有任何政治立场和道德评判，卡特尔并不会因为差异性而对任何个体有种族偏见。他的朋友理查德·戈萨奇（Richard Gorsuch）作为 APA 的神职人员回应说，在他与卡特尔交往的时间里，从来没有听到过任何可以证明卡特尔是一个种族主义者的偏激言论，他的学生也出面表示，卡特尔对每一个学生都是一视同仁的，也不会因为他们的社会地位和种族而有所偏见。

我们认为，科学必须建立在道德的基础之上，任何科学实验也必须在伦理允许的范围之内，毕竟，科学的目的是促进人类文明的发展。至于政治就要复杂得多，它服务于当权者，受到当权者利益和需求的驱动，有时甚至会违背人道主义，或者违背道德。我们在判断科学价值的时候，不能从政治的角度出发。卡特尔对心理科学的贡献毋庸置疑，至于他的思想在政治上的反映，则是另外一回事。如果因为政治的原因而否定卡特尔在人格和智力等方面的贡献，未免显得过于狭隘。毕竟，随着历史的发展，我们能够看到卡特尔的16PF人格理论具有越来越广泛且重要的科学价值。

第十章

————

塞里格曼：积极心理学创始人之一

马丁·塞里格曼，美国心理学家，主要从事习得性无助、抑郁、乐观主义、悲观主义等方面的研究。他于 1942 年 8 月 12 日出生于美国纽约州奥尔巴尼，年少时喜好篮球运动，后因未能入选篮球队而开始专心读书。特别是这期间，塞里格曼阅读的弗洛伊德著作《精神分析引论》，给他留下了深刻的印象。

一、塞里格曼的生平与学术事迹

1964 年，塞里格曼在普林斯顿大学取得了文科学士学位，随后进入宾夕法尼亚大学（University of Pennsylvania）学习实验心理学。塞里格曼检验和探讨了缺乏常规的学习理论的解释。研究了狗在受到预置的不可避免的伤害时所表现出来的被动性，发现动物是无助的，它们的学习与其活动并无太大关联。

1967 年，塞里格曼在宾夕法尼亚大学获得哲学博士学位，并于同年赴康奈尔大学（Cornell University）执教，担任助理教授职位，开始了他的学术职业生涯。1970 年，塞里格曼回到宾夕法尼亚大学，在该校的精神病学系接受了为期一年的临床培训后，于 1971 年重返心理学系，担任副教授职位，并于 1976 年晋升为教授。他继续研究并且开始重新定义如何从心理学和精神病学的角度上来看待抑郁症，并研究习得性无助——一种习得性的悲观态度——的理论，这一研究使他在抑郁症的治疗和预防研究领域取得了重大突破。在此期间，他出版了《消沉、发展和死亡过程中的无助现象》（*Helplessness：On Depression，Development，and Death*）一书。1978 年，他重新系统地阐述了无助形式，提出有机体的品质决定了无助的表达方式。其后他发现：当坏事发生时，那些具有将坏事的起因看作固有的不变的人往往会陷入无助的境地。正是这些关于抑郁和悲观的研究，使得他开始转向积极心理学的研究，从而开创了心理学历史上一条新的、重要的道路。

1995年，与女儿妮基(Nicki)之间发生的一件小事，对塞里格曼的思想产生了极大的影响。某天在花园除草时，塞里格曼训斥了小女儿。而小女儿告诉他，她从十一个月之前自己生日那天，就已经决定再也不发牢骚了。她认为，如果自己停止抱怨的话，那么，她的父亲，一位天生的悲观主义者，也会随之而停止发脾气。这件事给予了他极大的震动和灵感，使他突然明白了自己正在进行的研究的前景，并且决定从此以后将研究领域从消极心理学向积极心理学转变。

塞里格曼于1996年以史上最高票数，当选美国心理学学会主席。他任内的首要目标是要结合实践与科学，将两者发扬光大，而这也是塞里格曼作为心理学家的毕生抱负。他的重要建树包括预防种族政治战争和研究积极心理学。

塞里格曼是积极心理学的创始人。当选美国心理学会主席，给予了他一个推广新方向的机会，使得心理学界的眼光从对病态心理的研究，开始转向此前一直被忽略的积极心理学领域。自2000年起，塞里格曼一直致力于推广积极心理学。这门学科包括积极情绪、积极性格特质和积极建制等研究。积极心理学是心理学的一门新学科，主要是透过实证研究，在积极情绪、以优点为基础的性格特质和积极建制等方面进行研究。积极心理学的治疗方法能持久地减少抑郁症的症状。2002年，他与克里斯托弗·彼得森(Christopher Peterson)合作撰写了《性格力量和美德：分类与手册》(*Character Strength and Virtues：A Handbook and Classification*)一书，为积极性格特质的研究做出了巨大的贡献。克劳迪娅·沃丽斯(Claudia Wallis)在《时代》(*Times*)杂志上对此评论道："他想要说服大量的同行去探索一个新的领域，去发现什么是让人们感到满足、充实和有意义的幸福。"塞里格曼的努力，使得积极心理学领域迅速地成长起来，出现了大量的相关研究。

自1980年开始，他担任了宾夕法尼亚大学心理学系临床训练项目的主管，并在这一职位上工作了十四年。2003 年，他创建了宾夕法尼亚大学应用积极心理学硕士项目组（Masters of Applied Positive Psychology Program），并担任项目主管，这是首个着眼于积极心理学的硕士课程项目。此外，他还是 APA 期刊《预防和治疗》（*Prevention and Treatment*）的奠基者之一。同时，他还担任了数所大学的客座教授。

迄今，塞里格曼已发表了 200 多篇文献，并且出版了 20 余部著作。他的著作已被翻译成超过十六种语言的版本，畅销于美国及其他国家，其中最广为人知的有《活出最乐观的自己》（*Learned Optimism*）、《认识自己，接纳自己》（*What You Can Change and What You Can't*）、《乐观的孩子》（*The Optimistic Child*）和《真实的幸福》（*Authentic Happiness*）等。他曾在无数电视和电台节目中为心理学科研与实践等课题担任主讲者。他亦在不同专栏撰写文章，内容广泛，题材包括教育、暴力和治疗等。他经常穿梭世界各地，向教育专业人士、工业界人士、父母及精神健康专家讲学。《纽约时报》《时代》《财富》和《读者文摘》等媒体都给予了其极高的赞誉。

塞里格曼在抑郁症防治和积极心理学领域的贡献，为他赢得了诸多荣誉和奖项。1991 年，他因抑郁症预防研究工作获得美国国家精神健康协会的优异奖项。1995 年，他获宾夕法尼亚州心理协会颁发的"杰出科学与实践贡献奖"（Distinguished Contributions to Science and Practice）。此外，他还获得了美国国家科学院（National Academies）颁发的"杰出工作者"（Distinguished Practitioner）奖项。塞里格曼在 20 世纪最杰出的 100 名心理学家中位列第三十一。

随着对积极心理学的研究日渐盛行，塞里格曼现正转向训练积极心理学家，这批心理学家将会令世界成为一个更快乐的地方，而他们的工作与临床心理学家的工作有着异曲同工之妙，那就是要减少世界上的不快乐。

链接：【塞里格曼生平重大事件】

1942 年 8 月 12 日，出生于美国纽约奥尔巴尼的一个中产家庭。

1960 年，进入普林斯顿大学。

1964 年，获普林斯顿大学哲学学士学位。进入宾夕法尼亚大学攻读实验心理学博士。

1964 年，迎娶凯利·米勒（Kerry Muelle）。

1965 年，设计验证"习得无助"的三元实验。

1969 年，开始无助和抑郁的研究项目。

1970 年，离开康奈尔大学，回到宾夕法尼亚大学心理学系，任助理教授。

1976 年，升为宾夕法尼亚大学心理学系教授。

1991 年，出版专著《活出最乐观的自己》。

1996 年，当选美国心理学会主席。

2002 年，出版专著《真实的幸福》。

2004 年，出版合著《性格力量和美德：分类与手册》。

二、塞里格曼积极心理学理论产生的历史背景

"积极心理学"（positive psychology）是宾夕法尼亚大学塞里格曼教授在 1998 年美国心理学年会上倡议及定位的。2000 年，《美国心理学家》杂志刊登的《积极心理学导论》[①]一文中正式提出了这一概念。而 2002 年出版的《积极心理学手册》则正式宣告了积极心理学运动的独立。[②]

（一）积极心理学产生的社会背景

1996 年，塞里格曼当选美国心理学会主席，他开始反思心理学的历史与发展。他认为第二次世界大战前，心理学有三个特殊的使命：①研究消极心理，

---

① Martin. E. P., Seligman & Mihaly Csikszentmihalyi, "Positive psychology: An introduction," *American Psychologist*, 2000, 55, pp. 5–14.
② 任俊、叶浩生：《当代积极心理学运动存在的几个问题》，载《心理科学进展》，2006(5)。

治疗精神疾患；②帮助所有的人获得幸福充实的生活；③鉴别和培养天才①。

而事实上，从第二次世界大战以后，心理学的主要任务却仅仅只有治愈战争创伤和精神疾患。这是由于这次战争给无数的人造成了心理上的巨大创伤；自杀、抑郁、创伤后应激障碍等消极心理疾病数量急剧增加。在这样的情况之下，心理学家更倾向于从消极、病理的角度来了解心理问题，以医生治疗病人身体疾病的模式来对待人的心理问题，从而找到治疗心理疾病的方法。此时，心理学就变成了一种"矫正"的"类医学"，这种心理学便是我们目前所说的传统主流心理学，也称病理心理学、消极心理学。①不可否认，心理学在其第一个使命(治疗精神疾患)上取得了重大成就，如《精神障碍诊断与统计手册》第四版已成为一种世界通用性的精神和心理疾病的诊断标准，其中包含了 340 种左右的心理或精神问题的诊断标准及治疗方案。但是，在传统主流心理学取得巨大成就的同时，心理学的另外两个使命，特别是第二个使命(帮助人们获得幸福充实的生活)却几乎没有得到发展。尽管如今人们的物质水平、教育水平提高，娱乐方式也越来越丰富，但是人们的幸福感却没有随着社会的发展而提高。

在和平和发展的社会大环境下，越来越多的学者呼吁：心理学关注的对象绝不仅仅是有心理疾病的小部分群体，而应该包括心理健康的普通人在内。心理学应该帮助普通人使其生活得更健康、更幸福。② 与此同时，仅仅针对负面症状的传统治疗的效果也不尽如人意。显然，心理健康并非仅仅只是没有心理疾病。临床上，即使在病人痊愈后，积极心理状态也并不一定随之而来。同时，塞里格曼还指出，虽然在脑和功能两方面上，痛苦都是被优先体验的，但即使处于痛苦之中，人们依旧有追求幸福的渴望，而且幸福感也许是抵御痛苦最好的利器 。

在这种情况下，积极心理学产生了，它对人持积极乐观的评价，强调人的

---

① Martin, E. P., Seligman & Mihaly Csikszentmihalyi, "Positive psychology：An introduction,"*American Psychologist*, 2000, 55, pp. 5-14.

② 曹新美、刘翔平：《从习得无助、习得乐观到积极心理学——Seligman 对心理学发展的贡献》，载《心理科学进展》，2008(4)。

价值，同时致力于研究人的发展潜力和美德，以积极心态解读人的心理现象（包括心理问题）。积极心理学的目的在于帮助人们发现并利用自己内在的已有的资源，并且最大限度地发挥这些资源以获得幸福充实有意义的生活。诚如塞里格曼所言："当一个国家或民族被饥饿和战争所困扰的时候，社会科学和心理学的任务主要是抵御和治疗创伤；但在没有社会混乱的和平时期，致力于使人们生活得更美好则成为它们的主要使命。"

（二）积极心理学产生的理论背景

早在 20 世纪 30 年代，就已经出现了有关积极心理学方面的研究，如推孟（Terman）关于天才和婚姻幸福感的研究，以及荣格的关于生活意义的研究。但是，第二次世界大战的爆发阻断了积极心理学的发展，将心理学的重心转移到了治愈战争创伤上，忽略了积极心理方面的研究。直到 20 世纪四五十年代，一些研究者才重新开始探索和研究心理过程积极的方面，如提倡人本主义的马斯洛、罗杰斯，还有支持建构主义的学者。[1]

人本主义学者认为，人的本性是善良的，人性是自主的、能进行自我选择的。人本主义强调自我实现和高峰体验等心理的积极方面，同时重视人的潜能开发，认为人生来就具有最大限度地实现个体潜能的倾向。甚至"积极心理学"（positive psychology）这个词最早也是出现在人本主义学家马斯洛的著作（《动机与人格》中最后一章的标题为"走向积极心理学"，1954）。但在当时的时代背景下，人本主义心理学家的努力，没有使主流心理学的研究主题发生根本的转移，加之人本主义心理学主要依靠个人的观察和传记资料，缺乏必要的实验手段及实证根据，在一定程度上制约了人本主义心理学的发展和积极心理学的诞生。

而构建主义强调的是个体在与环境相互作用的过程中是积极参与的，而不是被动地直接通过直觉来获取知识。"建构"是主体能动性的体现，是主体从主观出发，积极主动地对客观事物在头脑中进行建构的过程。

---

[1] 李金珍、王文忠、施建农：《积极心理学：一种新的研究方向》，载《心理科学进展》，2003(3)。

人本主义和构建主义都关注于心理活动积极的方面，认为人不仅仅是被动接受，这在一定程度上吸引学者对心理品质的积极方面进行研究。他们的研究对现代心理学的理论产生了深远影响，并在一定程度上引起心理学家对于心理活动积极一面的重视。虽然塞里格曼一开始否认人本主义对积极心理学的影响，他认为，人本主义和积极心理学的研究方法存在差异：人本主义学家过分强调主体我而忽略客体我，过分强调理论假设，推演类推而忽略实证研究，而积极心理学则倾向于实证研究。但是后来随着理论和研究的发展，他也开始承认积极心理学和人本主义心理学有一定的渊源。

到了 20 世纪末，心理学家开始重视对心理障碍和心理疾患的预防。研究者发现，人的积极方面的特质（勇气、乐观、人际技能、信仰、希望、忠诚、坚忍等），可以在一定程度上抵御心理障碍和心理疾患。当时，虽然还没有正式提出积极心理学，但是与它有关的研究已经很多了，"个性化""自我实现""顶峰体验""健全功能""成熟""积极心理健康"之类与积极方面有关的概念已在文献中处处可见。

链接：【代表作《性格力量和美德：分类与手册》简介】

该书与克里斯托弗·彼得森合著，2004 年正式出版。作者主张通过鉴别人的美德、力量与长处，并利用这些人格力量来获得积极的心态、实现自我和谐的奋斗旅程。它包括六种核心美德和 24 种性格力量。第一种，智慧和知识：创造性、好奇心、热爱学习、思想开放、洞察力。第二种，勇气：真实、勇敢、坚持、热情。第三种，人道主义：善良、爱、社会智慧。第四种，公正：正直、领导力、团队合作精神。第五种，节制：原谅/怜悯、谦卑/虚心、审慎、自我调节。第六种，卓越：对美和优点的欣赏、感激、希望、幽默、虔诚/灵性。该书是作者近几年在积极心理学领域的最新研究成果的汇总。

链接：【代表作《活出最乐观的自己》简介】

该书最初出版于 1991 年，中文版于 2010 年出版。该书是塞里格曼出版的第一部关于心理健康思想的著作，在书中系统地阐述了他在过去十几年中对于解释风格的研究成果，并且结合实际生活阐释了这些研究的现实意义。该书使用浅显通俗的语言风格，以大量的实证研究以及调查结论为基础，深入浅出地阐述了乐观与悲观的解释风格的定义及影响因素，以及不同的解释风格会对哪些领域产生影响。全书分为三个部分，第一部分名为"什么是乐观，什么是悲观"，通过案例的引入介绍了悲观者与乐观者在面对同一事件时的不同表现，并且进一步阐述了悲观者的无助感源于何处，悲观者如何看待挫折，为什么悲观者容易从悲观滑向抑郁，以及悲观和乐观的态度将会如何影响个体的人生走向。第二部分名为"乐观的人生为什么精彩"，通过大量的案例及研究结果，翔实地论述了乐观的心态如何对人生的各个方面产生积极的影响，如乐观奠定成功的事业，乐观的孩子成绩好，乐观造就赛场冠军，乐观的身体不生病，乐观的领袖得民心等，阐述了乐观的心态对于个体而言何等重要。第三部分"如何活出最乐观的自己"，针对读者最为关心的问题做出了解答。他指出乐观是可以培养塑造的，并且是可以有弹性的。在这一部分中，他还简略地介绍了其独创的培养乐观心态的方法，即"ABCDE"方法，这一方法在他随后出版的《认识自己，接纳自己》一书中有着更为详尽深入的阐述。

三、塞里格曼积极心理学理论及其心理健康思想

积极心理学的研究涉及多个领域。目前关于积极心理学的研究，主要集中在研究积极的情绪和主观幸福感体验、积极的个性特征、积极的心理过程对于生理健康的影响以及积极的心理治疗等方面。

(一)积极的心理情绪和主观幸福感体验

积极的情绪和体验是积极心理学研究的核心。传统的心理学有关情绪的研究大多有消极的倾向。从进化的角度来看，消极情绪比积极情绪更有适应性的特点，因为消极情绪往往能和特定的行为倾向相结合而达到适应环境的目的。

例如，感到恐惧的人常常会先想到逃跑。而积极情绪则具有发展性的特点。弗雷德里克（Fredrick）指出某些积极情绪，包括高兴、兴趣、满足、自豪和爱，都有拓延人们瞬间的知—行（thought-action）的能力。这有助于构建和巩固一个人的个人资源，如体力、智力、社会协调性等，从而让人们达到更好地发展的目的。而消极情绪则会减少了这一资源，阻碍人的全面发展。

目前关于积极情绪和体验研究得最多的是关于主观幸福感的研究。主观幸福感是指个体自己对于本身的快乐和生活质量等"幸福感"指标的感觉。事实上，关于主观幸福感的探讨，始于近代西方哲学领域关于德与福的探讨，而真正的实证研究始于 20 世纪早期，但是，当时相关的研究并没有形成气候。主观幸福感成为研究热点是近十年左右的事情，众多的研究提出了许多理论，进行了许多实证研究，使关于积极情绪尤其是主观幸福感的研究一时间呈现蓬勃发展的态势。

研究者用多种理论来描述主观幸福感的形成和发展，包括了实现论/信息加工判断理论、基因或人格特质论等。而关于影响主观幸福感因素的分析也是研究者所热衷探讨的话题之一，包括了二因素说和多因素说。这些相关影响因素的探讨，大多离不开对个人客观生活环境（如经济因素、文化模式、身体健康状况、朋友关系等）以及主观的内在心理状态（心理储备或人格因素等）的讨论①②③；而在关于具体的影响主观幸福感的因素中，迈尔斯（Myers）在分析人均国民收入与幸福感的统计时发现，在最贫穷的国家里，财富对主观幸福感的影响还是比较大的，国家越富裕，人民越能感受到主观幸福感。④当人均国民收入超过 8000 美元时，这二者之间的相关就消失了，而平等、人权等指标的影

①　Suh, Eunkook, Diener et al., "Events and subjective well-being: only recent events matter," *Journal of Personality and Social Psychology*, 1996, 70(5), pp. 1091-1102.

②　Deneve, K. M. & Cooper, H., "The happy personality: a meta-analysis of 137 personality traits and subjective well-being," *Psychological Bulletin*, 1998, 124(2), pp. 197-229.

③　Schimmack, Ulrich, Oishi, et al., "Culture, personality, and subjective well-being: integrating process models of life satisfaction," *Journal of Personality and Social Psychology*, 2002, 82(4), pp. 582-593.

④　David. G. M., "The funds, friends, and faith of happy people," *American Psychologist*, 2000, 55(1), pp. 56-67.

响开始明显增大。卢卡斯(Lucas)等人关于文化对主观幸福感的影响的研究中发现,在个体主义和集体主义这两种典型的文化模式中,自尊(self-esteem)在集体主义文化模式中对个体生活满意度的影响度要比在个体主义文化模式中小。[1]此外,身体健康和人际和谐与主观幸福感的关系也是研究者探讨的热点。

除了主观幸福感以外,其他的积极情绪,如快乐、生活满意度等也是积极情绪与体验的研究重点。现有的研究发现,那些感到快乐和不快乐的人在认知、判断、动机和策略上都有所不同,而这种不同往往是内隐的,难以被意识到。[2]许多研究对影响快乐和满意度感受的因素进行了探讨,基于他们的研究,巴斯(Buss)2000年提出,为了提高快乐程度,个体至少可以通过以下的方式来进行自我调整:建立良好的人际关系并发展亲密友谊;选择价值观、兴趣、人格特征与自己相近的配偶;适当设立一些期望值,因为它们的实现会给人带来很大的鼓舞[3]。

关于积极情绪和体验的测量,也是积极心理学发展的一个重要方面。针对积极心理定义的斯蒂恩幸福感指数(SHI)[4]的提出是这方面的一大成就。SHI反映了人们在三个维度上的幸福程度,它们分别是愉悦感受、投入程度和意义感知。塞里格曼在包含700个被试的预测试中发现,SHI的分数与其他幸福感量表有着较高的相关程度[$r=0.79$,柳博米尔思基(Lyubomirsky)和莱伯(Lepper)的1999年版的一般幸福感量表;$r=0.74$,福代斯(Fordyce)的1977年版的幸福感量表][5]。这说明SHI具有较好的信度和效度。此外,SHI与贝克抑郁量

---

① Ed. Diener, Shigehiro Oishi, Richard, E. Lucas, "Personality, culture, and subjective well-being: emotional and cognitive evaluations of life," *Annual Review of Psychology*, 2003, 54(1), pp. 403-425.

② Sonja Lyubomirsky, "Why are some people happier than others? the role of cognitive and motivational processes in well-being," *American Psychologist*, 2001, 56(3), pp. 239-249.

③ David, M. B., "The evolution of happiness," *American Psychologist*, 2000, 55(1), pp. 15-23.

④ Martin, E. P. S., et al., "Positive psychology progress: empirical validation of interventions," *American Psychologist*, 2005, 60(5), pp. 410-421.

⑤ Beck, A. T., Ward, C. H., Mendelson, M., et al., "Beck Depression Inventory(BDI)," *Archives of General Psychiatry*, 1961, 4(6), pp. 504-506.

表(BDI)①有较好的对应关系。

(二)积极的人格特质与性格力量

在积极心理学中，积极的人格特质(positive personality)受到了研究者的关注。坎贝尔等人研究发现，社会人口信息(如收入、智力、受教育程度等)只能解释幸福感的15%的变化②。那么，影响幸福感的更大因素是什么呢？研究者认为积极的人格特质在影响主观幸福感方面有极大的作用。因此，心理学家逐渐开始对积极品质展开系统研究。

积极心理学的创始人彼得森和塞里格曼对个体的积极品质进行了系统研究，提出了价值实践系统(Value in Action，VIA)，对重要的积极品质进行了归纳和分类，为积极心理学的发展做出了重要贡献。VIA系统更被形象地比喻为DSM(Diagnostic and Statistical Manual of Mental Disorders，精神疾病诊断与统计手册)式的分类系统，生动地体现了价值实践系统对心理健康研究的重要性正如DSM系统对精神疾病研究的重要性。

塞里格曼等人首先对全世界范围内的各种不同的宗教、文化和法律体系进行了分析和论证③，在众多的积极品质之中，选出了进入价值实践系统的积极的人格品质(即性格力量)。价值实践系统共包含六大类的核心美德(virtue)及24种性格力量(character strength)。性格力量与美德之间是从属关系，每一类美德包含几种性格力量。性格力量亦译为显著优点。六类美德具体为：智慧(wisdom)、勇气(courage)、仁爱(humanity)、公正(justice)、克己(temperance)和自我超越(transcendence)。塞里格曼及其同事认为，这六类美德是人类各种族共有的，在人类进化的过程中对人类的生存具有至关重要的作用。性格力量是六类美德的具

---

① Beck, A. T., Ward, C. H., Mendelson, M., et al., "Beck Depression Inventory(BDI)," *Archives of General Psychiatry*, 1961, 4(6), pp. 504-506.

② Campbell, A., "Subjective measures of well-being," *American Psychologist*, 1976, 31(2), pp. 117-124.

③ Dahlsgaard, K., Peterson, C., Martin, E. P. Seligman, "Shared virtue: the convergence of valued human strengths across culture and history," *Review of General Psychology*, 2005, 9(3), pp. 203-213.

体表现形式，塞里格曼认为这是个体在思维、情感和行为中体现出的积极品质。性格力量还可以广泛地定义为可以预测个体对生活适应程度的心理过程。[①] 价值实践系统共有 24 种性格力量，具体为：创造力（creativity）、好奇（curiosity）、开放思维（open-mindedness）、好学（love of learning）、见地（perspective）、真实（authenticity）、勇敢（bravery）、毅力（persistence）、热情（zest）、仁慈（kindness）、爱（love）、社会智力（social intelligence）、公正（fairness）、领导力（leadership）、团队精神（teamwork）、宽恕（forgiveness）、谦逊（modesty）、谨慎（prudence）、自律（self-regulation）、审美（appreciation of beauty and excellence）、感恩（gratitude）、希望（hope）、幽默（humor），以及虔诚（religiousness）。

在理论分析的基础上，塞里格曼及其研究团队对 54 个国家及美国 50 个州的 117676 名成年被试进行了跨文化研究。结果表明，进入价值实践系统的 24 项性格力量在各个国家的情况和美国各个州的情况吻合。[②] 这一结果证实了这 24 项性格力量是为全人类所共有的。价值实践系统公布后，受到众多积极心理学家的关注。研究人员在其他国家，如克罗地亚（N = 881）[③]、英国（N = 17056）[④]、日本（N = 308）[⑤]、瑞士（N = 445）[⑥]、肯尼亚和丹麦[⑦]等国家进行的跨文化研究，也都认可了这 24 项性格力量，现有的研究数据表明，价值实践系统有可能成为全世界通用的描述人的积极品质的分类系统。

在提出价值实践系统伊始，塞里格曼等人即将培育个体拥有更多的性格力

---

① Xing, C., Luo, J., Isaacowitz, D. M. *Human Strengths*, Culture and Aging, 2005.

② Park, N., Peterson, C., Seligman, M., "Character strengths in fifty-four nations and the fifty us states," *Journal of Positive Psychology*, 2006, 1(3), pp. 118–129.

③ Brdar, I. & Kashdan, T. B., "Character strengths and well-being in croatia: an empirical investigation of structure and correlates," *Journal of Research in Personality*, 2010, 44(1), pp. 151–154.

④ Linley, P. A., Maltby, J., Wood, A. M., et al., "Character strengths in the United Kingdom: the via inventory of strengths," *Personality & Individual Differences*, 2007, 43(2), pp. 341–351.

⑤ Shimai, S., Otake, K., Park, N., et al., "Convergence of character strengths in american and japanese young adults," *Journal of Happiness Studies*, 2006, 7(3), pp. 311–322.

⑥ Peterson, C., Ruch, W., Beermann, U., et al., "Strengths of character, orientations to happiness, and life satisfaction," *The Journal of Positive Psychology*, 2007, 2(3), pp. 149–156.

⑦ Diener, R. B., "From the equator to the north pole: a study of character strengths," *Journal of Happiness Studies*, 2006, 7(3), pp. 293–310.

量，以及鼓励个体表现出更多的性格力量作为目标之一。现有的研究表明，生活环境及事件对个体所拥有的性格力量有影响；同时，性格力量在个体的发育过程中(如从青春期至成年)会发生变化。[①] 与青少年相比，在成年人中更普遍的性格力量包括：真实、开放思维、见地、领导力、宽恕和虔诚，这些性格力量伴随着认知和情绪系统的成熟，随着年龄的增长而增加。[②] 相比而言，在青少年中更普遍的性格力量包括：创造力、团队精神、希望、坚韧、热情和谦逊，这些性格力量似乎在青少年步入成年的过程中被消磨而有所减少。一项通过网络开展的研究发现，在"9·11"事件发生 2 个月后，和信仰相关的性格力量有所上升。另一项研究发现，军校学员与市民相比在诚实、勇敢、团队合作和勤奋等性格力量上得分更高。[③] 我国学者进行的一些研究也与此相关，如陈宝国发现，双语双文教学有利于培养学生的学习兴趣、热情和毅力。[④]

价值实践系统的创建源于积极心理学的兴起，尤其是对幸福感和生活满意度的关注。因此，价值实践系统与主观幸福感的关系备受关注。研究人员发现在性格力量问卷量表得分更高的被试生活满意度更高。[⑤] 而国内的一些研究也发现价值实践系统中所列的性格力量(如乐观、宽恕、幽默、自控等)和生活满意度/幸福感呈正相关，如袁莉敏、张日昇 2007 年发表的研究所证明[⑥]。

价值实践系统和性格力量被提出来以后，研究者不仅关注到它们与幸福感的关系，更关心这些性格力量能够提高主观幸福感。塞里格曼等人进行的一项研究表明，鼓励被试在日常生活中发挥他们所拥有的性格力量，可以提升幸福

① Koenig, L. B., Mcgue, M., Krueger, R. F., et al., "Genetic and environmental influences on religiousness: findings for retrospective and current religiousness ratings," *Journal of Personality*, 2010, 73(2), 471-488.

② Park, N. & Peterson, C., *The Values in Action Inventory of Character Strengths for Youth.* Springer US, 2005.

③ Matthews, M. D., Eid, J., Kelly, D., et al., "Character strengths and virtues of developing military leaders: An international comparison," *Military Psychology*, 2006, 18.

④ 陈宝国：《双语双文教学促进小学生智力、非智力因素发展的研究》，载《心理科学》，2004(1)。

⑤ Park, N., Peterson, C., Seligman, M., "Strengths of character and well-being: a closer look at hope and modesty," *Journal of Social and Clinical Psychology*, 2004, 23(5), pp. 628-634.

⑥ 袁莉敏、张日昇：《大学生归因方式：气质性乐观与心理幸福感的关系》，载《心理发展与教育》，2007(2)。

感。① 这一研究发现，赋予了价值实践系统更多实际应用的教育价值。

(三)积极心理过程与身体健康

积极心理过程与身体健康的关系引起了许多研究者的兴趣。积极的情绪状态(快乐、乐观等)是否能够充当积极生理状态的心理资源？研究发现，积极的情绪状态对于患者的身心状态有改善的作用，同时，良好的状态能够让康复期缩短。一项元分析研究发现，情绪在压力与疾病之间起到了中介的作用，积极的情绪更有利于提高个体的免疫力从而达到抵抗疾病的目的。②③ 而对特定人群的健康状况的研究发现，感染了艾滋病病毒的患者，如果对自己康复能力抱有不切实际的乐观看法，其在康复锻炼中反而表现更好④；消极情绪会让艾滋病症状出现得更早⑤。而类似的研究还发现，积极的心理影响能降低糖尿病患者的死亡率。⑥

关于积极情绪和体验对身体健康的作用机制，一直是研究者们分析的焦点。生理心理学的研究发现，积极和消极情绪都可能引起体内特定抗体分泌的改变，从而改变一个人的免疫系统活动的强度，进而影响健康。⑦ 关于心理状态与生理健康关系的许多研究都得出了相似的研究结论。

---

① Seligman, M., Steen, T. A., Park, N., et al., "Positive psychology progress: empirical validation of interventions," *American Psychologist*, 2005, 60(5), pp. 410-421.

② Denson, T. F., Spanovic, M., Miller, N., "Cognitive appraisals and emotions predict cortisol and immune responses: a meta-analysis of acute laboratory social stressors and emotion inductions," *Psychological Bulletin*, 2009, 135(6), pp. 823-853.

③ Cohn, M. A., Fredrickson, B. L., Brown, S. L., et al., "Happiness unpacked: positive emotions increase life satisfaction by building resilience," *Emotion*, 2009, 9(3), pp. 361-368.

④ Taylor, S. E., Kemeny, M. E., Aspinwall, L. G., et al., "Optimism, coping, psychological distress, and high-risk sexual behavior among men at risk for acquired immunodeficiency syndrome(aids)," *Journal of Personality and Social Psychology*, 1992, 63(3), pp. 460-473.

⑤ Salovey, P., Rothman, A. J., Detweiler, J. B., et al., "Emotional states and physical health," *American Psychologist*, 2000, 55(1), pp. 110-121.

⑥ Moskowitz, J. T., Epel, E. S., Acree, M., "Positive affect uniquely predicts lower risk of mortality in people with diabetes," *Health Psychology Official Journal of the Division of Health Psychology American Psychological Association*, 2008, 27(1), pp. 73-82.

⑦ Labott, S. M. & Teleha, M. K., "Weeping propensity and the effects of laboratory expression or inhibition," *Motivation & Emotion*, 1996, 20(3), pp. 273-284.

(四)积极的心理治疗

长期以来，心理治疗一直存在着一种诊断病理式的治疗思路。传统的心理治疗把工作重点完全放在对病人的问题的评估和治疗上。针对过去的心理治疗方法，塞里格曼指出，为了让患者正视问题而一味地让患者沉浸在消极的心理情绪中，并不利于实现心理治疗的目的。[①] 而现实中较高的心理治疗退出率印证了他的看法。鉴于这种现状，他提出了用积极心理疗法(positive psychothera-py)来代替传统心理疗法的建议。

事实上采用积极的方式来进行心理治疗，已经存在相当长的一段时间了，而积极心理学运动让这种心理治疗方法发扬光大起来。同时，积极心理学也运用了最新的一些研究，补充了积极心理治疗的理论基础，使之系统化和可操作化。从这个意义上来说，积极心理疗法或许会成为心理咨询师们的首要选择。

塞里格曼在吸收了前人有关积极的心理治疗的想法之后，和他的合作者一起在宾夕法尼亚大学的心理咨询中心对积极心理疗法进行了实践检验。研究发现，无论对团体还是对个人采用积极心理疗法，都能显著地降低患者的抑郁情绪。而相对于一般的心理疗法和接受药物的心理疗法而言，接受积极心理疗法的极度抑郁的个体能够更好地改善抑郁症状并得到恢复。同时，积极心理疗法还能提高一个人的幸福感。而相对于那些没有接受团体积极心理疗法的控制组学生而言，接受积极心理疗法的轻度至中度抑郁症学生能够显著地降低抑郁症状，并且提高生活的满意程度。此外，这种提高在治疗之后还持续了至少一年的时间。此外，在对门诊患者的研究中，所有指数都具有临床上的显著性，彰显了积极心理疗法的重大卓越性。

---

① Martin, E. P., Seligman, Rashid, T., Parks, A. C., " Positive psychotherapy," *American Psychologist*, 2006, 61(8), pp.772-788.

四、塞里格曼积极心理学理论对心理健康教育的启示

将积极心理学与自己人生事业的目标结合在一起，塞里格曼作为积极心理学的领军人物可谓是鞠躬尽瘁。在学术方面，塞里格曼带领着他在宾夕法尼亚大学的积极心理学团队，与众多学者合作，在积极心理学的概念定义、测量标准、实践应用各个方面都有所建树。他在宾夕法尼亚大学所创立的积极心理学研究中心，更是成了世界积极心理学研究的学术重地。

除积极心理学的学术研究外，塞里格曼在积极心理学推广方面更是举足轻重。要知道，积极心理学的本来目的就是为了与大众接触。如果仅仅局限于学术研究，那又与以往的心理学有什么区别呢？所以，塞里格曼作为积极心理学的代表人物，也作为积极心理学的"形象大使"为积极心理学的宣传和推广不遗余力。从学科内部角度而言，塞里格曼首先在宾夕法尼亚大学设立专有的"积极心理学"学位授点，这就将积极心理学作为一项单独的学科来进行教授，并且随着积极心理学自身的发展和为人所识，许多著名学府争相效仿，这为积极心理学后续人才的培养以及发扬提供了可靠的保障。同时，他和同事们为积极心理学每年所举办一次的国际峰会，更是为积极心理学在各地的研究提供了一个交流的平台，为积极心理学的跨文化研究打下了基础。2000年1月《美国心理学家》杂志刊出了一期关于"积极心理学"的专刊；2001年3月《美国心理学家》杂志又刊出了积极心理学的专栏。而且，塞里格曼作为美国心理学会主席、同时也作为积极心理学各协会的领导人物，积极推动各种奖励措施的颁布，比如最初在1999年约翰·坦普尔顿（John Templeton）基金会①决定设立"坦普尔顿积极心理学奖"，以鼓励那些"最聪明的年轻人"投入对积极心理学的研究。到最近新成立的一个以纪念克利夫顿（DonClifton）的实质性奖项，以

---

① 约翰·坦普尔顿基金会是一个鼓励在人类目的与终极现实方面相关的重大问题的突破发现的慈善组织。支持的领域十分广阔，从复杂性、进化到创造力、宽容、爱和自由意志。并且鼓励普通公民、科学家、哲学家、神学家以及其他专家和大众相互交流，获得新的见解和认识。此基金会的最初愿景源自已故的约翰·坦普尔顿爵士对于"新的灵性知识"获取可能性的乐观心态以及他对严谨科学研究的支持和责任。

鼓励在力量与美德方面有着卓越贡献的科学家，以此来吸引更多的学者来对积极心理学做出贡献，并同时让大众，尤其是青年对积极心理学产生兴趣，为积极心理学寻找生力军带来新的活力。

同时在大众传媒方面，塞里格曼并不像以往的学者那样，死守象牙塔，而是更加致力于利用现代技术将积极心理学带到大众的眼前。塞里格曼和本·迪恩（Ben Dean）为此开设了48小时的电话式课程，进行积极心理学中"真实的快乐"的讲授、训练、测试以及干预措施训练。并且，塞里格曼将积极心理学的各种测量量表均免费公开发布在关于积极心理学的权威网站上，让大众能够自主地、更方便地了解自己所处的幸福感状态（当然，这也是塞里格曼收集数据的一种手段）。总之，塞里格曼作为积极心理学的领头羊和灵魂人物，对积极心理学的创立和发展有着卓越的成就。他并不如以往迂腐的学者那般，仅仅沉浸在学术探讨的深海之中，尽管战功赫赫，却不为人所知。是他，将积极心理学从一个概念扩展成一个系统的学术领域，再从学术的禁地延伸到大众的脚下，为世人所用，并对学校心理健康教育有诸多启示。

例如，传统的心理健康教育方法相对单一，仅把心理健康教育作为一门单纯的课程来开设，或者增设一些心理辅导、咨询中心之类的场所，似乎心理健康教育仅仅属于专职心理健康教育教师的工作范畴，而学生则是心理健康教育的唯一目标。然而，根据积极心理学的观点，教师和学生都是成长、发展中的个体，而不是教育与被教育的对立关系，教师要培养自己的积极心理，也要以积极的心理看待学生，重视学生个体自我成长的经验。所以，心理健康教育应从良好的师生关系开始。关注教师的积极心理体验，关注教师的心理健康，将有助于为学生营造出良好的真实的学习生活环境，帮助学生形成积极的组织系统，在这个组织系统中有积极的学生之间关系、师生关系、师师关系，当然还包括学校管理者与学生和教师之间的关系，所以心理健康教育不仅仅是一项简单的教学活动，而应该渗透于学校各项工作的方方面面中。同时，积极心理学重视自我发展，更强调积极人格特质的重要性，这种观点决定了学校心理健康教育的方法必须多元化。心理健康教育应尽可能地融入各科目的课堂教学工作去，在课堂中教师能充分发展和运用自己的积极心理，这样不仅有利于课堂教学计划的顺利实施以及教学效果的提高，也能帮助学生发展积极心理品质。积极心理学认为，个体积极品质的形成离不开良好的环境，即建立一个有效的社会支持系统，这样可以帮助人们健康成长，促进个体在未来应对压力与挫折时，更多地采用积极方式，更好地减少或应对压力带来的伤害。学生的生理和心理都在不断地发展，他们生活环境的变化有时也不可避免，如升学、转学、换班、就业、择业，甚至是因各种原因产生的家庭人员结构的变化等，这些都可能是学生未来可能面临的环境变化。那么，如何来应对这些变化，就需要来自学校、家庭以及社会的共同关注，有了积极社会支持系统，学生应对环境变化与挫折时，就更倾向采用积极的看法与应对方式，他们对变化的环境能更好、更快地适应，这对心理健康无疑更为有利。

五、结语

像许多心理学界的大师一样，塞里格曼最初对心理学的兴趣源于其童年的遭遇。13 岁时，来自中产阶级家庭的塞里格曼进入了当地一家军事化管理的私立中学，同学都是有钱人家的孩子。同学们的排斥，让年轻的塞里格曼喘不过气来，尤其是来自女同学及女同学的母亲的冷眼，更令塞里格曼备感痛苦。塞里格曼的父亲曾经三次中风，并于几年后逝世。年少的塞里格曼目睹了父亲在瘫痪之后的痛苦与无助。这些经历促使塞里格曼走上了学习心理学的道路。

塞里格曼的学术生涯，可以说是不平凡的：他曾经两次推动了心理学的发展。更具有传奇色彩的是，塞里格曼第一次推动心理学研究的发展方向时，他还只是宾夕法尼亚大学心理学系的一名博士研究生。早在 1964 年，在一次被认为是失败的动物行为实验中，刚刚步入心理学殿堂的塞里格曼独具慧眼地发现了"习得性无助"的现象。1966 年，还在念研究生第二年的塞里格曼和梅尔提出动物可以"习得无助"，将实验结果写成论文投给了《实验心理学杂志》（*Journal of Experimental Psychology*），并被接收。这篇文章挑战了当时心理学界盛行的行为主义的观点，轰动了整个心理学界。塞里格曼受到了许多行为主义学派的学者的质疑，甚至他的导师所罗门教授都公开质疑塞里格曼的观点。作为一名默默无闻的博士研究生，塞里格曼选择了用事实说话，用实验结果作为证据。他用了十年的时间与行为主义辩驳，通过一个又一个设计精巧的实验向心理学界的权威证明：这个在动物身上观察到的无助现象，也会发生在人的身上，既可以通过学习来习得无助，也可以通过学习来把它消除。

　　时光荏苒，34 年后，塞里格曼以史上最高票数当选美国心理学会主席。作为美国心理学界最有影响力的人物之一，塞里格曼却难得地保存着一颗对心理学的赤子之心，恰如 34 年前他刚刚开始攻读心理学博士学位之时。塞里格曼并没有满足于辉煌的过去和已经取得的令人望而却步的成绩，而是将眼光投放得更远。他意识到，心理学界几乎已经被心理疾病的治疗所统治，一如当初行为主义大行其道。而这样的代价是，心理学的其他两个任务，使人们生活更充实、发现和培养天才远远没有受到应得的重视。塞里格曼又一次眼光独到地意识到，"心理学不仅仅只是研究病理学、缺陷和损伤，它还应研究人类力量和美德；治疗不仅仅只恢复受损的心灵，它还需培养积极的精神；心理学不是只关注疾病和健康的医学的分支，它的范围还要大得多，它关注工作、教育、智慧、爱、成长和娱乐"①。作为美国心理学会主席，历史的使命感和责任感促使塞里格曼并不满足于自己意识到的这一点，而是以让整个心理学界意识到这一点作为目标。过去的十年，见证了塞里格曼的艰苦努力，一个名为"积极心理学"的领域逐渐发展壮大，许多学者开始将快乐、幸福、乐观等积极的心理过程纳入了自己的研究计划。如今，没有人会将心理学与心理疾病画上等号。人们对幸福和快乐的追求，已经从文艺作品和文学著作进入了科学家的实验室中。

---

①　Martin, E. P. Seligman & Mihaly Csikszentmihalyi, "Positive psychology: An introduction," *American Psychologist*, 2000, 55, pp. 5-14.

　　塞里格曼相信，积极心理学在不久的将来会获得更多学者的理解和认识，并能在家庭、学校等团体中发挥其干预的功用使其更加和谐稳定。也许这个愿望在很多人眼中，如同天方夜谭。在我们看来，积极心理学的未来的确如塞里格曼所说是光明和远大的。但是，如同所有蓬勃发展的学术运动或流派一样，积极心理学需要从两个方面来加强自己。其一，从学术基础上来讲，积极心理学需要对已有的研究进行重复和深入的探讨。作为一个以心理干预和治疗为主导的流派，其纵向研究的数据支持是不可或缺的，尽管积极心理学家们已经对以往的纵向研究数据进行重新分析，这样也许相对消耗较少的人力和物力，但是，针对其技术和方法本身的纵向研究数据也许更能说明问题。而且，在前面提到的积极心理治疗的临床研究中，尽管已经采用了实验控制组的科学实验法（而这点是积极心理学与其他流派心理学最大区别之一），塞里格曼自己也承认，这样的临床研究数据和结果只是初步的，有待进一步探讨。其二，从实践应用的角度来讲，积极心理学作为一门与现实人生和生活相关紧密的学科、流派，与其他类似认知等心理学流派来讲，最大的不同或者说是最大的优势就在于其对现实生活的意义。积极心理学的学术成果能够及时地给人们的生活带来积极巨大的影响，所以其技术与成果的应用与实践就显得尤为重要。我们可以看到，积极心理学目前主要应用在心理治疗与教育领域和职业领域之中，以此来提高人们在不同场合不同角色中的积极情绪体验和积极人格特质，从而能够更加享受自己的工作学习以及日常生活，对自己有一个积极的评价和判断。而这样的愿景目标的实现，并不仅仅局限于利用以往传统的咨询治疗或者灌输手段，利用现代的科技、娱乐和设计来传达积极心理学的干预措施，使人们实现快乐的技能、快乐生活的技能，积极参与的技能并找到生活意义的技能，任重而道远。显然，将积极心理学与这个快速发展的高科技时代紧密地结合起来，这是积极心理学在未来的一段时间内所负有的重大历史使命。

第十一章

————

沃尔普：行为治疗中的心理健康思想

约瑟夫·沃尔普是美国著名的行为治疗心理学家。他在研究动物神经性症状的基础上，提出了"交互抑制理论"（reciprocal inhibition），并发展了具有创新意义的"系统脱敏技术"（systematic desensitization），为治疗人类的心理障碍与心理疾患做出了巨大贡献。1915 年 4 月 20 日，沃尔普出生于南非约翰内斯堡。

一、沃尔普的生平与学术事迹

沃尔普从小曾立志成为化学家，后来听从父母的安排，进入南非的维特沃特斯兰德大学学医，并获得医学学士学位和化学学士学位，1948 年获得医学博士学位。第二次世界大战爆发后，沃尔普作为医疗人员加入了南非军队，在一所军队的精神病医院工作。医院接诊了大量患"战争神经症"的士兵（即现在所称的"创伤后应激障碍"，PTSD）。当时医院的治疗方法是药物治疗与精神分析相结合的方法，即通过"麻醉分析法"，研究者认为让士兵公开谈论心中的感受，可以有效治疗他们的神经症。然而，事实并非如此。这种治疗方法的疗效并不持久，很多士兵治愈后很快又会患病。眼看着士兵们遭受心理疾病的折磨，沃尔普和同事们却束手无策。由于缺少成功的治疗案例，沃尔普对当时占统治地位的精神分析疗法产生了怀疑，并开始寻找更有效的治疗方法。从此，沃尔普走上了心理治疗探索的道路。

战争结束后，沃尔普回到母校维特沃特斯兰德大学工作，他开始将想法付诸实施。当时，精神分析学风靡心理学界，研究者人都相信神经症是早期"创伤性的经验"而引起的。沃尔普受到苏联生理学家巴甫洛夫的影响，联想到神经症可能只是一种情绪上的条件反射现象。人类行为是学习的结果，因此也能够用同样的方法消退这些行为。此外，心理学家玛瑟曼（Masserman）对猫的实验性神经症的研究，给予沃尔普极大的启发，但是沃尔普并不赞成玛瑟曼用精神分析的方法治疗猫的疾患。1946 年，沃尔普开始对猫进行神经症实验研究。他对笼内的猫进行电击，猫就产生了焦虑反应，如愤怒、拒绝走入实验笼或拒绝吃东西等。猫一旦形成焦虑反应，即使不给以电击，在其他相似的情境中，也会产生同样的焦虑。沃尔普发现，实验性神经症实际上是个体在特定情境中通过条件反射而形成的强烈焦虑反应。因此，可以通过使患者对同一刺激产生对抗性条件反射的情绪反应，以此实现去反应作用，从而系统地阻断焦虑的出现，这就是交互抑制作用。对于猫而言，进食是抑制它们焦虑的积极反应；对于焦虑神经症患者而言，可以通过放松的方法减轻患者的恐惧和焦虑反应。在大量研究的基础上，沃尔普提出了交互抑制理论，并发展了系统脱敏技术。这是沃尔普研究历程上的一个重大转折。

沃尔普于 1948 年获得博士学位后，开始了其心理治疗的实践生涯，同时在家乡一所大学的精神医学系兼职授课。1956 年，沃尔普在美国斯坦福大学行为科学中心工作了一年，并获得基金会的奖学金。1960 年，沃尔普与家人移民到美国，在弗吉尼亚大学任教五年。1966 年，他接受了费城坦普尔医学院的聘请，成为一名精神病学教授，在那里一直工作到 1988 年退休。同时，他还在附近的东部宾夕法尼亚州精神病研究所的行为治疗部门担任主任职位，曾经担任行为治疗进展协会的第二届主席。1988 年，沃尔普退休后，全家搬到了加利福尼亚州，成为佩珀代因大学的特聘教授并任教九年。在此期间，他仍旧坚持撰写专业论文，组织或参加世界各国的各种专业性的研讨会，一直到他去世。

沃尔普曾经希望去伦敦大学工作。在那里，英国心理学家汉斯·艾森克被沃尔普的研究工作深深地吸引着，强烈希望沃尔普能留下来，和他一起进行研究工作。后来伦敦大学建立了很有影响的行为治疗研究中心。然而，当时由于没有找到合适的职位，沃尔普只好回到了热烈欢迎他的美国。沃尔普的研究对艾森克产生了深刻的影响，成为艾森克新兴的心理学理论及其应用的基础和重要组成部分。艾森克在理论中对沃尔普的方法进行了补充，并将其方法和心理学人格及个体差异的问题联系起来。两位心理学先驱互相尊重，互相学习，建立了深厚的友谊。

沃尔普对行为疗法有着广泛而深远的影响，在行为治疗学界取得了丰硕的成果。从 1950 年开始，他就以其追求科学的激情和创造力天赋，积极投入行为治疗的研究中。他的演讲和论文具有革命的意义，激起了很多心理学研究者的质疑和对抗。沃尔普并没有因此退缩，而是更加努力工作，撰写了大量的文章或以演讲的方式不断宣传其新的观点和治疗技术。特别是，他将对动物进行精神疾病的研究成果，转化为治疗人类神经症的临床实践技术，完善了治疗人类焦虑的原始而有效的方法——系统脱敏法。他对系统脱敏的实验性神经症的研究引起了心理学界的注意，并被邀请去美国斯坦福大学行为科学中心工作，获得了基金会的奖学金。沃尔普是一位多产作家，发表了上百篇影响力深远的论文和著作。他最有影响力的三本著作是《行为治疗实践》(*The Practice of Behavior Theapy*)(1969)、《交互抑制心理疗法》(*Psychotherapy by Reciprocal Inhibition*)(1958)和《没有恐惧的生活》(*Life Without Fear*)(1981)。尽管沃尔普已经离开了这个世界，但是他的作品却被广泛流传至今。

1969 年，沃尔普制订了评估主观不适或疼痛程度的心理困扰量表"主观干扰程度量表"(Subjective Unit of Disturbance Scale，SUDS)。SUDS 量表建立在个体自我评估的基础上，是评价治疗进展的专业性量表。量表测量个体当前体验到痛苦或干扰的主观强度，分为 11 个等级。0 级代表没有困扰，10 级代表最严重的困扰。在心理治疗中的几个间隔期间使用 SUDS 量表，测量每个让来访者痛苦的记忆或恐怖情境中的感受，以此作为心理治疗的依据，当 SUDS 达到 0级时便可以终止治疗。目前，他的主观干扰程度量表已经在心理治疗领域得到广泛推广和运用。

链接：【沃尔普生平重大事件】

1915 年 4 月 20 日，出生于南非约翰内斯堡。

1933 年，进入维特沃特斯兰德大学学医，开始了六年的医学训练课程。

1948 年，获得医学博士学位。同年 5 月和斯黛拉结婚。

1958 年，发表第一部专著《交互抑制心理疗法》。

1960 年，全家移民到美国弗吉尼亚州。

1965 年，在美国弗吉尼亚州开办了第一个行为治疗培训班。

1969 年，制订"主观干扰程度量表"。

1982 年，退休，继续被宾夕法尼亚州精神病研究所留任。

1988 年，回到洛杉矶安度晚年。

1997 年 12 月 4 日，因肺癌在美国与世长辞，享年 82 岁。

沃尔普于 1948 年和斯黛拉·艾特曼（Stella Ettman）结婚，有两个孩子。不幸的是，妻子在 1990 年去世。六年后，他和伊娃·焦尔马蒂（Eva Gyarmati）再婚，仅生活了一年多时间，1997 年 12 月 4 日，沃尔普因肺癌在美国加利福尼亚州洛杉矶与世长辞，享年 82 岁。晚年的沃尔普身体非常虚弱，饱受病痛的折磨。在去世前的三个月里，他忍受着病痛，应邀出席了意大利威尼斯的"欧洲认知行为治疗协会"举办的学术会议。在会议前的晚宴上，他就像健康人一样精力充沛，兴致勃勃地为大家献唱 60 年前自己做学生时常唱的歌，把每个人都逗笑了。沃尔普的可爱、真诚、乐观、坚毅给人们留下了很深的印象，他对疾病的蔑视精神以及对心理治疗知识不屈不挠的追求，向人们展示了一个永不言弃的沃尔普。

二、沃尔普行为治疗理论产生的历史背景

自 20 世纪 70 年代起，行为治疗以其独立的治疗体系与卓有成效的治疗方法，逐渐在心理治疗领域中占据了优势地位，被誉为心理治疗领域的第二势力。

行为治疗的出现，是对传统的西方心理学理论的重大突破。其意义不仅使人类在探索自我的道路上又前进了一步，还在于它的出现打破了传统的精神分析学说在西方一统天下的格局，为心理治疗领域注入了新的生机和活力，推动了心理治疗研究的发展。在行为治疗得到广泛推广和迅速普及的过程中，南非的精神病学家约瑟夫·沃尔普做出了巨大的贡献。他最早将经典性条件反射理论与临床心理治疗实践结合起来，在前人研究的基础上，发展和创立了交互抑制原理和系统脱敏原理，从而有力促进了将行为疗法应用于临床实践。

(一) 巴甫洛夫的经典条件反射

行为治疗以行为主义理论为基础，其发展历史可追溯到 20 世纪初，苏联生理学家巴甫洛夫(Ivan Pavlov)的经典条件反射实验为行为治疗的发展奠定了最初的基础。在实验中，他将食物(无条件刺激)放在饥饿的狗面前时，狗会自动分泌唾液(无条件反射)。然后，巴甫洛夫在每次给狗喂食之前先让狗听铃声，这样铃声和喂食经多次结合后，铃声再次出现的时候，狗就会分泌唾液。这时，铃声已成为进食(无条件刺激)的信号，被称为条件刺激。这就是著名的经典条件反射(classical conditioning)，即某一中性环境刺激(无关刺激)通过反复与无条件刺激相结合的强化，最终成为条件刺激，引起了原本只有无条件刺激才能引起的行为反应的过程。

(二) 华生和琼斯的人类行为实验

20 世纪 20 年代，美国行为主义的创始人约翰·华生深受巴甫洛夫经典条件反射理论的影响，开始将该理论应用于对人类行为的实验研究。他与妻子罗莎莉·瑞娜(Rosalie Rayner)一起完成了一项闻名世界的"小艾伯特(little Albert)实验"。华生的实验表明，人可以通过条件反射习得某些行为，当这些行为阻碍了人类更好地适应社会和生存的时候，就成为心理障碍或不适应的行为。

继华生的实验四年后，另一位美国行为主义心理学家琼斯(Mary Cover

Jones)，用行为心理学的方法成功治愈了一个叫彼得的男孩。彼得特别害怕兔子、白鼠等，甚至对皮毛和棉绒也非常害怕。实验者首先创设了一个安全的环境，让彼得和其他孩子一起玩，并给他食物。当他玩得正高兴时，就把一只兔子呈现在他们面前。最初，彼得很害怕。但是，随着这一过程的反复进行，他的恐惧开始减弱。慢慢地，他能够容忍兔子跟自己越来越靠近，最后，经过这一训练过程，他可以将兔子抱在怀里抚摸，原有的恐惧反应彻底消除。这就是传统的行为疗法，琼斯以条件反射原理为依据对恐惧症进行了治疗，其中已经蕴含了"系统脱敏法"的基本思想，成为对当时盛行的精神分析理论的巨大挑战，具有重要的科学意义。

行为主义者采用科学的方法，坚持以实验研究为基础，客观地、精确地研究行为，使得实验结果可以经得起在实践中反复重复和检验。然而，当时大多数的心理学研究都是建立在动物实验的基础上，像华生、琼斯这样，将心理学实验室的科学发现应用于人类问题的相对较少，因而还不能引起人们的足够重视。在20世纪30年代，西方的精神动力心理学正处于鼎盛时期，受到排挤的行为主义者们开始质疑精神分析疗法的合理性和有效性，试图发展一种建立于科学、可证实的条件作用和学习原理之上的临床心理学。南非的精神病学家约瑟夫·沃尔普就是行为治疗发展历史中的重要人物之一。

(三) 沃尔普的发展性研究

沃尔普使用巴甫洛夫的经典条件反射理论，让猫患上了恐惧症。他将一些猫关进实验室的实验笼里，先响铃声，后给予电击。在电击的作用下，所有的猫对电击做出了各种猛烈的反应：上蹿下跳、又抓又刨、簌簌发抖、哀号、蜷缩起来、颤抖、口吐白沫……一旦把它们从笼子里放出来，这些症状随之减轻。但是，如果将它们重新放入笼中，即使没有铃声和电击，它们仍旧会表现出同样惊恐不安的行为，拒绝进食并产生强烈的焦虑反应，即便连续数小时把它们关在笼子里，这些反应也丝毫不会减轻。沃尔普发现，猫不仅在实验笼中拒绝进食，就是对放笼子的实验桌，乃至实验室，都发生了强烈的焦虑反应且拒绝进食。猫的这种焦虑反应跟其他的无效反应不同，其他无效反应可通过疲劳和消除强化而消退，但猫的这种神经过敏性反应则"应看作是永久的和不可改变的"。沃尔普认为：如果不对猫进行治疗，焦虑反应将永远伴随这只猫。或者，把猫放到其他情境中，猫听到声音时仍然拒绝进食，即使这声音不是最初被电击时听到的铃声。可见，猫已经将对铃声及实验笼刺激的反应泛化到其他相似的刺激上。当它处于焦虑反应的条件中时，进食反应就受到了抑制。

如何治疗猫由于电击造成的恐惧与焦虑呢？沃尔普认为，焦虑症状抑制了进食，那么，在不同的情境中，食物或许也可以抑制焦虑反应。因此，可以通过实验抑制这些条件性的焦虑反应。沃尔普将猫放在与实验室布置完全不同的房间里，环境的改变缓解了猫的焦虑，猫经过犹豫开始毫无顾忌地进食。接着，沃尔普把进食的地方移到一间与实验室相似的房间里。猫又开始焦虑不安，踌躇许久，它最终战胜了自己，继续进食。再接下来，又把进食的地方升级为那间实验室，但是远离实验笼。猫重返受伤害之地焦虑不安是可想而知的。然而，又经过一番努力，猫再次完成了进食。最后，把进食位置越来越移近实验笼乃至移到笼里，猫仍然完成了进食。但是，如果此时铃声大作，猫又会惊恐万状，拒绝进食。沃尔普认为，更换环境只能引起焦虑反应的视觉刺激（实验室及实验笼）逐渐失去作用，而对于能引起猫焦虑反应的听觉刺激（铃声）却无济于事。于是，沃尔普又采用同样的方法，让铃声由远及近，由弱变强，使猫逐步适应，消除了猫对铃声的焦虑反应。

猫对实验室、实验笼以及铃声的恐惧，经过这样层层升级的适应性训练，终于完全地消除了。这就是沃尔普的"系统脱敏法"。沃尔普认为，如果一种抑制焦虑的积极反应（如进食），在产生焦虑的刺激之前出现，则会减弱这些刺激的强度。在猫的实验中，将对食物的积极反应与笼子，而且最终与实验室里的笼子产生联结，终于克服了在这些地方产生的焦虑。沃尔普的实验表明，动物神经性症状的产生和治疗都是习得的。因此，他认为治疗人类神经症的方法也可由此发展而来，于是提出了交互抑制理论（reciprocal inhibition）以减少神经症行为，并从该范式出发，发展了系统脱敏技术（desensitization）。

在猫的实验室实验中，沃尔普首先用食物作为抑制焦虑的反应。当他呈现恐惧刺激条件时，同时会提供食物，食物降低了猫的焦虑反应，即进食反应抑制了焦虑反应。为了寻找更有效的治疗焦虑或恐惧的方式，沃尔普使用了果断式训练法（assertiveness training）来发展不同的交互抑制技术。他认为，人们对冲突或拒绝的恐惧类似于不自信的情绪，恐惧和自信情绪不可能同时存在，因为人的神经系统不能够简单地同时完成这两种相反或相冲突的精神传递。因此，可以用自信来抑制恐惧情绪。沃尔普教给来访者在压力情境中如何放松，当他们学会了新的行为后会逐渐忘却恐惧。果断式训练对那些有社会情境恐惧或焦虑的患者特别有用，但是，应用于别的恐惧中就不那么有效了。而且，人们在克服恐惧的过程中，如果没有成功，反而会陷入沮丧的情绪中。因此，克服恐惧的关键是"把握好度"。

链接：【《行为治疗实践》简介】

该书自 1969 年第一次出版以来，到 1990 年已经是第四次再版，引起了心理治疗界的高度关注。全书共分为五部分：基本理论、案例分析和治疗基础、行为治疗技术、复杂的神经症介绍、效果评估。第一部分的基本理论主要介绍了行为治疗的特点、起源及应用，刺激、反应、学习及认知的属性，神经症的原因，以及对神经症性焦虑去学习化的原则等内容；第二、第三、第四部分重点介绍了临床案例的行为分析方法及过程、各种行为治疗技术等；第五部分展示了行为治疗实践中的评价标准及治疗效果等内容。该书向我们详尽地展现了行为治疗领域的理论、临床实践技术与研究成果，内容丰富翔实，研究方法科学，行文流畅，结构严谨，既有作者临床实践的总结，又引用了其他研究者的最新研究；既是行为治疗领域一本不可多得的优秀教材，又是一部有着深邃思想的学术专著。

链接：【《交互抑制心理疗法》简介】

该书于 1958 年出版。沃尔普在研究动物神经性症状的基础上，将经典性条件反射理论与临床心理治疗实践相结合，提出了"交互抑制理论"。本书系统阐述了交互抑制理论，以及基于交互抑制的心理疗法各种技术，包括系统脱敏、回避条件反射、果断反应等。他认为，如果能使一种与惧怕或焦虑情绪不能共存的反应，在产生恐惧或焦虑的刺激面前出现，那么，这种刺激就能抑制这种惧怕或焦虑的反应。他进一步指出，表现为神经症的那些不适当行为是个体学习的结果，要治愈也必须经历学习的过程。在临床治疗上，焦虑与放松、快乐与悲伤等两者是不可能同时共存、只会相互抑制的成对的心理状态。通过教给病人放松的方法及让他们面对恐惧，可以有效治疗焦虑或恐惧症状。

沃尔普交互抑制理论及系统脱敏技术的提出，为心理治疗领域找到了一项建立在人类行为基本规律上的治疗方法。许多精神科医生开始将系统脱敏疗法应用于临床以治疗恐怖性神经症，从而使行为治疗实践的力量不断壮大起来。到了20世纪70年代，行为治疗在世界的整个心理治疗领域中，已经超过了精神分析治疗而占据绝对的优势地位，成为整个心理治疗发展的第二个里程碑。

三、沃尔普行为治疗理论及其心理健康思想

沃尔普行为治疗理论的核心是"交互抑制理论"。他在研究动物神经性症状的基础上，将经典性条件反射理论与临床心理治疗实践相结合，提出了"交互抑制理论"。交互抑制是指通过诱发竞争反应来抑制个体意图消除的行为反应，从而克服其适应不良的行为习惯。交互抑制是一种再学习过程，其治疗原则是：随着个体对新刺激反应的行为增加，诱发新的学习，那么旧的行为将会逐渐消退乃至完全消失。交互行为就是彼此之间竞争的行为。如果某情境刺激引发了一定的反应，而新刺激的进入可能会引起不同的反应，那么旧的反应可能被削弱。随着个体对新刺激反应的行为增加，发生了新的学习，旧的行为会逐渐完全消退。沃尔普进一步发展了交互抑制的学习理论。他指出，如果能使一种与惧怕或焦虑情绪不能共存的反应，在产生恐惧或焦虑的刺激面前出现，那么，

这种刺激就能抑制这种惧怕或焦虑的反应。他进行了大量的研究，并将这一原理应用于行为治疗，于 1958 年出版了《交互抑制心理疗法》(*Psychotherapy by Reciprocal Inhibition*)一书。

在该书中，沃尔普认为，通过教给病人放松的方法及让他们面对恐惧，可以有效治疗焦虑或恐惧症状。他进一步指出，表现为神经症的那些不适当行为是个体学习的结果，要治愈也必须经历学习的过程。在临床治疗上，焦虑与放松、快乐与悲伤等两者是不可能同时共存、只会相互抑制的成对的心理状态。因此，只要对患者进行系统性的放松技术的训练，让其对某种刺激的过敏性反应逐渐递减直至消除，从而抑制焦虑等心理反应。这一临床技术就是系统脱敏技术。这本书遭到了精神分析学派的不屑和质疑。那些在精神分析传统熏陶下的研究者认为，沃尔普的方法并不能解决神经症的产生原因，而仅仅是解决表面上的问题。这种治疗方法不可避免地会导致"症状替代"(symptom substitution)，而不是真实意义上的治愈。但目前在临床实践中，相比于传统的精神分析方法，行为治疗技术具有不可比拟的优势。实践证明，沃尔普的治疗方法是成功的，并一直在现代心理治疗中使用。

比如在沃尔普的实验中，以进食代替惊恐行为，并不是一个简单建立的过程，而是通过一系列的更换进食环境，以及由远而近的电铃声刺激才达到目的的。变换的进食环境越来越类似原来的实验室，电铃声的刺激由远而近，由弱变强是为了使猫逐步地适应原来所不适应的刺激，猫最后的确适应了。沃尔普将在动物实验中的发现应用到人类，进行了一系列严格的实验研究后，创造性地提出了系统脱敏疗法，成为大多数行为疗法的实践基础。

系统脱敏技术分为三步。第一步就是教会来访者掌握放松技巧。沃尔普改进了雅各布森(Jacobson)的放松技术，将放松的时间调整到更短；第二步是深入了解来访者的异常行为表现(如焦虑和恐惧)是由什么样的刺激情境引起的，帮助来访者把引起焦虑的情境划分等级。第三步是让来访者开始从最低等级的焦虑开始，想象产生焦虑的刺激情境，同时做放松练习。治疗师要不断根据来访者的反应调整刺激的强弱。这样循序渐进，有系统地把那些习得的、强弱不同的焦虑反应，由弱到强一个一个地予以消除，最后把最强烈的焦虑反应（即我们所要治疗的靶行为）也予以消除（即脱敏）。

系统脱敏技术在临床上多用于治疗恐怖症、强迫性神经症以及某些适应不良性行为，在心理治疗实践中疗效显著，这在很多相应文献中可以找到证明。不仅如此，系统脱敏技术治疗时间周期短，只需要为期数周的时间，就可以帮助很多经过年复一年的集中精神分析疗法、然而却最终无法解决其行为症状的患者走出困扰。然而，系统脱敏法在心理治疗中也有其自身缺陷。一方面，系统脱敏法主要应用于人际关系紧张、恐怖症、强迫症等神经症的治疗，而不适用于人格问题的矫治。另一方面，在进行系统脱敏治疗的过程中，来访者不能正确确定焦虑的等级、不能进入想象焦虑的情境或者不能进入放松状态，都会影响系统脱敏的实践效果。

当然，我们不可能要求系统脱敏法囊括对所有心理问题的治疗有效，其操作过程中的局限性也需要治疗师和来访者不断在实践中学习和调整。总体而言，沃尔普的系统脱敏法是成功的，其产生及应用完成了从行为主义心理学的学习理论到行为治疗的临床技术的飞跃，把人类行为治疗的历史推到了一个新的阶段。

四、对沃尔普行为治疗理论及其心理健康思想的评价

要对行为治疗思想进行客观、公允的评价，就不得不提及在心理治疗领域与之抗衡多年的精神分析疗法。经典的精神分析疗法由奥地利医生弗洛伊德所创建，主要用来分析个体的无意识思想，帮助他们认识自己不适应问题和无意识冲突的来源。弗洛伊德认为，来访者的问题可以追溯到童年经验，这些童年经验涉及关于性的冲突，只有对这些经验进行广泛的提问、探索和分析，才能帮助个体意识到这些童年经验是如何影响他们成年后的行为。精神分析疗法中

的许多理论假设是不可验证的，其真理性得到了行为学派的质疑。1940年，美国行为主义心理学家约翰·多拉德（John Dollard）和米勒（Neal Miller）在耶鲁大学主持的一项研究中，曾经试图将弗洛伊德的精神分析原理转化为行为主义的科学语言，如使用"刺激""反应""强化"等词汇重新阐释弗洛伊德的理论，以及通过严格的实验心理学测试改进并明确精神分析学说，使之成为一门真正的行为科学，从而进一步证明行为主义的价值。然而，他们发现，就连弗洛伊德最基础的概念都难以转换成实验心理学的确切语言，就像我们很难通过操控计算机程序，写出充满浪漫风情的诗歌一样。

行为治疗方法则不同，它的形成和发展经历了一条与精神分析疗法完全不同的道路。精神分析理论是先有临床治疗效果，然后再建立理论假说；行为疗法则是先在心理学实证研究的基础上，建立起行为主义心理学的联结主义学习理论，继而使用该理论去寻找解决患者心理问题的临床心理治疗方法。其治疗过程明快简洁，疗效显著以及应用范围广泛。行为疗法不仅用于治疗各种神经症，如强迫症、恐惧症、焦虑症，而且用于治疗各种身心疾病，如高血压、冠心病、心律失常、偏头疼、哮喘病等；不仅广泛用于矫正儿童或成人的各种不良行为问题，如吸烟、吸毒、酗酒以及各种反社会行为，而且也广泛用于矫治各种性功能障碍和性行为偏离。

尽管如此，行为治疗还是受到了心理学研究者的质疑与批评。很多研究者认为，行为疗法虽然来自实证研究，但大多数实验是以动物为研究对象。实验中，动物形成的不适应行为是刺激—反应之间形成一定的联结过程，而人与动物的最大不同，就是人具有主观能动性，人的心理过程，如认知、情感、意志、动机等因素在刺激和反应之间起到了重要作用。因此，行为治疗忽视了人的意识或内在心理过程的作用，而只是关注患者外在的行为表现，束缚了行为治疗的发展。

行为疗法认为人的非适应性行为是习得的，需要应用基本的学习技术，通过替代反应去矫正人类的非适应性行为。治疗中鼓励来访者积极行动，一步步地实现具体的改变。行为疗法更关注的是如何缓解患者的症状，而不是找出引起症状的原因。例如，在治疗强迫症过程中，行为治疗师会试图减轻患者的强迫行为，而不是去分析患者获得强迫症的原因；认知治疗师则会认为导致人出现心理障碍的原因是不合理的信念和认知偏差，从而聚焦在改变患者的非理性的认知，建立理性的人生观；人本主义治疗师则会寻找症状背后的内心症结，引导来访者接纳自我，发挥其内部的潜在资源，以达到治疗的效果。可见，不同的心理疗法在治疗过程中各有侧重。在心理治疗发展的过程中，不同学派之间一直争论不休，我们也很难判定，是否改变了患者的不适应行为，其心理问题一定会得到改善；或者是否找到患者行为的深层动机，就一定能改变其外在症状。然而，我们可以确定的是：行为治疗师为治愈患者心理障碍开辟了一条崭新的、独特的道路。

五、结语

沃尔普是美国著名的行为治疗心理学家。他在研究动物神经性症状的基础上，最早将经典性条件作用理论、赫尔学习理论与临床心理治疗实践结合起来，提出了"交互抑制理论"，并发展了具有创新意义的"系统脱敏技术"，促进了将行为疗法应用于临床实践，为治疗人类的心理疾患做出了巨大的贡献。

沃尔普对行为疗法有着广泛而深远的影响，在行为治疗学界取得了丰硕的成果，使行为疗法成为目前最广泛应用的治疗程序之一。从 1950 年开始，他就以其追求科学的激情和创造力天赋，积极投入行为治疗的研究中。他的演讲和论文具有革命的意义，激起了很多精神分析学派心理学家的质疑。他并没有因此退缩，而是更加努力工作，撰写了大量的文章或以演讲的方式不断宣传其新的观点和治疗技术。他为自己热爱的行为治疗奋斗了一生，但是其贡献在晚年才得到人们的认可。1974 年，荣获伦理催眠促进会颁布的梅斯麦奖；1978 年，获得美国压力管理协会和奥地利行为治疗协会的终身荣誉成员资格；1979 年，获得美国心理学会的杰出科学奖，并荣获秘鲁圣马科斯大学的名誉教授，以及秘鲁精神病学协会和行为治疗促进会的终身名誉会员。1986年，母校维特沃特斯兰德大学授予他名誉理学博士学位。1993年，获得Psi Chi杰出成员奖。他还担任了行为治疗协会的第二任主席，1995年因对行为治疗做出了巨大贡献而获得终身成就奖。尽管收获颇丰，他仍然保持着谦虚、纯真的优秀品质。在出席一些学术会议的场合，面对着会议组织方的热情接待，他还会毫不掩饰地表达自己的惊讶和快乐。

沃尔普还是一名卓越的导师。他的行为治疗培训和演讲鼓舞了一代又一代精神病学专家和心理学家，跟随他学习的学生名单就像一张张行为治疗领域的荣誉榜，拉赫曼（Stanley Rachman）、拉扎鲁斯（Arnold Lazarus）、考泰拉（Joseph Cautela）、戈尔茨坦（Alan Goldstein）、萨斯坎德（Dorothy Susskind）等。可以说，这些行为治疗领域的重要人物几乎没有人不从他的教育中受益。

沃尔普不仅为我们带来健康的福音，他追求梦想、坚持信念的精神更是一笔弥足珍贵的精神财富。作为一名心理治疗领域的学术斗士，他以深邃的思想、犀利的笔锋与科学的批判精神捍卫着行为治疗的理论，一生都在坚持不懈地宣传行为治疗的理论与实践技能，为千千万万心理患者的福祉奔波。无论他处于顺境还是困境，辉煌的人生巅峰还是四面楚歌的低谷，生命不息，奋斗不止。尽管他在一生中也会与人结怨，在合作中发生矛盾，具体的原因已无从考证，但无论怎样，都湮没不了他的伟大精神与人格魅力。无论面对妻子突然离去的打击，还是自己去世前的病痛，他依然以不屈不挠的精神写着、宣讲着，精力旺盛地传播着行为治疗的方法。他生命的价值与意义只有千千万万个患者才能更深切地体会到。

第三篇

人本与认知主义大师心理

健康理论思想研究

人本主义兴起于 20 世纪五六十年代，几乎与认知心理学的形成与发展同步，这两个学派的产生猛烈冲击了当代西方心理学体系。它们既反对精神分析仅仅以病人作为研究对象，把人看作本能的牺牲品，又反对行为主义把人看作物理的、化学的客体，而强调以意识精神为出发点，重视人的目的性、创造性和自身价值，主张促进人的健康成长和潜能的实现。两个学派的主要代表人物有着千丝万缕的联系，并以其新的理论观点和丰富的实验成果改变着心理学的面貌，尤其给心理健康的创新性研究打开了一扇新的"窗户"，业已产生了巨大的冲击和影响力。

卡尔·罗杰斯，美国心理学家，是人本主义心理学的创始人之一。罗杰斯最为世人所知的，是他作为心理治疗研究的创始人之一，并因其开创性的研究而于 1956 年获得美国心理学会授予的"杰出科学贡献奖"。也因其专业工作而于 1972 年被美国心理学会颁授"心理学杰出专业贡献奖"。他在《普通心理学评论》杂志评选的 20 世纪最杰出的 100 名心理学家中位列第六，在临床心理学家中位列第二，仅次于西格蒙德·弗洛伊德。

亚伯拉罕·马斯洛，美国心理学家，其创立的人本主义心理学被称作是心理学中的"第三势力"，与精神分析学派（第一势力）和行为主义（第二势力）并驾齐驱，成为心理学中非常重要的理论流派。马斯洛曾经担任美国人格与社会心理学会主席，并于 1967 年当选为美国心理学会主席。他在《普通心理学评论》杂志评选的 20 世纪最杰出的 100 名心理学家中位列第十。

戈登·奥尔波特，美国人格心理学家，实验社会心理学之父，美国人本主义心理学家的代表人物之一。1939 年，他当选为美国心理学会主席；1963 年，荣获美国心理学会金质奖；1964 年，荣获美国心理学会杰出科学贡献奖。他在《普通心理学评论》杂志评选的 20 世纪最杰出的 100 名心理学家中位列第十一。

迈克尔·路特，英国发展变态心理学家，被称为"儿童精神病学之父"。路特在 1987 年当选为英国皇家学会院士，1992 年被授予爵士爵位，并且是欧洲科学院和医学科学研究院的创始人之一。他担任过儿童发展研究学会（SRCD）的主席。1995 年获美国心理学会颁发的杰出科学贡献奖。他在《普通心理学评论》杂志评选的 20 世纪最杰出的 100 名心理学家中位列第六十八。

莱昂纳德·伯科维茨，美国社会心理学家。他一生都致力于对情绪状态尤其是愤怒的形成、发展和调节的分析研究，因对攻击行为的研究而著名，同时他还从事助人行为的研究，出版多部专著，发表学术论文 170 多篇。伯科维茨于 1988 年获得美国心理学会颁发的杰出科学贡献奖。他在《普通心理学评论》杂志评选的 20 世纪最杰出的 100 名心理学家中位列第七十六。

厄尔文·莱斯特·詹尼斯，美国社会心理学家。詹尼斯致力于政策制定的心理学分析、危机管理等方面，其关于群体决策中群体所犯的系统错误的"群体思维"的理论极有影响。詹尼斯获得过美国科学促进协会的社会心理学奖、美国心理学会颁发的杰出科学贡献奖。他在《普通心理学评论》杂志评选的 20 世纪最杰出的 100 名心理学家中位列第七十九。

理查德·拉扎鲁斯，美国心理学家，是"情绪"与"应对"理论的代表人物之一。他针对情绪和应对开展了大量研究，指出了认知评价的重要性。他 1969—1970 年被授予古根海姆奖金，1989 年美国心理学会给他授予了"杰出科学贡献奖"。他在《普通心理学评论》杂志评选的 20 世纪最杰出的 100 名心理学家中位列第八十。

确实，人本主义在其创立时就对心理健康问题的研究报以极大热情，并取得了丰硕成果。无论是其经典理论中对心理健康的研究，从整体健康角度定义心理健康的标准，关注健康人格的特点，还是重视社会文化因素对心理健康的影响，分析心理行为问题形成的机制，上述做法都是"史无前例"。但同时他们也遭受了认知心理学家的严厉批评。认知心理学派从形成至今，只有短短几十年时间，它还处在发展的初期阶段，有许多不成熟的地方。然而，不管它将来的去向如何，其开拓的研究心理活动内部机制的方向，无疑对心理健康研究具有历史性意义。世界将拭目以待。

第十二章

――――

罗杰斯：以当事人为中心的心理治疗与教育

卡尔·罗杰斯是一位影响广泛的美国心理学家，人本主义心理学的创始人之一。因其创造性的研究工作，1956 年获得美国心理学会授予的"杰出科学贡献奖"（Award for Distinguished Scientific Contributions），后因其卓越的专业工作，1972 年被美国心理学会颁授"心理学杰出专业贡献奖"（Award for Distinguished Professional Contributions to Psychology）。罗杰斯 1902 年 1 月 8 日出生于美国伊利诺伊州芝加哥郊外。

一、罗杰斯的生平与学术事迹

罗杰斯的父亲沃尔特·罗杰斯（Walter Rogers）在威斯康星大学接受过高等教育，是民用工程师，他的母亲茱莉亚·喀辛（Julia Cushing）是家庭妇女，也在威斯康星大学受过两年的高等教育。罗杰斯在 6 个孩子中排行第四。

罗杰斯家里的宗教气氛比较浓厚，父母都是虔诚的教徒，热心地方的宗教事务。罗杰斯很小的时候就接触了一些圣经故事。罗杰斯非常聪明，在上幼儿园之前就能够很好地阅读，所以他直接上了二年级。罗杰斯在严格的牧师住宿区接受教育，并担任祭坛侍童，这使得他成为一个相当孤僻、独立而守纪律的人。他也对实践操作中的科学方法有所认识和欣赏，这一点是源于罗杰斯在自家农场的生活。之后，他的第一个职业选择是农业，就读于威斯康星大学麦迪逊分校，之后他选择了历史，然后是宗教。

1922 年，20 岁的罗杰斯上大学三年级，他作为全美 10 多名代表之一，到中国北京参加"世界学生基督徒联盟会议"，这一为期 6 个月的阅历，使他开始怀疑自己的宗教信仰。他自认为这是自己第一次在思想上和性格上达到自主自立。旅行毕业以后，他结了婚，搬到纽约居住。本来，到纽约之后，罗杰斯的人生道路应该是完成在神学院的学业，然后成为一名牧师，一名关心个人自由和幸福的牧师。然而，在那里，为了搞清楚自己的职业选择，他参加了一个名为"我为什么要进入政府部门?"的研讨会，在这个研讨会中，对生活哲学的探索渐渐地超越了宗教。另外，这期间罗杰斯做实习牧师时，发现自己很难完成超过 20 分钟的布道，他感到这种工作乏味至极。他觉得思考人生意义、探索改善个人生活的途径等，是更加令人感兴趣的事。正好神学院的对面就是哥伦比亚大学的师范学院，罗杰斯在那里选修了一些教育学和心理学的课程。从那以后，他决定改变自己的职业。他开始正式攻读临床心理学和教育心理学学位。在今天看来，这是宗教之失，却是心理学之得。

罗杰斯离开那个研讨会之后两年，他上了哥伦比亚大学的师范学院(Teachers College, Columbia University)，并于 1928 年获得硕士学位、1931 年获得博士学位。在完成博士学业的过程中，他开始了儿童研究。1931 年，罗杰斯担任位于纽约罗切斯特的"预防儿童虐待协会"(Society for the Prevention of Cruelty to Children)的主任。从 1935 年到 1940 年，他在罗切斯特大学任教，并撰写了《问题儿童的临床治疗》(*The Clinical Treatment of the Problem Child*)(1939)，其基础是他治疗问题儿童的经验。罗杰斯在建构自己的以当事人为中心的治疗方法时，受到奥托·兰克(Otto Rank)的后弗洛伊德心理治疗方法的重要影响。1940 年，罗杰斯成为俄亥俄州立大学的临床心理学教授，在那里他撰写了自己的第二部著作《心理咨询与心理治疗》(*Counseling and Psychotherapy*)(1942)。在这部书里，罗杰斯提出，当事人通过与治疗者建立一种理解、接受的关系，就能够解决问题，并获得对重构自己的生活而言所必需的特质的深入认识。

1945 年，罗杰斯应邀到芝加哥大学成立心理咨询中心。在芝加哥大学担任心理学教授期间(1945—1957)，罗杰斯帮助建立了大学的心理咨询中心，并在那里对自己的治疗方法的有效性进行了验证性研究。他的研究发现及理论可见于《以当事人为中心治疗法》（*Client-Centered Therapy*）（1951）以及《心理治疗与人格转变》（*Psychotherapy and Personality Change*）（1954）等著作中。他在芝加哥大学培养的一个研究生托马斯·戈登（Thomas Gordon）根据其理论，发起了"父母有效性训练"（Parent Effectiveness Training）运动。1956 年，罗杰斯成为"美国心理治疗家学会"的第一任主席。他返回母校威斯康星大学麦迪逊分校教授心理学期间（1957—1963），撰写了其最著名的著作之一《个人形成论》（*On Becoming a Person*）（1961）。罗杰斯在威斯康星大学一直执教到 1963 年，然后他定居于加州的拉霍亚市，任职于新的"人的研究中心"（Center for Studies of the Person）。1968 年，罗杰斯离开"西方行为科学研究所"（Western Behavioral Sciences Institute），建立"人的研究中心"。他后期的著作包括《卡尔·罗杰斯论个人权力》（*Carl Rogers on Personal Power*）（1977）以及《80 年代的学习自由》（*Freedom to Learn for the 80's*）（1983）。罗杰斯在拉荷亚市度过余生，他做治疗、做演讲、进行写作。1987 年，罗杰斯摔了一跤，盆骨骨折。虽然手术成功，但是次日晚他胰腺衰竭，几天之后就与世长辞了，那是 1987 年 4 月 4 日。

链接：【罗杰斯生平重大事件】

1902 年 1 月 8 日，出生于美国伊利诺伊州。

1924 年，获威斯康星大学文学学士学位。

1924 年，与海伦（Helen Elliot）结婚。

1931 年，获得哥伦比亚大学师范学院的哲学博士学位。

1940 年，受聘为俄亥俄州立大学心理学教授。第一次提出"以当事人为中心治疗法"。

1944 年，创立美国应用心理学会并担任第一任主席。

1951 年，《以当事人为中心治疗法》一书出版。

1956 年，成为"美国心理治疗家学会"第一任主席。荣获美国心理学会颁授的"杰出科学贡献奖"。

1969 年,《学习的自由》一书出版。

1987 年, 获诺贝尔和平奖提名。

1987 年 4 月 4 日, 逝世于美国加利福尼亚州的拉荷亚, 享年 85 岁。

罗杰斯独创"以当事人为中心"方法来解读人格和人类关系, 这一方法在很多领域有着广泛的运用。比如, 心理治疗和心理咨询(以当事人为中心治疗法)、教育(学生为中心的学习)、组织以及其他团体情景中。罗杰斯晚年投身于把自己的理论运用于国家的社会冲突领域, 他周游世界, 亲力亲为。在北爱尔兰的贝尔法斯特, 他让有影响的新教徒和基督教徒走到了一起;在南非, 他让黑人和白人走到了一起; 在美国, 他让健康领域的消费者和商家走到了一起。他 85 岁时的最后一次旅行是到苏联, 在那里, 他发表演说, 缓和工厂中的紧张, 促进了沟通和创造性。他对有如此众多的俄罗斯人了解他的工作而感到惊讶。罗杰斯因为其在解决南非及北爱尔兰的国家团体冲突中的卓越工作, 被提名"诺贝尔和平奖"。

二、罗杰斯以当事人为中心治疗法理论产生的历史背景

我们不能简单地孤立地来看待罗杰斯及其心理学思想的形成和发展。因为, 如果没有结合当时当地的社会背景和学术发展趋势, 我们可能很难深刻理解罗杰斯是在怎样艰难的大环境下创新性地提出自己的观点, 我们也许会低估罗杰斯那时那刻所具有的勇气和决心, 我们可能会为了某个时期罗杰斯所表现出的失意和退缩而责怪他的胆小与懦弱, 我们可能会用今天已知的各种现成的评论直接加诸到罗杰斯的身上。所以, 我们若想不站在任何心理学流派的争论立场上客观地看待罗杰斯, 全面评价他的思想体系, 从而得出我们自己的观点与结论, 就需要花点时间来看看这位大师当时所处的时代背景、文化背景和哲学思想背景。

19 世纪末和 20 世纪的存在主义及现象学哲学, 是早期人本主义心理学的

直接思想源泉，它为罗杰斯的人本主义心理学提供了深刻的思想基础和理论基础。由丹麦著名哲学家克尔凯郭尔在 19 世纪开创的存在主义哲学，可以说是影响最大的现代西方哲学思潮之一。罗杰斯几乎从降临人世开始，就处在这样的一种哲学思想的大背景下。即重视个体的存在，反对混沌地苟活，强调"人的存在"，即主观思想者对自己精神状态的直接体验和感受。而现象学哲学经过德、法两国哲学家的努力，成了 20 世纪最有影响的西方现代哲学思潮之一。别忘记那个时候也正是哲学、精神病学和心理学快速发展的时期，它产生了很多重大的研究成果和理论突破，罗杰斯也正是大量采用现象学研究方法来开展心理治疗的，这种对当前直接的现象经验进行描述的方法虽广受质疑，但确是罗杰斯研究方法的其中一个特点。罗杰斯甚至抛弃了医学、生物学和生理学所使用的"自然主义"的思维模式，一直尽心尽意创建起真正"人的心理学"。其实，这都是他在继承前人的哲学衣钵后融入了自己的人本理念。

另外，罗杰斯早期对于中国的游学经历和对于东方哲学思想的接纳，也被自然而然地体现在他的心理学思想中。由咨询中的当事人决定自我探索的速度，不由治疗师对当事人做出诊断和提出解决方案；对人际互动中的对方更多地表现接纳，做回本真的自我并且自由地表达；真诚地倾听和共情，而不是盲目加以评判和指导；着重建立人与人之间的关系而不是具体地教授对方知识等。从中我们都可以看到中国禅学、道家思想的影子，所谓"无为而无不为"确实是充盈弥散在罗杰斯人本主义心理学思想中的。

罗杰斯和以往那些欧洲的心理学家不同，他出生在美国的芝加哥，是土生土长的美国人，他目睹了第一次世界大战和第二次世界大战的惨烈与纳粹主义的灭绝人性，也更多地思考如何帮助世界各国人民、各种宗教信仰的教徒、各种种族肤色的人们一起找寻到彼此的共通性。在第一次世界大战之后，美国作为协约国分享了胜利的果实，在英、法、意等国被削弱了综合国力后，一跃成为世界头号经济强国，世界金融中心从伦敦转移到纽约。女性因为参与外出工作、挣钱养家而提高了社会地位，作为个体的人的存在意识越来越强烈。

　　社会的高速发展，科学技术的不断革新，使得人们的生活节奏明显加快，对于改变自身境况的需求也急剧增加，人与人之间逐渐充满了变革过程中自然产生的欲望、压力和浮躁，整个美国社会充斥着生产社会化与生产资料私有制之间的矛盾，贫富差距不断扩大，金融市场被投机狂潮表现为虚假繁荣。终于在1929年10月爆发了银行的挤兑风潮和股票市场的崩溃，美国经济陷入绝境，民不聊生，社会情绪极不稳定，资本主义发展史上最严重的一次世界性经济危机由此爆发。与此同时，德国却在秘密武装准备实施对第一次世界大战战败的报复，并最终在1939年9月发起了第二次世界大战。1945年第二次世界大战结束之后，西欧资本主义国家普遍衰落，却造就了美国的一枝独秀，形成了以美国为首的资本主义阵营。美国开始对其他国家推行霸权主义政策，其政策制定和权力把控集团力图操纵和控制包括本国居民在内的各色人。

　　罗杰斯无关政治，也无关经济，却作为一名研究人的科学工作者，敏感地意识到这种违反人性和自然规律的危险信号。随着第二次世界大战后亚非地区的殖民地解放运动的发展，和全球范围内社会主义力量的不断壮大，罗杰斯也陆续将自己关注本国人民焦虑情感和独立人格成长的目光，慢慢投向对全世界各地人民自由本性的释放和自我实现上来。我们由此可以理解罗杰斯的心理治疗观如何从最初的"以当事人为中心"向教育界的"以学生为中心"的转变，以及最终定位于"以人为中心"的核心理念。从最早开始对于个体内在自我的探索引导，到对于广泛的人类群体与自然世界和谐相处的生命内涵，我们渐渐看到了罗杰斯的个人成长，也看到了其人本主义心理学思想的发展历程。

　　罗杰斯还因为没有医科大学毕业的履历以及自己独到的研究方法，而广受指摘。有人称他为"无照行医者""骗子""哗众取宠者"。这确实把罗杰斯抛到了学术界、心理学界的风口浪尖。自古以来，真理常常掌握在少数人手中，这话其实是在说明，一种新的思想的产生往往是先由少数人发现并公布的。当大多数人都在赞同和呼吁一种普遍认可的既定的思想时，人们对现状感到安全，对变化感到恐慌，所以就会格外排斥和打击这种新的思想。可以想象，罗杰斯那时候的震惊与所承受的压力！罗杰斯本不是一个高调、爱出风头的人，他甚至在成了心理学大师之后仍旧保有害羞的特点，不愿意上电台接受售书的访谈，他在人际关系上的圆滑甚至还不如自己的妻子，他谦虚谨慎、善于自省，促进学术发展却又谢绝荣誉头衔，无论是反对者的挑衅谩骂，还是支持者对于自己观点的错误理解，都让罗杰斯感到伤心、失望、委屈和焦虑。

事实上，罗杰斯本人也非常反对使用一种单一的思想取向，其在著书立说时会特意让自己保持客观、消除偏见，他也会在文中向读者坦承自己的这一努力，以帮助自己的读者们尽量抛开成规，支撑起内在的感受的触角，敏感地吸取各种滋养，为己所用。这种不对他人加以控制和强制的方式，反而使得普通大众能够更加信任自身的学习能力，从而更加容易接纳罗杰斯人本主义的心理学思想。所以，罗杰斯在批判精神分析和行为主义的同时，也让自己采取了更加宽容、兼收并蓄的学术思想。或者，我们可以说，人本主义心理学本身的特质，就造成了这个流派的心理学家们相比其他流派的拥护者们，具备更加开放的思维和更具雅量的胸怀。

链接：【《以当事人为中心治疗法》简介】

这是以当事人为中心治疗法创始人罗杰斯对临床心理学界最具影响力的著作。该书分为十一章，从三个部分描述了此疗法，即以当事人为中心治疗法的实践与理论、以当事人为中心治疗法的运用、心理学理论的启示。详细介绍了当事人中心疗法的产生、发展和前景，并通过案例记录的重现，向读者展示了该理论运用的特点及原则，直观易懂。同时，书中对该疗法在社会生活如教育、公司管理中的运用的实例分析也颇具现实意义，像在游戏治疗、以集体为中心的治疗、以集体为中心的领导及管理、以学生为中心的教学等。除了配有大量丰富的案例以外，专业水准高也是该书特色之一。最鲜明的特点是在治疗过程中要依靠当事人自己，从而使当事人达到更加有效的人格调整。

链接：【《学习的自由》简介】

这是人本主义心理学家罗杰斯的一部对全球教育具有积极意义的经典著作。

全书共分六部分18章，第1版成书于1969年，1994年出版了第3版。作者在书中全面阐述了人本主义心理学"以学生为中心"的教育思想、教育实践和研究成果，强调教育改革的重要性，认为将心理治疗中的态度与技巧运用在教育领域，可以促进学生的个人成长及有意义的学习。作者从师生关系、教师角色、学习途径、教学设计、教育政策、教育管理、教育目标、教育资源和教育改革等方面，运用翔实的案例、研究的事实和诠释的理论，论述了教师成为学习的促进者以及实施自由学习的可行性和有效性。带领读者分享了不同学科、不同年龄、不同对象、不同职位、不同区域、不同国家的教育工作者的成功案例和感人故事。书中所倡导的教育思想、实践及成果，时至今日都对全球教育有着积极的现实意义，尤其对推进我国当前的教育改革和素质教育具有重要的借鉴价值。

三、罗杰斯以当事人为中心治疗法的理论基础

从罗杰斯的生平中我们可以看到，他早期开始涉足的心理学工作是临床心理学，后来提出了颇具创新性的心理治疗方法——以当事人为中心治疗法。这一方法的提出，其理论基础是罗杰斯与众不同的对人的看法，这也使得它显得独树一帜。再往后，罗杰斯又把以当事人为中心治疗法的理论观点进一步扩展延伸，认为它也适用于解决其他领域的问题，这一方面的工作最具代表性和影响的是在教育领域的应用——以学生为中心的教育。进而，罗杰斯还用这一理论来试图促进人际冲突的解决，促进种族和解，促进人类和平。

（一）对人的基本看法

1. 人的主观性

罗杰斯认为，人基本上是生活在个人和主观世界之中的，即使他在科学领域、数学领域或其他相似的领域中，具有最客观的机能，这也是他的主观目的

和主观选择的结果。在这里，他强调了人的主观性，这是在咨询与治疗过程中要注意的一个基本特性。人所得到的感觉是他自身对真实世界感知、翻译的结果。当事人作为一个人也有自己的主观的目的和选择，这也是导致"以当事人为中心"一词出现的原因。

罗杰斯认为，当一个人发怒的时候，总是有所怒而发，绝不是受到肾上腺素的影响；当他爱的时候，也总是有所爱而爱，并非盲目地趋向某一客体。一个人总是朝着自我选择的方向行进，因为他是能思考、能感觉、能体验的一个人，他总是要实现自己的需要。由于罗杰斯相信每个人都有其对现实的独特的主观认识，所以他进一步认为，人们的内心是反对那种认为只能以单一的方式看待真实世界的观点。因此，以当事人为中心治疗法强调了人的主观性的特性，为每个当事人保存了他们的主观世界存在的余地。

2. 人的实现的倾向

实现的倾向是一种基本的动机性驱动力，它的实现是一个积极主动的过程，不但在人身上，而且在一切有机体都表现出先天的、发展自己各种能力的倾向性。在这一过程中，有机体不但要维持自己，而且要不断地增长和繁衍自己。这种实现的倾向操纵着一切有机体，并可以作为区分一个有机体是有生命的还是无生命的鉴别标准。实现的倾向被看作是一种积极的倾向，它假定人具有引导、调整、控制自己的能力。以当事人为中心的治疗有一种不变的诊断，即认为所有心理行为问题及困扰，均是由于这种实现的倾向的阻滞所造成的。因此，咨询或治疗就是要排除这种障碍以重新确立起良好的动机驱力。

3. 对人的其他看法

罗杰斯认为，人基本上是诚实的、善良的、可以信赖的。这些特性与生俱来，而某些"恶"的特性，则是由于防御的结果而并非出自本性。而且，他认为每个人都可以做出自己的决定，每个人都有着实现的倾向。如果能够有一个适宜的环境，一个人将有能力指导自己，调整自己的行为，控制自己的行动，从而达到良好的主观选择与适应。这也是以当事人为中心的治疗对人的看法的要点之一。

(二)人的主观世界——现象场

在罗杰斯看来，与其说个体生活在一个客观现实的环境中，不如说他生活在自己的主观经验世界之中。这个主观的经验世界称为"现象场"。一个人在现实世界中如何观察，观察到什么，有什么感受，因人而异。因此，每个人的现象场都是独一无二的。而这个主观的现象世界才是这个人的真正的现实，因为他的行为、思想、感受直接由这个主观世界来决定。正是由于这个原因，才使得不同的人对同样的刺激、同样的事件，会做出不同的反应。

现象场理论使罗杰斯做出了一个重要推论，而这个推论又成为他的治疗理论的指导原则之一。这个推论是：只有个人自己才能真正地、完善地了解自己的经验世界。旁人(包括治疗者)永远不可能像当事人自己那样更好地了解当事人。这就是为什么治疗过程要由当事人来主导的原因。

(三)自我

罗杰斯的自我理论是其人格理论的核心，因此罗杰斯的人格理论常被称为人格的"自我理论"。自我理论又是他关于心理失调理论的基础。

1. 自我的结构和内容

自我是个人现象场中分化出来的一部分，在一个人的现象场中具有核心意义。在罗杰斯看来，自我不等于自我意识，而是自我知觉(或意识)与自我评价的统一体。它的构成主要包括：

(1)个人对自己的知觉及与之相关的评价；

(2)个人对自己与他人关系的知觉和评价；

(3)个人对环境各方面的知觉及自己与环境关系的评价。

2. 自我的形成

在儿童最初的经验世界——现象场中，一切事件都是混沌一片的，儿童并没有"我"的概念。随着儿童与环境、他人的相互作用，他开始慢慢地把自己与"非自己"区分开来。有关自己的种种经验就在现象场中分化出来，形成了他的最初的自我。

在儿童开始有了初步的自我概念后，人的实现趋向开始转变为自我实现趋向。儿童在自我实现这种基本动力的驱动下，在环境中进行各种活动，与他人发生相互作用。在这种活动和相互作用过程中，儿童会产生大量的经验。通过机体评估过程的自动作用，有些经验使儿童感到满足、愉快；有些经验使儿童体验到不满足、不愉快。儿童逐渐便在意识中赋予那些感到好受的经验以积极的评价，赋予那些感到难受的经验以消极评价。由于有了这种有意识评价的指导，儿童就在今后的活动中倾向于寻找、保持那些积极经验，回避那些消极经验。应该说，这样的发展是最理想的发展，因为儿童寻找的那些经验恰恰是有助于自我实现的经验。但是，有些特殊的情况会使得这种理想的发展常常受到干扰。

3. 价值条件和自我的异化

在儿童寻求的积极经验中，有一种是受到他人的关怀而产生的体验，还有一种受他人尊重而产生的体验。换句话说，儿童有了关怀和尊重的需要。不幸的是，这些需要的满足取决于他人。大多数父母总是根据儿童的表现，即儿童的行为是否符合父母的价值标准、行为标准，来决定是否给予儿童关怀和尊重。父母的关怀和尊重是有条件的，这些条件体现着父母和社会的价值观。罗杰斯称这种条件为价值条件。

儿童反复地从自己的行为后果体验这些价值条件，迟早会懂得什么是好行为，什么是不好的行为；怎样想、怎样做是好孩子；怎样想、怎样做是坏孩子。儿童会把这些价值观念内化，将它们变成自我构成的一部分。当这种内化了的价值观念和行为标准形成后，儿童人格发展中的一个重大事件就发生了：儿童的行为不再受机体评估过程的指导，而是受到内化了的社会价值规范的指导。或者更准确地说，儿童被迫逐渐放弃按机体评估过程去评价经验，而是依据自我中内化了的社会价值规范去评价经验。这意味着儿童的自我和经验之间发生了异化。

(四)心理失调和心理适应问题

当一个人的自我和经验之间出现了不一致的异化时，会发生什么事情呢？在罗杰斯看来，只要经验与自我之间存在不一致和冲突，只要个体否认和歪曲经验，这个人就存在心理失调。因此，几乎一切人都会体验到失调，只是程度轻重有差别罢了。失调程度较轻的人对经验较为开放，否认、歪曲经验的比重较小，客观、准确地知觉经验的比重较大。失调严重的人则相反。在以当事人为中心治疗法看来，所有障碍的根源都在于自我概念与经验之间的不一致或失调。内部紊乱最严重的达到精神崩溃，紊乱程度较轻的则表现为焦虑、恐怖和抑郁等情绪反应。总之，心理适应障碍的共同的基本的特征，就是这个人不再能像一个正常人那样有效地发挥其心理机能。

四、罗杰斯以当事人为中心治疗法及其特点

罗杰斯创立的以当事人为中心治疗法有其独到之处，这可以体现在其目标的追求、治疗的条件及治疗的基本过程等方面。

(一)治疗的基本目标

以当事人为中心治疗法的基本目标可以说是"去伪存真"。"伪"就是一个人身上由其价值条件化了的自我概念及其衍生出来的生活方式、思想、行动和体验的方式。"真"就是一个人身上那些代表着他的本性，属于他的真正自我的思想、情感和行动方式。罗杰斯常用"变成自己""从面具后面走出来"这样的话来表达以当事人为中心的治疗目标。

在以当事人为中心治疗法理论中，治疗的目标主要是要与当事人建立一个

适当的关系，来协助对方成为一个完全能自主的人。一旦去伪存真的工作得以完成，当事人似乎变成了新人，一个"充分发挥机能的人"。也就是说，当事人通常出现下列各种改变：

（1）对自己有较实际的看法。

（2）比较自信，有能力自主。

（3）能够对自己和本身的感受有较大的接纳。

（4）对自己有较积极的看法和评价。

（5）较少压抑自己的经验。

（6）行为上表现得较成熟，社会化良好，适应力较强。

（7）压力对自己的影响程度较低，较易克服压力和挫败。

（8）性格变得比较健康，自我统合能力也有所提高。

（9）对他人有较大的接纳。

总的说来，当一个人逐步走向自我实现时，罗杰斯认为他们会开放自己、信任自己，懂得按照自己内在的标准来对事物作评估。同时，也认识到人生其实是一个过程，我们应在这一过程中不断成长。

（二）治疗的基本条件

罗杰斯认为，在治疗过程中治疗者必须要创造一个良好的人际关系，提供足够的、高层次的基本条件，包括真挚、无条件的绝对尊重和正确的共情等，以便当事人善加利用自己所拥有的资源，产生建设性的性格改变。

1. 真挚

在以当事人为中心的治疗理论中，真挚是三个基本条件中最重要的一个。治疗者应以真正的自己和当事人相处，不虚伪地保卫自己，也不扮演角色，而是让当事人体验到自己的真挚，在治疗过程中愿意和当事人分享个人的感受，甚至一旦对当事人产生某种独特的感受时，也能坦诚地告诉当事人。

2. 无条件的绝对尊重

无条件的绝对尊重是指治疗者要在对当事人没有任何要求和企图的心态中，

向对方表示温情和接纳。它包含两个重要因素，其一是治疗者很珍视当事人，在过程中不停传达给对方一种温情和关心；其二是无条件的接纳和无占有欲的重视。实际上，治疗者在治疗过程中往往会发现当事人的不少问题是明知故犯、咎由自取的，因此会对当事人产生不满或否定的情绪，而这样一来治疗过程会马上中断。防止这种情况出现的基本条件是我们要明确，我们所接纳和尊重的是当事人这个人，并非他的行为。而且，对当事人的尊重并不等于批准和赞同当事人的反社会和不良行为与思想。对当事人的尊重是直接指向当事人本人，并非他的某些特殊行为。

3. 共情

共情是整个治疗关系中最重要的成分。要达到正确的共情，治疗者首先要放下自己主观的参照标准，设身处地去从当事人的参照标准来看待事物和感受事物，从当事人的角度去看世界，和当事人站在同等的地位，体会当事人的内心世界。为此，治疗者应有如下表现：

（1）有能力和当事人全面地沟通。

（2）所做的回应经常切合当事人想要表达的意念。

（3）对当事人有平等的感受。

（4）能够了解当事人的感受。

（5）设法谋求了解当事人的感受。

（6）掌握当事人的思路。

（7）在语调上能反映出自己完全体会当事人的感受。

（三）治疗的基本过程与特点

罗杰斯在其工作的早期，曾就治疗过程提出过 12 个步骤。但他强调说这些步骤并非截然分开，而是有机地结合在一起的。这些步骤是：当事人前来求助，治疗者向当事人说明咨询或治疗的情况，鼓励当事人情感的自由表现，治疗者要能够接受、认识、澄清对方的消极情感，当事人成长的萌动，治疗者对当事人的积极的情感要加以接受和认识，当事人开始接受真实的自我，帮助当事人澄清可能的决定及应采取的行动，疗效的产生，进一步扩大疗效，当事人的全面成长，治疗结束。

概括以当事人为中心治疗法的特点，可以总结为以下几方面。

1. 基本理念的人本主义色彩

以当事人为中心治疗法的所有特点可以归纳为一点，即强烈的人本主义倾向。它相信人本质上是好的，有"善根"；相信人有向好的、强的、完善的方向发展的强大潜力；相信人能够自我信赖，自主自立；强调恢复和提高人的价值和尊严。

2. 重视当事人的主观经验世界

罗杰斯认为，一个人的主观经验世界是他的真正的现实。他从何处来，要往何处去，为什么痛苦悲伤，这一切都只有进入他的主观世界才能理解。所以，以当事人为中心治疗法反对用一些外在的指标、标准来衡量、评估当事人。其理由除了认为这种诊断或评估容易使治疗者见"病"不见人，容易产生一种自大自负的治疗态度外，最主要的就是认为这种"从看台上观察当事人"的做法根本无法了解当事人独一无二的主观现象世界。

3. 反对教育的、行为控制的治疗倾向

以当事人为中心治疗法的基本假设之一，就是当事人有能力自己发现价值，发现自己的问题，并有潜在的个人资源来获得价值，解决自己的问题。所以这种疗法反对治疗者耳提面命式的教导，摒弃由治疗者告诉当事人什么好、什么不好。同理，以当事人为中心治疗法也不主张采用奖励、惩罚等行为控制手段来"治疗"当事人。总之，它反对一切对当事人施加影响的做法。

4. 由当事人主导治疗过程

由于治疗者总是不如当事人更了解他自己，所以，会谈的主题和方向应交给当事人掌握，由当事人选择。治疗者信任当事人有能力主导治疗进程，并且相信没有治疗者的指导性的干预，当事人能够更自由地进行自我探索，从而获得对自己最有价值的收益。

5. 治疗者做当事人的朋友或伙伴

在以当事人为中心的治疗者看来，治疗者在会谈中能做的最好工作是创造一种气氛，一种能够让当事人(也包括治疗者自己)不感到有威胁和限制，能够自由地感受情感、探索自我的氛围。要做到这一点，首要的条件是建立、发展和维系双方之间的情感联系。因此，双方应该做摆脱角色面具的朋友，像一对到个人内心世界进行探险的伙伴。

在技巧方面，以当事人为中心治疗的主要技巧就是倾听技巧：开放式咨询、释意、情感反映、鼓励、自我揭示等。以当事人为中心治疗很少用影响性技巧。实际上，治疗者经常会遇到当事人要求给予指导、解释的压力，尤其在开始阶段当事人还不习惯这种无指导、不引路的咨询方式的时候。面对压力，治疗者一方面表示理解对方的不满，另一方面又"顽固地"不予指导。直到最后，当事人终于领悟到别人的指导不起多大作用，或者不再对获得指导抱希望，而端正态度靠自己，自己对探索负责。到了这个时候，会谈就比较有效率了。

五、罗杰斯以当事人为中心的扩展——以学生为中心的教育

罗杰斯认为，以当事人为中心治疗法可以应用到教育中。尤其是那些能够促进当事人发生积极的人格和行为变化的条件，在教育中可以用来促进有意义学习。

(一)对传统教育的批判

罗杰斯在对教育问题进行思考时，对传统教育提出了严厉批判，涉及教学过程、教育体制、政治等方面。他概括了传统教育的特点：

(1)教师是知识的持有者，学生被看成是知识的接受者。教的人和学的人在地位上有一道尊卑有别的鸿沟。

（2）讲授、教科书以及其他一些言语性的教导方法，被当成传授知识的主要手段。考试则是检查学生接受情况的手段。学校教育的方方面面几乎都围绕着考试运转。

（3）控制是学校政治的基本方面。在学校里，老师是拥有权力的人，学生的义务是服从；而学校的主管又是更大权力的拥有者，老师和学生都是服从者。

（4）课堂管理的基本策略是倚仗权威。新入职的老师听到的忠告往往是，上第一节课就要给学生一个下马威。

（5）信任被压抑到最低程度。老师极不信任学生，不相信他们会在自己支配的时间内主动学习，不相信学生在没有监管的情况下会表现良好。学生也不信任老师，对老师的动机、诚意、公平和公正及老师的能力都不信任。

（6）学生作为教育的主体时常处于恐惧中。虽然体罚减少了，但是挖苦嘲弄，甚至是言语侮辱造成的失败感，仍然笼罩着学校。

（7）在实际的学习和学校生活中，民主精神和价值被忽视。学生没法对教学目标、课程及学习方式发表意见，教师也无权决定校长的人选。对政府的教育政策更是鞭长莫及。

（8）偏重智能，废弃全面发展。比如，在小学阶段，学生强烈的好奇心一开始就被扼制，越往后越窒息；中学阶段应该是学习如何处理情绪问题，学习与异性的交往，同样也被忽视了。

（二）以学生为中心的教育模式

1. 以学生为中心的教育的特点

罗杰斯认为，教育的目标是要帮助学生成为独立的人，所以，具体而言就是要培养能够从事自发的活动，并对这些活动负责的人；能够理智地选择和自我定向的人；成为批判性的学习者，能够评价他人所做贡献的人；获得有关解决问题知识的人；更在意的是，能够灵活而理智地适应新的问题情境的人；在自由而有创造性地运用所有有关经验时，融会贯通某种处理问题的方式的人；

能够在各种活动中有效地与他人合作的人；不是为他人的赞许，而是按照他们自己的社会化目标工作的人。

因此，罗杰斯认为，与传统教育模式相比，以学生为中心的教育表现出以下特点。

第一，这种教育模式中有一个领导者（通常是老师），他对自己有足够的安全感和自信，从而使得他能够对学生有充分的信任，相信他们的自为、自律、向上、成长的能力。老师主要是起促进者的作用。

第二，老师和学生（有时也包括家长和社区人员）共同对学习进程负责。包括所有的相关事务，比如，确定课程、进度、课堂规范以及班级管理措施等。其核心是分担责任。

第三，学习资料由促进者提供。学习资料可能是他个人的感受和经验，也可能是来自书刊文献或社区事件。他也可以鼓励学生提供自己的学习资料，以供全体学习者使用。

第四，学生根据自己的情况，如兴趣、目的、基础等，独自或在别人帮助下确定自己的学习计划。学生对自己的学习计划负责。

第五，老师带头或由他做出最初的努力，慢慢地在班级里培养一种能够促进学习的气氛。这种气氛的基本要素是真诚、关注和理解性的倾听。

第六，教学的关注点在于学生的学习过程，而不是教学的内容。也就是说，教师评价学习进度或效果时，主要是看学生在"学会学习"上取得的进步，而不是该学的东西是否全部学完了。

第七，纪律是为学生实现自己的学习目标而确定的，因而，它们实际上属于"自律"。外部规定的纪律被这样的纪律取而代之。

第八，学习的程度和价值首先是由学习者自己来评价，老师的评价只不过是给学生提供一个不同的参考。

罗杰斯认为，以学生为中心的教育所具有的这样一种"有利于成长"的气氛，可以使得学习进程加快，学习对个人的影响更为广泛，不仅仅是增长知识，而且在态度、情感等方面也会发生积极变化。

2. 以学生为中心的教育中的师生关系

如前所述，罗杰斯认为教学的目标并非知识甚至是技能的掌握，而在于过程，在于让学生保持和产生好奇心，让他们凭着兴趣去探索。而这就要求有新的教学方法，要求老师能够创造出一种让学生自由学习的气氛，这种气氛的实质则是师生关系。以学生为中心的教育中，师生关系表现为以下几方面的特点。

第一，真诚。老师是一个真实的个人，而不是"老师"（角色），会表现自己的喜怒哀乐，能够接受自己的各种体验，而且无论这些体验是积极的还是消极的，都不会强加到学生身上。老师可以喜欢或不喜欢学生的行为、功课，或者其他方面，甚至可以把这些感受告诉学生，但是，老师会让学生感受到，之所以这么做并非因为不喜欢学生本人，而只是针对其行为或功课。

第二，珍视、接受与信任。这种特点所要表现的是无条件的积极关注。它意味着老师要对学生有发自内心的、无条件的珍爱和关怀，而且这种珍爱和关怀体现着对学生独立性的尊重。这样的老师既可以接受学生成功时的喜悦，也能够接受学生面对问题时的彷徨和害怕；既能够接受学生的自律自觉，也能够接受他们偶尔的分心；既能够接受有益于学生学习和成长的感受，也能够接受他们不利于学习和成长的感受。

第三，共情理解。罗杰斯认为，共情理解往往是一般老师所缺乏的，即使这些老师对学生有关爱和尊重的态度。这要求老师以学生的眼睛来看世界和自己，不带评判的色彩，不把学生的表现与自己的好恶联系在一起。

对于上述三个特点，罗杰斯认为真诚是最为重要的，而这些态度都有赖于老师是否具有一种对人的基本信念：每个人都有一种向积极的、向善的、强大的、建设性的方面发展的潜在能力。

此外，罗杰斯认为，老师除了应具备上述三种最基本的态度之外，从一个传统的老师转变为学习的促进者，还需要在以下几方面有新的认识和转变：教学过程不是"教"而是"促"，老师的注意力应该是放在创造使学生感到自由和安全的学习气氛上；要明白有意义学习对于学生而言是怎么回事，感到学习有兴趣，或很重要，或有价值，或有切身关系的学生，其学习过程是全副身心投入的；要重视学生的个别性，要允许学生选择自己喜欢的题目、选择自己喜欢的学习方式；要重视好奇心和创造力，老师对此要好好珍视，把保持和释放学生的好奇心作为重点。

六、罗杰斯以当事人为中心的扩展——以人为中心的人类关系

罗杰斯认为，以当事人为中心治疗法中的基本要素不仅仅是局限于心理治疗领域，也适用于更为广泛的人与人之间的关系。在其生命的后期，他的注意力和视野跳出了心理治疗领域，进入了更为广阔的天地，包括教育、医疗、商业、社会工作以及管理，更进一步，他甚至涉足了种族、政治以及国与国之间冲突的解决。

(一) 会心团体

第二次世界大战结束之际，大批军人回国退役，罗杰斯接受官方委托，要培训大批退役军人辅导员。形势所迫，罗杰斯决定以强化的团体经验方式来达到培训目的，要求学员每天做数小时的团体聚会，以增进自我了解，学习可能有助于与当事人相处的交往方式。这种做法获得了巨大成功。在 20 世纪 60 年代后，随着团体运动的发展，罗杰斯的这种团体经验得以广泛推广，以此方式开展的团体活动被称为"会心团体"(encounter groups)。

会心团体的规模从三四人到十几人不等，更大规模的团体则较少，每个团体都有一两位辅导员，罗杰斯称之为"促成员"(facilitator)。会心团体的聚会次数和私密程度也各有不同，几次至十几次的比较多。参加会心团体的人在一种慢慢培养出来的信任、关爱、自由和安全的气氛中进行自我探索、体验、表达、反馈，最后达到扫除个人成长和发展中的障碍，促进个人成长的目的。

罗杰斯于 1970 年出版了专著《卡尔·罗杰斯论会心团体》，他认为，会心团体的理念和实践与以当事人为中心治疗法是一致的。概括而言，会心团体大体上有以下几方面的特点。

第一，信任团体和团体过程本身的力量。罗杰斯对会心团体的信任如同信任个人有成长、自我实现的趋向一样，会心团体组成之时，这些趋向就已经存在，随着团体过程的进行，这种力量会逐渐变成现实，逐渐发挥作用，引领团体的方向。

第二，让团体自己发展出它的目标和方向。罗杰斯认为，团体促成员的任务并非协助团体和团体成员建立团体的目标及个人的目标。相反，如果促成员把关注点放在团体内创造一种安全、信任的气氛，那么团体就会慢慢地发现自己的目标和方向。

第三，会心团体活动过程的无结构性。罗杰斯主张极端无结构的团体活动。团体活动时，他只是以一两句话开头，绝不做长篇的介绍、指导，也不宣布任何的活动规则。随后的一切全看团体自己的发展，以及团体成员的互动情况。慢慢地，气氛会变得热烈，最终形成一种弥漫着信任、温情、关爱、安全和民主的气氛。

第四，真诚地面对小组和小组成员。在团体中间和与个别当事人面对的时候一样，辅导员或治疗者都应该是真诚的。开始阶段，促使成员可以多表达一些自己心里对别人的关注和接纳，以及促进别人成长的感受。小组发展得较为成熟以后，可以多表达一些属于自己的、与自己成长有关的感受。

第五，共情理解。在会心团体中，罗杰斯最关心和用心去做的事，就是共情理解。罗杰斯在团体过程非常关心的是，自己是否能够体会到团体成员的感受，他认为只要做到共情理解，就会对当事人有帮助，对团体有帮助。

（二）人类和平

罗杰斯认为，以当事人为中心治疗法的基本理念和实践可以用于解决不同文化和民族之间的矛盾，帮助个人完全且充分地表达内心的想法、感受和情绪的实践，同样能够导致社会团体、族群、文化乃至国家之间关系的建设性改变。在 20 世纪 70 年代至 80 年代，罗杰斯以极大的热情投到将以人为中心的理念运用于社会、种族和宗教冲突的解决，奔走于世界各地，帮助彼此敌视的各方领导人展开真诚的交流，增进相互之间的信任，以认真的交换意见来替代相互威胁和无理性的敌对行为。

罗杰斯的这种信念是基于三种基本假设：其一，但凡最个人的，也是最普遍的。一个人越是能够深入探索内心，就越可能了解自我，接纳自我，进而更可能把这种发现运用于他人身上。其二，一个人的成长和发展越接近于"机能充分发挥"，就越倾向于社会性的、建设性的行为，变得更宽容、更友善，不易成为种族主义者。其三，个人力量可以转化为协作性的力量。当个体能够清楚区分和体验到自己和他人的体验及感受，又能与别人融洽合一，个人力量就会转化为协作力量。

罗杰斯认为，要想通过团体过程来解决这些冲突，必须注意以下方面：一是参加团体的成员是以"个人"身份投入团体，而非以"角色"进入团体。其目的在于剥离社会、文化、宗教、政治等外在因素赋予人们的角色，更强调作为人的共同点，产生基于"人"的理解和关怀。二是有一位或几位熟练的促成者。他们能够很自然地在团体中创造出一种安全感，促成团体发展出真诚、关心和相互理解的气氛，进而使团体尽快出现非常个人化的体验和对体验的表达。三是情境及一些辅助条件。团体活动的环境和相关安排要让成员有安全感，比如避免采访和报道等。另外，如果有一些有助于产生轻松氛围的安排，则更好。四是要促成成员充分表达感受，促成共情理解。这一点和个别治疗时一样，只不过更加困难一些。

罗杰斯举办了很多这种促进和平和解的工作坊，包括在种族矛盾严重的南非、国家矛盾严重的中美洲、宗教矛盾严重的北爱尔兰等。这种工作坊让参加团体活动的很多人感到，和平并非不可想象，和平并非遥不可及。

七、结语

毫无疑问，罗杰斯是一个脚踏实地从事心理学研究工作的学者，他多年从事心理治疗和教育教学的一线科研实践工作，积累了无以计数的个案经验；罗杰斯是一个不断求索、坚持创新的人，他第一个对心理治疗个案进行录音并将其公开，创新性地使用非印刷媒体来传播自己的心理学思想；罗杰斯是助人职业者中最多产的作家之一，一生著作等身，共有 200 多篇专业论文和研究报告，16 部著作问世，并被翻译成 60 多种语言；罗杰斯是一个勤奋努力、不知疲倦的人，他从二十多岁投身于心理学事业中，各地奔波，直至生命的最后十年，还在世界不同地方举办工作坊和会心团体；罗杰斯是一个突破了种族、宗教和国界的心理学家，他毕生致力于人性的研究和探索，力图促进人类和自然的和谐共生。

罗杰斯曾被描述为"一个不引人注目的革命者"，他所传达的信息表面简单易懂，但实则内涵丰富：所有个体自身都有能力以一种既使个人满意，同时又对社会具有建设性的方式引导自己的生活。在特殊类型的帮助关系中，促使个体发现其内部的智慧和自信，之后个体就会逐渐做出更加健康、更富有建设性的选择。

罗杰斯的一生都在宣称人类关系中民主和自由理想的重要性，并且也通过改革创新、检查验证、修改更正、改变信仰等方式，不断寻找实现这一理想的方法。为此，他赢得了成千上万学生的敬仰，而这些学生的工作每年又影响着千百万人的生活。与此同时，罗杰斯也招致了许多颇有影响力的批评家们的指责，这阻碍了罗杰斯及其以人为中心疗法成为学院派心理学专业训练的主流。

毫无疑问，我们的科技时代正在逐渐被各种电子新技术、药物新疗法、新硬件、新软件所充斥，这些最新的进步是现代科学和社会发展需要提供的。而罗杰斯的思想却向我们展现了另一方向的图景，这个图景远没有那些新奇、有趣的技术更吸引人，甚至乍一看上去似乎更为艰难，那就是，我们所述问题的答案并不在于技术而在于关系。真正重要的是在我们彼此沟通时，在我们处理自己的情感和内在冲突时，在我们搜寻自己生活中的意义时，我们是否能够信任我们自己，是否能够信任他人。对于如何与真实的自己以及他人和谐共处，我们已经学到了一些知识，这些知识如果可以在未来被运用于实践，我们或许就能拯救地球；如果忽视这些知识，只将生活和财富的重心聚焦于下一个技术难题，那么，我们可能就无法继续生存下去了。

罗杰斯的职业生涯始于个体心理治疗，但经过多年的发展，其工作焦点逐渐扩大到了心理学之外的许多领域。这也是罗杰斯不同于其他心理学者的地方，他的以人为中心的方法在教育、医学、商业、管理、社会工作、政府和许多行业都产生了重大而深远的影响。从 1928 年开始涉足心理学到 1987 年去世，罗杰斯在 59 年的职业生涯中，一直在探索和服务于人与人之间的助益性关系。在他看来，更重要的不是去着手解决我们之间的差异性问题，而是共同营造和发现我们之间彼此助益的互动关系和氛围。基于这样一种理念，罗杰斯热衷于将自己的理论放到更广阔的人类世界的范围内加以检验，他帮助冲突国家的领导人和不同宗教信仰的族群，以更真诚更信任的方式交流，用行为科学减少世界的主要矛盾。他提示我们要关注纯粹的科学技术带给人类的枷锁，关注个体的能量与宇宙能量的和谐共融，从这个意义上来看，似乎罗杰斯已经不仅仅是一名心理学家了。

罗杰斯所参与创立的人本主义心理学流派从一开始就相当地抓人眼球，他主张许多专业人士都可以进行心理咨询和治疗，不仅只有那些接受过医学训练的精神病医生或精神分析师才能承担此任，他甚至认为心理咨询师并不是全靠后天培养出来的，毕竟有些人的天赋不足以从事这项与人打交道的工作。这当然与罗杰斯本人的教育经历有关，因为他自己就没有接受过医科背景的教育和培训，但我们只需想想他在心理咨询和治疗这个领域中所取得的成绩和工作的效果，就会对他的这一主张表示认可了。这也使得人本主义心理学在普通大众的眼中变得更加亲切、随和，人们觉得心理学家不再那么高高在上，原来他们也是人，也有每一个普通老百姓所能感受到的情绪情感；不再只有心理学家能给自己做诊断做评价了，原来我们自己也有巨大的内在能量等待着被发觉被运用；心理学的技术方法不再神秘而复杂，其实我们每一天的个人生活都可以融入这些科学方法。从这个角度来看，罗杰斯和人本主义心理学都使得心理学本身得到了史无前例的发展。

20 世纪 60 年代末，马斯洛等人从人本主义心理学阵营中又分化出了超个人心理学流派，其以人本主义心理学为基础，但更加关注超越个人的经验和精神生活。它的很多理论观点和实践都与人本主义心理学和存在心理学、现象学心理学有密切的联系。超个人心理学的当代先驱主要为瑞士分析心理学家卡尔·古斯塔夫·荣格和美国心理学家威廉·詹姆斯。荣格提出的集体潜意识的概念，尤其是他从心理学观点理解宗教原型的尝试，为超个人心理学带来了很大的启示。詹姆斯则通过对超自然体验和各种宗教经验的研究，为超个人心理学奠定了研究的理论基础。马斯洛和萨蒂奇等人则是在创立了人本心理学之后意识到这种人本主义的、第三势力的心理学其实只是过渡性的，应该为第四势力，即超个人或超人本的心理学做准备，以将研究重点从关注人的需要和兴趣，关注人性、自我实现等概念转向关注宇宙、超越人性本身的概念。

1972 年，超个人心理学会正式成立了，其创立者认为现代心理学必须阐述起源于人的神秘体验的问题，这些体验代表着人类心理活动的积极后果。可是，目前的心理学研究缺乏对这些观点和体验的系统阐述和评价，在如何帮助人促进这些体验产生的方法上也是一片空白。如果心理学不去研究这些现象，就必然使其被宗教、巫术等非科学的东西占领。所以，超个人心理学是要将那些超个人的观点扩展到心理咨询、心理治疗、医学、护理、社会工作等心理健康领域的研究中，扩展到人类学、经济学、政治学等社会科学的研究中，扩展到商业、政府、法律等应用领域的研究中。让我们回过头去看一看，这些领域，不正是卡尔·罗杰斯本人一生致力的服务领域吗？40 年过去了，人本主义心理学仍然力道不减，罗杰斯的理念和威名继续被广为传播着，作为人本主义心理学的新枝嫩芽，超个人心理学也得到了很大的发展。

由弗吉尼亚·萨提亚(Virginia Satir)女士提出了萨提亚系统转化模式，就是一种融合了罗杰斯人本主义心理学思想和超个人心理学技术的家庭治疗法，正在当代日渐流行。其既可以适用于患有精神分裂的个体，也可以适用于追求自我发展的普通个体，同样也可以通过系统的转化模式帮助家庭和团体获得更好的人际关系与相互成长。这一疗法，通过沉思和冥想来帮助个体更好地进入内在，体验当下的感受，增强自我的接纳和欣赏。萨提亚与罗杰斯一样都相信人性中的积极、有力量的一面，相信个体即使不能取得理想的结果，也总是会尽心尽力而为，相信每个人都可以通过学习对自己的人生做出选择，并为自己的选择负责任，而最终得到自我成长。他们都强调咨询师对来访者的共情理解，也强调我们在日常人际交往中的真诚一致。他们都赞同当事人自己应该对自我部分进行觉察和探索，别人无法代替也不应该代替这一过程。

由此，我们可以相信罗杰斯的心理学思想不会枯竭，它正在以更加新颖、更加温和、更加易于接受的方式，渗入我们生活的方方面面，帮助我们成长，促使我们反思。我们有理由相信，人本主义心理学并不会消逝，它只会更加自然和谐地融入心理学的浪潮中，罗杰斯也并不会因为肉体的离世而被人们所遗忘，他的心理健康思想会永远地留在人类探索自我、不断前行的丰碑上。

如前所述，罗杰斯于1956年获得美国心理学会授予的"杰出科学贡献奖"，当时人们对罗杰斯的评价是："因为(他)提出了一种原创性的方法来客观地描述和分析心理治疗的过程，因为(他)建构了一种可检验的心理治疗及其对人格和行为的影响的理论，因为(他)进行了广泛而系统的研究来展现这一方法的价值，并探索和检验了这一理论的意义。他富有想象力和毅力，在理解和修正个体过程中所涉及的难题时，灵活运用科学方法，使得这一令人感兴趣的心理学领域成为科学心理学的一部分。"

在20世纪40年代，人们咒骂罗杰斯"摧毁了精神分析的统一性"。因为当时心理治疗的理论体系是精神分析一家独大，从事心理治疗的都是精神科医生，他们的专业背景是医学而非心理学，心理学家没有资格做治疗；同时，心理治疗实践中则是强调医生的主导性。可是，罗杰斯建立了一种完全不同的方法：非指导性治疗法。这也意味着他向一统天下的权威发起了一场战争，不过他赢了！在今天，人们有很多的方法可供选择。

此外，罗杰斯提出了新的伦理道德：对治疗过程进行录音必须得到当事人的同意。他也强调保密。这些伦理道德在今天已经被普遍接受，但在当时它还是新鲜事物。罗杰斯也首创了对心理治疗的过程和疗效进行实证研究。这在当时也是需要极大的勇气和创新精神。

在罗杰斯生命的最后15年内，他把自己的方法应用到政治、培训政策制定者、领导以及冲突中的团体。要做出较好的决定，就应该基于对对方的共情。罗杰斯说，世界是"脆弱的"，他为和平而工作。在他80多岁的时候，他在匈牙利、巴西以及苏联等国家领导了大型的工作坊，在南非主持了沟通团体。罗杰斯说："我并不想找到一种'以当事人为中心'的方法，我想找的是一种助人的方法。"这正是他一生研究与实践的真实写照。

第十三章

——————

马斯洛：心理健康的人即自我实现的人

亚伯拉罕·马斯洛，美国心理学家，其创立的人本主义心理学被称作是心理学中的"第三势力"。他曾经担任美国人格与社会心理学会主席，并于 1967 年当选为美国心理学会主席。马斯洛被认为是 20 世纪最著名的心理学家之一，在 20 世纪最杰出的 100 名心理学家中位列第十。马斯洛于 1908 年 4 月 1 日出生在美国纽约市布鲁克林的贫民区。

一、马斯洛的生平与学术事迹

马斯洛的父亲是一位俄罗斯的犹太人，很小的时候就从俄罗斯的基辅来到了美国，在经过多年打拼之后，马斯洛的父亲逐渐在纽约站稳了脚跟，随后他与自己远在基辅的表妹结婚，并在纽约定居了下来。

马斯洛父母一共生育了七个孩子，马斯洛是他们的长子。虽然接连生育了七个子女，但马斯洛的母亲对孩子的兴趣并不是很高，他与母亲之间的感情非常淡漠，甚至带有一些憎恨的意味，以至于母亲去世的时候，马斯洛都拒绝出席葬礼。马斯洛的父亲经常酗酒，脾气暴躁，可以说马斯洛没有得到多少来自父母的关爱。在马斯洛 9 岁的时候，他们搬离了原来居住的贫民区，搬进了一处不是很好的中产阶级公寓。这次搬家给马斯洛带来的并非愉快的经历，因为这个新的居住区并非犹太人街区，因此，马斯洛经常遭受成群结伙的爱尔兰和意大利小孩的追打。马斯洛从小身体瘦弱，而且相貌平平，特别是那个很大的鼻子，更使他不被老师和同学所喜欢，在反犹太主义情绪日益浓厚的氛围中，马斯洛变得越来越害羞和沉默。

马斯洛 18 岁的时候，听从父亲的建议进入纽约市立大学学习法律，法律在当时是一个很不错的热门专业，但马斯洛对此却毫无兴趣，但他不敢反对父亲的意见，只好硬着头皮去学习，终于有一天实在无法忍受乏味枯燥的法律课程，向他父亲坦白了自己内心的真实想法。幸运的是，他父亲虽然很无奈，但依然支持他去学习他自己喜欢的东西。他转学去了康奈尔大学，但发现自己仍然要为一些不喜欢的必修课所累，再加上此时此刻他与自己的表妹贝莎（Bertha Goodman）陷入了热恋之中，因此在康奈尔仅仅待了一个学期之后，马斯洛就匆匆返回了纽约市，回到了恋人的身边，但很快脆弱的自尊心，使得马斯洛对自己与表妹之间的情感的未来缺乏信心，他做出了一个特别的决定：离开表妹，离开纽约，想冷却一下他们之间的感情，这一次他选择了威斯康星州立大学。事实上，马斯洛后来说："我一刻不停地想念着她，几个月后我给她发了一封电报，说明我们就要结婚。我并没有请求她嫁给我，而是宣布我们要结婚了。"①1928 年圣诞夜，马斯洛和他心爱的表妹结婚，婚后他们一起进入威斯康星州立大学读书。

在威斯康星州立大学，马斯洛主修心理学并辅修生物学和哲学。威斯康星州立大学自由气氛非常浓厚，再加上心理学系规模较小，学生人数很少，这里的气氛让马斯洛感觉非常愉悦，他在这里很快成长为一名非常优秀的学生，加上生性腼腆，马斯洛赢得了很多老师的喜爱。他们邀请他去家里共进晚餐，甚至亲自开车送他去参加学术会议，并非常正式地把他介绍给心理学界的一些著名人物。而这些大人物，年轻的马斯洛原来都只是在课本中看到过他们的鼎鼎大名，这些经历使得马斯洛从小以来的自卑感大大降低，获得了强烈的归属感。

马斯洛在威斯康星州立大学心理学系受到了严格的行为主义教育，他在本科期间一共发表了 6 篇论文，主要研究猴子的学习过程和狗的厌恶情绪。1934

① ［英］柯林·威尔森：《心理学的新道路：马斯洛和后弗洛伊德主义》，杜新宇译，108 页，北京，华文出版社，2002。

年，马斯洛从威斯康星州立大学博士毕业，他的博士生导师是著名的行为主义心理学家哈洛。尽管马斯洛在学生期间表现非常优秀，但是，毕业之后却很难找到工作。幸运的是，在哥伦比亚大学工作的桑代克（Edward Lee Thorntike）非常欣赏马斯洛，给了他第一份工作，让他做自己的研究助理。不幸的是，马斯洛对于桑代克的研究主题并不感兴趣，他甚至认为桑代克布置给自己的任务"相当愚蠢"，当他把自己的真实想法告诉桑代克之后，桑代克并没有因此而责怪他，而是告诉他，他可以去做自己喜欢的研究，只要每个月过来领薪水就可以了。桑代克真的可以说是一位伟大的学者，具有博大的胸襟，虽然自己对于马斯洛的研究也不是很感兴趣，但他还是无私地帮助了他。马斯洛在与桑代克共事 18 个月之后，在布鲁克林学院（Brooklyn College）谋到了一个教职，随即离开了哥伦比亚大学。在布鲁克林学院的 14 年，对于马斯洛来说非常重要，他在这一段时间内初步形成了自己的人本主义理论，在心理学领域之中已经占据了一席之地，最重要的成果就是他在 1943 年发表的《人类动机论》，提出了"需要层次论"。这篇文章后来被多次转载，成为马斯洛人本主义理论中非常重要的一个部分。

1951 年，马斯洛被聘为布兰代斯大学（Brandeis University）心理学系的第一任系主任，布兰代斯大学是一所由犹太人创办的大学，马斯洛一直在此工作到了 1969 年。马斯洛和萨迪奇（Sutich）1958 年创办了《人本主义心理学杂志》，并于 1961 年正式公开发行，成为宣传人本主义心理学的一个重要阵地，1962 年美国人本主义心理学会（American Association of Humanistic Psychology，AAHP）的建立，标志着人本主义心理学正式诞生，而这一学会正是在马斯洛的一手操持下创建起来的。1969 年，他接受加利福尼亚罗帕克德劳林基金会（the Laughlin Institute in California）的邀请，担任常驻评议员。但不幸的是第二年，也就是 1970 年马斯洛因心脏病突发而去世，享年 62 岁。马斯洛曾经担任美国人格与社会心理学会主席，并于 1967 年当选为美国心理学会主席。

马斯洛的童年可以说是不幸的，但成年以后的马斯洛似乎是很幸运的，他赢得了心上人的芳心并终结连理，事业上更是幸运非常，他得到了很多心理学大家的欣赏和帮助，这包括他的导师哈洛、桑代克等。在马斯洛进入布鲁克林学院之后，由于战争的原因，很多欧洲的心理学家来到纽约，马斯洛因此又结识了众多著名人物，其中对其思想影响比较大的包括心理学家韦特海默（Max Wertheimer）、弗洛姆（Erick Fromm）、霍妮（Karen Horney）、阿德勒、戈尔茨坦以及人类学家本尼迪克特。他们无私的帮助和培养，成就了心理学史和人类思想史上的一位伟大的人物。

链接：【马斯洛生平重大事件】

1908 年 4 月 1 日，出生于纽约布鲁克林区。

1922 年，进入布鲁克林最好的中学就读，并与表妹贝莎·古德曼相遇。

1926 年，被纽约市立大学录取，并在布鲁克林法律学院选修法律。

1928 年，与表妹贝莎结婚。

1931 年，在威斯康星大学获得心理学硕士学位。

1934 年，在威斯康星大学获得心理学博士学位。

1937 年，开始在布鲁克林学院任教。

1943 年，发表《人类动机理论》。

1954 年，《动机与人格》出版。

1961 年，创办《人本主义心理学杂志》正式出版。

1967 年，当选为美国心理学会主席。

1970 年 6 月 8 日，因心脏病突发去世，享年 62 岁。

二、马斯洛人本主义心理学理论产生的历史背景

马斯洛的自我实现理论是其伟大智慧的创造，与其独特的个人经历、人格特点密切相关。同时，也是他所处时代的社会政治经济条件、思想氛围相互交织的产物，更是对已有的心理学理论和思想的继承和发展。

(一) 时代背景

马斯洛出生于1908年的美国纽约，1928年进入威斯康星州立大学学习心理学，这是马斯洛开始接受正规的心理学教育的开端，但此时的马斯洛一直到其博士毕业的很长一段时间里都是接受行为主义的教育，从事的也基本都是关于猴子的研究，并且取得了很不错的成绩。但马斯洛逐渐对行为主义的很多缺陷越来越难以容忍，这一状况等到马斯洛两个女儿先后诞生之后达到了顶点。于是，他开始构建自己的心理学理论，1949年6月马斯洛发表了非常重要的一篇论文《自我实现的人：一项关于心理健康的研究》，将自我实现理论首次公之于世，从此开始步入自己辉煌的人本主义心理学的职业生涯。

人本主义心理学运动的出现，与美国当时所处的后工业化时代所造成的人性异化有关。[①] 在经历了经济大萧条之后，美国社会经济得到了迅猛发展，物质生活极大丰富。但经济的快速发展和物质生活的富足，并没有让美国人感觉到空前的幸福，相反很多的社会问题却不断涌现，暴力犯罪日益增多，犯罪分子日益低龄化，种族歧视日益严重，时常爆发各种种族冲突性事件，很多青少年生活颓废、道德沦丧、吸毒、药物滥用等情况非常严重。在美国20世纪60年代前后出现的"嬉皮士"，就是当时美国社会文化的典型代表。很多"嬉皮士"都来自中产阶级家庭，生活比较富足，但他们所看到的却并不都是人性美好的一面，生活带给他们的并不都是美好的未来。在这样的社会背景下，美国人首先感受到了价值观的危机，曾经激励千千万万美国人的祖先奔赴这片新大陆的勤奋、追求成功和幸福的价值观日益受到打击，很多人开始追求即时的满足和感官的快乐，生活日益颓废。此外，信仰危机使得人与人之间关系更加异化，遗弃感、孤独感包围着很多美国人，同一性渐趋消失、生活的意义感和目的感日益匮乏，整个美国社会被一种价值危机感所笼罩。[②]

同时，人本主义心理学运动的出现与美国当时的反战运动的发展有关。[③]

---

① 车文博：《人本主义心理学》，16~19页，杭州，浙江教育出版社，2003。
② 彭运石：《走向生命的巅峰——马斯洛的人本心理学》，23页，武汉，湖北教育出版社，1999。
③ 车文博：《人本主义心理学》，19~21页，杭州，浙江教育出版社，2003。

发生在 20 世纪初和 30 年代至 40 年代的两次世界大战，在给许多参战国带来巨大灾难的同时，也对整个世界的政治格局产生了重大的影响，特别是第二次世界大战以后，美国、苏联和英国作为获胜国，重新瓜分整个世界的势力范围，摄取了大量的政治和经济利益，对于美国而言更是如此。在第二次世界大战中，美国正式参战始于珍珠港事件之后，此时已经接近整个大战的尾声，在大战的前期美国人利用中立国的地位，与参战双方进行经济和军事交易，大发战争财。从之前的债务国一举变成了债权国，成为与苏联这个超级大国并列的两个最强大的国家之一。美国社会在经历了大萧条之后，终于一跃而为最富有的国家之一，科学技术和社会经济得到了迅速发展，物质财富空前丰富。但战争给美国人带来的不仅仅是利益。珍珠港事件爆发之后，美国人真真切切地体验到了战争的残酷，看到了战争对于人类文明的巨大破坏力，人类自我攻击、自我毁灭的丑恶本性，以及个人价值、尊严的被忽视和践踏让很多人感到绝望。

美国社会当时的这些严重的社会问题，让以马斯洛为代表的人本主义心理学家感到了强烈的责任感，他们带着浓厚的人道主义关怀，将社会和平、幸福、构建"和平餐桌"心理学作为自己的历史责任。"我幻想有一张和平的圆桌，大家围绕它而坐，一起讨论人性、仇恨、战争、和平以及兄弟情谊。我的年纪太大而不能从军，但正是在那个瞬间，我意识到，我应该贡献我的余生，为那张和平圆桌发现一种心理学。那一个瞬间改变了我的整个生活。"①马斯洛一方面渴望对美国公众普遍经历的价值危机感和精神裂变做出一种反应，同时也希望通过他们的努力，让个体获得更多的尊重，让他们在基本生活需要适度满足的基础上，不断发展，尽可能地实现自己的潜能，生活得更加有价值、有尊严，更加幸福。

(二) 心理学背景

人本主义心理学派是心理学发展到 20 世纪 50 年代左右的时候逐渐发展起

---

① 　[美]爱德华·霍夫曼：《马斯洛传：人的权利的沉思》，许金声译，131 页，北京，华夏出版社，2003。

来的。当时在学院心理学中行为主义学派已经成为主流的心理学，他们的主张和观点得到了大多数心理学家的赞同。而在心理治疗领域，精神分析学派占据着主流的位置。人本主义学派和其他许多的理论流派一样也是在反对已有的心理学理论的基础上发展起来的，特别是当时占据统治地位的行为主义和精神分析学派。

　　首先，对行为主义的批评。为了追求所谓的科学性，行为主义不惜削足适履，把意识排斥在心理学的研究范围之内，把人等同于动物，采用研究物的方式来研究人。人本主义学派对行为主义的批评主要集中在以下几点。[①] 第一，人本主义心理学家强烈反对行为主义将人类的所有行为简化为 S-R 机械图式，坚持 S-O-R 公式，强调中介变量的作用，特别是个体的动机、价值观、态度和兴趣等被行为主义所忽视和抛弃的"黑匣子"部分。著名的人本主义心理学家奥尔波特曾经指出，人格中一切有趣的事情就存在于我们必须对这些中介变量发生的一切所做出的推论之中。马斯洛也曾指出，人类的行为不是简单的刺激—反应的联结，而是受到个体的感情、态度和愿望决定的。第二，过分强调客观、可验证及量化的研究方法。马斯洛指出："人们提供我们的是巧妙完成的、精细的和第一流的实验，但这些实验中至少有一半与长期存在的人类问题没有关系。"[②]在这种片面追求所谓的科学性的前提下，很多研究者甚至陷入了"方法中心论"。"持方法中心论的科学家，往往不由自主地使自己的问题适合于自己的技术而不是相反。他们往往这样发问：用我现在掌握的技术和设备，可以攻克哪些课题呢？而不是像通常应该的那样向自己提问：我可以为之奉献精力的最关键、最紧迫的问题是什么？"[③]大多数人本主义心理学并不完全否认实验方法，只是主张应该把客观的、实验的、量化的方法与主观的、经验的、现象学的方法结合起来，"以问题为中心"，而不是以"方法为中心"。第三，反对行为主义的环境决定论。华生认为人与动物的区别只在于身体结构方面的差异，而这种

---

　　① 车文博：《西方心理学史》，543 页，杭州，浙江教育出版社，1998。
　　② ［美］舒尔茨：《现代心理学史》，沈德灿等译，404 页，北京，人民教育出版社，1981。
　　③ ［美］马斯洛：《动机与人格：第 3 版》，许金声等译，239 页，北京，中国人民大学出版社，2007。

遗传也只是结构性的而不是功能性的，他完全否认遗传和本能的作用，个体复杂的行为完全来自后天的教育和学习，完全是由个体所处的环境决定的。"给我一打健全的婴儿和我可以用以培育他们的特殊世界，我就可以保证随机选出任何一个，不问他的才能、倾向、本能和他的父母的职业以及种族如何，我都可以把他训练成为我所选定的任何类型的特殊人物如医生、律师、艺术家、大商人或甚至于乞丐、小偷。"[①]与行为主义相反，人本主义强调人的主体在行为控制中的作用，个体是自己生活的主动建构者，可以自由地改变自己，当然这种改变会受到身体条件的限制。第四，反对行为主义对人类本性的看法。行为主义者假设人可以被看作是与机器相似的机械系统的集合，心灵就像洛克所说的那样是一块"白板"，后天环境可以随意在这张"白板"上作画，因此，人性也就没有什么好和坏之分。人本主义对人性持比较乐观的看法，马斯洛曾指出，人的本性是善良的，至少是中性的，人性的核心在于有机体内部有一个"本能的"内核，这种内核作为一种潜在的"原材料"而存在，包含着趋向实现的潜能，等待着个体对它进行主观的开发和实现，因此遗传的作用是存在的。

其次，对于精神分析的批评。人本主义对精神分析的批评主要涉及以下三点。[②] 第一，潜意识决定论。虽然潜意识的概念不是弗洛伊德的首创，但的确是弗洛伊德将这一概念发扬光大，甚至达到了妇孺皆知的地步。但弗洛伊德极端地漠视和贬低意识的地位和作用，极力夸大潜意识的作用，把个体行为的原因几乎全部归结为潜意识中的动机，而且认为意识也只是潜意识的外在表现。奥尔波特认为，弗洛伊德这种"深度"心理学发掘得过深，以至于更重要的事实和真理都被忽视掉了，他认为研究人的真正动机的办法就是询问他自己。第二，弗洛伊德非常重视潜意识的作用，但在弗洛伊德所理解的潜意识当中所包含的都是被压抑的欲望、本能冲动以及替代物，其主要特点就是非理性、冲动性、反社会性，是不为人类社会、伦理道德和宗教法律所允许的东西，都是非常阴

---

① John Broadus Waston, Psychology (2nd ed.), New York, Norton. 1930. p. 82.

② 车文博：《人本主义心理学》，33~34 页，杭州，浙江教育出版社，2003。

暗和邪恶的，追求即时的满足。因此，在弗洛伊德看来人性是非常邪恶的。马斯洛认为人类的本能并非都是邪恶的。"从表面上看，基本需要并不是邪恶或有罪的。一个人需要食物、安全、归属、爱、社会认可、自我认可和自我实现，这是无可厚非的。事实上，绝大多数文化中的绝大多数人都认为——虽然具体观点随地域而有所不同——这些是他们渴望得到满足的、值得赞颂的愿望。即使采取最谨慎的科学态度，我们也必须说，这些愿望是中性的而不是邪恶的。"①第三，对人性的悲观主义，这主要源于弗洛伊德的性恶论以及潜意识的决定论。人性是非常邪恶的，这种只看到人性阴暗面的论调很容易使得人们对自己的未来发展失去信心，而陷入宿命论。再加上潜意识决定论，人们对自己的行为没有办法进行左右，理性成了一个可笑的名词，因此有人把弗洛伊德精神分析理论看作是对人类自尊的又一次沉重打击。

当然，人本主义对于精神分析学派并非秉持完全否定的态度，他们对于弗洛伊德的理论也给予了一定的肯定和赞同，比如他们非常赞同弗洛伊德对于潜意识的研究，把它看作是对人性中非理性成分的存在，对于深入洞察个体的精神世界，全面理解个体的动机行为具有重要意义。另外，精神分析理论也对人本主义心理学产生了重要影响，主要表现在三个方面：一是自我心理学思想的影响，二是动力心理学思想的影响，三是心理治疗法的影响。②

再次，格式塔心理学对人本主义心理学的影响主要集中在方法论方面。格式塔心理学强调心理的整体观，每一种心理现象在格式塔学派看来都是一个个的完形，部分之和不等于整体，整体也不等于部分的总和。整体决定着部分的性质和意义。因此，格式塔学派一方面强调心理现象的整体性，另一方面强调对现象进行描述，而不是像元素主义那样，把现象分割成具体的元素来探索其内在的结构。在现代心理学史上方法论主要依据两种不同的哲学基础，一种是实证主义，另一种则是现象学。现象学强调对现象进行如实地描述，强调"以问

---

① ［美］马斯洛：《动机与人格：第3版》，许金声等译，103页，北京，中国人民大学出版社，2007。
② 车文博：《西方心理学史》，543~544页，杭州，浙江教育出版社，1998。

题为中心"而不是"以方法为中心"，强调整体论的方法论。人本主义心理学正是在现象学的基础上强调人格的整体性，主张在现实情境中对人格进行全方位的研究，包括对其的结构及其发挥功能的过程等。奥尔波特就曾指出，人格是一个完整的单位，并不是各种特质的简单总和。①

链接：【代表作《动机与人格》简介】

该书是"人本心理学之父"马斯洛重要的奠基性著作，奠定了他的学术地位。在书中，主要围绕需要层次论和自我实现论来阐述其基本观点。他提出了许多精彩的理论，包括人本心理学科学观的理论、需要层次论、自我实现理论、元动机理论、心理治疗理论、高峰体验理论等。其中，需要层次论是马斯洛心理学中影响最大的理论之一，至今仍在多个学科领域和实际工作中发挥着重要作用。该书包含了马斯洛对人类心理学的重要发问和早期探索，致力于有关人性的科学事实的搜集，在创建一个积极和全面的关于人性的观点方面，有着巨大的影响力，以使他的人本主义心理学根本有别于古典的人道主义。

链接：【代表作《人的潜能和价值》简介】

该书是人本主义心理学有关"人的潜能和价值"讨论的论文集。主要选录了马斯洛有关人心理学价值观点的文章。作为人本心理学现在的代表人物，著名的心理治疗家和教育改革家罗杰斯的文章也有大量选录。另外还有心理分析社会学派代表人物弗洛姆，机体论或整体论学说的代表人物哥尔德斯坦等人的论文。全书共分三个部分，四十余万字，林方等编译，1987年华夏出版社出版。

最后，人本主义心理学家重视心理学的应用研究，这一传统可以追溯到机能心理学派。机能心理学将意识看作是有机体适应环境的一种基本机能和有用的工具，让心理学摆脱了构造主义"纯科学"的束缚，为心理学的发展注入了无穷的活力和源泉。机能心理学虽然作为一个学派已经消失了，但并不是说他们的观点和理论已经被证明是错误的而消失了，恰恰是几乎所有的心理学家都赞

① 陈仲庚、张雨新：《人格心理学》，71 页，沈阳，辽宁人民出版社，1986。

同了他们的机能主义精神，几乎都不再排斥心理学的应用研究，而是大力推动心理学与实际生活的结合，也就是说几乎所有的心理学家都成了机能心理学家。因此学派虽然不存在了，但精神却永远保留了下来。机能主义精神通过行为主义、格式塔学派传递给了人本主义学派并得到了发扬光大。人本主义心理学家特别重视心理学的应用研究，在选择研究主题方面，他们强调问题对于个人和社会的意义与价值，此外，人本主义心理学家努力推动其理论与实践相结合，比如马斯洛的内在教育论、社会变革论、优美心灵管理论，罗杰斯的以人为中心的心理治疗理论等。

三、马斯洛需要层次理论及其心理健康思想

(一)对需要的基本看法

需要是有机体内部的一种不平衡状态，反映了某种客观的要求和必要性，是个体活动积极性的源泉。这种不平衡状态既包括生理的也包括心理的不平衡，比如血糖成分下降，个体会产生饥饿求食的需要，而社会上暴力事件不断出现，会使得个体产生安全的需要。另外，需要也反映了某种客观的要求，这种要求有可能来自机体的内部，也有可能来自个体所处的环境。比方说，人渴了需要喝水，这主要来自机体内部的要求，而很多学生为了获得一个良好的学习成绩而努力学习，一个很重要的原因是父母和社会等对他们成才的要求所引起的，这就是外部环境所引起的需要。需要是个体活动的基本动力，是一种不平衡状态，个体需要不断地去努力以维护平衡状态，所以一旦出现不平衡就必然促使个体做出努力去改变这一现状以维护平衡。

另外，虽然人和动物都有各种各样的需要，而且很多需要存在着相似性，比如一些生理需要，像饥饿、渴等，但人与动物的需要还是存在着本质的区别，这一方面体现在需要的内容上，人类除了一些生理性的需要之外，还存在着很多社会文化的需要，如实现个体的价值等；另一方面人类和动物满足需要的手段也不

同，比如人类在满足性需要的时候主要通过建立爱情，与相爱的人来实现。此外，由于人具有意识，因此人类的需要及其满足会受到意识的调节和控制。[①] 发展心理学中所讲的"延迟满足"，就是意识调节和控制个体需要的一个很重要的例证，婴儿最初和动物一样，追求需要的即时满足，随着年龄的增长，他们会逐步学会控制和调节自己的需要，可以为了满足更大的需要而推迟需要满足的时间。

动机是在需要基础上产生的，指的是引起和维持个体的活动，并使活动朝向某一目标的内部心理过程或内部动力。需要的性质、强度决定着动机的性质和强度，但需要和动机之间的关系是比较复杂的，人的需要往往是多种多样的，人的行为中则常常只有一种或几种主要的动机。每个人都有自己的需求和愿望，有自己的能力和经验，有自己的快乐和痛苦。马斯洛认为，了解、研究人的心理和行为首先必须研究人的需要和动机，心理学离不开对人类需要或本性的探讨。需要问题是马斯洛理论中最受关注的内容，也是人本主义心理学的支柱性理论。

(二) 需要的种类

马斯洛认为，人类的需要可以分为两类，一类是基本需要，这种需要是由于缺乏而产生，因此也被称作缺失性需要，比如因为体内缺水而产生渴的需要，缺乏稳定的生活保障而产生安全需要，因为缺乏友情、爱情和亲情而产生爱与归属的需要等。马斯洛认为，缺失性需要主要包括生理需要、安全需要、爱与归属的需要、尊重需要。另一类需要是心理需要，这类需要主要包括认知需要、审美需要和自我实现需要，这类需要主要是因为个体成长所必需，因此又被称为成长性需要。从整体来看，缺失性需要属于低层次的需要，而成长性需要属于高层次需要，低层次需要在没有得到满足的情况下很难产生高一层次的需要，但这类需要一旦得到满足就不再具有动机作用，比如一旦我们吃饱了饭，饥饿的需要就不再会促使我们去进一步地进食，从本质上讲，这类需要就像本能一样遗传于我们的体内，因此，马斯洛又称这些需要为本能性的需要。心理需要

---

① 彭聃龄：《普通心理学》，110~112 页，北京，北京师范大学出版社，2019。

则属于高级需要，具有比较大的个体差异，这类需要主要由实现个体的潜能、超越自我所驱使，而自我的潜能是巨大的，超越自我也是不断发展的过程，因此，这类需要得到一定的满足之后并不会像基本需要那样丧失动机性质，相反会具有更强的动机性质，会促使个体不断地去追求满足。

马斯洛认为，人类的需要是按照优势出现的先后或力量强弱排列成的等级系统。[①]

第一，生理需要。指的是维持个体生存和种族发展的需要，是人的各种需要中最原始、最基本、最需优先满足的一种，如饥、渴、性和休息等。马斯洛指出"无疑，在一切需要之中，生理需要是最优先的。这意味着，在某种极端的情况下，即一个人生活上的一切东西都没有的情况下，很可能主要的动机就是生理的需要，而不是别的，一个缺乏食物、安全、爱和尊重的人，很可能对食物的渴望比别的东西更强烈。"

第二，安全需要。指的是对稳定、安全、秩序、保障、免受恐吓、焦虑和混乱的折磨等的需要。安全需要是在生理需要相对满足之后出现的，它同样可以支配个体的行为。由于婴儿和儿童的行为较少抑制，因此安全需要在婴儿和儿童身上更容易被观察到，当婴儿受到威胁，受到扰乱或突然跌倒的时候，或者由于巨大的声响而受到惊吓的时候都会表现出对安全的需要。此外，儿童安全感的另一种表现体现在他们喜欢某种常规的生活节奏，当家庭出现矛盾、暴力、争吵时会让小孩感到特别恐惧。虽然成年人对自己的行为有更多的掩饰性，使得他们在面临威胁时也不容易流露出恐惧，但是安全需要在成年人身上也同样有所体现，一方面体现在人们对于那些比较稳定的职业、有保护的工作更加偏爱，更喜欢自己有一定的积蓄，也更喜欢给自己投更多的保险；另一方面也体现在人们更喜欢选择那些熟悉而不是陌生的，已知的而不是未知的事情。

第三，爱与归属的需要。假如生理需要和安全需要都很好地满足了，就会产生爱、情感和归属的需要，并且以新的中心，重复着已经叙述过的整个环节。

---

① ［美］马斯洛：《人的潜能和价值》，林方译，162~177 页，北京，华夏出版社，1987。

现在，个人强烈地感到缺乏朋友、情人或妻子或孩子，他渴望在团体中与同事之间有着深情的关系。他将为达到这个目标而做出努力。所以爱与归属的需要是个体对于友情、家庭的需要，对受到组织、团体认同的需要。但马斯洛也指出，爱与性并不相同，性是一种纯粹的生理需要，而爱的需要既包括爱别人也包括接受别人的爱两个方面。马斯洛认为，爱的需要涉及给予和接受爱……人们必须懂得爱，必须能教会爱、创造爱、预测爱。否则，整个世界就会陷于敌意和猜忌之中。

第四，尊重的需要。指个人对自己尊严和价值的追求。包括两个方面：一方面，是希望得到别人对自己的尊重，如别人对自己的关心、赏识、赞许、支持和拥护等；另一方面，是个体自己对自己的尊重，比如自信等。"自尊需要的满足使人有自信的感情，觉得在这个世界上有价值、有实力、有能力、有用处。而这些需要一旦受挫，就会使人产生自卑感、软弱感、无能感，这些又会使人失去基本的信心，要不然就企求得到补偿或者趋向于神经病态。"

第五，自我实现的需要。音乐家必须演奏音乐，画家必须绘画，诗人必须写诗，这样才会使他们感到最大的快乐。是什么样的角色就应该干什么样的事。我们把这种需要叫作自我实现。自我实现需要指的就是个体实现自己的理想、抱负，充分发挥自己的潜能，成为所期望的人物的动机。

(三) 高级需要与低级需要之间的关系

马斯洛认为，不同的需要之间存在着不同的等级关系，低层次需要是高层次需要的基础，一般来说，只有当低层次需要获得一定的满足之后，高层次的需要才会出现，而且各层次需要的产生和个体发育密切相关。具体来说，高级需要和低级需要具有以下特点[①]：

(1) 高级需要是一种在种系上或进化上发展较迟的产物；

(2) 高级需要是较迟的个体发育的产物；

① ［美］马斯洛：《人的潜能和价值》，林方译，200~208 页，北京，华夏出版社，1987。

（3）越是高级的需要，对于维持纯粹的生存也就越不迫切；

（4）生活在高级需要的水平上，意味着更大的生物效能，更长的寿命，更少的疾病，更好的睡眠、胃口等；

（5）从主观上讲，高级需要不像其他需要一样迫切；

（6）高级需要的满足能引起更合意的主观效果，即更深刻的幸福感、宁静感，以及内心生活的丰富感；

（7）追求和满足高级需要代表了一种普遍的健康趋势，一种脱离心理病态的趋势；

（8）高级需要的满足有更多的前提条件；

（9）高级需要的实现要求有更好的外部条件；

（10）那些两种需要都满足过的人们通常认为高级需要比低级需要具有更大的价值；

（11）需要的层次越高，爱的趋同范围就越广，即受爱的趋同作用影响的人数就越多，爱的趋同的平均程度也就越高；

（12）高级需要的追求与满足具有有益于公众和社会的效果；

（13）高级需要的满足比低级需要的满足更接近自我实现；

（14）高级需要的追求与满足导致更伟大、更坚强，以及更真实的个性；

（15）需要的层次越高，心理治疗就越容易，并且越有效。而在最低的需要层级上，心理治疗几乎没有任何效用；

（16）低级需要比高级需要更部位化、更可触知，也更有限度。

四、马斯洛的自我实现理论及其心理健康思想

(一) 自我实现理论的提出背景

在人本主义观点之前，主要有两种关于心理健康的观点，一种是精神分析的观点，另一种是行为主义的观点。

　　精神分析的观点是建立在对病人进行分析的基础之上，它更多强调的是异常和不适应的特点，而不是正常和适应的特点。在精神分析看来，心理健康的人就是没有严重异常症状的人。虽然弗洛伊德的精神分析理论受到了一些人的质疑，但不容置疑的是，他的理论使得我们对于人类的动机和行为有了一个新的认识，很多心理咨询师和心理健康的专业人士都受到该理论的影响。弗洛伊德认为人类有两种本能，即生的本能和死亡的本能，人的所有行为都是在这两种本能的驱动下发生的，每一种本能都有不同的表现形式。弗洛伊德认为，人的心理可以分为三个部分：意识、前意识和潜意识，其中潜意识指根本不能进入或很难进入意识中的经验，包括原始的本能冲动和欲望，特别是性的欲望。弗洛伊德把人格结构也划分为三个部分，即本我、自我和超我。本我蕴藏着人性中最接近兽性的一些本能性冲动，它像一口本能和欲望沸腾的大锅，具有强大的非理性的心理能量，它按照快乐原则，急切寻求出路，一味追求满足；自我是来自本我经外部世界影响而形成的知觉系统，代表理性与机智，处于本我与超我之间，按照现实原则，充当仲裁者，监督本我，予以适当满足；超我是人格中最道德的部分，代表良心、自我理想，处于人格的最高层，遵循至善原则，指导自我，限制本我，以便达到自我典范或理想自我的实现，使人的行为符合社会道德规范。由于本我的欲望和超我的道德标准之间存在着严重的矛盾和冲突，因此，个体经常会体验到焦虑的情绪，为了防止焦虑所带来的不安和忧虑，自我会采取各种方法阻止有危险的冲动表现，防范危险或焦虑的手段可能是意识中的或无意识中的，这些手段就称为心理防御机制。如果防御机制使用不当或走向极端，就可能会导致个体出现心理障碍或成为神经症患者。

　　行为主义理论模型的基本概念是学习，无论是通过经典条件反射还是操作条件反射，他们认为，人类的大多数行为都是后天习得的，因此，行为主义理论家主要关心的是行为的表现或矫正的过程。但我们很难保证我们所学到的所有行为都是正确的和有用的，有时候我们难免会学到一些实际上对我们有害的东西，比如一些不负责任、适应不良的行为，从而造成一些心理健康方面的问题。比如有些儿童会在愿望得不到满足的情况下通过哭闹来实现目的，如果父母迫于压力或者出于对孩子的溺爱而答应了他们的一些不合理的要求，则实际上是强化了儿童的这种适应不良的行为，当下一次他们提出一些不合理的要求时仍然会采用这种办法来达到目的。

对这两种心理健康的理论，马斯洛都曾提出了不同程度的批评。马斯洛认为，行为主义在心理学中坚持非人化的倾向，通过研究动物的模式来研究人，而且采取绝对客观化的原则是不妥当的，这种做法不仅使得他们把可观察到的行为作为唯一的研究对象而抛弃了对人的内部心理过程，比如意识、动机等的研究，而且导致了人类尊严、价值和地位的降低，使人的潜能和自主性彻底丧失。而精神分析理论把人类的所有行为都看作是由潜意识决定的，人类实际上并不像我们所想象的那样富有理性，而是处在潜意识的控制之下，对于这种潜意识的力量我们知之甚少，而且几乎无法加以控制，根本没有看到潜意识当中也有一些美好的东西，只看到了人性的阴暗面，对人性的看法过于悲观，严重打击了人类的集体自我。另外，让马斯洛最为难以接受的是行为主义主要通过研究动物，精神分析学家主要通过研究神经症患者来得出关于人类心理健康的理论的做法。马斯洛认为："如果一个人只潜心研究精神错乱者、神经症患者、心理变态者、罪犯、越轨者和精神脆弱者，那么，他们对人类的信心势必越来越小，他会变得越来越'现实'，尺度越放越低，对人的指望也越来越小……因此对畸形的、发育不全的、不成熟的以及不健康的人进行研究，就只能产生畸形的心理学和哲学。"①因此，马斯洛明确提出，要以健康人的心理或健康人格作为心理学的研究对象。要了解心理不健康的人，我们应该先了解心理健康的人。

马斯洛从积极的角度定义心理健康，即自我实现的人。马斯洛对于自我实现的人的研究，起初并不是作为一个科学研究计划而开始的，实际上是始于满足自己的好奇心，他非常希望去了解自己所崇拜的两位著名教授，即韦特海默

---

① ［美］戈布尔：《第三思潮：马斯洛心理学》，吕明等译，14 页，上海，上海译文出版社，2001。

和本尼迪克特，他的好奇心促使他开始研究究竟是什么原因促使这两位著名的人物如此出类拔萃。他收集了这两个人的大量资料，并对其个性加以比较研究，结果他得出了非常令人振奋的结果，他发现这两位成功者并不是完全不具有可比性的，他们之间存在着很多的相同之处，随后马斯洛又收集更多他认为属于自我实现的个体来对所得到的结果加以确认，最终提出了自我实现理论。

(二) 自我实现的概念

究竟什么是自我实现呢？马斯洛认为，自我实现就是一个人力求变成他能变成的样子。"一个人能够成为什么，他就必须成为什么，他必须忠实于他自己的本性"。① 具体来说，自我实现包含着两层含义，一是完美人性(full human-ness)的实现，指的是作为人类共性的潜能的自我实现，包括个体的友爱、合作、求知、审美、创造等特性或潜能的充分展现；二是个人潜能的实现，指的是具有个体差异的每个个体的个人潜能的自我实现，"自我实现也许可以大致被描述为充分利用和开发天资、能力、潜能等。这样的人似乎在竭尽所能，使自己趋于完美"②。

(三) 自我实现者的人格特征

马斯洛通过对历史上以及他所处年代的一些著名学者、文艺家和政治领袖进行的大量个案研究，并通过抽样调查对大学生进行了研究，概括出了自我实现者 15 种人格特征③：

(1) 对现实更有效的洞察力和更适意的关系；

(2) 对自我、他人和自然的接受；

(3) 行为的自然流露；

(4) 以问题为中心；

---

① ［美］马斯洛：《动机与人格：第 3 版》，许金声等译，53 页，北京，中国人民大学出版社，2007。
② ［美］马斯洛：《动机与人格：第 3 版》，许金声等译，176 页，北京，中国人民大学出版社，2007。
③ ［美］马斯洛：《动机与人格：第 3 版》，许金声等译，8~40 页，北京，中国人民大学出版社，2007。

（5）超然独立的特性，离群独处的需要；

（6）意志自由，对于文化与环境的独立性；

（7）欣赏的时时常新；

（8）神秘体验：海洋感情；

（9）社会感情；

（10）自我实现者的人际关系；

（11）民主的性格结构；

（12）区分手段与目的；

（13）富有哲理的、善意的幽默感；

（14）创造力；

（15）对文化适应的抵抗。

马斯洛认为，自我实现者并非都能做到上述各种特点。自我实现的人也有缺陷，并非十全十美。有时他们会显得顽固，也并未全然摆脱浅薄的虚荣心，有时又冷静得近于无情冷酷，他们也有罪恶感、焦虑、自责。"我们的研究对象会表现出人类的许多小缺点。他们也有愚蠢的、挥霍的或粗心的习惯。他们会显得顽固、令人厌烦或恼怒。他们并没有摆脱浅薄的虚荣心和骄傲感，特别是涉及他们自己的作品、家庭或孩子时更是如此。他们发脾气也并不罕见。"①但自我实现者是成熟和健康的范型，他们能够自觉地克服自己的弱点和不足之处，使自己更加接近完善的人性，更加充分地发挥自己的潜能。这些人虽然在人群中是少数，且都是年龄比较大的人，马斯洛曾指出，自我实现者多是中年人和老年人，因为年轻人还没有形成牢固的同一感和自主性，尚未获得持久的爱的关系，尚未找到他们自己要为之献身的职业，或者说尚未形成他们自己的价值观、耐心、勇气和才智。但是，自我实现是人类和人性发展所能达到的状态，是人性发展的方向。

---

① ［美］马斯洛：《动机与人格：第 3 版》，许金声等译，46~49 页，北京，中国人民大学出版社，2007。

(四) 自我实现的两种类型

马斯洛认为自我实现可以区分为两种不同的类型，更确切地说可以区分为两种不同的自我实现的程度①。

(1) 健康型自我实现，这一类的自我实现者更加实际、现实、世俗而且更加能干，他们除了具有一般自我实现者的共同特征之外，很少有超越性的体验，"这些人往往是'实干家'，而不是沉思者、冥想者；他们讲求效率、实用，而不讲究审美；他们审时度势、探本求源，却不体味周遭、多愁善感"。因此，他们更像是入世者，以非常实用的态度待人接物和处理问题。

(2) 超越型自我实现，指更经常意识到内在价值、生活在存在水平或目的水平而具有更丰富超越体验的人。他们除了具有一般自我实现者的特征之外，还具有以下一些特点②：

①更加在乎高峰体验和高原体验，把其看作是生命的最高境界、生命的证明和生命中最为宝贵的东西；

②能更好地理解比喻、修辞手段、反论、音乐、艺术、非语言的交流等；

③能够将任何事物神圣化，看到其永恒性，这一特点与禅宗中所说的"万法如一"一致；

④超越性动机，即真、善、美的统一是他们最重要的动机；

⑤超越者第一次见面就能互相赏识，相互理解，迅速建立起亲密的关系，并可以通过言语和非言语的方式进行交流；

⑥对美更加敏感，更容易发现美；

⑦对世界的看法更具有整体性；

⑧更强的协同作用的倾向；

⑨更容易超越自我；

⑩更加令人尊敬、更加超凡脱俗；

---

① 车文博：《西方心理学史》，560~561 页，杭州，浙江教育出版社，1998。
② ［美］马斯洛：《动机与人格：第 3 版》，许金声等译，59~74 页，北京，中国人民大学出版社，2007。

⑪更倾向于是革新者、新事物的发现者；

⑫更加关注人类的命运，他们希望建立一个良好的世界，他们很容易提出一个促进和平、博爱和幸福的方案，但又会因为这些方案无法实施而感到悲哀和愤怒；

⑬可以更加容易地生活在匮乏性世界又生活在存在性世界之中，能够非常轻易地将每个人神圣化，能够以"无条件积极关注"方式对待他人，就像对待兄弟、对待亲人的态度来对待确实低劣的人；

⑭"……他们了解得越多，就越容易心醉神迷，而在这心醉神迷中，又混杂着谦卑感、无知感、渺小感……敬畏感"；

⑮更珍视创造性，也更加容易发现创造型人才；

⑯超越者对人世间的罪恶有着最大的同情，同时对于罪恶又会坚决的进行斗争。甚至可以满怀怜悯地将恶人击倒；

⑰超越性带来一种"超出个人的"自我丧失，对自己的态度更加客观；

⑱往往是更深刻的"宗教信仰者"或"超越世俗的圣人"；

⑲健康者有很强的自我，妥善而真诚地根据自己的本性来使用自己，但超越者不仅具备这些特点而且会超越这些特点，更容易超越自我、超越自我实现；

⑳更容易感知存在领域；

㉑更具有道家精神，而仅仅是健康的人则更具有实用主义精神；

㉒更多体现了"后矛盾心理"（postambivalent）；

㉓更加积极主动地寻找使高峰体验和存在性认知更有可能的工作，更加重视精神生活；

㉔超越者更有可能是谢尔登所提出的气质类型中的外胚层型，而不常有超越体验的自我实现者更多是中胚层型。

（五）自我实现的途径

马斯洛共提出了八条通往自我实现的途径①：

（1）充分、忘我、集中全力、全神贯注地体验生活，全身心地献身于事业；在这种时刻，体验者完完全全地成为一个人，这种时刻就是自我实现它自己的时刻，表达这种体验的关键词是"忘我"，但年轻人由于被自我意识、自我觉知干扰得太多，很少能够进入这种忘我的境界；

（2）生命是一个连续不断的选择过程，每一次选择都有可能导致前进，也有可能导致倒退，为了自我实现我们应该做出成长的选择而不是畏缩的选择；

（3）承认自我存在，让自我显露出来，马斯洛认为，我们绝大多数人，特别是儿童和青年，他们不是倾听自己的声音，而是倾听父母、权力机构、年长的人、权威人物的声音，这样做会逐步地丧失自我，更谈不上实现自我；

（4）在"拿不准"的时候，要诚实，不要隐瞒、不要装模作样，要有反省自问的责任心，每一次承担责任，都是自我的一次实现；

（5）上面提到的不带自我意识的体验、做出成长性的选择、倾听自己内心的声音、诚实并勇于承担责任都是迈向自我实现的步骤，从这些细微的小事做起，就会对自己的生活做出更好的选择，要培养自己的志趣和爱好，要有勇气，要敢于与众不同，宁愿成为不受欢迎、不随和的人，也要倾听自己趣味的声音，不要怕这怕那；

（6）自我实现不仅是一种终极状态，而且也是随时随刻、点点滴滴地实现个人潜能的过程，自我实现虽然并不一定是要做大事情，但意味着要发挥自己的聪明才智，需要经历一个艰苦、勤奋的准备过程；

（7）高峰体验是自我实现的短暂时刻，这种时刻无法确保一定会出现，也不可能刻意寻求，但可以创造条件使得高峰体验发生的可能性提高，也可以设置障碍，减少其出现的可能性；

（8）放弃去神圣化的防御机制，学会"再神圣化"，重新愿意从"永恒的方

---

① ［美］马斯洛：《人的潜能和价值》，林方译，259~265 页，北京，华夏出版社，1987。

面"看待人，能看到神圣的、永恒的、象征的意义，发现自己的天性，这种天性是不可改变或很难改变的，应该使其不断地成长，促进自我实现。

五、马斯洛的高峰体验理论及其心理健康思想

(一) 高峰体验的概念

高峰体验(peak experience)是马斯洛1962年在《存在心理学探索》一书中提出来的一个重要概念。通过对自我实现的个体的研究，马斯洛发现这些人常常说他们有过近似神秘的体验，"这种高峰体验可能是瞬间产生的、压倒一切的敬畏情绪，也可能是转眼即逝的极度强烈的幸福感，或甚至是欣喜若狂、如痴如醉、欢乐至极的感觉"，而且最重要的是"他们都声称在这类体验中感到自己窥见了终极的真理、事物的本质和生活的奥秘，仿佛遮掩知识的唯一帷幕一下子被拉开了……产生这种体验的人好像突然步入了天堂，实现了奇迹，达到了尽善尽美"①。因此，高峰体验是人在进入自我实现和超越自我状态时，所感受到的一种非常豁达与极乐的瞬时体验。自我实现是对人的本性的实现，是人与自然的统一和融合，因此，高峰体验也是个体回归自然与自然彻底融合时的同一性感受和极度快乐的情绪体验。

马斯洛指出，虽然产生刺激的因素各不相同，但主观体验却彼此相似，也就是说我们可以通过不同的途径获得高峰体验，这些体验包括：神秘体验、宇宙意识、海洋体验、审美体验、创作体验、爱情体验、父母情感体验、性体验、顿悟体验等。马斯洛认为，虽然这些体验全都存在着交叉和重叠，具有相当程度的类似性，甚至具有同一性。

高峰体验也并不神秘，马斯洛曾经列举了很多高峰体验的例子，比如一位音乐家一次成功的谱曲和演出，或者也可以是一位家庭主妇在宴会顺利结束之后，最后一位客人道别离去之后，坐在椅子上，想到自己度过了一个非常愉快

---

① ［美］马斯洛：《人的潜能和价值》，林方译，266~267页，北京，华夏出版社，1987。

的夜晚，所体验到的兴奋和幸福。

大多数的高峰体验主要是一种情绪体验，但也有一小部分的高峰体验除了包含情绪体验之外，还包括存在认知，前者被称为狭义的高峰体验，后者被称为广义的高峰体验，即情绪体验和存在认知(being cognition)的复合状态。

(二)高峰体验的特点

马斯洛认为高峰体验具有以下特点。[①]

突然性：高峰体验的出现往往是突然的，无法预料的，所以经常会给个体一种"喜出望外"的感觉。

强烈性：高峰体验的感受非常强烈，会使得个体有一种欣喜若狂、如痴如醉的感觉，几乎达到一种忘我的境界。

完美性：高峰体验会使个体进入一种最佳的状态，感觉自己更聪明、更富有智慧、更富有魅力，犹如步入了天堂，达到了完美的状态。

短暂性：高峰体验虽然完美，但时间却非常短暂，稍纵即逝，但高峰体验给个体带来的影响却可以长期存在。

普遍性：高峰体验不是自我实现者所独有的特征，马斯洛指出，"高峰体验比我所预料的要普遍得多，他们不仅在健康人中产生，而且在一般常人甚至在心理病态的人身上出现"，而且，"这种体验也不尽全为那些在特殊的幽雅环境中深居简出的人所专有，如僧人、圣徒、瑜伽信徒、禅宗佛教徒、东方人等。这种体验不只是发生在远方，或某个特定的地区，或某种经过特殊训练的人，或经过专门挑选的人。在任何行业中的任何常人都可能在生活中得到这种体验"。

(三)高峰体验的价值

高峰体验对于自我实现具有重要的意义。第一，高峰体验是自我实现者的

---

① 车文博：《人本主义心理学》，143～144页，杭州，浙江教育出版社，2003。

重要特征，"任何一个人在任何一种高峰体验中都暂时具有我在自我实现者身上所发现的许多特征。这就是说，此刻他们成了自我实现者"，一方面，自我实现者能更多地体验到高峰体验；另一方面，高峰体验更为具体地表现了自我实现的时刻。在高峰体验时刻，个体能够成为更真实的自己，能够更完全地实现自己的各种潜能，更加接近他们自己的存在状态，更加充分地表达了他们真实人性。

第二，高峰体验也是个体获得自我实现的重要途径。自我实现并不是一个终止的状态，而是一个连续不断的发展过程，在自我实现的过程中每一步都可能出现高峰体验，促使和激励人们不断地追求自我实现，超越自我，达到更多的自我实现。

高峰体验在一个人身上产生的后效也从另一个角度证明了高峰体验所具有的效果，马斯洛将高峰体验的后效总结为七个方面①：

(1)高峰体验能够消除病症，具有心理治疗的作用。

(2)高峰体验可以朝着一个健康的方向改变一个人对自己的看法。

(3)高峰体验可以以许多方式改变一个人对他人的看法以及他与他们的关系。

(4)高峰体验可以改变一个人的世界观。

(5)高峰体验可以解放一个人，使其具有更大的创造性、自发性、表达力和独特性。

(6)个体会把高峰体验作为一种重要且称心如意的事情保持在记忆之中并且力图重复这一体验。

(7)高峰体验证明了生活本身的正确性，使个体觉得生活充满了意义。即使生活是枯燥乏味的、痛苦的或不如人意的，一个人还是更容易感到生活总的来说是值得的，因为他已经看到，美、激动、诚实、嬉戏、真、善、美、生活的意义被证明是存在的。也就是说，生活本身的正确性已经得到证明，他不大

---

① ［美］马斯洛：《动机与人格：第3版》，许金声等译，322~324页，北京，中国人民大学出版社，2007。

可能想到自杀和死亡了。

六、结语

马斯洛的心理学思想诞生在第二次世界大战之后的美国，当时的美国摆脱了经济大萧条的困扰，而且在战争中大发横财，经济实力一跃成为世界第一。但与此同时各种社会问题不断涌现，很多人、特别是年轻人精神空虚、对人生的目的感和意义感缺乏、精神疾病患者增多、犯罪率上升、罪犯日益低龄化、种族歧视日益严重，种族冲突时有发生。再加上第二次世界大战对于人类文明的毁灭、对无数人的生命的杀戮和践踏，人性丑恶的一面暴露无遗。在这样的状况下，马斯洛试图建立一种全新的心理学，促进社会的和平，促进人类更加幸福、更加有尊严地生活。可以说，马斯洛的心理学理论的确体现了其构建"和平餐桌"心理学的美好愿望，比如需要层次理论，马斯洛认为人类的基本需要可以分为由低到高的五个不同层次，依次为生理需要、安全需要、归属与爱的需要、尊重需要与自我实现需要。前四种需要被称为缺失性需要，属于低层次需要，当低层次需要未得到一定满足的时候难以产生高一层次的需要，但这类需要满足后便停止其需要。自我实现的需要被称为成长性需要，属于高级需要，不是由一般欲望所左右，而是由实现自我潜能、超越自我所驱动，这类需要越满足，越会产生更强的需要。主张在基本需要依次满足的基础上，把对高级需要或对真善美等存在价值的追求视为人性发展的自然倾向。这就解决了一直困扰人类的问题，即"人的本性是什么？人会到哪里去？"。这充分体现了马斯洛对和平的关切。[①]

虽然说马斯洛的理论在整个社会中产生了巨大的影响，但有研究者却认为，它对主流心理学的发展并未做出重要贡献和显著改变。[②] 客观实验范式依然是

---

① 刘邦春：《"和平餐桌"心理学：马斯洛的和平心理关切》，载《心理科学进展》，2010，18(7)。

② Rogers, C. "Toward a more human science of nature," *Methods*, 1986, 1, pp. 7-27.

主流心理学的最主要的方法论范式，人本主义所依据的现象学研究方法论依然没有获得太多的认可。还有研究者认为人本主义所提出的以人为本、强调人的尊严与价值，倡导发展与人的本性相适应的心理学方法论，构筑更为完整的人的形象，不过是心理学研究的起点，而人本主义心理学家却将其当作了终点。[1]再加上没有提出被主流心理学所认可的方法论，人本主义的努力很多时候只是限于一种抗议[2]，"第三势力"也是清楚地表达了它所处的地位。除此之外，人本主义心理学也面临着很多内部的危机，如内容、方法不统一，人本主义心理学组织的发展也不甚理想，影响逐渐减小等。借此，一些人本主义心理学家也纷纷提出各种建议，比如重审自身使命、明晰研究主题、完善研究方法、强化组织管理并保持开放的态度等[3]，力图重振人本主义心理学昔日的雄风。

不管怎样，我们相信人本主义心理学已经对心理学做出了改变，它在心理学中产生的影响不会消失，它倡导发展与人的本性相适应的心理学这一发展的方向依然有效，他对人的本性与价值的强调已经成心理学家的共识，而且已经渗透到了社会生活的方方面面，"以人为本"已经成了一个流行语。

马斯洛的心理治疗理论建立在其自我实现理论的基础之上，在马斯洛看来，心理健康就是人性的丰富实现即自我实现，心理疾病则是人的基本需要或自我实现的受挫与失败。"完善的健康状况以及正常的有益的发展在于实现人类的这些基本性质，在于充分发挥这些潜力，在于遵循这个暗藏的模糊不清的基本性质所控制的轨道，逐渐发展成熟"，"无论什么事情，只要有助于向着人的内在本质的实现有益地发展，就是好的，只要阻挠、阻挡或者否定这种基本性质，就是坏的或变态的；只要干扰、阻挠或改变自我实现进程，就是心理病态。"因此，心理治疗的过程就是帮助患者步入自我实现的轨道，马斯洛认为，心理治疗要取得疗效，必须符合以下条件[4]。

---

[1]　Amedeo, G. "Whither humanistic psychology?" In: Frederick W. Ed. *The humanistic movement: Recovering the person in psychology*. Gardner Press, 1993, p.101.

[2]　孟娟、彭运石、刘帮春：《走向完善：人本主义心理学研究方案》，载《心理学探新》，2011, 31(5)。

[3]　孟娟、彭运石：《消亡抑或复兴：人本心理学的未来》，载《心理学探新》，2008, 28(4)。

[4]　杨鑫辉：《心理学通史. 第五卷，外国心理学流派. 下》，277页，济南，山东教育出版社，2000。

（1）患者的基本需要得到满足，这是走向自我实现之路的第一步，是通向全部治疗的最终目标。

（2）患者自我认识的改善。

（3）良好社会的建立，马斯洛认为，是社会造成了心理疾病患者的病态或加剧了他们的症状，因此为了使其康复必须改善他们的生存条件，创建一个良好的社会。什么才是良好的社会呢？马斯洛认为"社会和社会中的每一个制度，只要能帮助人趋向更丰满的人性就可以说是较好的，只要有损于人性就可以说是不好的或心理病态的"。

马斯洛创立了心理学的"第三思潮"，影响深远。虽然很多研究者把马斯洛的理论大体分为需要层次理论、自我实现理论和高峰体验理论三个主要的部分，但从整体上来看，需要层次理论的出发点是自我实现，而且又为自我实现的地位、条件服务，而高峰体验论更是很明显地从属于自我实现理论，因此，马斯洛的理论实际上就是自我实现理论。马斯洛的自我实现理论否定了行为主义心理学的研究方向和逻辑，认为行为主义是使人失去人性，并把人降低为"一只较大的白鼠和一架较慢的计算机"，而且也抛弃了弗洛伊德精神分析学说，反对其将人看作是完全受本能愿望支配的低等动物。改变了心理学长期以来只重视对病人和病态的研究，以对健康人的研究为出发点，着眼于人性美好的一面，开创了以研究人本性、潜能、经验、价值、创造力及自我实现为主要内容的人本主义心理学。马斯洛等人本主义心理学家对人类的这些积极品质的关注，不仅对现代心理学的发展产生了重要的影响，使得更多的研究开始关注人类的这些积极品质，而且对积极心理学的兴起产生了非常重要的影响，可以看作是积极心理学的一个非常重要的理论渊源。

对马斯洛自我实现理论批评的很重要一点，就是认为他所采用的研究方法缺乏科学性。科学心理学自从诞生之日起就力求科学性，经常与物理学科进行比较和对照。但心理学长期以来把对所谓科学方法的追求代替了对科学的追求，这种趋势到行为主义学派达到了顶峰，为了追求心理学的科学性，他们主张把一切无法进行客观测量的东西都从心理学中排除出去，包括意识和思维等。如今，行为主义虽然已经成为历史，但它所产生的影响仍然在持续，追求所谓方法的科学性依然是很多心理学家根深蒂固的观念，过分地强调数量关系，一切都为了 0.05 的显著性水平而努力，以此来评价一个研究或一个理论的价值和有效性。我们认为，追求科学性无可厚非，但我们不能把对科学的追求和对科学方法的追求完全等同起来，这一点，马斯洛在《动机与人格》一书中实际上已经有所提及。对不同的研究方法我们应该秉持更为开放的态度，这样有利于创造性的发挥和原创性成果的涌现。因此，我们不能因为马斯洛所使用的研究方法而质疑其理论的创造性和价值。

　　"马斯洛去世已有四分之一多世纪的时间了，他的名誉和声望至今都没有任何下降的迹象。在我看来，他意味着马斯洛时代还未到来，他的学说和理论的重要价值属于未来的时代，在即将到来的 21 世纪，它们的意义将淋漓尽致地展现。如果现在需要解释什么是马斯洛的主要贡献的话，我会说，这个贡献就是自弗洛伊德之后，马斯洛对人性做了最重要的描述。……当马斯洛强调指出，所有健康的人都会有高峰体验，这些体验并不高深和'神秘'，而是人们生活的普遍组成部分，他就为洞察人性提供了一个新视角。"这是柯林·威尔森（Colin Wilson）对马斯洛人本主义理论的评价。柯林·威尔森是一位非常著名的英国作家，他与马斯洛从 1959 年开始通信，两个人一起探讨了马斯洛所提出的高峰体验、创造性等理论，结下了深厚的友谊，1968 年威尔森开始为马斯洛撰写传记，并于马斯洛去世之后出版。他对马斯洛的理论这一评价得到了很多人的赞同，我们深信时间会最终证明马斯洛理论的伟大之处和对人类的巨大贡献。

第十四章

_____

奥尔波特：健康人格心理学的拓荒者

戈登·奥尔波特，美国人格心理学家，实验社会心理学之父，人本主义心理学的代表人物之一。1897 年 11 月 11 日，他出生于美国印第安纳州蒙特苏马的一个小镇，是家里四个男孩中最小的一个。

一、奥尔波特的生平与学术事迹

奥尔波特的父亲约翰·爱德华兹·奥尔波特（John Edwards Allport）家族源于英格兰，他父亲曾从事过不少冒险投资生意，大约在奥尔波特出生时转行为内科医生。在奥尔波特一家生活的那个地区，并没有医疗设施可言，由于缺乏在外面开设诊所的条件，奥尔波特的父亲只得将家改成医院，因此多年以来，奥尔波特家里一直就住着很多的病人和护士，而年幼的奥尔波特就一直分担着自己的那一部分工作，帮助父亲打扫门诊卫生、护理病人等。

奥尔波特的母亲蕾丽·怀斯·奥尔波特（Nellie Wise Allport）是德国人和苏格兰人的后裔，她是一名小学教师。在奥尔波特的描述中，她是一位非常虔诚的女人，宗教在她心目中具有举足轻重的地位，受母亲的早期影响，奥尔波特在后来的心理学研究中相当重视宗教的作用。父母培养了他博爱、有责任心和爱劳动的特点，一家六口过着平淡、勤奋而虔诚的清教徒生活。奥尔波特认为正是上述经历，使他终生不渝地关心人类福利事业，投身于富有浓厚人本主义色彩的心理学事业。

奥尔波特从小就表现出学术天赋，但在家庭之外，他与同伴们的相处并不好，他描述自己是一个社会的"孤独者"，只是生活在自己的小圈子里。奥尔波特六岁时，举家迁往克利夫兰，在那里，他接受了初中和高中教育。虽然在中学时，他在同年级的 100 个学生中位列第二，但他并不认为自己具有超出一般青少年的卓越创造力。

奥尔波特在哥哥弗雷德·亨利·奥尔波特（Floyd Henry Allport，1890—1978）的影响下，于 1915 年同样考入哈佛大学，并获得奖学金，主修哲学和经济学专业。在哥哥弗雷德的引导下，他选修了心理学和社会伦理学两门课程，这两门课程对他产生了深远的影响，这也标志着他在哈佛大学 50 年的学术生涯就此开始了。

奥尔波特的入学考试成绩刚刚合格，而且初入学时的各科不是 C 等就是 D 等。然而，通过他的刻苦学习，竟然在第一学期结束时各门功课都相继得到 A 等的优秀成绩。1919 年，奥尔波特以优异成绩获得文学学士学位，毕业后在土耳其伊斯坦布尔的罗伯特大学教授英语和社会学。1920 年回到哈佛，1921 年获得文学硕士学位。

22 岁的奥尔波特从土耳其伊斯坦布尔返美途中，在维也纳逗留过一段时间，与弗洛伊德有过一次短暂的会面，此次拜访对他后来理论的创立有着深刻的影响。奥尔波特走进弗洛伊德的办公室，见到弗洛伊德只是静静地注视着自己，一时不知从何谈起。为了打破沉默，奥尔波特谈起了在来弗洛伊德家的电车上遇见的一个小男孩的故事。

这个小男孩大约 4 岁，有明显的洁癖症，感到周围都很脏，不停地向穿戴整齐、气宇非凡的妈妈抱怨车上的卫生条件很差，要求调换座位，尽管妈妈在不停地劝说他。奥尔波特认为，这个小男孩对脏的恐惧也许来源于妈妈——一个整洁的、明显很强势的妈妈，两人身上应该存在一种显而易见的因果关系。奥尔波特说自己选择这样一个特别偶然的事件，是想看看弗洛伊德对这样小的孩子的洁癖症的反应。但是，在奥尔波特讲完这个故事后，弗洛伊德却用那双仁慈的眼睛看着他说："你就是那个男孩吧?"奥尔波特大吃一惊，感到有些难堪，很快转移了话题。

奥尔波特觉得自己叙述的那个小插曲并没有特别意思，但弗洛伊德却试图从潜意识中获得更深度的事实。奥尔波特从两人的对话中，认识到自己与弗洛伊德在心理学研究上的分歧，他说："这种经验使我懂得了深层心理学从实质上看可能陷得太深了，心理学家在探究无意识之前，应该对人们所表现的动机有一个全面充分的认识。"①奥尔波特在此后的学术生涯中都对弗洛伊德的精神分析表示反感，而这件事情也促使奥尔波特后来走上了从事人格心理学的研究道路，并对意识动机格外重视。

回到哈佛后，奥尔波特很快就完成了他的研究生学业，1922 年获得心理学哲学博士学位，他撰写的博士论文是《适用于社会诊断问题的人格特质实验研究》。从论文可以看出，奥尔波特逐渐远离了当时占主流地位的精神分析，而是讨论了尚处于萌芽阶段的特质理论，这也许是美国大学第一个关于此主题的论文。

此后一次受邀参加克拉克大学召开的实验心理学会议时，奥尔波特经历了一个对他今后事业有重大影响的事件。当时会议上，著名的心理学家铁钦纳给在场的每个研究生 3 分钟时间阐述自己感兴趣的研究课题，在奥尔波特报告完他对人格特质的研究后，全场静寂。后来铁钦纳问奥尔波特的导师，为什么让他研究这个选题。这使奥尔波特感到非常郁闷，但他的导师却安慰他说不必在乎别人的想法，奥尔波特因此而坚定了即使外界有再多的非难，也不会停止自己开创新领域的决心。

从 1924 年起，奥尔波特开始在哈佛大学任教，开设了美国最早的人格心理学课程。此后，除了 1926 年到 1930 年在达特茅斯大学作为助理教授以外，他的整个学术生都是在哈佛大学度过的，其学术资历发展脉络为：1930—1936 年任助理教授，1936—1942 年任副教授，1942—1967 年任教授。

1925 年 6 月 30 日，奥尔波特与艾达·鲁弗金·古尔德（Ada Lufkin Gould）

---

① Gordon, W. Allport, *Pattern and Growth in Personality*. New York, Holt, Rinehart & Winston , 1961, p. 8.

结为夫妇，妻子是他在哈佛大学的同学，她临床心理学硕士学位的背景弥补了丈夫在这方面经验的欠缺，对奥尔波特的研究工作做出了很大贡献，他们的儿子罗伯特·布兰特里是一名儿科医生，对于祖孙两代的职业都是医生这一点，奥尔波特感到很满意。

奥尔波特一生都致力于改进关于"人是什么"的概念。他于 1937 年出版的《人格：一种心理学的解释》(Personality：A Psychological Interpretation)成为人格心理学独立的标志，对人格观点形成最初的解释；又于 1961 年出版了他关于人格的最重要的著作《人格的类型和成长》(Pattern and Growth in Personality)，这部著作对他 1937 年在人格上的解释进行了彻底的修订。他的其他作品还包括《个体及其宗教》(The Individual and His Religion)(1950)、《偏见的本质》(The Nature of Prejudice)(1954)等。奥尔波特 1937—1948 年任《变态与社会心理学》(Journal of Abnormal and Social Psychology)杂志主编。

1946 年，奥尔波特协助建立了哈佛大学的社会关系学系，人格和社会交互作用成为奥尔波特学术生涯的核心。此外，作为第二次世界大战期间国家研究理事会(National Research Council)紧急事件委员会心理学方面的成员，奥尔波特专攻国民士气与谣言问题，并担任《波士顿周日先驱报》谣言诊所(处理战争期间在波士顿传播的危险谣言)的顾问，他对谣言的研究最后集结成《谣言心理学》(Psychology of Rumor)(1948)一书。

在他的有生之年，奥尔波特曾获得过许多荣誉。1939 年，他当选为美国心理学会主席；1963 年，荣获美国心理学会金质奖章；1964 年，荣获美国心理学会杰出科学贡献奖；1966 年，荣获哈佛大学首届查德·克拉克·凯伯特社会伦理学教授称号。1967 年 10 月 9 日，奥尔波特因肺癌去世之时，距他 70 岁的生日还差 1 个月。

链接：【奥尔波特生平重大事件】

1897 年 11 月 11 日，出生在美国印第安纳州的蒙特苏马。

1915 年，在哈佛大学学习，主修经济学和哲学，副修心理学和社会学。

1922 年，在哈佛大学获得心理学哲学博士学位。

1924 年，与妻子艾达结婚。

1926—1930 年，受聘为达特茅斯学院助理教授。

1930 年，返回哈佛大学任教于社会关系学系。

1937—1942 年，任哈佛大学副教授。

1939 年，担任美国心理学会主席。

1942—1867 年，任哈佛大学教授。

1944 年，担任美国社会问题的心理学研究协会主席。

1964 年，获美国心理学会杰出科学贡献奖。

1967 年 10 月 9 日，因肺癌逝世，享年 70 岁。

二、奥尔波特人格理论和生涯发展的脉络

从奥尔波特的生平中我们可以看到，奥尔波特的人格和生涯发展受到了父母亲、哥哥和弗洛伊德等人的重要影响。这些人在奥尔波特人生的不同阶段，发挥了各自不同的作用。奥尔波特正是在这些影响之下，从一个勤劳地护理病人的幼小的孩子，逐渐成长为一个哈佛大学心理学系的高才生；在职业方向的迷茫之中，他最终提出了与当时盛行的心理学思想不同的理论观点。正是基于奥尔波特与众不同的理论观点，奥尔波特成为美国人格心理学的创始人，他对人格的定义至今还为学者们所引用。

在论述奥尔波特心理健康思想之前，我们有必要认真回顾一下影响奥尔波特的四个"重要他人"和他的生涯发展阶段。我们相信，儿童的早期经历对人的影响非常深远的心理学观点，这也是一条从奥尔波特这位心理学家的成长经历中，梳理其人格发展及心理学理论思想发展的脉络，以期更好地理解奥尔波特理论观点的重要途径。这里，我们采用传记法对个案进行分析、研究，事实上，这也是奥尔波特本人所崇尚的研究方法，即从个案的书信、日记、自传中，分

析出个案具有代表性的人格特点。换言之，我们利用奥尔波特推崇的形态发生法来研究奥尔波特，同时我们还对奥尔波特本人的潜意识动机进行分析，这是他生前非常反对的。

（一）家庭对奥尔波特的影响

1. 父母对年幼奥尔波特的影响

关于奥尔波特本人的早期成长经历，从传记资料中，可以清晰地看到奥尔波特本人对于自己的家庭生活的回忆。在奥尔波特眼里，家庭生活是"只有朴素的、新教式的诚实和勤奋"，是一种"艰苦劳动的家庭环境"，他早期常常做的事情是照料诊所、刷洗瓶子、护理病人。这种关于生命早期经历的回忆，显示出一种宗教式的生活以及简单奉献的工作场景，似乎并不是孩子们围绕在父母膝下，其乐融融的温馨场面。

以分析的视角来看，可以推测出：奥尔波特的父亲关心病人，不信奉休假制，对待孩子强调利他、奉献和忘我；母亲关心宗教信仰，对待孩子强调严谨、崇尚信仰。这样的家庭养育方式，禁不住令人联想到了一个充满了道德感、不食人间烟火、圣洁高尚的画面，每个人都极度追求奉献忘我、高尚圣洁的行为，却好像忽视了个人的基本需求，如放松、自由和享乐，孩子的被宠爱、被关注的需求似乎也无人关心。

"种瓜得瓜，种豆得豆"，正是奥尔波特的家庭环境培养出了整洁、规律、守时的奥尔波特，具有这种人格特点的个体，其本我和超我之间的矛盾冲突比较大。这种剧烈的矛盾冲突，在奥尔波特发明的人格测试法中找到了蛛丝马迹：实验材料所提供的恰恰是一个容易引起愤怒和攻击的场景，所提供的备选项也恰恰是一个人的自我在协调本我和超我之后，可能出现的顺从或者支配型的行为，所测量的恰恰是与本我和超我冲突结果有关的反应倾向。

奥尔波特后来和心理学家哥哥发明了一种测试法，测量他们称为"优势压制"的东西，他们不问被试感到如何的有优势或者感到如何的压抑，而是问他们在涉及那种特征时如何在具体的情境下作出行为反应。

例如，有人在排队时企图插到你前面去。你已经等了好一阵子了，很不希望再等。假设这位插队的人是同性别的人，你经常会：

（1）规劝这位插队者；

（2）对插队者"怒目而视"，或者与旁边的人用清晰可见的声音议论这位插队者；

（3）决定不再等待，径直走开；

（4）什么也不干。

对一批自愿被试经过这种测试后，奥尔波特得出结论，对任何一个具有挑战性的情境做出卓越或者压抑反应的人，他们在其他类似情境里多半会做出同样的反应。"大多数人，"他写道，"在高位的卓越感和低位的压抑感的给定的连续尺度上，都倾向于占据一个给定的位置。"对他们来说，这好像确立了特征的真实情况，也说明一个人在类似的情境中会做出类似的反应。①

在心理学界中有一种很有意思的现象，即心理学家所感兴趣的研究领域，往往是个人内心需要、冲突的外在表现，奥尔波特的传记资料和他的研究领域，均证实了这一点。奥尔波特的人格特点还反映在他 1924 年开设的人格心理学课程中，他将社会伦理学和对善良、道德研究与心理学原理结合起来，反映出他强烈的洁身自好、追求道德的人格倾向。奥尔波特一生都恪守着重要的道德原则，他认为心理学理论建设应该是慎重的、中立的、谦卑的，事实上，这三个词也恰恰体现了奥尔波特的生活和工作宗旨。

奥尔波特后来对宗教浓厚的研究兴趣，也与母亲虔诚的信仰教育分不开。他本人是个虔诚的教徒，在哈佛大学的阿普尔顿小教堂连续坐禅几乎达 30 年之久，而且他一生都对宗教研究孜孜不倦，还编制了"宗教倾向量表"（Religious Orientation Scale，ROS）。

奥尔波特吸收了父亲的人道主义世界观和价值观，在以后的岁月里，还经

---

① 　[美]墨顿·亨特：《心理学的故事》，李斯、王月瑞译，410 页，海口，海南出版社，2006。

常喜欢引用他父亲的座右铭"如果每个人都尽其最大努力去工作，而只取家中所需的最低量的经济回报，那么，一定就有足够的财富可以传递下去"。他在研究之余，还抽出时间从事了大量的社会服务志愿工作，满足自己帮助有困难的人的深层需要，这一点受到父亲的影响也许更多一点。就像他在自传中写的那样，"给了我一种有能力的感觉"，他回避使用了普通意义上的自卑一词，也许这正是奥尔波特后来特别强调人的尊严和价值感的原因吧。

2. 哥哥的研究领域对青春期奥尔波特的影响

奥尔波特的哥哥弗雷德，比奥尔波特大7岁。哥哥弗雷德毕业于哈佛大学，是美国著名心理学家，曾获得美国心理学会杰出科学贡献奖和美国心理学基金会金质奖章。

奥尔波特中学毕业后，父母迁居，他就跟着哥哥弗雷德生活，在青春期建立自我认同的关键时刻，哥哥成了奥尔波特最重要的人物。受到哥哥的影响，奥尔波特不仅跟随哥哥在哈佛大学读完了本科和研究生，而且还选择了弗雷德的研究领域：心理学。这是奥尔波特学术和职业生涯的开始，他成年前早期的许多时光都是在哈佛大学度过的。

哥哥弗雷德是社会心理学家，奥尔波特则与哥哥不同，他认为应该以个体为研究对象，注重个案研究法，通过分析书信、传记等对个案的人格进行分析，这是奥尔波特逐渐走上人格研究领域的开始。可以说，哥哥引领奥尔波特走入了心理学的殿堂。1921年，奥尔波特和哥哥一起出版了著作《人格特质：分类和测量》(*Personality Traits: Their Classification and Measurement*)。

(二) 弗洛伊德对成年奥尔波特的影响

从前文的介绍中知道，奥尔波特曾经与弗洛伊德有过一次见面，他无意识谈到了一个对抗权威妈妈的小男孩。弗洛伊德的回应表明，弗洛伊德坚信，人们无论说什么和做什么，只不过是他们自己内心冲突和恐惧的潜意识泄露。[1]

---

① Gordon, W. A., *The person in psychology: Selected essays. Boston*, Beacon Press. 1968, pp. 383-384.

我们无法明白弗洛伊德这样处理的意图和目的，但是可以确定的是，这次会面对奥尔波特来说意义非常。奥尔波特觉察到弗洛伊德正试图分析自己早期的无意识记忆，这令他感到不自在和窘迫。弗洛伊德如此快速地连接，如此迅速地反问，使奥尔波特产生了巨大的阻抗，引起了他的防御。事实上，这一逸事尤为有趣的印证是，奥尔波特本人确实具有弗洛伊德所谓的强迫性人格特点——守时、规律、整洁。

在这段对话之后，奥尔波特"谈到我这个年龄的年轻男性常见的性问题"，最后，奥尔波特请弗洛伊德为自己推荐一位美国的精神分析家。奥尔波特说："即使我们短暂谈话的目标一开始就有分歧，但我还是怀着对弗洛伊德强烈的憧憬和喜爱的心情离开了。"[①]

我们可以相信，奥尔波特就是那个小男孩，带有强迫性的人格特点，内心充满着道德与欲望的矛盾对抗，正因为如此，他走向了与精神分析、潜意识对抗的道路，走向了对意识、健康人格、机能性的问题、自主动机进行研究的道路。换句话说，他后来提出的很多理论观点，都证明着同样的东西：证明弗洛伊德对自己的分析是错误的，证明自己成年的动机与儿时动机不同，证明自己能够拥有机能自主，证明自己是一个心理健康的成年人。

三、奥尔波特人格理论形成的历史背景

奥尔波特的人格理论具有鲜明的特点，他不仅奋起批判他认为存在糟粕的精神分析理论和行为主义理论，从中汲取自己理论应该重视的教训，而且他还善于荟萃各种丰富的人格理论之长，汲取理论成形所必需的养料。

(一) 奥尔波特对精神分析理论的批判

第一，奥尔波特反对精神分析过于强调无意识。奥尔波特相信，一个健康

---

① Gordon, W. A., *Pattern and Growth in Personality*, New York, Holt, Rinehart & Winston, 1961, p. 77.

人具有理性和意识功能，他们活动的力量完全是能意识到的、可以控制的，而潜意识只有对偏态、异常的人才会发生作用。

第二，奥尔波特反对精神分析以病态的人格作为主要的研究对象。在奥尔波特眼里，正常与异常并非连续的序列，而是截然不同的类型。"某些理论的形成主要是基于对疾病患者、焦虑者的行为的研究，基于对被控制者和绝望的老鼠的古怪动作的研究。很少有理论是建立在对健康人的研究之上的，这些人奋力寻求的与其是生命的维持，不如说是生活的价值。"①因此，奥尔波特选择健康成人作为主要研究对象，很少涉及精神病人，他的理论体系是面向健康人的。

第三，奥尔波特反对精神分析对童年经验的夸大。正如这两人的会面所揭示的那样，奥尔波特强调的是当下，是此时此刻的影响，他不认同弗洛伊德的观点，认为人类目前的行为并没有受制于童年时的经验。尽管他同意弗洛伊德的本能对幼年期的行为动机有相当的解释力，但也不相信本能论可以解释变化的、即时性的大多数成人的动机。

(二) 奥尔波特对行为主义理论的批判

奥尔波特的人格理论得以形成，还源于他对早期行为主义的批判。行为主义作为一种刺激—反应心理学，将人格视为一切动作的总和，是各种习惯的最后产物，这一点为奥尔波特极力反对。他拒绝将人看作一个纯粹的"反应"机器，相反，他认为人类可以更为积极，在很大程度上是主动的，是受到自己的意图和价值观所驱使的。

身处行为主义关于机械、被动和回归驱力的观点盛行的年代，奥尔波特仍坚持认为意识是心理学研究的主要目标，特质是人格的元素。行为主义认为个体行为仅产生于很少几种基本的内驱力或需求，而奥尔波特提出的动机的"机能自主"则打破了这样的信念，他重视自我的功能，并提出自我发展的阶段。奥尔

---

① Gordon, W. A., *Becoming: Basic Considerations for a Psychology of Personality*. New Haven, Yale University Press, 1955, p. 18.

波特认为，尽管我们所有动机都有其原始的起源，如对某种东西的爱好，因为它与某种基本的或原始的东西有联系，但是这一动机一旦产生，就可能会变得独立于自身的起源，并继续自主地发生作用，而不论该动机是否会象征性或实实在在地满足任何一种更基本的内驱力。

(三) 奥尔波特从其他理论中汲取营养

奥尔波特深受"美国心理学之父"威廉·詹姆斯的影响，他从詹姆斯那里继承了人文主义和折中主义，不但关注自我，关注意识，在解释不同层面的心理状态时，还应用各种心理学理论，博采众长，甚至能应用哲学和文学的材料加以佐证。

奥尔波特还得益于早期形成的人本主义、存在主义的影响，强调人的潜能发展，人的独特性、尊严与价值，强调此时此地对人的影响。不仅如此，奥尔波特的理论还受到格式塔心理学的影响。格式塔心理学强调整体和意识经验，关注现象场，重视对现象场的直接描述，反对任何将整体拆分成部分的还原主义研究趋向，完全否认无意识心理。奥尔波特称格式塔心理学是"那种我一直寻找而又不知其存在的心理学"[1]。

链接：【代表作《个体及其宗教》简介】

奥尔波特1950年出版了《个体及其宗教》一书。该书被认为是继詹姆斯之后最有思想性的书籍之一。在这部书中，奥尔波特从心理学的角度注意到健康的宗教信仰的地位，探索了宗教的起源问题、青春期和成熟期的宗教、良心和心理健康、怀疑和信任的本质。在书中，奥尔波特认为"心理健康问题的核心或症结是在于个人信仰的本质"。他提出的在心理卫生保健服务中，牧师、心理学家和精神病学家的协调和合作得到了人们的普遍支持。

链接：【代表作《人格的类型和成长》简介】

该书是奥尔波特对自己主要研究成果的总结性著作。全书分为五个部分，

---

[1] Gordon, W. A., *Pattern and Growth in Personality*. New York, Holt, Rinehart & Winston, 1961.

共二十二章。主要内容包括人格的研究方法、人格发展、人格结构、人格评定和理解人格等。作者通过对人格现象的纵横考察，提出恢宏而细密的理论框架，同时对具体人格现象又随处进行精辟的分析，读来使人感到扎实而隽永。该书一方面可看作是其1937年出版的《人格：一种心理学解释》的修订版，因为它的主要目标如前版一样，也是概括人格研究的主要成果，提出作者的人格理论体系。另一方面它又是全新的，作者使用的论据是新近的心理学成果，其中包括作者本人的著作、论文及其他人的结论。特别是本书虽是科学著作，却有极高的写作技巧，理论的深刻没有成为读者理解的障碍，却增添了对人格现象分析的生动色彩。本书使我们对作者的思想，而且对人类的人格，会有更深入、清晰、切近的理解。

四、奥尔波特健康人格理论及其心理健康思想

(一)对人格的界定

很少有心理学家能够像奥尔波特那样，在界定人格的定义方面付出了那么多的努力。他不遗余力地研究了关于人格的众多资料。他考证了人格这个词的词源，认为"人格"一词与希腊语 persona 相联，即面具的意思，指的是在公元前一二世纪，古罗马演员在扮演角色时所戴的化妆脸谱。

奥尔波特在追溯人格术语历史之后，又诠释了在神学、哲学、心理学、法律、社会学等领域的49个人格定义，然后提出了自己的第50个定义。他在1937年的《人格：一种心理学的解释》一书中，给出了后来得到多数心理学家推崇的定义"人格是个体内部决定个人独特的顺应环境的心身系统中的动力结构"。后来在其1961年的《人格的类型和成长》一书中，又把上述定义中的"决定个人独特的顺应环境"改为"决定具有个人特质的行为和思想"，为了强调人的行为不仅仅是适应环境，而且影响环境，使之适应人们的需要。

奥尔波特的人格定义反对了当时心理学中的两种倾向，一种倾向认为人格

不存在，另一种倾向认为人格在个人所不知道的心理阴暗的隐蔽之处。奥尔波特认为人格的确存在，人格具有独特性和整合性，是一个心身系统，具有推动和引领个体行为的动力。奥尔波特人格定义的两种陈述都强调了人格的独立性。注重研究个体而不注重研究制约人类的规律，是贯穿于奥尔波特研究活动始终的主题。他三番五次地重申，绝不会存在两个完全相同的人，了解某个特殊个体的唯一途径就是研究这个特殊的人。

奥尔波特对人格定义的每个词语的仔细推敲，也反映出其严谨、自律的人格特点，当然，这样确保了每个词都准确地表达奥尔波特的意思。

(二) 人格的发展阶段

奥尔波特的人格发展阶段观点，就是他所提出的关于自我统一体的形成过程。他把人格定义为一种"动力组织"，并把它命名为"自我统一体"，即人们认为生活中那些温暖的、核心的和重要的行为和特征。自我统一体是人格统一的根源，是人格特质的统帅，包括个体认为对自我认同和自我提高至关重要的那些生活组成部分，包括一个人的价值观以及与个人信念一致的、属于个人所有的良知，而概括化的良知不属于这个部分。完善的自我统一体机能从出生到成年，需要经历八个阶段的发展才能实现：

(1)躯体自我感(1岁)；

(2)自我认同(2岁)；

(3)自我增强(3岁)；

(4)自我延伸(4岁)；

(5)自我映象(4~6岁)；

(6)理性运用者(6~12岁)；

(7)追求自我统一体(12岁至青春期)；

(8)理解者自我(成年)。

(三) 健康人格的理论观点

奥尔波特反对精神分析，认为精神分析挖得太深了，太过关注于个体深层的内心动机，忽视了当前的动机和意图。同时，他也反对行为主义，认为行为主义挖得太浅了。奥尔波特提出了自己独特的人格理论，实现着个人的"自我统一体"。

奥尔波特对心理健康个体的关注先于马斯洛，由于缺乏在数学、生物学、医学、实验操作方面的特殊才能，奥尔波特不得不在人本主义草原上寻找自己的出路，这个草原给他提供了研究心理成熟人格的场地。

奥尔波特认为，低等动物或精神疾病患者的行为与健康成人的行为是有差异的，他反对弗洛伊德主义所持的精神病患者和健康人之间只有量的区别，没有质的不同的观点，认为精神病患者与健康人之间根本没有机能上的类似性。精神病患者的动机存在于过去，健康人的动机存在于未来。健康人的人格是不受无意识力量的支配，也不为童年的心灵创伤和冲突所左右，比起不健康的人，健康的人表现出更加灵活与自主，是在理性和意志的水平上进行的。因为不健康的人仍然受制于童年经验的无意识动机的驱使，而成熟的健康人则表现出活跃、安全感和自由选择的特点。通常这些成熟的人童年没有什么创伤经验，虽然他们可能会经受挫折和痛苦的磨难，但是，健康的人随着年龄的增长而日趋成熟，但年龄并不是成熟的必要条件。

奥尔波特强烈主张健康成人的人格原则，不能由动物园、儿童、过去或精神病患者的研究引申而来，所以他研究了大量机能成熟的健康成年人，提出了健康人格的六个标准，其观点与人本主义自我实现的观点十分相似。事实上，奥尔波特也在用另一种方式表达着自己就是一个心理健康的成年人。

(1) 自我扩展的能力。健康的成人有很多朋友和爱好，积极参加各种社会活动，范围极广。他们不以自我为中心，积极参与解决一些与自己无关的问题和活动。他们对工作、游戏与交往有非自我中心的兴趣，并且家庭、社会和精神生活对他们很重要。

(2)与他人关系融洽。健康的成人有能力与他人建立亲密的关系, 富有同情心和友爱, 没有占有欲和嫉妒心, 能宽容自己与别人在价值观上的差异。尊重别人, 有健康的性态度, 不会为了自己的满足而侵犯他人的权利。他们能够对他人表现出温暖、理解和亲近, 可以容忍别人的不足与缺陷。

(3)情绪上有安全感或自我认可。健康的成人能忍受生活中不可避免的冲突和挫折, 经得起各种不幸的遭遇。能耐受恐惧和不安全的情绪冲击。并且, 健康的成年人具有一个积极的自我映象, 可以接纳自己的各个方面, 不受消极情绪的支配, 能保持乐观的态度。

(4)具有现实的知觉。健康的成人能够准确、客观地理解现实、接受现实, 并不是根据自己的期望去看的事物。如果知觉现实时予以歪曲, 那么, 这就是心理变态的一种表现。

(5)良好的自我意识。健康的成人对自己的优缺点十分清楚, 能准确把握自己的现实自我与理想自我, 知道自己有什么、缺什么, 能调整其相互关系。他们无须将自己的过失或弱点归咎于他人, 知道自己心中的自己与别人眼中的自己之间的差异。并且, 健康的人还有幽默感, 能自嘲, 很少靠攻击或性方面的话题引人发笑。他们能觉察生活中不和谐的事情, 无须伪装或者故作姿态。

(6)统一的人生哲学。健康的成人有明确的人生目的, 人生哲学可以是宗教, 也可以不是。他们着眼于未来, 对工作有使命感, 而且全身心地投入工作。奥尔波特十分重视宗教, 认为具有成熟的宗教态度和统一的人生哲学, 会使人们的良知达到完善的境界, 并且有着为他人服务的强烈欲望。

(四)研究方法

1. 个案研究: 形态发生法

奥尔波特对弗洛伊德过于强调潜意识的怀疑和不满, 对根据数学和统计学的结构来表现人格的模型也不感兴趣。他非常强调对个体特质进行研究的方法, 他把这种专门用于个案特殊规律的研究法称为形态发生法(morphogenic procedures）。形态发生法指的是整个有机体的模式特点，是个人倾向的模式或结构。奥尔波特认为有些方法属于全部形态发生法，例如逐字记录第一人称叙述法、谈话、梦、表白；日记、信件、自传；以及用来表达和投射测验的工具，如文学作品、美术作品、信手涂鸦，以及握手、语言表情、身体表情、笔迹、步态等。部分形态发生法包括一些量表，如自评量表、标准化测验、Q 分类法等。

奥尔波特在妻子的大力协助下，和他的学生使用这种形态发生法，对一个化名为珍妮的女人长达 11 年的 301 封信进行了深入研究，并以《珍妮的信》出版，详细诠释了形态发生法。这些信件揭示了一个名叫珍妮的女人对儿子爱恨交织的复杂情感，珍妮将自己的感受、生活事件等，写信告诉了一对夫妇，这对夫妇应该就是奥尔波特夫妇。

1868 年，珍妮出生于爱尔兰，父母是新教徒，她是家中的老大，有 5 个妹妹和 1 个弟弟。5 岁时，全家迁往加拿大。18 岁，父亲去世，珍妮被迫中断学业，去工作以承担全家的生活。27 岁，她嫁给了一个铁路警察，婚后与原生家庭渐渐疏远。29 岁，丈夫去世，不久儿子罗斯出生。母子亲密无间，珍妮全心全意地爱着儿子，供养着儿子读书，她告诉罗斯，为了他牺牲自己是理所应当的，她要对他的生存负责。

后来当罗斯上大学后，开始对女性感兴趣时，珍妮与儿子吵得不可开交。她挑剔罗斯身边任何一个女性，认为她们都是"妓女、淫妇"，包括与儿子结婚的儿媳妇也是。这段时间珍妮心情非常糟糕，认为儿子忘恩负义，直到儿子离婚，珍妮搬进了罗斯的公寓，她才获得了短暂的快乐时光。之后，罗斯去世，珍妮的信表达出了一些不同的情感，她对罗斯的态度有了好转，认为不会再有其他女人来骚扰罗斯了，安全了，没有人再来和自己分享罗斯了。之后的通信，显示出珍妮对死亡、金钱的关注，她表现出很多疑心、不信任、敌意，把自己的不幸归咎于他人。

在妻子临床心理学知识的帮助下，奥尔波特和他的学生花了几年的时间，对这 301 封信进行了深入的研究。他请 36 个人列举出能够描述珍妮性格的词汇，将它们分成 8 组，即爱争吵—多疑、攻击性、自我中心（占有欲）、独立自主、夸张—紧张、审美—艺术、嘲讽—病态、多愁善感。另外一个学者佩奇用计算机的因素分析法进行统计分析，也分离了 8 个因素，即攻击性、多疑、占有欲、审美、多愁善感、病态、夸张和自我中心。有趣的是，这两种方法所得到的研究结果几乎一致。

奥尔波特于是得出结论：计算机的运用并没有得到什么新的东西，而鉴定者的主观印象也许能提供更为丰富的信息。正因为奥尔波特的这种研究方法，他被指责为更像一个艺术家，而不是科学家；但同时，这种方法也被一些心理学家所接受和使用。

2. 宗教倾向的研究

没有哪个人格心理学家像奥尔波特一样，一生都对宗教研究孜孜不倦。他认为深厚的宗教责任感是成熟个体的标志，然而并不是所有去教堂做礼拜的人都有成熟的宗教倾向，有些人对宗教有严重的偏见。

为了了解做礼拜和偏见的关系，他和同事编制了宗教倾向量表（ROS），这个量表适用于经常去做礼拜的人。ROS 假设宗教倾向有内在和外在之分。内在倾向是指人们靠宗教支撑自己的生活，主导动机来源于其宗教信仰，他们不利用宗教来达到自己的目的，而是调整自己，使自己的需要符合宗教的价值观，并且不折不扣地遵守内在的宗教信念。外在倾向是指人们把宗教看作是一种寻求自我安慰、遵从社会习俗的宗教，视宗教为自己达到目的的手段，这些人很容易建立宗教信念，也很容易改变这些信念。后来，奥尔波特不断修正自己的ROS 观点，也有其他心理学家继续对 ROS 进行修订和大量研究。然而，我们想再次重申的是，我们可以从奥尔波特的成长经历的角度，去理解他的研究兴趣。他对宗教倾向的关注，从某种程度上也显示出他对于人们的宗教信仰、宗教行为的好奇和怀疑，甚至可以猜测，这也许是奥尔波特想探究母亲宗教态度的内在兴趣，因为在他的眼里，母亲更像是一个宗教信徒，而不是孩子的母亲。

(五)动机和机能自主

1. 动机的理论

奥尔波特认为，精神分析和各种学习理论是一种反应性(reactive)理论，认为人们主要受到缓解紧张和恢复平衡状态的需要所驱动。而一个有用的动机理论应该意识到，人们不仅对环境做出反应，而且还能塑造环境并使环境对他们做出反应。人格是一个不断成长的系统，新的成分会不断涌入。

奥尔波特认为，一个有用的动机理论必须具备四个特征：①动机的现实性。奥尔波特反对弗洛伊德认为儿童时期的动机决定人一生行为的观点，他主张动机是现在的动机，过去的动机只有现在还存在才能解释行为。②动机的多元性。奥尔波特反对把动机归纳为一种类型，如"性""自我实现""自卑"等。他指出："动机的种类是如此的广泛，以致难于发现普遍的共同特性。"[①]他认为，成人的动机基本上不同于儿童的动机；神经症患者的动机也与正常成年人的动机不同；有些动机是有意识的，有些是无意识的；有些是转瞬即逝的，有些是不断复发的；有些是边缘的，有些是核心的；有些是降低紧张的，有些是维持紧张的。③认知过程是动机产生的重要原因。与前人不同，奥尔波特强调动机与认知过程的密切联系，他认为不了解一个人的计划、意愿，就不可能真正了解人的动机。所以他强调必须了解一个人自己当前的想法。④每一个人具有独特的动机模式。正如两个人不会具有相同的特质结构一样，两个人也不会具有相同的动机结构。每一个人都有自己独特的动机模式，一个具体的、特殊的动机不同于一个抽象、概括化的动机。例如，某人喜欢打球，有的理论认为这是因为个体具有攻击的需要，也有的理论认为这是一种被压抑的性驱力，还有的理论把它归因于在初级驱力上习得的次级驱力。奥尔波特认为，其实想提高打球技能就是个体特有的、具体的动机。

由此可以看出，奥尔波特依然无意识地强调：自己的动机是不同于其他人的，换句话说，就是他认为弗洛伊德把其他人的动机规律应用于自己是不合

---

① Gordon, W. A., *Pattern and Growth in Personality*. New York, Holt, Rinehart &Winston, 1961, p.221.

适的。

2. 意识和无意识动机

奥尔波特也许是最强调意识动机重要性的人格心理学家，他对意识动机的重视可以追溯到他与弗洛伊德的那次见面。奥尔波特认为他对自己的动机十分清楚，只是想知道弗洛伊德怎样看待这样小的孩子的肮脏恐怖症。

不过，奥尔波特并没有否认无意识动机的存在，也没有否认无意识的重要性。他同意有些动机受到了隐蔽的冲动和阈下动机的驱使。例如，他认为多数的冲动性行为是无意识的，是重复的，起源于童年，只是成年后还保持着孩子般幼稚的特点。

3. 机能自主

奥尔波特认为"机能自主"（functional autonomy）是一个人现在进行这一行为的原因，与原来进行这种行为的原因是不相同的，即过去的动机与目前的动机在机能上没有联系。一个人今天的动机机能是自主的，它独立于过去。

例如，一个学生刚刚学习某门课程，很可能是因为这门课程是学校开设的，或因为家长逼迫，或由于很多人都在学。但是，也许到了后来会完全被之吸引，甚至迷恋这门学科。这里原发性动机也许丧失殆尽，达到目的的手段本身却变成了目的。

奥尔波特认为，当动机成为自我统一体的一部分时，对动机的追求是因为它们本身，而不是为着外部的奖励或奖赏。他区分了两类机能自主：①持续的机能自主（perseverative functional autonomy）。它是指个人盲目从事的重复性活动，并且这些活动曾一度为实现某个目的起过作用，但现在已不再发生作用了。这种活动的发生独立于奖赏和过去经验之外，是一些没有太大意义的低水平的活动。例如一个人在退休后仍然每天早晨六时起床就是一个例子。②自我统一的机能自主（propriate functional autonomy）。这是使人格形成统一体的主导动机系统。它包括个人的兴趣、价值观、目标、态度和情操等，由机能自主的动机控制的行为，才是人类行为的特征，机能自主的动机应该是人格心理学家研究的中心问题。

奥尔波特的机能自主理论具有积极的意义，具体表现在：①提高了人的自主地位。奥尔波特强调人具有自主的能力，可以支配自己的行为，能够为自己负责。很明显，这种观点是与当时主流心理学的精神分析和行为主义的对抗，也是他对自我的价值和尊严的一种捍卫和弘扬。②指出了人的社会化价值。奥尔波特认为人的动机可以转化和形成，并且能够说明一个儿童如何能够转变为社会成人的道理。他强调人的社会化价值，与当时主流的精神分析和行为主义观点不同。

五、奥尔波特健康人格理论及其心理健康思想的评价

奥尔波特对心理学中任何掩盖人类个性或尊严的观点进行了不懈的斗争。如果要区分出贯穿整个奥尔伯特著作中的重要主题，那么，个体的重要性将排在第一位。当然，这个主题把奥尔伯特的理论置于"科学"心理学的对立面，因为一般人认为科学的职能是发现支配所有行为的普遍规律，科学关心的是普遍真理，而奥尔波特关心的却是特殊的真理。

（一）主要的贡献

第一，对人本主义心理学的贡献。奥尔波特是人本主义联盟的五位创建者之一，是人本主义的先驱。他重视生活目标和意义的追求，强调促进个人价值观的建立。反对美国主流心理学中非人化和生物主义的情绪，为构建人本主义心理学理论奠定了基础。人本主义心理学能发展成为脱离精神分析传统，又与行为主义对立的心理学的第三势力，在许多方面都与奥尔波特的贡献分不开。[1]

奥尔波特为人本主义自我心理学奠定了基础。他指出，自我是个体人格一致性、动机、记忆连续性的基础，这种自我心理学与弗洛伊德以患者和病人为

---

[1]　林方：《心灵的困惑与自救——心理学的价值理论》，70页，沈阳，辽宁人民出版社，1989。

研究对象，以探索潜意识为主的观点不同，他强调以健康成年人为研究对象，强调研究意识动机。由于奥尔波特强调自我、机能自主，他的理论已为注重临床方法的心理学家所接受。①

第二，对人格心理学的贡献。很少有心理学家能够像奥尔波特那样对人格定义的表述字斟句酌，对以前人格定义的分类进行深入研究，竭尽全力地全面透视人格理论。在他的著作中，所表现出来的清晰的思维、精练的语言，成为未来理论家效仿的典范。

奥尔波特奠定了人格心理学在美国的学术地位。他认为，人格是心理学理所应当的研究主题。奥尔波特是美国第一个开设人格心理学课程的心理学家，也是美国第一部人格心理学教科书的作者，他以研究人格心理学而著称于世。研究者认为，他使德国人格心理学在美国得到发展，是人文科学心理学与自然科学实验传统分离的第一个关键人物。

第三，作为人格特质论奠基人的贡献。奥尔波特是人格特质论（trait theory）的奠基人。1929 年的第九届国际心理学大会上，他发表了《什么是人格特质》的论文，提出将特质作为人格的基本单位。他的理论观点对于后来者的人格心理学研究，如卡特尔的 16PF、大五人格等，都有着重要的影响。

奥尔波特以个案研究法，从书信、日记、自传中，分析具有代表性的人格特质。奥尔波特认为特质是人格的基础，认为特质是每个人以其生理为基础的一些持久不变的性格特征，可以分为三大类：① 首要特质。首要特质（cardinal trait）是一个人最典型、最具概括性的特质。小说或戏剧的中心人物，往往被作者以夸张的笔法，特别凸显其首要特质。如林黛玉的多愁善感。②中心特质。中心特质（central trait）是构成个体独特性的几个重要特质，每个人身上大概有 5～10 个中心特质。如林黛玉的清高、聪明、孤僻、抑郁、敏感等。③次要特质。次要特质（secondary trait）是个体不太重要的特质，往往只有在特殊情境下才表

① ［美］查普林、克拉威克：《心理学的体系和理论（下册）》，林方译，274～275 页，北京，商务印书馆，1984。

现出来。如有些人喜欢高谈阔论，但在陌生人面前则显得沉默寡言。

(二) 主要的局限

第一，人格理论缺乏系统性和完整性。奥尔波特的理论观点的确涉及了人格，他对人格的定义进行了大量研究，这是任何其他心理学家所不及的。但他对人格的理解只是一个狭窄的方面，即仅仅对几种动机做出了解释。正如美国心理学家所言："奥尔波特的著作以生动第一，结构第二，可读性固然高，颇受欢迎；但是缺乏完整的理论体系，显出了漏洞。"[①]

同时，奥尔波特的理论没有将许多已知的有关人格的知识整合进来，他没有对无意识动机驱动的行为、次级驱力所激发的行为做出足够的解释，似乎他已满足于精神分析和行为主义的解释，并不想做出自己的阐释，他只是致力于鉴别他承认和否认的那些心理学理论的基本要素。这一点似乎正好可以验证前面对奥尔波特潜意识的分析，他只是想证明弗洛伊德的观点是错误的，证明自己不是那个小男孩。

第二，机能自主理论有诸多局限。一是难以进行经验的证明。就像前面对奥尔波特的分析一样，他的观点与弗洛伊德完全是两极，弗洛伊德坚持过去决定现在，童年决定成年，而奥尔波特坚持否定过去对现在的影响，坚持现在决定现在。这种观点实在太武断了。二是仅描述了心理健康成年人的动机。虽然奥尔波特充分描述了心理健康成人的机能自主动机，但是他并没有对儿童的动机、神经症和精神病患者的动机做出解释，也没有对普通成年人的动机做出分析。他没有分析神经症和精神病患者的动机是如何形成的，也没有讨论什么会妨碍一个人成为心理健康的人，没有提出如何能够成为机能自主的人。

第三，有些理论观点过于武断。虽然奥尔波特勇敢地反对精神分析和行为主义是值得肯定的，但是他有些观点确实过于偏颇。具体表现在：一是把人和动物、常态和变态、儿童和成人完全对立起来，对于它们之间的连续性和同一

---

① Hall, C. S. & Lindzey, G. *Theories of personality*. John Wiley, 1978, pp. 470–471.

性则缺乏研究。可以说，他割裂了它们的关系。二是过于强调人格的独特性，忽视了人的共同性和普遍性。有人批评他不是一个科学家，因为科学家通常会用共同规律的研究方法去发现普遍的规律，而奥尔波特过于强调个案法，过于强调探寻特殊性。三是过于强调意识和人格健康，忽视了潜意识和病理性人格，过分强调内在因素对行为的影响，忽视外在环境对行为的作用，忽视了人格的社会环境、文化历史根源。

六、结语

奥尔波特是美国人格心理学的奠基者和人格特质理论的构建者，也是人本主义心理学的创建者之一。他的健康人格心理学既是美国人格心理学的一种理论模式，又是人本主义心理学的一个有机组成部分。自古希腊时代气质和性格的概念被提出之后，特质理论在 20 世纪 30 年代最为旺盛。特质的概念中假设，人格是存在个体差异的，来源于个体。奥尔波特将人格定义为"个体内在心理物理系统的动力组织，它决定一个人独特的行为和思想"。每个人都有其唯一的、关键的品质。奥尔波特在他学术生涯的早期就已定位在人格研究上。他 1921 年发表的论文《人格与性格》是第一篇评论人格的论文，1922 年完成的博士学位论文《应用于社会诊断问题的人格特质的实验研究》，被广泛认为是第一篇关于人格的心理学学位论文。1924 年他在哈佛大学开设了第一门人格心理学课程，1937 年，他的首部著作《人格：心理学的解释》出版，立刻轰动全美，成为美国第一本人格心理学的教科书。他对人格心理学的研究因此获得美国心理学界的广泛认可，被认为是人格的主要发言人。奥尔波特曾经以英语为语言范本整理出上万个形容词来描述人格，这是一个伟大的创举，但是他也指出，这个词表中有太多的近义词，数量太多，应该简化。卡特尔整理了这些词汇，将它们分成不同的词语群，之后针对个体在这些形容词上进行评价，然后进行因素分析获得结果，进一步拓展了语言学方面的人格结构研究。因素分析是统计学中的一种技术，它和其他统计学方法一样能够帮助我们重新解读或者提炼已经获得的信息，这样才能够让这些信息更容易理解。奥尔波特的人格研究是具有人本主义取向的。他认为人格就是"一个真实的人"，"是个体内在心理物理系统中的动力组织，它决定一个人特有的思想和行为"。[①] 在他看来，人格就是一个动力组织，而不是一个由彼此无关的人格碎片所组成的集合体。他强调人格是整体的和不断变化的动力组织，人处于一种不断生成（becoming）的状态之中。奥尔波特坚信，行为的差异是由人类自身内部的相对独立的倾向或特质引起的。

除了在人格结构方面奥尔波特对人格理论进行发展以外，研究者们也越来越多地关注其人格理论的其他方面。如奥尔波特的人格理论过于强调个人的独特性和自主性，而忽视了社会环境因素在人格发展中的作用。近几年，一些比较有影响力的人格理论开始将目光拓展到关注个人与情境的结合方面。这些被称作"交叉取向"的理论会同时研究个体和情境之间的交互作用。人格的交互作用理论就是要明确地考虑人们所处的或者创造的社会情境。人格的个体情境交互作用理论则吸收了其他人格理论独到的见解，阐发出关于人类行为类型的更敏感、更复杂的观点。

尽管奥尔波特的理论观点有其瑕疵，我们依然对于他敢于对抗心理学中第一势力的行为主义和第二势力的精神分析，表达深深的敬意！他与马斯洛、罗杰斯、罗洛梅、布根塔尔一道建构了心理学的第三势力——人本主义心理学，创立了健康人格心理学，这是他弘扬人类尊严和价值方面做出的重要贡献，彪炳史册。

---

① Gordon, W. A., *Pattern and Growth in Personality*. New York, Holt, Rinehart & Winston, 1961, p. 28.

第十五章

————

路特：自然和教养视角中的心理健康思想

迈克尔·路特，是一位有重要影响的英国发展变态心理学家，被称为"儿童精神病学之父"。他主要从事自然和教养因素在个体发展过程中的相互作用的研究，并运用自然实验来检验基因和环境在心理发展中所起的作用。他1933年8月15日出生于黎巴嫩，1936年随父母回到英国，1940年至1944年在美国度过了战乱的年代。

一、路特的生平与学术事迹

路特1955年毕业于伯明翰大学医学院。在校期间，尼尔·奥康纳（Neil O'Connor）、布特·赫墨林（Beate Hermelin）以及杰克·台柴特（Jack Tizard）等人对他产生了重要影响。他本来没有打算从事研究儿童精神病学，但当时英国的精神病学泰斗奥布里·刘易斯（Aubrey Lewis）认为他应该向这个方向发展，于是，他接受了这个建议。在获得神经病学、儿科和心脏病学的硕士学位以后，他在伦敦的莫兹利医院（Maudsley Hospital）接受了精神病学的训练，于1961年获得了资格认证，然后去纽约的爱因斯坦医学院进行了为期一年的研究。回国后，他加入了医学研究委员会的社会精神病学分会，1966年在伦敦被指定为精神病学会的高级讲师。1973年，他成为儿童精神病学教授，并且成为儿童和青少年精神病学系系主任。

路特的研究跨度非常广阔，包含了早期在怀特岛和内伦敦地区进行的流行病学研究、长期的纵向研究、学校效能调查、社会心理学的风险调查测验、访谈技术的研究，以及定量研究和分子遗传学研究，涉及 DNA 研究、神经影像学、家庭及学校的影响、基因、阅读障碍、生物和社会因素之间的交互作用、压力等方面。他的临床研究的重心包含了孤独症、神经精神障碍、抑郁、反社会行为、阅读困难、剥夺综合征，以及多动症等。

到目前为止，他出版了 38 部专著，并发表了 400 多篇论文。其中，最有影响力的著作之一是《母爱剥夺再评估》(*Maternal Deprivation Reassessed*) (1972)，在书中，他提出了儿童通常会发展出多重的依恋，并非对单独某一个人的选择性依恋。该书被英国《新社会》(*New Society*) 周刊评价为"儿童保育领域的经典"。他在书中对约翰·鲍尔比(*John Bowlby*) 1951 年提出的母爱剥夺假设进行了评估。鲍尔比提出，"婴儿和幼儿应当与其母亲(或母亲的永久替代者)之间建立一种温暖、亲密和连续的关系，并从中获得满足和愉悦"。如果不这样做的话，可能会对精神、心理健康产生重大且不可逆的影响。这一理论非常具有影响力，但同时也存在争议。路特对于这一理论的发展做出了重大贡献。他在1972 年、1979 年和 1981 年发表和出版的论文、专著给出了决定性的实验证据，更新了鲍尔比早年关于母爱剥夺的理论。1989 年，路特领导了英国和罗马尼亚被收养者研究小组，跟踪研究了许多在十几岁时被送到西方家庭收养的孤儿，对于影响儿童发展的早期剥夺进行了一系列的研究，包括依恋及新关系的发展，得到了乐观的结果。他揭示了这一领域里许多社会、心理机制，并且提出鲍尔比的理论只是部分正确的。路特突出了机构抚育当中的剥夺，并且提出反社会行为与家庭不和而非母爱剥夺有关。这些关于母爱剥夺假设的进展的重要性在于将母爱剥夺重新定位为一个重要但非决定性的因素，为儿童的科学抚育提供了参考。

路特在 1987 年当选为英国皇家学会院士，1992 年被授予爵士爵位，并且是欧洲科学院(Academia Europaea)和医学科学研究院(Academy of Medical Sciences)的创始人之一。他是美国医学学会外籍成员，并且现在是儿童发展研究学会(Society for Research into Child Development)的主席。他于 1995 年获得 Castilla del Pino 奖，1997 年获得了赫尔穆特-霍顿基金奖（Helmut Horten Founda-tion prize），2000 年获得 Ruane 奖。他拥有莱顿大学、卢万大学、伯明翰大学、爱丁堡大学、芝加哥大学、明尼苏达大学、根特大学、于韦斯屈莱大学、沃里克大学以及东安格利亚大学的名誉博士学位。

1984 年，路特创立了医学研究委员会（Medical Research Council）儿童精神病学分会，并且于 1984 年至 1987 年担任该分会的荣誉主席。1994 年，他又创立了精神病学会下的社会、遗传和发展精神病学研究中心（Social, Genetic and Developmental Psychiatry Research Centre），并在 1994 年至 1998 年间担任该中心的名誉主席。这一中心的目标在于消除"自然（基因）"和"教养（环境）"之间的隔阂，证明他们在复杂的人类行为如儿童抑郁和多动症等的形成过程中具有交互作用。

路特从 1974—1994 年担任《孤独症和发展障碍期刊》（*Journal of Autism and Developmental Disorders*）的欧洲编辑，并且从 1999 年到 2004 年担任维康基金会的副主席，而且自 1992 年以来一直担任纳菲尔德基金会的托管人。如今，他在伦敦皇家学院精神病学院担任发展精神病学教授，同时还是伦敦莫兹利医院的精神病顾问医生。莫兹利医院的迈克尔·路特儿童与青少年研究中心就是以他的名字命名的。

路特被称为"儿童精神病学之父"，也是英国第一个儿童精神科咨询师。他为儿童精神病学在医学和生物心理学上打下坚实基础，并做出了卓越贡献。

链接：【路特生平重大事件】

1933 年 8 月 15 日，出生于黎巴嫩的首都贝鲁特城。

1940 年，因第二次世界大战被父母寄养到美国。

1955 年，毕业于伯明翰大学医学院。

1958 年，到莫兹利医院接受精神病学训练，受到许多重要导师的影响。

1973 年，晋升儿童精神病学教授。

1987 年，被选为英国皇家学会成员。

1991 年，被芝加哥大学授予荣誉博士学位。

1995 年，获得美国心理学会颁发的杰出成就奖。

2010 年，获得皇家精神病学院颁发的终身成就奖。

二、路特关系和依恋理论产生的历史背景

路特的青少年时代主要生活在第二次世界大战刚结束的年代，对于英国而言，第二次世界大战可以看作其历史发展的分水岭，在许多方面都发生了巨大的变化，而青年作为新生代的力量，对这种巨变做出了反应，形成了不同的青年文化团体，如无赖青年、垮掉的一代、摩登派、光头党、嬉皮士、朋克等，是影响英国社会文化的重要因素之一。其结果之一——青少年犯罪不断增加——影响了政府在一些政策方面的制定，同时还促使很多青少年服务机构建立起来，更好地帮助他们步入社会。作为一个有社会责任感的科研工作者，路特不仅成长于这种文化背景下，同时，也积极地从政策方面不断地影响政府，其中，最重要的就是路特在青少年犯罪、反社会行为等方面的相关研究和理论对政府制定相关政策起到一定的影响，比如，对于青少年犯罪的管理目标和应对方法上，是建立更多的监狱把青少年关起来，还是积极地从心理和成长的角度教育他们更好地走向社会。正如路特自己所言，如果研究不能为儿童的福祉服务，就不是一个好研究。

第二次世界大战后，大学校园里也出现了更加自由的气氛，包括教学风格变得不再死板而表现出非正式、更加灵活的方式和风格，而这是与令人感到枯燥的传统教与学的方式相对立的。另外，为了更好地监管学生的业余时间，学校也制订了许多制度和规则以管理学生。同时，因为离开家庭上大学，许多青年人获得了从未有过的自由，尤其是来自中产阶级家庭的青年，他们对主流社会和已有制度在行为上表现出诸多的不满。因此，在那时的大学里，传统和新生力量的碰撞显得比较突出，而路特的大学和研究初期阶段就生活在这样的文

化大环境下。比如，路特在其研究生涯过程中，遇到的对其有重要影响的导师们，他们虽然性格各异，研究领域各有特色，有一点却是共同的，即他们不是死板的教授们，而是鼓励学生自由思考、质疑权威的引领者。例如，路特早年在医学院时遇见的重要导师之一奥布里·刘易斯，用路特的话而言，"他是一个极具人格魅力和非常优秀的老师，最能使他感到欣慰和愉悦的事情，就是学生能够辩赢过他"。路特在科研中表现出的独立思考、不迷信权威和对看起来已成定论研究结果的再验证等科学态度，除了他个人天才的创造性外，不能不说是得益于这种文化氛围的影响。

20 世纪五六十年代的英国政治领域也发生了重大的变化，该变化并非与路特研究关注的主题有直接的关系，而是作为重大的政治背景存在。1945 年英国经历了大选，此时，路特刚刚从美国回到英国，那是一个非常令人激动的时期。获胜的工党表明决心，绝不会再重复一战时所犯的错误，向人民保证工党一定会努力把事情做好，与工党的施政纲领相呼应的，还有当时极具影响力的贝弗里奇报告（Beveridge report）①，声称英国正走向一个和平革命的时期。在此方向的指引下，建立了国家卫生部，教育领域也发生了巨变，以及决心把英国建成福利国家等。所有这些变化，都使青少年时期的路特思想变得更加丰富。事实上，路特自己坦承，自己对政治从来没有直接的感觉，而更多的是质疑它。正如其后来从科学实证结果出发，质疑政治并对政策制定施加影响一样，以期能够推进政府的政策更好为儿童青少年成长服务。不过，作为医生的路特父亲却对卫生服务部的政策非常拥护，而路特恰是在这样的父亲身边长大。作为医学院学生训练的一部分，路特也曾经作为卫生访问员，走访过非常贫困的伯明翰近郊的工人阶级居住区，小时候还曾经跟随父亲去过英格兰中部的工人阶级地区，因此，路特对工人阶级的贫困生活非常熟悉。这些经历使路特对社会对个体的影响因素产生了兴趣，而政治环境的变化为路特开展某些相关的研究提供了更多可能性。

---

① 该报告为第二次世界大战后英国构建整体社会福利制度勾画了蓝图。

20世纪中叶英国的学术界，儿童精神病学领域比较盛行的是客体关系理论的创始人——出生于奥地利的精神分析学家梅兰妮·克莱因为领袖的现代精神分析流派，克莱因在柏林精神分析学会时感到协会与她志趣不投，于是于1926年到了英国，直至去世。另一个早期追随克莱因，后来选择离开的威尼科特（Winnicott），也是位著名的儿童精神分析师，当时英国的儿童精神病学界，正像一个宗教派别一样，克莱因对与自己理论有冲突的思想进行排斥和打击。比如，威尼科特在20世纪50年代前后，曾发表了两篇重要论文，一篇为1947年发表的《反移情中的恨》，另一篇为1951年发表的《过渡客体与过渡现象》，因为发展了与克莱因相对立的技术理论，由此二人的关系开始破裂。从以上的描述可以看出，相当长的一段时间，英国儿童精神分析学界表现得像宗教一般，不是以逻辑的或实证的视角来评估，而是以意识形态为评价原则。路特曾不无忧心地评价说，"精神分析之于精神病学，就像创世说之于生物学"。这个问题并非评价精神分析是否对错，而是指这种意识形态的方式把精神分析排斥在科学大门之外，正如威尼科特极端地声称，临床训练是无关紧要的，研究对精神分析本身也具有破坏性。大约在同一时期，特殊教育治疗家布鲁诺·贝特尔（Bettelheim）提出了"谴责父母"备忘录，许多父母被错误地指控必须为孩子的自闭症负责。事实上，随后科学的研究结果发现，自闭症具有重要的遗传因素而非父母养育之过。类似的意识形态特征在家庭治疗流派的早期也很明显，甚至目前对依恋关系的论断也同样带有这种色彩。同样地，另外，生物学或遗传学也以生物或遗传决定论的决定主义，导致了与意识形态论相类似的误导。

因此，在这种背景下，路特为了避免误解，努力以更科学清晰的方式阐述，即精神分析学者对心理学理论的发展做出了重要贡献，而且，精神分析对诸如存在心理机制等的一些论断，也被科学证明是有效的。然而，对精神分析理论而言，最具破坏性的是对理论如同宗教般，它排斥使用任何非精神分析的方法检验精神分析的观点，开业的治疗师也必须经历个人分析[①]，才能被接受为学

---

① 即治疗师作为病人接受更高一级精神分析督导师的分析。

派中的一员。当时的精神分析流派对理论冲突的解决不是依赖于冷静的分析和评价，而是呈交给精神分析学界更高一层的类似牧师的人来裁决。

　　面对存在可能矫枉过正危险的英国精神病学界，心理学、精神病学的哲学指导思想将指向哪里，这个任务显然历史地由路特做出了选择，路特以科学实证为基础提出了遗传—环境交互作用理论，在哲学层面上既强调环境的影响、也重视遗传的作用，尤其针对二者的关系做了细致的有理有据的论述，对于精神病学和心理学的发展起到了指引的作用。

链接：【《儿童青少年精神病学》简介】

　　该书是儿童青少年精神病领域相关研究的集大成者，收录了这个领域几乎所有大家的最新研究成果，阐述了世界范围内关于儿童和青少年精神病学的想法、观念和实践。本书以论文集的形式展现了儿童青少年精神病学领域的经典研究成果，全书共收录74篇论文，涉及概念方法、临床评估、病理学经典、临床症状和治疗方法五个方面。第五版的儿童青少年精神病学已成为国外高校图书馆和专家学者书架上的必备书目。

链接：【《基因和行为：自然—养育的交互作用》简介】

　　该书的主旨在于以通俗的方式解释行为的遗传影响，并展示遗传与环境的交互作用。作者通过全书十一个章节将这个交叉领域的前沿问题阐述清楚，同时尽量避免使用过于复杂的术语公式，保证可读性。十一个章节按照内容与作用大致可以分为三个部分，第一组五个章节分别介绍了遗传和环境对精神病影响的研究成果，致力于证明并框定遗传和环境影响的强度，以及通过实例说明实验设计是如何实现上述目标的。第二组三个章节从基因的角度出发，讨论了目前已知的特定基因对行为的影响，以及在个体发展中这些基因具体的影响模式。最后作者将遗传学和环境影响结合起来，并带领读者到了该书的核心部分——遗传和环境的交互影响。试图将各章节串起来并总结全书，并提供了相应的政策与实践建议。

　　路特早年伴随着战争的搬迁生活，得以对不同的文化和生活阶层的生活有切身的体验和感受，青少年时期英国的教育界也表现出自由和传统的冲突，这种冲突不仅表现在思想领域，也表现在实际的青少年文化和大学的实际教育中，使路特在这种敢于质疑、推崇独创的教育氛围中遇到一些极具个人魅力的导师们。加上路特本人天才的创造性和至今的不懈工作，使其在儿童精神病学、发展精神病理学领域独树一帜，著述颇丰，成为这些领域的集大成者。而且，由于路特从事的研究，开创了一个新的被称为发展精神病理学(developmental psychopathology)的新兴领域，被列为20世纪最伟大的心理学家之一。

三、关系和依恋的理论及其心理健康思想

从迈克尔·路特的生平中我们可以看到，路特所做的研究涉及的领域非常庞大，然而，从宏观而言，其研究的思路主要是解答自然和教养之间的关系这一古老问题。具体到问题和内容虽然非常广泛，但是其中心议题主要围绕儿童的心理健康展开研究，这里通过梳理其相关思想，主要结合其具有里程碑式的理论和研究，从关注环境——母爱剥夺对儿童心理社会发展的影响，到遗传的作用——基因与孤独症的关系，到关注环境与遗传交互作用的具体机制展开评述。

(一)依恋关系的缺失与剥夺

母爱剥夺的相关研究，是路特早期所研究的重要领域，而且由于采用纵向研究范式，其时间跨度很长，形成了其关于儿童成长的心理环境的重要研究范式和观点。路特于1972年出版了著作《母爱剥夺再评估》，这本书后来重版多次，路特也根据最新的研究结果，不断地修正相关的研究和思想。在书中，他指出儿童依恋理论的提出者鲍尔比，或许对母爱剥夺的概念过于简单化了，鲍尔比认为母爱剥夺是指儿童与一个依恋的人分离，失去了依恋对象以及没有发展出对他人的依恋。路特认为，这些依恋的性质，每种都有不同的效应，尤其

不同的是，路特在缺失（privation）和剥夺（deprivation）之间作了区分，如果儿童根本未能形成依恋关系，这是依恋的缺失，而剥夺是指依恋关系的失去或受损害，即曾经拥有过以后的失去。相对而言，依恋的缺失却是从未拥有过，通常有以下两种原因，一是儿童有许多不同的养育者（鲍尔比对于青少年偷窃的研究中的被试多是此种类型），二是家庭不和阻碍了儿童和成人建立依恋关系。依恋关系缺失的儿童当与家庭成员分离时不会表现出忧伤。

路特发现一个有趣的结果，对于儿童精神问题的风险因素而言，父母离婚和父母去世显然具有相同的效应，然而，事实是父母离婚对儿童造成的负面影响远远大于父母去世。显然，死亡是永久的分离，但是，死亡一般不涉及家庭冲突与不和，而这一点显然是对儿童影响的重要因素。基于此观点，或许我们可以假设儿童与其生活在冲突严重的家庭中，离婚或许比维持破碎的婚姻对儿童的发展更有益处。在我们对大学生心理咨询的过程中，也经常会遇到一些来访者谈到父母不幸福的婚姻时，不希望父母以保护自己为借口，感觉离婚可能更能减轻孩子游走于父母之间冲突的心理压力，甚至有的学生明确向父母表示，希望父母结束不幸福的婚姻选择离婚。这一点，或许可以动摇婚姻不和的父母的养育信念，真正从孩子的心理需要出发，采取相对可行的方法，以减少孩子的精神压力。

路特根据其所做的依恋关系缺失调查，提出了以下观点，儿童期依恋关系的缺失可能导致了最初的黏滞、依赖行为，寻求注意和不加选择地建立友谊等行为。然后，随着儿童逐渐成长，表现出无法遵守规则，建立持久的人际关系或者拥有负罪感。路特还发现了反社会行为的证据，情感障碍，以及语言、智力和体格发育的紊乱。出现上述问题并非如鲍尔比所声称是缺失与母亲的依恋关系所导致，而是由于缺少依恋关系通常所能提供的智力刺激和社会经验所致。另外，这些问题可能在儿童后期发展过程中，由于正确的养育方式而得到弥补。

在上述所提到的鲍尔比研究中，44名偷窃青少年中的许多被试在儿童期有经常搬家的经历，可能从来未能形成依恋关系。这意味着他们正在遭受依恋关系缺失而非剥夺的痛苦，路特认为这种情况对儿童来说更加有害。该思想引发了关于缺失效应重要的长期研究，推进了该领域研究的深入。[1]

路特关于以上母爱剥夺的研究思想在 1979 年的综述中总结道：第一，鲍尔比最初强调的分离效应并不准确。[2] 反社会行为和破裂的家庭相关，并非因此导致的分离所引起的，而是家庭的不和最终导致了破裂。情感的心理困扰不是因为关系的断裂，而是因为没有形成最初的人际联结。智力低下是因为缺少相应的经验，而不是分离。第二，与鲍尔比赋予母亲特别的重要性不同的是，路特通过研究发现，母婴之间的联结在类型和质量上与儿童与其他人之间的联结并无不同。第三，20 世纪 70 年代所做的文献回顾发现[3]，母爱剥夺领域研究中最重要的发展是儿童对剥夺反应的个体差异。所有的结果都表明，许多儿童并未受到剥夺所带来的恶劣影响，对这些儿童拥有如此免疫力的探索可能会是一个尤其富有成效的研究领域。与以上观点相印证，1989 年，路特领导了英国和罗马尼亚被收养者研究小组，跟踪研究了许多十几岁时被送到西方家庭中收养的孤儿，对于影响儿童发展的早期剥夺进行了一系列的研究，包括依恋及新关系的发展，得到了乐观的结果。

依恋关系的研究主要围绕环境对儿童发展的影响，路特在吸收和理解鲍尔比依恋思想的基础上，对依恋关系进行了更细致入微的研究和描述。尤其在实验方法采用了更科学的方法，路特提出，仅仅通过相关或关联不可以进行因果推论，但是，在因果实验的设计面前，路特遇到了儿童心理学工作遇到的共同难题，由于伦理或实际的限制，很多风险变量无法操练，因此，路特将大量的时间投身于与儿童的接触，采用自然实验的方式发现可以得出因果推论的方法，正因为如此，作为一个临床工作者对儿童的了解，与对细节或例外结果的关注，

---

① Hodges, J. & Tizzard, B., "Social and Family Relationships of Ex-insitutional Adolescents," *Child Psychology & Psychiatry & Allied Disciplines*, 1989, 30(1), pp. 77-97.

② Rutter, M., "Maternal Deprivation, 1972-1978: New Findings, New Concepts, New Approaches," *Child Development*, 1979(50), pp. 283-305.

③ Rutter, M., "Parent-child Separation: Psychological Effects on the Children," *Journal of Child Psychology and Psychiatry*, 1971(12), pp. 233-260.

路特在弥补鲍尔比提出的依恋关系基础之上，往前迈进了一大步。

(二)依恋关系的丧失——应对、心理弹性、遗传因素和保护因素

路特在研究依恋关系的形成过程对儿童发展的影响之外，也着力考察了当面临依恋关系的丧失时，儿童的心理行为反应以及相应的机制。我们现在已经很明确，人类对急性的应激反应和反社会行为可能有两种相当不同的行为机制，因为我们是社会动物，通常用抑郁来应对丧失，这一点对于婴儿和年龄已高的老人均是如此。关系对我们人类是如此重要，以至于当面临所爱的人的拒绝或者死去时，我们感受到强大的压力。除此常识，路特强调需要开始理解人类的某些遗传因素也参与了这个过程。

在谈到依恋关系丧失时个体面对压力的反应机制，路特在接受由牛津大学药理学系支持的理查德·托马斯(Richard Thomas)进行的访谈中，总结了其相关研究思想，他举了三个例子生动地进行了解释，第一种机制，个体需要考虑应对，也就是说，我们要么有身体上的应对，要么有心理上的应对。比如有经验的跳伞员和经历第一次跳伞的人，在面对跳伞时的神经内分泌反应差异是很大的，有经验的跳伞员已经调整，他们的身体系统也已调整，以使自身在面对与第一次跳伞时同样的压力情境时不再感到相似的压力。除此之外，还有许多其他相似的例子。路特认为儿童的应对行为包括问题解决和情绪调整两种。[1]　儿童无论出现任何行为或症状，其实都是用来解决困境与调整情绪的方法，虽然这些方法中有许多属于偏差行为或不良适应行为。

第二种机制或者相关机制是指许多心理弹性研究关注的避免压力和逆境，或者用某种方式减少压力所带来的影响，从一般意义上来理解显然上述思路是合理的。然而，如果我们从生物学意义上进行思考，那么，上面的思路显然是错误的，如果你想要保护儿童不受病毒的传染，你不会把儿童放置于完全安全

---

[1]　Rutter, M., "Prevention of Children's Psychosocial Disorders: Myth and Substance," *Peditrics*, 1982, 70 (6), pp. 883-894.

的茧中，或者阻止他们接触任何病毒或细菌。相反，你要使儿童接触，只是以一种儿童可以应对的方式使其暴露于某种情境，通常会产生自然免疫，当然，你可以通过接种疫苗获得。因此，相对应的心理层面亦是如此：为了使儿童能够成功地应对生活中出现的各种苦难，我们能做些什么呢？因为挑战与压力——那是成长中的一部分，儿童必须学会去应对，我们所能采取的唯一方法是通过暴露，使儿童处于真实的危险中，只不过这种危险控制在儿童可以处理和应对的程度。

第三种机制涉及了遗传因素。已有研究发现，当人类面对急性应激时的反应，遗传因素在环境对人影响的易感性方面起着重要的作用。因此，需要寻找涉及压力应对时的遗传路径，要么是增加风险，要么是增加保护性。因此，心理弹性是一个实在的现象，然而，考虑这个问题时，必须了解相关的生物学研究。现在，人们了解较少的是神经内分泌因素的调节作用：神经内分泌的效应无疑是很重要的，但是，能否解释相应的行为效应这一点，我们并不知道太多，这是需要进一步研究的领域。相对于依恋关系的研究，遗传因素在路特关于孤独症的研究中涉及较多，尤其在遗传与环境交互作用机制方面，通过实验提出了有见地的思想。

路特提出的儿童面对依恋关系丧失时可能的应对机制，不仅具有重要的理论意义和对儿童教育发展的现实指导意义，重要的是，可能会给面对处境不利儿童工作者带来力量和希望，因为儿童所经历的这些苦难，或许可以看成儿童生长所经历的磨难，而不只是悲惨的不幸与无力的怜惜，这种信念可能同样会传递给处境不利儿童，从而提升其自身的心理弹性。以上机制中，尤其是心理弹性的提出，催生了大量相关的研究，而心理弹性也是现代积极心理学的核心概念。

除以上所提到的三种面对压力时可能的机制，路特也是较早关注到与一般研究假设不一致的部分不利处境儿童发展得依然较好的研究者，这一与通常研究假设例外的情况，使路特开始关注儿童成长中的保护性因素，即那些使儿童免于受到伤害、减低伤害或者修通所受伤害的因素。

路特在综述中提出①，所有对处于剥夺或不利环境儿童的研究都指出，儿童对不利环境反应的变异很大。甚至来自最糟糕家庭或者有过最具压力经历的一些个体，不但没有受伤害，似乎还发展出了稳定、健康的人格。基于观察和已有的研究，保护因素或许可以从儿童面对应激的性质、儿童生活境况改变、儿童自身的因素、家庭内因素以及诸如学校等家庭外因素五个方面考察。这些保护性因素的提出，对于早期剥夺儿童后期的治疗工作提供了理论上的指导，尤其对研究处境不利儿童具有重要的现实意义，这一点对于我国经济快速发展过程中所带来的儿童青少年社会问题尤其重要，大量的留守儿童显然处在一个相对不完整的家庭，父（母）不在身边，养育者的变更都把留守儿童置于处境不利地位，而在客观现实无法改变的条件下，考察和研究其成长中的保护因素并应用于实际，对于留守儿童的教育发展可能更现实和可行。

不过，路特同时也强调，为了了解与加强心理弹性与保护机制，我们必须考虑到家庭与政治、经济、社会，以及种族情境的互动，个人与家庭因而出现的衰败或兴盛②。考虑到以上方面，我们在理解这些思想和使用这些概念时也要谨慎，不要把心理弹性和家庭保护因素错用，以免延续社会不公。为什么谈到这一点，因为在心理学刚刚兴起的中国，我们面临着从过分看重环境到过分看重个人和家庭能力的危险，把成功或失败看成是个人与家庭的能力或缺陷问题。如果主要靠鼓励处境不利儿童的心理弹性或家庭保护因素来战胜逆境是不够的，我们必须同时努力改变这些儿童所面临的不利处境。

或许是路特医学和神经病学的特殊背景，使他关注到了别的研究者可能较少关注的社会行为、遗传因素，并且尝试对机制进行研究，这一点尤其反映在其对孤独症儿童的研究上。

---

① Rutter, M., "Marernal Deprivation, 1972-1978: New Findings, New Concepts, New Approaches," *Child Development*, 1979(50), pp. 283-305.

② Rutter, M., "Psychosocial Resilience and Protective Mechanisms," *American Journal of Orthopsychiatry*, 1987, 57(3), pp. 316-331.

四、孤独症的研究及其心理健康思想

(一)孤独症的发病机理：遗传因素的作用

20 世纪 60 年代人们对孤独症的一个主要观点是，孤独症是儿童精神分裂样反应，并未有统一的认识。但基本上认为，孤独症是一种情感性的而非躯体性障碍，原因是较糟糕的父母抚养方式和其他心理因素导致了该疾病的发生。这一描述在当时颇具代表性和影响力。其后果是灾难性地增加了父母们对拥有一个他们无法理解其行为的孩子的不安心情，破坏了他们的可能存有的能帮助孩子的任何信心。

直到 1977 年路特与其同事所发表的研究，人们开始认识到孤独症遗传因素的重要性。[①] 该研究对象是 21 对英国双胞胎，其中 10 对是异卵双胞胎(基因相似性与普通兄弟姐妹一样)，用严格诊断标准判断每对双胞胎至少一个是孤独症，结果发现，没有一对异卵双胞胎是同时发病的，也就是说，异卵双胞胎同时发病的概率几乎为 0。早期研究也发现了这种兄弟姐妹同时发病的现象几乎没有，因为遗传类疾病总是出现在同一个家庭里，这可能也是人们未对孤独症的遗传因素给予重视的原因。

另外，还有一个重要原因是孤独症患者通常不结婚也不育后代，因此直系的遗传证据几乎也没有。其实，就连路特自己在 20 世纪 60 年代中期也曾经引用当时著名遗传学者的观点，得出了遗传在孤独症中几乎不起什么作用的结论，而推论依据是在兄弟姐妹中同时发病的概率为 5% 以下。这篇论文还曾经公开发表，但发表以后，路特开始质疑自己的观点，5% 的概率是相当低，但是真正的核心不应该关注很低的绝对概率，而是相对于当时普通人群万分之四的发病率是非常高的相对概率，显然，遗传因素非常重要。这一点路特从科学研究中得

---

① Folestein, S. & Rutter, M., "Inantile Autism: A Genetic Study of 21 Twin Pairs," Journal of Child Psychology and Psychiatry, 1977(18), pp. 297–321.

出了支持证据，1977 年研究中的 11 对是同卵双胞胎（基因 100% 相似），他们中有 4 对，即 36% 被同时诊断为孤独症。

尽管该双胞胎研究的样本很小，但是，两类双胞胎发病概率在统计学上是具有显著意义的，另外，研究设计非常精细，因此对孤独症领域的研究具有巨大的影响，该研究成为孤独症领域中引用率最高的论文之一。后续的许多研究都支持了遗传因素的影响作用，后来，1995 年路特与同事又作的双胞胎追踪研究中，样本量是原来的两倍，其中 1977 年的研究对象也包括在内，只有这篇论文被引用的次数超过了 1977 年的研究，但是，作为具有里程碑意义的研究，非 1977 年的研究莫属。

另外，基于路特与其同事的研究工作以及后来的验证性研究，孤独症从作为一个环境影响的心理问题逐渐被理解为重要的遗传性精神疾病之一。结果，在 20 世纪 80 年代促进了分子遗传学研究，而孤独症则是研究者们首先关注的几个领域之一。

另外，该研究也逐渐扭转了大众对孤独症的看法，尤其是对孤独症儿童父母的看法，至少使孤独症儿童的父母尤其是母亲，减轻了养育的心理压力，从而使他们在对自己的养育能力方面减少挫折感，恢复养育孩子的信心。

(二) 孤独症的诊断

《中国精神障碍分类及诊断标准》（CCMD-3）中对儿童孤独症的诊断标准简述如下：（儿童孤独症）是一种广泛性发育障碍的亚型，以男孩多见，起病于婴幼儿期，主要为不同程度的人际交往障碍、兴趣狭窄和行为方式刻板。约有四分之三的患儿伴有明显的精神发育迟滞，部分患儿在一般性智力落后的背景下具有某方面较好的能力。症状标准有人际交往存在质的损害，言语交流存在质的损害，主要为语言运用功能的损害；兴趣狭窄和活动刻板、重复，坚持环境和生活方式不变等。

回溯孤独症的诊断史，诚如前面所言，由于路特与其同事的研究工作，孤独症的病因诊断，到 20 世纪七八十年代，随着人们对孤独症的社会性关注和宣传，人们对孤独症的注意与研究开始走向繁荣。此时，人们基本上摒弃了孤独症所谓"父母抚养方式不当"的病因假说。无论是孤独症生物学病因探讨还是临床实体的识别与描述，无论是相关症状群的分型还是研究与其他精神障碍的联系，均提示了对孤独症研究的一个全新时代即将到来。这时，孤独症诊断分类一个重要研究成果就是明确了孤独症与精神分裂症的区别，将孤独症从精神分裂症的框框里解脱出来。

另外，路特 1977 年的双胞胎研究，一个最重要的发现之一是涉及孤独症的诊断。预见了孤独症谱系障碍(Autism Spectrum Disorders，ASD)的概念，其症状是社交及沟通上的广泛性异常、异常局限性的兴趣、高度重复性的行为，原文中写道，"遗传因素将可能适用于一个广泛性障碍，而不仅仅是孤独症本身"。事实上，路特及其同事对参加实验的 42 名儿童进行了细致的评估，包括社会、情绪、认知以及语言功能。最令人振奋的发现是，遗传因素对孤独症谱系障碍的影响效应比对孤独症的影响效应更大：同卵双胞胎的相似性竟高达82%，异卵双胞胎的相似性仅有 10%。因此，路特与其同事认为，孤独症是与遗传因素相关联的广泛性认知障碍。这些发现也在后续的追踪研究中得到证实，即孤独症谱系的广泛性诊断，以及同卵双胞胎 82%、异卵双胞胎 10% 的症状相似性。[①] 路特及其同事的研究工作表明：孤独症的行为如果被认为是从出生到童年早期的发育障碍所致更为合情合理，孤独症是一种躯体性的、与父母抚育方式无任何关联的发育障碍。

孤独症的严重程度诊断。路特把家族中孤独症发病概率增加称之为广泛表型(broader phenotype)，意即与孤独症相似的异常表现，只是要轻得多的类型。然而，广泛表型虽然在多方面均与孤独症相似，但是，在以下两方面有差异：广泛表型与癫痫无关，也与心理发展延迟无关。那么问题就是，存在的证据表明广泛表型是因为与孤独症相同的遗传因素导致的，为什么一些个体表现出严

---

① Folstein, S. & Rutter, M., "Genetic influences and infantile autism," *Nature*, 1977(5596).

重的症状，而另外一些个体却只表现出轻微的症状？路特假设了两种可能性，一是仅仅是遗传易感水平不同，如果个体有较多种遗传基因，就可能表现得较重，相反，表现得较轻。一是双击（two-hit）机制，易感倾向非常广泛，但是，在发展过程中，其他因素使个体超越了这个极限而表现出严重的孤独症。其实，这不仅仅是孤独症研究的争论，也同样是精神分裂症领域的争论。因为所谓的精神分裂的前期症状比精神分裂本身更普遍，如错觉、幻觉、思维障碍等。然而，是什么刺激使个体表现出严重的症状，路特假设一定有某些未被认识的刺激因素在起作用。

然而，令人沮丧的是，至今未识别出一个基因与孤独症有关。为什么如此困难？在医学领域有一个规律，称为遗传异型，也就是说，在一个人身上表现出的特殊基因模式与另一个人身上表现出的基因模式不一样。因此，遗传因素一定和环境风险因素具有交互作用，共同影响着基因的表达，而人们却无法轻易操纵这些变量。不过，可喜的是，路特在遗传与环境交互作用研究方面已初步对上述问题进行了解答。① 这也是路特非常有创造性的研究领域，也是他对科学研究的重要贡献之一。

五、遗传和环境的交互作用及其心理健康思想

（一）遗传和环境交互作用观点的提出

路特在 2006 年出版了其名为《基因和行为：自然—教养的交互作用》（*Genes and Behavior：Nature-Nurture Interplay Explained*）的著作。在这部书中，集中反映了路特遗传与环境交互作用的观点。该书主要解释了基因是怎样影响行为的，以及在理解各种行为特点和精神障碍的因果路径中的重要性。路特对行为遗传学、精神病遗传学以及环境对风险的调节效应研究等许多领域进行了清晰而又

---

① Moffitt, T. E., Caspi, A., Rutter, M., "Measured gene-environment interactions in psychopathology: concepts, research strategies, and implications for research, intervention, and public understanding of genetics," *Perspectives on Psychological Science*, 2006, 1(1), pp. 5-27.

易懂的描述，尤其是对基本假设、方法的优点和不足之处的细致考虑，以及对研究结果的谨慎解释。路特解释了基因是如何影响行为的，同时，也指出了纯粹遗传解释的局限。路特论点的核心是基因和环境永远不可能完全分开。

（二）基因和环境交互作用的一般机制

路特认为，几乎没有例外，人的特点和障碍、体格和精神都是基因和环境多因素影响的结果，一方面，这意味着对所有的行为而言，遗传因素尽管可能不一定是占支配地位的，却是普遍的。这一点不仅对于障碍性行为，而且对于普通人的心理特性，包括气质和认知特点，甚至犯罪或离婚这样的行为也同样适用。另一方面，许多遗传影响效应的例子，也通过与环境的各种交互而发挥作用。因此，一些遗传行为会在某种程度上暴露于环境的风险因素之下，即所谓的遗传—环境相关。例如，父母有遗传因素的反社会行为，可能破坏家庭功能，反过来，它又把孩子置于形成反社会行为的风险环境中。换句话说，父母的基因通过环境的影响机制增加孩子的风险。还有其他的遗传—环境相互作用形式，通过个体部分由遗传影响的行为可能直接地影响到环境中的风险因素，或者通过激发风险行为影响诸如家庭成员等其他人。

基因和环境相互接触的主要途径是通过所谓的遗传—环境的交互作用，这说明了基因为什么影响一个人对环境风险的易感性。例如，大量不断增加的证据表明，羟色胺载体基因译码变异可能会在某种程度上调节诸如生活压力和童年受虐待经历等经验导致的抑郁症的发病情况。路特认为，这种遗传—环境的交互作用非常普遍，我们必须在研究中考虑进去。

因此，基因不是决定性的，他们不会以任何直接的方式，导致诸如孤独症和精神分裂症等行为或者精神障碍的产生。基因作用于行为的效应是间接的，很大程度上通过环境的调节而产生的。目前的挑战是更普遍地描绘遗传—环境的交互作用，以及开始确定生化的、细胞的以及认知的因果路径，而其恰恰是精神和特定行为型的调节过程。这无疑是一个科学理解精神障碍的最有希望的途径，但是，实现这样一个目标，需要越来越多学科的研究者的共同合作，尤其是遗传学者、社会心理研究者，不仅仅说着相同的语言，还要共同开展研究工作。

(三) 未来的机遇与挑战

显然，这是一个很有挑战性的工程，不仅是因为这个问题如此复杂和目前对此理解的无知，更是因为在该领域，存在两种非常极端的观点，一种是遗传的支持者，一种是环境的支持者。大部分研究者已经意识到理解行为障碍易感性个体差异的钥匙，来自理解遗传变异和环境的交互效应，但是，发生行为遗传学和社会心理学研究者的战争依然持续着，即不同学派从不同理论和方法视角来研究被试，说着不同的语言，显然相同的术语实际上却描述着不同的概念。尽管双方彼此有着许多误解，令人欣慰的是，还有部分研究者希望搭建这个桥梁。所以，需要一位不仅是遗传学者，还要心理社会和发展方面的研究者来做这个整合工作，而迈克尔·路特因其丰富的跨学科的研究背景，以及强有力的分析方法历史性地承担起了这项工作。

遗传与环境的相关与交互作用观点的提出，不仅为理解个体差异的来源迈出了重要的一步，还为简单的遗传和环境的系数拓展了新信息，与此同时带动了行为遗传学研究方法的发展。一是研究范式呈现多样化。一方面加强了收养研究的力度，使收养研究与双胞胎研究在行为遗传学中拥有同样重要的地位；另一方面这两类研究也成为确定遗传与环境交互作用的重要研究范式。二是由于统计技术的发展与完善，研究方法开始由双胞胎研究、收养研究拓展到更为复杂的谱系研究中，谱系研究可以为遗传与环境的相互作用过程提供更为完备的信息。

六、结语

路特成长的背景是一个充满变革的时代，也是心理学发展最为迅速而多产的时代，心理学沿着两个方向发展，一是心理学学科领域因为更多新兴学科的形成，变得更加丰富，其中就有逐渐成形的发展精神病理学，而路特的作用功不可没；二是心理学向纵深方向发展，各种高科技应用到心理学领域，使以前无法想象的工作得以实施，使概念上的观点得以被实证的数据支持或反对。在这样的时代大背景下，发展精神病理学作为一个新兴学科，也不可避免地打上了时代的烙印。

在路特成长的那个学科发展变化非常活跃的时代，质疑的精神和勇气显得尤其重要，在学科未形成之时，有许多想当然的结果被人们当成已存在的事实而接受，或者某个权威的观点被作为实验证据而接受等，这需要研究者有质疑的精神。如果说质疑权威是科学研究的可贵精神，而对自身研究结果的质疑则需要更大的勇气。路特曾经多次在接受采访中指出敢于质疑的重要性，尤其是质疑自己的发现是一件非常残忍的事情。在他的科学生涯中，有许多次类似的经历。例如，著名的自闭症双胞胎儿童的研究，推翻了人们想当然地以为母亲养育应该为自闭症负绝大部分的责任的观念，而还之以科学的真实面目，即遗传在自闭症发病中的重要作用。还有童年抑郁与成年抑郁的关系研究，证明童年期抑郁与成年期抑郁关系密切，甚至部分患者成年抑郁类型与童年抑郁在诊断上完全相同，从而打破了人们认为的童年抑郁与成年抑郁没有关系的错误认知，使儿童抑郁被社会和研究者所重视；又如，对鲍尔比在依恋关系理论中，把母亲放到一个不可替代的重要位置上的偏颇观点提出质疑，发展了依恋理论，指出不是因为母亲是否在，而是依恋关系的质量对儿童心理发展起到了重要的影响。这些研究在发展精神病理学的领域都具有里程碑式的意义。另外，路特在其著名的母爱剥夺研究中，质疑了自己的发现，最初研究发现，个体早期经验几乎没有表现出长期效应，基于此，路特认为早期经验与后期经验是彼此独立没有关系的。而后来，路特重新看待自己的结论，发现事实虽然是正确的，但其用了一种错误的方式去解释它，实际上，早期经验塑造了后期经验，产生的效应不是独立效应，而是连锁效应——一件事情导致另一件事情，从而得到了长期效应。早期经验的长期效应，这是发展精神病理学的重要理论基础之一。或许，抛开其伟大的成就，这是路特带给我们的重要启示。

从发展心理学的角度来看，未来或许可以关注这样两个方面的发展问题：一是在发展过程中，遗传与环境的变异是否会发生变化。比如，就认知能力来说，随着发展，遗传的作用不断加强。共同的家庭环境对童年期的个体是非常重要的，但到青春期以后它的影响可能逐渐变小。一是在个体发展的过程中，遗传与环境的作用在每个年龄阶段是如何持续与变迁的。例如，有关研究也发现在认知发展方面，从童年期到成人期的令人吃惊的发展连续性。对这些问题的关注，不仅对发展心理学，对儿童精神病学都具有重要的理论意义和实际价值。

第十六章

————

伯科维茨：攻击、愤怒和助人行为研究的巨匠

　　莱昂纳德·伯科维茨是著名的美国社会心理学家。他一生都致力于对情绪状态尤其是愤怒形成、发展和调节的分析研究，因对攻击行为的研究而闻名于世，同时他还从事助人行为的研究。伯科维茨出生于 1926 年 8 月 11 日，在纽约完成小学和中学教育，随后毕业于纽约大学。

一、伯科维茨的生平与学术事迹

　　1948 年 2 月，伯科维茨在密歇根大学开始他的研究工作，原打算专门从事工业心理学研究。然而，一个决策协商（decision-making conferences）研究项目为他提供了一个研究助理职务，同时，因为受到众多社会心理学家汇集密歇根大学新建的团体动力学研究中心和调查研究中心的激励，他很快转入社会心理学。尽管当时社会心理学领域由泰德·纽科姆（Ted Newcomb）领导的联合心理学和社会学的研究计划已经开始，并且吸引了不少优秀研究生参与，但出于对普通心理学的浓厚兴趣，伯科维茨还是决定攻读心理学系的社会心理学学位，这个决定在现在看来是相当明智的。随着该研究项目得到持续的经费支持，他关于协商领导力的博士论文具备现成可用的研究数据，他于 1951 年 6 月完成了博士论文，导师是丹·卡茨（Dan Katz）教授。

　　伯科维茨出于对团体行为的持续研究兴趣，以及希望将社会心理学应用到"现实世界"情境的良好愿望，再加上当时未找到合适的学术职位，所以博士毕业后，他去了位于圣安东尼奥的美国空军人力资源研究中心（HHRC）的职员研

究实验室（Crew Research Laboratory）。这次的应用研究经验，尤其是 HRRC 限制研究者探索自己感兴趣的理论问题，使伯科维茨下定决心开展学术研究。1955年，他获得了威斯康星大学心理系助理教授的职位，于是前往那里任职，从那时起一直是该系的重要成员，直到 1993 年退休后他仍担任该系的名誉教授。

初到威斯康星大学任教，好运就光顾了伯科维茨。1956 年，他被分配去教授社会心理学专业的一门高级本科课程，这门课程允许他讨论其他课程没有涉及过的研究主题。其中一个主题就是攻击。他有关这个主题的课程讲义，汇总了当时的大部分研究文献，成为后来发表在《心理学公报》（*Psychological Bulletin*）上一篇重要论文的基础，并最后成为 1962 年出版的一部专著的基础。他这部著作是回顾人类攻击领域量化研究的两部现代著作中的一部（另一部是 Arnold Buss 于 1961 年出版的著作）。然而，对伯科维茨职业生涯更为重要的是，他的课程讲义以及他提出的研究问题，促使他向美国国立精神卫生研究所（NIMH）申请研究基金并且获得了成功，此后该基金连续 17 年资助他的攻击实验研究。

伯科维茨的大部分研究始终贯穿着一个主题，最初几年时间尤其如此。即通过煽动具有攻击倾向的人更猛烈地攻击目标人物，或者限制个体实施攻击行为的条件，让环境中的某些特征能够以自动化的方式引发攻击。对该主题的探索，使伯科维茨开始研究武器的出现和目标人物的特征对攻击的影响，以及观看电影和电视暴力对攻击的影响。然而，在过去的几年里，他的研究兴趣更多转移到对攻击行为的内部心理过程的探索。其中明显的例子是他对大众传播媒体对认知启动影响的解释，另一个是检验消极情感对攻击的影响。

尽管伯科维茨对攻击及人性"黑暗面"的研究兴趣持续多年，但他也是最早研究更积极的、亲社会行为的社会心理学家之一。这一研究思路多少起源于他早期对团体动力学的兴趣。在研究团体成员互相依赖的影响时，他注意到被试即使不能从努力中得到直接的利益，也经常为依赖于自己的其他人努力工作。这个观察（大约在 1957 年）产生了一个研究计划，也就是研究什么时候，以及为什么人们会产生动机去帮助那些需要帮助的人，该研究项目多年来也一直得到美国国家自然科学基金(National Science Foundation)的资助。

另一件幸运的事情发生在 1960 年。当时学术出版社(Academic Press)的心理学主编请伯科维茨编辑一套即将出版的精装书，这套丛书后来命名为"实验社会心理学进展"(Advances in Experimental Social Psychology)。第一卷于 1962 年出版，后来陆续出版了 21 卷，直到 1987 年他决定退出编辑工作。"实验社会心理学进展"系列丛书的出版现在已经固定下来，它很好地服务了社会心理学和其他社会科学学科，并促进了编辑们对该研究领域了解的广度和深度。

1993 年，伯科维茨退休。之后，他担任威斯康星大学麦迪逊分校心理学系的维拉斯研究讲座名誉教授(Vilas Research Professor Emeritus)。退休后他仍然致力于对情绪状态，尤其是愤怒形成、操作和调节的研究分析。伯科维茨于 2016 年 1 月 3 日去世。

伯科维茨一生都致力于对情绪状态的分析研究。他提出了攻击行为的认知—新联想主义模型(Cognitive-Neoassociationistic Model)，解释了挫折—攻击假说(Frustration-Aggression Hypothesis)无法解释的现象。伯科维茨在其学术生涯中取得了丰硕的研究成果，学术著作颇多，出版多部专著，发表学术论文 170 多篇。其代表性著作有《实验社会心理学研究进展》(Advances in Experimental Social Psychology)(主编)、《攻击的社会心理学分析》(Aggression: A Social Psychological Analysis)、《情绪的原因与结果》(Causes and Consequences of Feelings)，以及《攻击行为的原因、结果和控制》(Aggression: Its Causes, Consequences, and Control)等。

伯科维茨于 1988 年获得美国心理学会颁发的杰出科学贡献奖(Distinguished Scientific Award)。获奖理由是：他将实验心理学与社会心理学从理论和方法论上进行结合的综合性工作。他关于攻击行为产生的原因及其目标的系统研究范围广泛、阐述精确，对理论和实践产生了重大影响。他的天赋在于将问题带进实验室时不失去其本质，这点也在他有关亲社会行为、团体生产力等有关的研究中得到证明。他主编的《实验社会心理学进展》对社会心理学成为一门实验科学具有积极的促进作用。此外，他还获得 1989 年实验社会心理学会颁发的杰出科学家奖（Distinguished Scientist Award，SESP），以及美国心理学会颁发的詹姆斯·麦基恩·卡特尔会员奖（James McKeen Cattell Fellow Award）。

链接：【伯科维茨生平重大事件】

1926 年 8 月 11 日，出生于纽约。

1951 年，在密歇根大学完成博士论文答辩。

1955 年，担任威斯康星大学心理系助理教授。

1956 年，开始研究人类攻击行为。

1962 年，出版《攻击的社会心理学分析》。

1967 年，提出"武器效应"理论。

1988 年，获得美国心理学会颁发的杰出科学贡献奖。

1989 年，对攻击—挫折假说提出修正。

1993 年，在威斯康星大学退休。

1993 年，当选美国艺术与科学院院士。

1993 年，出版《攻击行为的原因、结果和控制》。

2000 年，出版《情绪的原因与结果》。

2016 年 1 月 3 日，伯科维茨去世。

二、伯科维茨心理学理论产生的历史背景

从社会历史背景来看，伯科维茨的成长和学习期间，恰逢美国 20 世纪 30 年代的经济大萧条和第二次世界大战，以及战后面临的各种社会现实问题。从当时美国心理学发展状况来看，自 1915 年华生提出"行为主义"以来，这段时间正是行为主义逐渐发展壮大，并最终成为心理学"第一势力"的历史时期。最后，在他学习深造和攻读博士学位的密歇根大学，刚刚建立了团体动力学研究中心。这些都对伯科维茨后来的社会心理学研究及其心理学思想的形成发挥了

重要影响。

20世纪初期的美国正值资本主义进入垄断阶段。资本主义的发展要求充分挖掘人的潜能来提高生产效率，最大限度地创造利润和剩余价值，同时维护稳定的社会秩序。因此，探索和掌握人类行为的规律，预测和控制人的行为，最大限度地提高工作量及其生产效率，是资本主义社会工业化大生产的迫切需要，也是美国心理学的主要宗旨。当时，以爱迪生等人创造发明的具体应用为标志，工业生产得到了迅速发展。它使人们看到了科学、文化和教育的巨大力量，从而使知识与技术被赋予了极高的价值。与此同时，第二次世界大战以及世界各地局部战争的影响，蔓延西方社会的经济萧条，使美国的一些社会问题变得尤为突出，如移民问题、黑人和少数民族问题、青少年犯罪和儿童教育问题等。

自第一次世界大战以来，大量心理学家就参与了战时的后勤服务工作，应用心理测验来选拔军官、筛选和分类士兵等。第二次世界大战期间，心理学的应用范围在美国参战期间得到了进一步扩展。心理学家广泛开展了战时政治宣传、鼓舞部队士气、培养领导能力及受伤士兵的康复和治疗工作等。战后，以行为主义为代表的心理学也被广泛用于生产、教育、健康、商业、司法等社会生活的各个领域。一时间，心理学作为一门科学的知名度大增，其在人们心目中的地位和形象也大大提高。而第二次世界大战期间的心理学研究及其运用，更为美国心理学的发展迎来了难得的机遇，战后社会生产力和现代科学技术的迅速发展，使美国心理学进入了大发展时期。心理学的发展获得了适宜的社会环境，而心理学队伍的不断发展壮大，也日益满足了美国社会生产、民众生活乃至政治生活等各方面发展的需要。

早期的行为主义者大都强调以自然科学的模式塑造心理学，他们崇尚物理学和化学的客观研究范式，力图把心理学建设成标准的自然科学。在迈向自然科学化的过程中，在思想方法方面他们更多地接受了来自俄国的生理学中有关反射研究的影响。包括谢切诺夫有关反射的概念和研究，巴甫洛夫的经典条件反射学说以及别赫捷列夫的反射学观点。它坚持心理学只研究行为而非意识，强调要以绝对客观的而非内省的方法研究心理学。从 1930 年至 1960 年左右的大约 30 年期间，新一代的行为主义者出现了。他们坚持华生行为主义的基本立场，但对华生提倡的那种极端简单化的观点和方法或多或少存有异议，于是展开了自己的研究，试图对前者加以改进、弥补，或者干脆转向不同的方向。他们大胆引入刚刚兴起的认知心理学的术语来说明人的行为，力图克服行为主义的危机，对行为主义进行认知心理学的改造，形成了第三代行为主义，又称为新的新行为主义。

行为主义从早期行为主义发展到新行为主义，既是逻辑实证主义和操作主义影响的结果，也反映了行为主义自身发展的需要。华生把行为主义迅速推向巅峰的时候，也就意味着离早期行为主义的衰落为期不远了。很显然，因为人脑的机能问题、意识问题等难以直接观察证实、研究而被排斥、被否定，这种做法不是过于武断，就是过于无知，心理学也因而变得非常简单，而这种客观的研究方法或原则本身也不免过于极端。可以说，华生的行为主义在力图争取心理学科学地位的同时，也妨碍了心理学科学研究的进步。华生把心理学变成没有"心理"或无"头脑"的心理学，不仅遭到了行为主义以外的其他派别的批评，在行为主义内部也引起诸多不满。例如，早在 1918 年武德沃斯就提出了 S-O-R 公式，以纠正华生的 S-R 公式。新行为主义者正是看到了这一根本缺陷，而在不同程度上修正和发展了早期的行为主义，并形成了各富特色的理论体系。其中具有代表性的有古斯里的接近联想行为主义、托尔曼的目的行为主义、赫尔的逻辑行为主义和斯金纳的操作行为主义。新行为主义者既贯彻早期行为主义者的严格决定论和客观方法论的根本观点，又不像华生等人那样回避传统心理学的概念，只是对之加以行为主义的客观的解释而已。他们既保留了早期行为主义的以行为而不以意识为心理学研究对象这一根本特征，又不像华生等人那样忽视对有机体内部机制的研究。这些都是新行为主义的共同特征。

链接：【《攻击的社会心理学分析》简介】

该书出版于 1962 年，全书共 11 章。前两章讨论了攻击的本质。第 1 章回顾了本能论者对攻击的概念界定，并区分了弗洛伊德、麦独孤等人提出的攻击概念。第2章讨论了挫折—攻击假说，分析了不同学者对该理论的反对意见，同时提供了支持该理论的研究证据。第3章阐述了影响攻击强度的情境因素。第4章讨论了能够抑制攻击的因素。第5章主要探讨了对挫折的攻击性反应的决定因素的本质以及攻击反应的目标。第6章则将内部冲突理论进一步扩展至群体内冲突，尤其是对敌意的迁移和替代性发泄。第7章回顾了与群体内冲突有关的其他因素。第8章论述的重点是宣泄假设（catharsis hypothesis）。第9章主要讨论了电视、电影和漫画书里面的攻击和暴力内容对攻击的影响。第10章探讨了攻击性人格的特征及其发展。最后，第11章的主题是与攻击有关的反社会行为，通常以犯罪、自杀和谋杀为主要形式。

链接：【《情绪的原因与结果》简介】

该书出版于2000年，全书共7章，分为四大部分。该书对过去几十年里的情绪研究成果进行了系统总结。主要介绍了情绪产生的原因，尤其是积极情绪和消极情绪的影响后果：人们的思维、判断、记忆和与他人的交往如何受到情绪体验的影响。第一部分（第1、第2章）主要是讨论情绪的本质和根源，考察了积极和消极情绪产生的原因。第二部分（第3、第4章）是情绪与记忆，除介绍情绪对判断和记忆的塑造作用外，还回顾了童年期创伤对记忆的压抑，情绪唤醒对目击证人证词准确性的影响。第三部分（第5、第6章）为情绪对认知过程（包括判断、决策、说服与动机）的影响，此外，还探讨了情绪对有说服力的沟通敏感性的影响。最后部分（第7章）为情绪对行为的影响，包括积极和消极情绪对攻击和助人行为的影响。

特别是勒温的团体动力学思想，及其密歇根大学团体动力学研究中心的成立，几乎主导了当时的实验和应用社会心理学研究。研究中心创立伊始，勒温就高度强调理论的重要性、实验在阐明和检验学术观点中的价值、认知结构和动机的相互依赖性、理解个体所处社会（团体、文化）背景的重要性，以及理论在社会实践中的作用。虽然伯科维茨算不上是一位团体动力学家，毕业后也离开了密歇根大学，在其他地方开始自己的职业生涯，但不可否认的是，密歇根大学团体动力学研究中心作为伯科维茨曾经求学的地方，仍然对其后来研究领域的选择以及学术思想的形成产生了重要的影响。作为一位社会心理学家，伯科维茨始终关注的都是社会现实问题（如愤怒、攻击和暴力）。他坚持采用实验心理学的研究方法来研究社会心理学问题，同时开展了大量的"实地研究"，并特别关注对社会现实问题的干预和控制。应该说，这些都与其当初所处的社会环境要求和所接受过的学术训练是分不开的。

三、伯科维茨对攻击行为的研究及其心理健康思想

伯科维茨一生致力于对情绪状态，尤其是对攻击行为的研究。主要包括对传统的挫折—攻击假说的修正，提出"武器效应"并开展了相关的实证研究，以及媒体暴力对攻击性影响的理论和实证研究。攻击历来是社会心理学家研究的重要问题。安德森（Anderson）和布希曼（Bushman）在一篇很有影响力的文章中，将人类攻击定义为针对他人的、直接导致目标受到伤害的任何行为。[①] 有必要指出的是，应该为攻击行为负责的人必须相信他的行为会伤害目标人物，而且目标人物努力避免受到伤害。攻击可以划分为两种类型：敌意性攻击和工具性攻击。过去，敌意性攻击被认为是由愤怒激发的自发的、轻率的行为，其决定性动机是伤害目标人物，有时称为情感性、冲动性或反应性攻击。工具性攻击是为达到某种目的而采取的有意手段，并非为了伤害受害者，是主动行为而不是反应性行为。

在《攻击的原因、结果及控制》一书中，伯科维茨广泛讨论了社会心理学领域的人类攻击行为，检验了与促进愤怒和攻击的条件和环境有关的行为研究结果。他强调攻击具有多种形式和原因，区分了工具性攻击（在某种程度上攻击者

---

① Anderson，C. A. & Bushman，B. J.，"Human Aggression，"*Annual Review of Psychology*，2002，53（1），pp. 27-51.

得益)和情绪性攻击(主要是冲动或表达性攻击)。他指出,两种攻击具有不同的原因和目标,其有效控制的方法也不同。尽管现有研究对促进故意的工具性攻击的条件给予了极大关注,但他表示许多攻击其实是高度情绪化的行为。在该书中,他还总结了行为科学家已经了解的攻击性人格的本质,以及暴力和反社会行为倾向的家庭及童年经历背景。此外,他也报告了大众传播媒体对暴力的影响。在讨论影响虐待儿童、夫妻冲突和谋杀的因素时,伯科维茨认为童年经历、挫折、贫困、个人及社会压力,以及外部事件和情境使人产生的敌意观念等因素非常重要。同时,他还检验了生物学因素的影响,如遗传、荷尔蒙和酒精对攻击倾向的促进作用。伯科维茨还回顾了使用惩罚和法律控制(如死刑和枪械管制法)对社会上的攻击破坏行为的影响,讨论了如何减少社会破坏性行为这一现实问题。他阐述了各种减少攻击和愤怒的心理程序的有效性,包括宣泄法、工具性训练以及认知和愤怒控制技术。总的来说,他对人类攻击的实证研究和理论阐述,有助于人们更好地理解破坏性行为产生的原因、增加攻击行为的条件以及有效减少社会暴力的方法。

(一)修正挫折—攻击假说

伯科维茨对多拉德等人提出的挫折—攻击假说进行了检验。[①] 挫折—攻击假说最初的理论构想主要是预期实现的目标在受到阻挠时会产生敌意性(情绪性)攻击。甚至当个体没有执意或者力图要亲自实现该目标时,挫折也能够导致攻击倾向。尽管该假说受到一些研究的质疑,但还是有不少研究支持该假说的核心观点。依照最初的理论分析,解释和归因在部分程度上分析了攻击行为的产生,同时令人不快的阻挠在攻击行为的产生过程中也起到重要作用。

伯科维茨在对多拉德等人的模型进行修正时,保留了挫折在某种程度上产生攻击性倾向的观点,因为挫折确实唤起了消极情绪。在《挫折—攻击假说:检

---

① Dollard, J., Miller, N. E., Doob, L. W., et al., *Frustration and Aggression*, New Haven, New Heaven Yale University Press, 1939.

验及重构》一文中，伯科维茨回顾了有关厌恶事件导致攻击性结果的研究证据，并提出了自己在这个问题上的观点。① 他认为，经典的挫折—攻击假说部分解释了挫折对攻击的影响，但他同时指出，那些反应主要是敌意性（情绪性或表达性的）攻击而非工具性攻击。其次，挫折涉及未达到预期的满足而非仅仅是剥夺。人们在获得有吸引力的目标时受到阻碍将导致公开的攻击行为。目前比较流行的观点认为，只有武断的、非法的或指向个人的干扰引起攻击。与此相反，当阻挠是社会所认可的或不指向个人时，攻击也会偶尔表现出来。相对那些看似为社会认可的干扰，在达到目标时被不合理地强加某些障碍，更可能产生攻击性反应，尽管前者也能激起攻击反应。多拉德等人所在的耶鲁大学研究团队，对个体在思维过程影响目标受到阻碍时的反应给予了足够的注意。人们在受到挫折时的评价和归因，可能在相当程度上通过多拉德及其同事讨论过的激发和抑制过程起作用。相对于意外因素的干扰，人们在达到目标时被他人故意和错误地阻挠，会更强烈地鼓动起来去袭击给他们带来挫折的人，即使这种阻挠是为社会所认可时，也有可能激发攻击性反应。伯科维茨在坚持多拉德等人核心观点基本正确的基础上，对该理论构想进行了修正。在他看来，挫折就是各种厌恶刺激事件，挫折导致攻击只是因为挫折引发了消极情感。在达成诱人的目标时遭遇预料之外的失败比预料之中的失败更让人感到不快，前者更高的不愉快程度有可能造成更强烈的攻击倾向。同样，在没有得到自己想要的东西时，遭受挫折的人们的评价和归因可能决定了他们感觉自己有多糟糕，在体验到强烈的消极情感时具有最强烈的攻击倾向。

伯科维茨在论证挫折和攻击之间的关系时，引用了大量新近的研究来证明厌恶事件经常引起相对高水平的攻击，并且挫折和厌恶刺激之间存在相互平行的关系。当然，前面提到的修正观点在某种程度上只是一种常识，但它至少在一个极为重要的方面超越了常识：即修正后的挫折—攻击假说认为，任何种类

---

① Bekowitz, L., "The Frustration-aggression Hypothesis: Examiation and Reformulation," *Psychological Bulletin*, 1989, 106, pp. 59-73.

的消极情感，如悲伤、抑郁以及焦虑应激性，在其他更高级认知过程开始操作前，将引起攻击倾向和原始的愤怒体验。但目前并没有研究能够证明这一点，因此，伯科维茨认为修正后的理论假设仍需要进一步的研究来加以检验。

(二)关于武器效应的研究

通常，在人们准备做出攻击性行动时，刺激条件与攻击的联系能够诱发攻击性反应。伯科维茨与学生们进行的实验验证了这个假设。[①] 实验过程是 100 名来自威斯康星大学的男性大学生，接受了被假定为来自实验同伴的 1~7 次的电击，然后有机会电击这个人。一种实验条件是，桌上的电击按钮旁边放着一把来复枪和左轮手枪。告诉被试这些武器属于或者不属于目标人物。在另一种条件下，桌上的电击按钮旁没有东西。在控制组条件下，桌上的电击按钮旁放着一个羽毛球拍。结果表明，向被强烈唤起的被试呈现武器时，他们给予了最大数量的电击(7 次电击)。很明显，手枪引发了被试强烈的攻击反应。这个实验告诉我们，社会暴力事件与环境中存在刺激暴力事件的"武器"有关。后来，人们把武器增强攻击行为的现象称为"武器效应"。

该研究成果发表后，引发了广泛的讨论，褒贬不一。其中比较有影响的观点来自斐吉(Page)和斯凯尔特(Scheldt)，他们对实验结果提出了质疑。[②] 他们认为，伯科维茨实验中的人为因素(experimental artifacts)可能影响被试在武器出现时的反应：评价顾忌(evaluation apprehension)和需求线索(demand cues)。上述人为产物是被试受焦虑激发而要求表现出自己良好的一面(看上去心理"健康"或"正常")，评价顾忌限制了被试对目标人物电击的数量。此外，需求线索可能提示被试实验者想要他惩罚实验同谋的次数。斐吉和斯凯尔特声称，被试明显具有配合实验者的动机，所以他们经常做出他们认为主试想要他们做的事

---

① Berkowitz, L. & Lepage, A. , "Weapons as Aggression-eliciting Stimuli," *Journal of Personality and Social Psychology*, 1967(7), pp. 202–207.

② Page, M. M. & Scheidt, R. J. , "The Elusive Weapons Effect: Demand Awareness, Evaluation Apprehension, and Slightly Sophisticated Subjects," *Journal of Personality and Social Psychology*, 1971, 20(3), pp. 304–318.

情。对需求线索的顺从可能要求更多电击，导致对实验同谋的频繁惩罚。

对此，伯科维茨进行了回应。他认为，意识到实验变量本身并不能证明被试知道研究假设或具有证实研究假设的动机，并且与伯科维茨的经典条件作用模型一致，有迹象表明武器的存在自动影响了被试的行为。此外，斐吉和斯凯尔特的论据与许多重要事实不符。一个主要问题是，他们提出的证据的相关属性：被试在行动后可能已经建立起了手枪影响他们行为的观念，至少部分是因为实验后的访谈让他们具有这种观念。已有研究检验了需求特征（demand-characteristic）观念，并指出只有很少的证据表明被试具有动机去证实实验者的假设，如果被试在实验中能够进行自由评价，并且不担心主试不赞成评价的话，被试不太可能按照实验者的意图去实施电击。伯科维茨综合大量的实验数据后指出，许多被试的反应与主试的要求是对立的，可能是因为评估顾忌，但也明显是因为对抗过程（reactance processes）。那种认为被试具有顺从的内在需求特征的观点似乎被夸大了。

（三）对媒体暴力的研究

自从电视、电影和广播以及后来的电子游戏等大众传播媒体出现以来，大众媒体传播的暴力内容对观众尤其是青少年攻击行为的影响，一时成为学术界的研究热点问题。伯科维茨曾以大学生为研究对象进行了一系列试验。在这些实验中，实验对象观看暴力节目或非暴力节目，被挑衅或未被挑衅。结果发现，观看暴力节目比观看非暴力节目的被试在被挑衅时具有更强的攻击性。此外，伯科威茨和他的助手还在公共机构里对少年犯进行了一系列实地调查。这些研究评估了那些被指定连续数周观看媒介暴力内容的男孩在身体和语言上的攻击性，并与其他未观看暴力节目的男孩的攻击性程度做了比较。研究结果与实验结果趋于一致：观看媒介暴力内容的男孩更有可能实施攻击行为。

伯科维茨总结道，对暴力电视、电影、电子游戏和音乐的大量研究表明，媒体暴力增加了攻击和暴力行为的可能性，不论即时还是长期性的影响。媒体暴力对轻微形式的攻击影响大于严重形式的攻击，但与其他暴力危险因素或医学界认为重要的医学因素(如阿司匹林对心脏病的影响)的影响相比，对严重形式攻击的影响也是重要的。这方面的研究数量庞大，研究方法、被试取样和媒体种类各异，总体研究结论却趋于一致。最明显的证据来自目前研究最为广泛的电视和电影暴力。此外，日渐增多的电子游戏研究也取得了类似的结论。

短期暴露增加了身体和言语攻击行为、攻击思维和攻击性情绪的可能性。最近大规模的纵向研究提供了童年期经常暴露于暴力媒体与以后生活中的攻击存在关联的证据，包括身体攻击和虐待配偶。因为极端的暴力犯罪行为(如强奸、故意伤害和杀人)相对较少，因此需要更大规模的追踪研究，来更准确地评估童年期经常暴露于媒体暴力，能够在多大程度上增加极端暴力的危险性。很多理论都向我们描绘了为什么以及什么时候暴露于媒体暴力能够增加攻击和暴力。媒体暴力通过启动现存的攻击脚本和认知、增加生理唤醒和引发自动模仿观察行为的倾向，在短期内增加了攻击行为。媒体暴力的长期性影响则通过某种学习过程获得持久(且自动获得)的攻击脚本、解释性图式和对社会行为的攻击支持信念，并通过减少个体对暴力的正常消极情绪反应(如脱敏)。此外，观众的某些特征(如对攻击性角色的认同)、社会环境(如父母影响)和媒体内容(如罪犯的吸引力)，也都能够影响媒体暴力影响攻击的程度，但研究结果间还存在着矛盾。

也有研究提供了一些预防性的干预方法(如父母对儿童媒体使用的监督、理解和控制)。然而，目前研究表明没有人对媒体暴力是完全免疫的。此外，许多儿童和青少年花费过多时间在暴力媒体上。尽管我们很清楚减少暴露在媒体暴力上的时间可能降低攻击和暴力，但究竟哪些干预措施能够减少暴露，目前还不十分清楚。部分研究文献认为，逆态度和以父母为中介的干预可能产生功效，但媒介素养干预却不成功。

伯科维茨认为，虽然围绕媒体暴力是否增加攻击和暴力的科学争论，从根本上来说已经结束，但依然有一些重要问题没有得到解答。今后需要进行实验室和现场研究来更好地理解媒体暴力影响的潜在心理过程，这样能够最终促进更有效干预措施的出现。此外，需要开展一些大规模的纵向追踪研究来详细说明媒体暴力对某种严重暴力行为的影响程度。同时他认为，在给儿童和青少年提供更健康的媒体内容时会遭遇到更大的社会挑战，事实也证明在这么做的时候困难重重且代价高昂，尤其在科学、新闻、公共政策和娱乐界未能如实向大众介绍有关媒体暴力对儿童和青少年的不良影响时，这种想法更加难以施行。

四、伯科维茨对愤怒形成和调节的研究及其心理健康思想

愤怒是一种十分普遍的情绪状态，许多人都有过愤怒情绪体验。在考察从第一次世界大战以来的大量研究后，艾威里尔总结道："任何地方的绝大多数人都报告了从轻微到中等程度、从一周几次到一天几次的愤怒。"[1]也许是因为这种情绪如此普遍，以致对该术语的具体界定经常发生变化，应该如何以及何时管理这种情绪状态，也存在不同甚至相反的文化信念。

伯科维茨认为，愤怒是一种与伤害某个目标有关的相对特殊的情感、认知和生理反应的综合征。这种观点与将愤怒情感状态看作是特殊生理模式、行为倾向和认知系列或网络的构想相吻合。尽管人们通常明确将愤怒看作一种情绪体验，与试图伤害目标的身体或言语攻击行为分开，伯科维茨还是认为愤怒水平、敌对态度和攻击(以及某种生理模式)通常存在中等程度的正相关，尤其是在愤怒、敌意和攻击由明显令人不快的情境引发时更为明显。当然，事实上攻击能够作为一种工具性行为而发生，只需要一般的愤怒体验即可，但是情感激发的攻击通常与强烈的愤怒体验有关。一般而言，通常我们对由情感引发的攻击的测量近似于感觉到的愤怒强度的指标。对于哪些因素导致愤怒，相关文献取得了相当一致的看法：人们在达成重要目标时受到外部因素阻碍会变得愤怒。

---

① Ave'rill, J., *Anger and Aggression: An Essay on Emotion*, New York, Springer-Verlag, 1982.

(一)认知—新联想主义模型

为了解释原有攻击理论无法解释的现象,伯科维茨提出了认知—新联想主义模型。该理论模型认为,令人不愉快事件产生的消极影响,通常激发了各种与战斗或逃跑反应(fight or flight response)有关的思维、表达运动神经反应、记忆以及生理反应。这种关联增强了与战斗反应有关的基本愤怒情绪,或与逃跑反应有关的恐惧情绪。引起消极情感的厌恶事件包括挫折、挑衅、噪声、令人不舒服的温度以及令人讨厌的气味。此外,认知新联想主义认为攻击、情绪和行为倾向在个体记忆里相互联合。该理论认为,厌恶事件通过消极情感增强攻击性倾向。

伯克维茨在对传统的攻击线索理论(Aggressive Cue Theory)进行修正的基础上,建立了认知—新联想主义模型。修正后的模型集中探讨了挫折—攻击联结(frustration-aggression link)的情绪和认知过程,减少了对攻击线索的强调。根据认知新联想主义模型,某种攻击性厌恶刺激或挫折通过消极情感激发攻击性反应。[1] 作为最终结果的战斗或逃跑反应也包括在该模型中。导致人们战斗或逃跑完全取决于个体如何从认知上评价情境。一旦个体对情境进行评价,并认为感觉和反应适合情境,他们就会对情绪本身进行分化、强化、抑制或修饰。

根据伯克维茨的观点,如果遭受折磨的个体唤醒水平很低,比如,他们可能在受到挑衅时认为自己是激怒或烦忧而非愤怒,也可能体验到与恐惧有关的感觉,这完全取决于个体对情境的评价。[2] 应该指出的是,低唤醒水平可以假定为是对攻击的关注减少而非攻击倾向降低的信号。[3] 该模型尤其适合解释敌意性攻击,但相同的启动和扩散激活过程也与其他类型的攻击有关。[4] 认知—

---

① Baron, R. A. & Richardson, D. R., *Human aggression*, New York, Springer, 2004.

② Berkowitz, L., "On the Formation and Regulation of Anger and Aggression: A Cognitive Neo-associationistic Analysis,"*American Psychologist*, 1990, 45(4), pp. 494-503.

③ Berkowitz, L., "Some Effects of Thoughts on the Anti-and Pro-social Influences of Media Evens: A Cognitive Neo-associationistic Analysis,"*Psychological Bulletin*, 1984, 95(3), pp. 410-427.

④ Anderson, C. A. & Bushman, B. J., "Human Aggression,"*Annual Review of Psychology*, 2002, 53(1), pp. 27-51.

新联想主义模型为理解攻击带来一个新的视角。有些理论家认为，认知评价能够自动发生且超出焦点意识(focal awareness)的范围。[①]

　　尽管认知是不可见的，但它确实在评价情境时内在地发生了，这意味着之前建立的任何理论模型，最终都必须进行修正以包含认知成分。在试图理解攻击及其涉及的所有因素时，认知是个重要因素。根据伯克维茨的观点，在最初的自动反应后，是认知而非最初的评价在本质上影响随后的情绪反应和体验。[②]这意味着评价过程的随后几个阶段开始产生作用。人们对不愉快的体验做出因果性归因，考虑自己感觉的是否真实，最后努力控制他们的感觉和行动。

　　现实生活中的许多例子可以用认知—新联想主义模型来进行解释，从极端形式到简单形式的攻击。比如，儿童在校园游戏时将伙伴从自行车上推落下来，对这种行为可能产生什么样的反应，取决于儿童如何评价当时的情境。首先，可以肯定的是该事件的发生导致了不愉快的情绪体验。儿童将伙伴从自行车上推落下来是事件，不愉快体验是摔落地上导致的疼痛。紧接着，消极情感开始伴随认知参与活动，消极情感导致思维与愤怒或恐惧产生关联。人与人之间是有差异的，不是每个人都会以同样的方式来评价情境。上述例子适用于认知—新联想主义模型的各个部分。如果儿童的特征是倾向于体验到恐惧，那么，儿童将逃离情境而不表现出攻击性行为。但如果儿童的特征是倾向于体验到愤怒，则将做出攻击性行动。

　　伯科维茨指出，人们接受的如何表现出适当行为和想法的教育在日常生活中通过周围的人得以强化。如果某位具有攻击性的个体受到排挤，他们会自动地做出攻击性反应，除非他们学会如何从不同的角度评价情境。为了学会如何评价情境，个体必须停止行动进行思考。因为当个体停下来思考并恰当地评估问题时，他们能够预见后果，并基于自己做出的决定进行战斗或从情境中逃离。

　　① Smith, C. A. & Kirby, L. D., "Appraisal as a Pervasive Determinant of Anger," *Emotion*, 2004, 4(2), pp. 133–138.

　　② Berkowita, L., "Frustrations, Appraisals, and Aversively Stimulated Aggression," *Aggressive Behavior*, 1988, 14(1), pp. 3–11.

如果个体不停下来进行思考，他们可能做出冲动反应。被强烈唤醒的人可能认为他们行动的后果是值得的，他们从攻击行为得到的感觉满足，别人可能得不到，但那仅仅发生在个体意识到他们认知的时候。伯科维茨认为，认知—新联想主义模型能够用来预防任何攻击行为。这就是为什么认知—新联想主义模型进行适当地修正以包含认知因素，这是有意义的。像上述例子中的儿童，他所具有的认知可能最终决定是直接走开还是以攻击性行动进行报复。

伯科维茨还使用认知—新联想主义模型，分析了反社会和亲社会思维对重大新闻事件的影响。[①] 对大众传播媒体影响的分析，特别是对反社会行为的影响，大部分都强调观察学习和去抑制过程的作用。基于新近的记忆概念以及启动效应和扩散激活观念的运用，他强调大众媒介传播能够让观众的观念和想法转变成公开的行为。大众媒体对反社会和亲社会行为影响的研究表明，媒体能够激活在语义上与观察到的事件相联系的思维。与思维成分有关的扩散激活通常会高估社会行为(可能通过易获得性偏误原理)甚至反社会行为，导致对这类行为的漠视。伯科维茨检验了许多影响思维激活并可能导致外显行为的因素，包括观察者暴露于传播媒体时本身就具有的观念，对目击行为是否恰当、有益或在道德上是否正当的解释，可得目标的性质，以及描述的事件是否被定义为真实或虚构。

(二)愤怒情绪的发展和调节

众所周知，人的情绪情感经常影响记忆、思维和行为，对这些方面的系统研究目前相对较少。伯科维茨在《情绪的原因和结果》一书中系统总结了过去几十年里的研究成果。该书着眼于好的和坏的情感是如何产生的，以及它们如何影响思维和行动。除此之外，还阐述了心境影响判断和记忆的方式，检验了情绪唤醒如何影响目击者证词的准确性，童年期创伤是否会受到压抑，以及人们

---

① Berkowita, L. , "Some Effects of Thoughts on the Anti-and Pro-social Influences of Media Events: A Cognitive Neo-associationistic Analysis,"*Psychological Bulletin*, 1984, 95(3), pp. 410-427.

的情感对有说服力的沟通的敏感性会产生何种影响。

伯科维茨在一篇文章中对愤怒的影响因素进行了系统阐述。[①] 有关愤怒唤起主要决定因素的研究表明，对愤怒来源的评估只影响愤怒的强度。对身体疼痛或其他身体不适以及社会压力对愤怒影响的研究表明，令人厌恶的刺激是产生愤怒的主要原因。此外，相关实验研究也表明，与愤怒有关的肌肉运动也能导致与愤怒有关的感觉、记忆、认知和自动反应。因此，伯科维茨在相关研究的基础上提出了自己的观点。他认为，厌恶刺激自动唤起了与攻击有关的一系列感觉、观念和行为倾向（以及与恐惧有关的症状）。一方面，遭受折磨的人们可能责备使他们受难的目标；另一方面，明显令人不快的情境可能降低被试对引发愤怒情境的忍受阈限。遭受折磨的人们可能准备以愤怒的方式评估他人的行为。伯科维茨进一步分析说，尽管某些强烈的消极情感产生以后个体不用认知评估就能够唤起愤怒，但在最初反应后进行的评估，毫无疑问也将影响个体随后的情绪体验，而且特殊刺激能够自动诱发愤怒并不意味着愤怒情绪占优势地位，愤怒经常与其他消极情绪如恐惧混合在一起。某些特定的刺激能够影响刺激的意义，并决定情绪的影响作用，但刺激的意义是恒定的，并将唤起与之相连接的行为反应。同时，他还鼓励情绪理论家拓宽研究方法和分析思路，更加细致地分析影响愤怒的各种因素。

伯科维茨提出的认知—新联想主义模型认为，特殊感觉、观念、记忆和表达—运动神经反应在情绪状态网络（emotion-state network）中相互联系。通过聚集注意激活其中任何成分都可能激活网络中的其他成分。就愤怒而言，任何不愉快感觉都倾向于激活基本的愤怒感觉以及与攻击有关的观念、记忆和表达—运动神经反应，因为生物因素决定的联结连接了消极情感与这些成分。伯科维茨认为，对于愤怒情绪的调节，人们在感觉糟糕的时候，倾向于对他人表现出敌意或攻击，但这种敌意情绪和攻击性并不总是明显的。人们在情绪不佳时经

---

① Berkowitz, L. & Harmon-Jones, E., "Toward an Understanding of the Determinants of Anger," *Emotion*, 2004, 4(2), pp. 107-130.

常采取非攻击性的方式，而不是对其他人大喊大叫，因为此时人们更多的是考虑如何改善心境或逃离不开心的情境，而不是去对一个可得的目标实施攻击行动，而且有的时候人们也可能什么都不做。正如前面指出的，消极情感产生的愤怒情绪和攻击倾向并不一定强于其他感觉和倾向，这种情况经常出现，并经常受到其他反应的掩饰。伯科维茨强调，更高级水平的认知过程，能够化解相对原始的联想过程产生的不利影响。如果人们能够意识到自己的情绪状态的话，是完全有能力对敌意和攻击倾向进行自我约束和控制的。此外，对惩罚的意识也明显抑制了厌恶刺激导致的攻击。对于情绪调节，伯科维茨认为这种自我调节机制是在前意识水平发生作用的，因此，人们有时也会隐瞒并且倾向于不表现出敌意或攻击，同时，他也指出目前并不完全清楚哪些因素参与了自我调节过程，以及激活这个自我调节机制的因素是什么。但可以肯定，个体对消极情绪的自我调节效应是一种相当可靠的现象，人们完全有能力对愤怒情绪进行自我调节和控制。

五、伯科维茨对助人行为的研究及其心理健康思想

如前所述，伯科维茨于 20 世纪 50 年代后期开始研究助人行为。他集中探讨了影响助人行为的因素，包括对求助者失败的归因、助人者与求助者的相依性、助人者的态度和动机以及助人情境等。

首先，关于对求助者失败的归因。在哪种条件下，成功者会愿意帮助不成功的人呢？这个问题的部分答案可以从史考布勒（Schopler）和马修斯（Matthews）以及伯科维茨的实验结果中可以找到。① 在实验中，伯科维茨对求助者依赖助人者的原因做了系统改变，以产生这一印象，即求助者需要帮助是因为某些内部原因（如他的懒惰或他在实验中被选来假装具有依赖性）或某些无

---

① Schoppler, J. & Matthews, M. W., "The Influence of the Perceived Causal Locus of Partner's Dependence on the Use of Interpersonal Power," *Journal of Personality and Social Psychology*, 1965, 2(4), pp. 609–612.

法控制的外部原因(如实验者的错误或实验程序的约束)。实验结果表明，相对于内部或性格因素，求助者的依赖被归因为外部因素时被试提供了更多的帮助。该研究结果可以从感知到的"理应获得"他人帮助或请求帮助的合理性来解释。

其次，关于助人者与求助者的相依性。助人者与求助者之间的关系也会影响助人行为。伊克斯、基德和伯科维茨做了两个实验来研究被试的成功和求助者(实验者的同谋)的相依性对被试提供货币帮助的影响。[①] 在实验1中，被试因为自己的能力或机遇而在一项任务上取得成功，而实验者的同谋因为相同原因在任务上失败，失败者向成功者请求金钱上的帮助。结果，成功者只在求助者的失败被归因为能力不够时提供货币帮助。实验2对实验1的范式进行了修改，被试成功与求助者失败的原因相互独立。此时，当潜在帮助者的成功被归因为内部(能力)因素时观察到最多的帮助，而在求助者的依赖性被视为外部和超过控制的原因时被试提供的帮助最少。

再次，关于助人者的态度和动机。助人态度和动机与助人行为之间也存在密切关系。基德和伯科维茨做了两个实验来检验认知失调对助人的影响。[②] 两个实验都采用经过修改的标准、失调唤起和逆态度(counterattitudinal)角色扮演范式，被试为女大学生。实验1中的一半被试，在态度不一致(或态度一致)和有机会帮助一位事故受害者之间插入心境提升体验。研究表明，女性被试在态度不一致而未受到积极体验干预的条件下最可能表现助人行为。实验2重复了实验1的基本结果，但没有发现强迫被试关注认知失调能够增加助人行为。被试减少对自己原先态度的意识可能减少助人行为的假设没有得到验证，有理由怀疑实验1提出的干预心境体验对助人的影响作用。

伯科维茨后来的研究表明，逆态度和亲态度(proattitudinal)两种条件对被试

① Ickes, W. J., Kidd, R. F., Berkowitz, L., "Effect of Dissonance Arousal on Helpfulness," *Journal of Personality and Social Psychology*, 1976, 33(5), pp. 613–622.

② Kidd, R. F. & Berkowitz, L., "Effect of Dissonance Arousal on Helpfulness," *Journal of Personality and Social Psychology*, 1976, 35(5), pp. 613–622.

帮助事故受害者的动机产生了不同的影响。[1] 由于该实验主要考虑的是态度不一致唤醒对助人的影响，因此在分析其他条件之前，他们首先考虑了逆态度组中哪些因素发挥了作用。该研究证实了基德和伯科维茨之前的研究结果。[2] 该研究及以前研究都发现，被诱发采取公众立场而非原来态度的被试，在随后更有可能帮助身处困境的人。此外，该研究还表明自我提升体验，如心境提升体验，在令人烦恼的逆态度承诺后减少了不一致造成的助人动机。该研究在两方面超越了原有的研究。首先，该实验结果扩展了之前提到的有关愉快情境下不一致动机减少助人行为的研究发现的普遍性。基德和伯科维茨的研究表明，逆态度组被试的助人动机在他们听到幽默录音磁带时减少了。而在该研究中，被试由于态度失调产生的要求提供帮助的想法通过接收到的自我提升信息而减少了。[3] 因此，该研究进一步证实，可能存在许多态度不一致减少助人行为的路径。

最后，关于助人情境。人们在不同情境下帮助他人的意愿是不同的，是否提供帮助取决于当前的情境。在某些情况下，人们会很快为处于困境中的人提供帮助，在其他情况下则不会。伯科维茨对助人情境进行了研究，他在一项研究中考察了两种影响助人的情境条件：心境和自我意识。[4] 尽管目前已经有不少证据表明这两个因素可能影响助人动机，但对其是否能增加或抑制助人动机则不完全清楚。该研究使用女性被试做了两个实验，研究心境和对自我关注的注意（self-focused attention）对助人愿意的影响。在实验 1 中，诱发被试积极、消极或中性情绪以及两种高度自我意识（通过镜像程序或论文写作）和一种低自我意识条件。实验 2 使用不同技术诱发上述三种情绪，并通过镜像程序评定对

① Dietrich M. D. & Berkowitz, L., "Alleviation of Dissonance by Engaging in Prosocial Behavior or Receiving Ego-Enhancing Feedback." *Journal of Social Behavior and Personality*, 1997, 12(2), pp. 557-566.

② Kidd, R. F. & Berkowitz, L., "Effect of Dissonance Arousal on Helpfulness," *Journal of Personality and Social Psychology*, 1976, 35(5), pp. 613-622.

③ Kidd, R. F. & Berkowitz, L., "Effect of Dissonance Arousal on Helpfulness," *Journal of Personality and Social Psychology*, 1976, 35(5), pp. 613-622.

④ Berkowitz, L., "Mood, Self-awareness, and the Willingness to help," *Journal of Personality and Social Psychology*, 1987(52), pp. 721-729.

自我的注意水平。在两个实验中，自我意识并没有与心境产生显著的交互作用从而影响被试自我报告的感觉，尽管结果表明，实验 2 条件下的自我关注强化了消极心境。此外，在两个实验中自我意识与积极心境共同作用增加了被试帮助求助者的努力，而自我关注和消极心境的联合则减弱了被试助人的努力。同样在实验 2 中，快乐组被试的自我意识提高了对自我的积极观念，而消极心境组被试的自我意识则增加了消极自我观念。多层回归分析表明，有关自我的积极和消极观念显著预测了被试为求助者工作的数量，而心境指标的预测作用不显著。

六、结语

伯科维茨一生都致力于对情绪状态的研究。他将实验心理学与社会心理学结合起来，实证研究和理论分析紧密联系，相得益彰。总的来说，他的研究具有以下几个特点。

首先，十分重视实验研究。作为一位社会心理学家，他的分析和讨论自始至终都基于实验室实验和"现实情境"的现场研究，其研究分析都建立在坚实的实证研究基础上。

其次，克服了传统的社会心理学家不重视理论的缺陷，在理论发展上做出了突出的贡献。伯科维茨的理论分析往往具有独到之处，比如，他在实证研究的基础上对传统的挫折—攻击假说进行修正，使之包含认知因素；提出了认知—新联想主义模型，解释了某些挫折—攻击假说无法解释的现象，并提出了著名的"武器效应"理论。这些理论的提出都是对实证研究的升华和提高。

最后，关注社会现实，对日常社会生活中的重要问题进行研究。不论是攻击行为、"武器效应"，还是媒体暴力，以及愤怒情绪，这些研究主题都与人们的日常生活密切相关，充分体现了伯科维茨作为一位社会心理学家对社会现实问题的关怀。而且，不论是对攻击行为的研究，还是愤怒情绪的分析，他都试图提出有效的干预和控制方法，在这方面更是难能可贵，值得后来者学习、借鉴。

第十七章

———————

詹尼斯：心理健康与压力情境下的决策行为

厄尔文·莱斯特·詹尼斯是美国著名的社会心理学家。他一生致力于政策制定的心理学分析、危机管理等方面，其中，关于群体决策中群体所犯的系统错误的"群体思维"理论至今仍有重要影响。他1918年5月26日出生于纽约水牛城一个商人家庭。在决定成为一个心理学家前，詹尼斯似乎在向着艺术评论家的方向发展。

一、詹尼斯的生平与学术事迹

詹尼斯的父母是现代艺术品收藏家，而他的叔叔——西德尼·詹尼斯（Sidney Janis），是纽约一个艺术画廊的所有者，并在美国艺术界小有名气。在家庭氛围的熏陶下，詹尼斯从小就表现出对艺术的热爱，在16岁那年，他因为时常逃学去图书馆、艺术画廊而险些被学校开除，在詹尼斯口若悬河地论证了去奥尔布赖特艺术馆参观的收获远比在教室听课收获大之后，学校奇迹般地收回了开除的决定。事后，詹尼斯才知道这是因为他们学校即将迎来年度春季音乐会，而他是交响乐团里不可或缺的大提琴手。

高中毕业后，詹尼斯进入了芝加哥大学，在这里他开始接触心理学，并邂逅玛娇丽·格拉汉姆（Marjorie Graham），他们很快结为了夫妻。詹尼斯曾经这样深情地写道："我一生最为重要的事件发生于1939年9月，我和玛娇丽结为夫妻，玛娇丽是我最好的爱人，最好的朋友，最好的批评家，也是我所有作品最好的编辑。"他们一生相敬如宾，白头偕老，并拥有两个聪慧的女儿。

　　1939 年，詹尼斯顺利获得芝加哥大学的理学士学位，并留校进行了一年的研究工作。1940 年，詹尼斯进入哥伦比亚大学，在奥托·克林伯格（Otto Ke-lineberg）的影响下开始了心理学研究。第二次世界大战爆发后，詹尼斯接受了政府的安排，和哈罗德·拉斯维尔（Harold Lasswell）一起使用系统内容分析法对法西斯的政治宣传进行深入分析。入伍后，詹尼斯被著名社会心理学家萨缪尔·斯托弗（Samuel Stouffer）、卡尔·霍夫兰（Carl Hovland）招募，成为军队心理学家，进行了一系列关于军队士气影响因素的研究。在斯托弗和霍夫兰的指导下，詹尼斯获得了大量调查与现场研究的经验，为他之后的学术生涯打下了坚实的基础。战后，他和斯托弗等人对这些研究进行了系统的总结，合著了《美国军人》（*The American Soldier*）一书，被认为是行为理论应用到实际中的经典案例。战后，詹尼斯回到了哥伦比亚大学，完成了关于精神病人电休克疗法的认知和情绪效果的论文。

　　1947 年秋，詹尼斯被霍夫兰招募到耶鲁大学心理学系，这是他心目中"最为理想的工作场所"，他的同事中有罗伯特·阿贝尔森（Robert Abelson）、杰克·布莱姆（Jack Brehm）、威廉·麦奎尔（William Mcguiro）、哈罗德·凯利、米尔顿·罗森伯格（Milton Rosenberg）、菲利普·津巴多（Philip Zimbardo）等诸多后来名震美国心理学界的人物。詹尼斯非常享受在耶鲁的工作，并在这里一直工作到 1985 年退休。进入耶鲁之初，詹尼斯和霍夫兰的团队一起，设计实施了一系列最初的关于"态度改变"的实验，考察诸如恐惧对说服的影响、个体可说服性的个体差异、角色扮演对态度内化的影响等。这些实验影响了该领域随后三十年的研究取向。到了 50 年代中期，詹尼斯开始关注心理压力这一领域，他以即将进行外科手术的病人为考察对象，进行了一系列的个案和实验研究，并于 1958 年出版了《心理压力：关于外科手术病人的心理和行为研究》（*Psychological Stress：Psychological and Behavior Studies of Surgical Patients*）。

　　随后，詹尼斯开始关注决策行为。最初，他关注的对象是日常行为决策，如节食、戒烟等。他在这一领域研究了约 20 年，最终的结果在他和里昂·曼

(Leon Mann)合著的《决策：关于冲突、选择和承诺的心理分析》(*Decision Making: A Psychological Analysis of Conflict, Choice, and Commitment*)(1977)一书中得到系统的总结。在书中，他提出了一个冲突模型，对个体在压力情境下如何决策进行了描述，期望通过研究增强个体在单独情境和在群体中的理性决策能力。后期，詹尼斯将决策行为推向群体领域，开始关注政府或是大型组织的决策行为，并发表了一系列具有很高知名度和影响力的成果，如《群体思维的受害者：外交决策与惨败的心理分析》(*Victims of Groupthink: A Psychological Study of Foreign-Policy Decisions and Fiascoes*)(1972)，1982年该论文修改后扩写成《群体思维：外交决策与惨败的心理分析》(*Groupthink: Psychological Studies of Policy Decisions and Fiascoes*)一书。

1986年，詹尼斯从耶鲁大学退休，并被加州大学伯克利分校聘任为名誉教授，在随后的日子里，詹尼斯依然笔耕不辍，出版了他最后一部著作《关键决策：政策制定和危机管理的领导能力》(*Crucial Decisions: Leadership in Policy-making and Crisis Management*)(1989)。在去世之前一周，他还完成了和妻子的合著《欣赏艺术》(*Enjoying Art*)。

1990年11月15日，詹尼斯因肺癌逝世于加利福尼亚的圣罗莎，享年72岁。

链接：【詹尼斯生平重大事件】

1918年5月26日，出生于纽约水牛城一个商人家庭。

1935年，赴芝加哥大学心理系读本科。

1939年，与玛丽娇结婚。

1940年，哥伦比亚大学攻读博士学位。

1947年，入职耶鲁大学心理系。

1965年，开始关注群体决策。

1972年，出版著作：《群体思维：外交决策与惨败的心理分析》。

1982年，发表《群体思维：外交决策与惨败的心理分析》。

1983 年，发表《社会支持在执行艰难决策中的作用》。

1985 年，被加州大学伯克利分校聘为名誉教授。

1989 年，出版最后一部著作《关键决策：政策制定和危机管理的领导能力》

1990 年 11 月 15 日，在加利福尼亚圣罗莎逝世，享年 72 岁。

詹尼斯的一生获得了几乎所有可以获得的荣誉，如富尔布莱特研究奖、古根海姆奖、美国精神病学协会颁发的 Hofheimer 奖、社会问题的心理研究学会颁发的勒温纪念奖、国际政治心理学学会颁发的 Sanford 奖、美国科学促进协会的社会心理学奖、美国心理学会颁发的杰出科学贡献奖、实验社会心理学学会颁发的年度杰出科学家奖等。在《普通心理学评论》杂志 2002 年评选的 20 世纪最杰出的 100 名心理学家中，詹尼斯位列第七十九，这也是对他一生学术研究皓首穷经最好的肯定。

二、詹尼斯决策冲突模型提出的历史背景

提起厄尔文·詹尼斯，人们总是冠以"团体思维"创立者的美誉，这是对詹尼斯在团体动力学领域所做贡献的充分肯定。事实上，"团体思维"研究只是詹尼斯关于心理压力以及决策的理论在团体层面的扩展。在涉足团体动力学研究之前，詹尼斯一直以临床心理学家的身份进行心理健康工作。他的心理健康研究紧紧围绕三个方面进行：第一，心理压力，即在面临战争或是外科手术等可能带来创伤和疼痛的事件时个体感受的心理压力；第二，决策冲突的应对，即探讨帮助个体维持适当水平的心理压力，做出最优选择的策略；第三，变化促进者(change agents)的社会影响，即探讨咨询师如何才能有效促进个体的行为改变。他希望通过这些研究，能够帮助个体降低不必要的心理压力，更加健康幸福地生活。最后，詹尼斯还把研究的成果推广到国家外交策略的制定方面，希望通过对高压力下理性决策行为的研究，减少错误决策，促进世界和平。

决策冲突模型是詹尼斯最重要的贡献之一，也是詹尼斯整个理论体系的基

石，具有很高的理论价值和实践意义。该模型是詹尼斯在对个体的决策行为进行深入分析的基础上产生的，它主要研究个体在不同的决策情境下的不同应对方式、与应对方式相对应的心理压力状况，以及这种心理压力对其最终决策质量的影响。

在詹尼斯提出冲突模型之前，个体的决策已经是一个热门领域，涌现了诸如主观期望效用模型、健康信念模型等一系列的理性决策理论。这些理论将"人能够理性地做出决策"作为其理论前提和基础，考察个体在不同情境下如何做出最优决策。同时，一些心理学家开始关注决策对个体心理行为产生的影响。研究者发现，需要做出重要决策时，个体的心理压力会激发一系列焦虑反应，使个体产生诸如烦躁、易怒、失眠、食欲缺乏以及其他症状，如果不能将心理压力维持在一个适当水平，会严重影响个体的身心健康。①

詹尼斯在咨询工作中发现，个体这种心理压力往往有两个来源：首先，决策者需要考虑任何一个备选方案可能会带来的物质和社会资源的损失；其次，一旦决策失误，其作为"胜任的决策者"的名声以及自尊都会受到威胁。这些压力导致了决策者时常会进退维谷，投鼠忌器，可能造成的损失越大，决策者感受到的心理压力也就越大。同时，詹尼斯发现，这种心理压力本身又是个体产生非理性决策行为的一个主要原因，尤其是在决策者急切地试图摆脱心理压力时。因此，詹尼斯提出，传统的理性决策理论将个体的心理状况排除在理论视角之外是不适当的，决策的主体是人，脱离人本身的状态谈决策，即使理论本身具有再高的学术价值，其结果距离实际生活以及在咨询工作中的应用都差之甚远。

在这一思路的指引下，詹尼斯提出了决策冲突模型，其目的在于：①考察个体不同心理状态对其决策行为存在的影响；②探讨在什么心理状态下个体能够做出最优决策。为了和传统的决策理论进行区分，詹尼斯参照阿贝尔森的"热

① Mann, L., Janis, I. L., Chaplin, R., "Effects of Anticipation of Forthcoming Information on Predecisional Processes,"*Journal of Personality & Social Psychology*, 1969, 11(1), pp. 10–16.

认知"概念，将决策行为分为"冷决策"和"热决策"。所谓"冷决策"，是指不会唤起个体太多情绪反应的决策行为。在"冷决策"过程中，备择选项的心理效用通常很低，并很容易进行计算，例如，个体在午餐吃牛肉或是鱼肉之间做出选择就是冷决策。而决策冲突模型中的"热决策"，则是"个体就高自我卷入的事件做出的决策"，"热决策"的内容往往与决策者自身的健康、发展、安全等方面息息相关，能够唤起个体强烈的情绪反应，导致其在决策时面临着巨大的心理压力。[①] 个体在配偶选择、职业生涯规划，乃至是否接受外科手术等问题上做出选择通常属于"热决策"。

链接：【代表作《决策：关于冲突、选择和承诺的心理分析》简介】

该书出版于 1977 年。全书聚焦于一个问题：在什么情况下人们会产生哪种决策应对模式？作者尝试为"人们如何应对重大决策"提供了一个综合性的描述性理论。这一模型认为，人们会表现出五种独特的应对模式，其中四种有缺陷的应对模式包括非冲突惯性型、非冲突改变型、过度警觉型、防御回避型，另一种有效的应对模式则是警觉型。书中为这一理论提供了丰富的例证，这些例证来自实验室试验、田野研究、自传和传记类资料、对管理决策和外交决策的分析。最后，作者对这一理论模型的不足之处做了讨论，并为涉及冲突、选择和承诺的心理过程的后续研究和如何提高决策质量提供了建议。整体来看，这部著作从更高、更广阔的视角来分析决策模式，提出了一个具有思想启发性的模型。其目的在于：①考察个体不同心理状态对其决策行为存在的影响；②探讨在什么心理状态下个体能够做出最优决策。这是这一领域少有的、文献收集十分全面的著作。

---

① Janis, I. L. & Mann, L., "Emergency Decision Making: A Theoretical Analysis of Responses to Disaster Warnings," *Journal of Human Stress*, 1977, 3(2), pp. 35-48.

链接：【代表作《关键决策：政策制定和危机管理的领导能力》简介】

该书出版于 20 世纪 70 年代，但至今仍然不为过时。包括五部分内容。第一部分对理论进行介绍，梳理了成功与不成功的政策制定的原因，分析避免糟糕决策的方法，呈现社会科学家的争议，随后提出理论整合的愿景，并使用有力的证据和例证来支持其理论框架。第二部分描述了各种约束条件诱发的普遍使用的简单策略，具体介绍了三种应用于高层决策的典型的、快速而简易的决策规则，这些简单策略包括：认知式决策规则（第二章）、附属式决策规则（第三章）、自我满足和激励规则（第四章）。第三部分介绍了高质量的决策程序。具体来说，第五章详细介绍了警惕性问题解决方式，第六章则指出，高质量的决策方法已是"濒危物种"，需要投入更多精力培养与维护这些决策方法。第四部分提出决策过程的约束模型这一新的理论框架（第七章），并探讨了其优势与不足之处（第八章）。第五部分对约束模型进行展望，具体来讲，第九章分析了"谁将成为好的决策者，谁将不会"背后的人格差异；第十章则扩展了约束模型，提出一些关于有效领导实践的新假设。

三、詹尼斯决策冲突模型及其心理健康思想

在分析大量相关文献的基础上，结合自身临床观察，詹尼斯提出三个决定决策者行为的重要条件：①个体是否意识到做出任一选择都会存在严重风险；②是否存在寻找到更优选择的希望；③确定在决策之前是否有足够的时间来调查分析以找出更优选择。詹尼斯认为，根据这三个条件的不同，决策者会产生不同程度的心理压力，并采取不同应对方式，由此，他建立了詹尼斯—曼决策冲突模型（见图 17-1）。

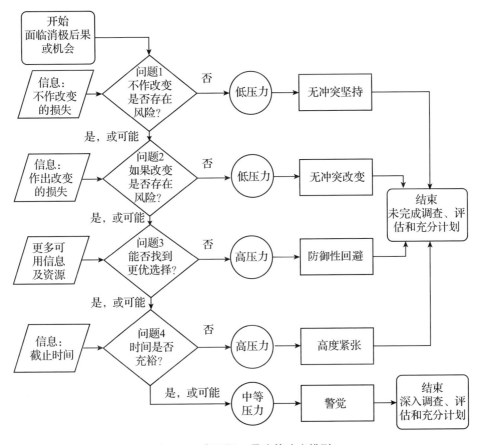

图 17-1 詹尼斯—曼决策冲突模型

这一模型认为，个体在应对风险时主要的行为模式有五种，分别是：

（1）无冲突坚持。在这种模式下，个体自满于既有的对策，认为继续原有的行为方式不存在大的风险，因而个体选择坚持原有的行为。采用这种应对方式时个体感受到很低的心理压力。

（2）无冲突改变。在这种模式下，决策者意识到如果不改变原有的行为会存在较大风险，所以会毫不犹豫地接受最为容易的降低风险方法，或是他人极力推荐的建议，改变自身原有的行为方式。这种方式的心理压力也很低。

（3）防御性回避。在无论选择坚持还是改变都会存在较大风险时，决策者就会感受到冲突，心理压力也骤然增加。他们会评估寻找到更好解决方式的可能性，如果不能，他们通常会采取防御性回避策略。如将决策行为向后拖延，将决策的责任推脱给他人，或是将一厢情愿的想法合理化，而选择性地忽视与风险相关的信息。

(4)高度紧张。在这一阶段，决策者认识到，无论选择坚持还是改变都存在风险，在对问题进行充分调查评估的基础上寻找到更好的解决方式是可能的，然而剩余的时间不足以完成这个流程时，就会产生高度紧张的状态，在极端情况下，高度紧张类似于恐慌。

(5)警觉。在这种情况下，决策者意识到简单选择改变或是坚持都有其风险，但是，他们认为自己拥有充裕的时间寻找到满意的解决方案。在这种情况下，决策者会对面临的问题进行仔细调查，并尽可能客观地评估每个方案的得失，在考虑周详之后做出决策。

那么，什么样的决策才是最优的决策方案呢？詹尼斯提出了如下 7 个标准：

(1)仔细考虑所有可能的备择方案。

(2)全面考虑所要达到的目标的每个方面以及每个备选方案的价值。

(3)仔细权衡每个备择方案各自可能带来积极和消极后果。

(4)密切关注和备择方案有关的信息。

(5)充分解读与面临问题相关的新信息与专业观点，即使这些信息与自身最初的偏好无关。

(6)在最终决策之前，重新审视包括最初觉得不能接受的方案在内的所有备择方案的积极和消极后果。

(7)制订执行既定选择的细节条目，并制定各种可能风险发生时的应对计划。

詹尼斯以上述 7 个标准为准绳，对所有五种应对模式进行了分析，其结果见表 17-1。

表 17-1　五种应对方式的决策前行为特点

应对模式	仔细考虑备择方案	全面评估目标价值	仔细权衡备择方案		全面收集相关信息	客观解读新信息	重新评估所有方案	制订执行方案及风险应对计划
			原有应对方式	新应对方式				
无冲突坚持	−	−	−	−	−	+	−	−
无冲突改变	−	−	+	−	−	+	−	−
防御性回避	−	−	−	−	−	−	−	−
高度紧张	−	−	±	±	±	±	−	−
警觉	+	+	+	+	+	+	+	+

注：+表示决策者能够达到标准。

−表示决策者不能达到标准。

±表示决策者的表现波动，时而达到标准，时而不能。

詹尼斯认为，每种应对模式都有其优缺点，适合不同的决策环境。在五种应对模式中，无冲突坚持和无冲突改变能够节省时间、减少因决策而付出的努力、同时也减少心理折磨，通常适用于常规事件的决策。然而，如果决策者使用这两种方法应对重要决策时，其决策结果往往存在很大的缺陷。类似地，防御型回避策略以及高度紧张策略在有些情况下是适应性的，但是这些策略会降低个体规避严重风险的机会。因此，这四种应对方式都不完美，通常会导致决策之后的悔恨懊恼行为。而第五种应对方式，警觉，通常能够产生高质量的决策。

四、詹尼斯基于决策冲突模型的干预策略

作为一个临床心理学工作者，如何帮助个体尽可能地做出理性决策，避免其在决策过程中承受不必要的心理压力，并减少决策后后悔的可能性，这是詹尼斯最为关注的问题。在提出决策冲突模型后，他针对各种应对方式进行了大量有控制的现场研究，尝试各种咨询手段，以寻求行之有效的干预策略。詹尼斯将干预方案分为改变其原有决策方式的干预方案以及提升其决策质量的干预方案两种，这里，简要介绍詹尼斯认为最为实用的几种干预技术。

（一）改变原有决策方式的方案

1. 情绪角色扮演技术

情绪角色扮演（emotional role-playing）是詹尼斯运用的一项心理剧技术，即让个体扮演某个角色，通过特定的实验刺激使其经历强烈的情绪唤起，进而改变其决策行为。例如，在 1965 年一项研究中，詹尼斯以 14 名女性烟瘾患者为被试，使用了情绪角色扮演技术。在实验中，被试被要求扮演刚被医生告知罹患肺癌的病人。结果发现，和控制组相比，由逼真的场景引发的高度恐惧和警觉，能够显著改变被试对于吸烟的态度和行为。

詹尼斯认为，决定角色扮演技术成败的关键因素是对个体体验到的情绪唤起强度的控制。一方面，这个刺激要唤起足够的焦虑，促使个体对原有的决策方式进行反思；另一方面，给其造成的心理压力不能过大，否则很容易引发防御性回避或是高度紧张策略。

2. 警惕合理化技术

警惕合理化技术（awareness of rationalization）主要针对采用防御性回避应对方式的个体。在临床实践过程中，詹尼斯发现，通过苏格拉底式对话、提供得失的具体信息、纠正对剩余时间的低估倾向等方式，可以有效提升处于无冲突坚持、无冲突改变以及高度紧张状态顾客的决策质量。而处于防御性回避的个体则不同，为了避免再度唤起冲突产生的心理压力，他们往往会有选择地接受有利的相关信息，将自身的行为合理化。

为了解决这一问题，詹尼斯开发了"警惕合理化"技术，其具体流程如下：在使用该技术前，咨询师先向顾客强调"坦率地承认自己想法和感觉"的重要性，随后，给予顾客一系列的陈述，即通常使用的将自身行为合理化的借口（如"抽烟会导致肺癌的证据还不充分""如果我停止吸烟，我的体重会增长很快"等），询问顾客有没有觉察到自己也存在使用某个借口的倾向。最后，咨询师通过录音和电影对每种合理化的借口进行批驳。研究发现，虽然"警惕合理化"技术不能直接起到治疗的效果，但是，引导顾客发现自身存在的合理化倾向，能够有助于减少其对外界警告信息的抗拒，为进一步的治疗打下基础。

(二) 改进决策质量的策略

1. 决策平衡表技术

决策平衡表技术(Balance Sheeting)由来已久，主要是通过让决策者对不同备择方案带来的后果进行客观分析，协助决策者在决策之前全面权衡得失。詹尼斯认为，如果没有系统的分析，哪怕是再细心的人，也可能会忽视选择某些潜在的损失或对某些选择的收益抱有错误的期待。因而，他在临床研究的基础上，对原有的平衡表技术进行了改进，将个体需要做出判断的效用分为四类：自身的得失、他人的得失、自我肯定或否定、社会肯定或否定(见表17-2)。

表 17-2 职业选择的决策平衡表

类型	备选			
	选择 1		选择 2	
	+	−	+	−
自身实际得失 收入 工作难度 升迁机会 空闲时间 其他				
他人效用得失 家庭收入 留给家庭的时间 …… 其他				
自我肯定或否定 贡献社会带来的自尊 是否是实现人生目标的机会 …… 其他				

续表

类型	备选			
	选择 1		选择 2	
	+	−	+	−
他人的肯定或否定 父母 妻子(或丈夫) …… 其他				

詹尼斯在一系列研究中考察了平衡表技术的使用效果，发现这一技术能够有效降低决策之后的后悔程度并增强对既定决策的坚持性。

2. 结局心理剧技术

结局心理剧技术(outcome psychodrama)是詹尼斯通过一系列研究中逐步发展起来的一种干预策略。这一技术让顾客将自己投射到未来，来即兴表演做出每项选择之后未来可能发生的事件。为了能够更全面地考察选择潜在的风险和结果，这一过程往往会重复进行许多次。最初，詹尼斯将这项技术使用在遇到婚姻问题的顾客身上，让顾客表演离婚或维持现状的可能后果。结果表明，每个案例中，个体的决策都向着"警觉"的方向发展。同时，结局心理剧能够通过提供更多可能项目的方式提升决策平衡表的使用效果。

此外，詹尼斯还尝试了诸如苏格拉底式对话(Socratic dialoguing)策略、诱发认知失调(induced cognitive dissonance)策略等，给出了一系列针对不同类型患者所使用干预策略的指导意见。

五、对詹尼斯心理健康思想的评价

"生存还是死亡，这是一个问题。"长久以来，决策一直是一个困扰人类的重要问题。毋庸置疑，决策问题和人类的心理健康息息相关，无论是决策之前的心理压力，还是决策之后的坚持执行，抑或是决策失误的悔恨懊恼，都会对决策者的心理产生重大影响。如何做出高质量决策，不仅是管理学、经济学、运筹学所关注的对象，更是健康心理学家所面临的重要课题之一。在这一方面，詹尼斯的研究是开创性的，他将心理压力与决策行为结合，开拓了心理学研究的一个全新的领域，并为其后二十年的相关研究奠定了基础；他所提出决策冲突模型以及社会支持理论，在 40 多年后的今天看来仍有其独特的价值，给研究者以启发；他所创立和使用的很多咨询干预方法在当今仍然得到广泛应用，为受决策行为困扰的人们提供帮助；他用实验研究验证了经过专门训练的心理工作者在帮助病人坚持听从医嘱方面所起到的重要作用，给心理健康工作开辟了一个广阔的发展空间。

　　临床工作方面。詹尼斯对心理健康领域发展所做的贡献是巨大的。首先，他毕生从事临床咨询工作，切实了解公众的心理健康问题，并有的放矢地寻找对策。他所开发、修订的心理咨询技术，如前面介绍的情绪角色扮演、警惕合理化、决策平衡表、苏格拉底式对话等，集合了诸如精神分析、格式塔心理学、人本主义等学派的理论思想，在长期的实践工作中被证明是切实有效的态度、行为及决策改变方法，时至今日，仍然为世界各地的咨询师，乃至普通民众所广为使用，为帮助人们减少决策冲突的困扰、实现心理健康，过从容幸福的生活发挥着积极的作用。

　　理论构建方面。难能可贵的是，作为一个临床工作者，詹尼斯从不忽视理论构建工作。在他看来，心理咨询工作不能只停留在经验积累和传播上，只有上升到理论高度，才能在更大范围内产生影响，为更多的人谋福祉。因而，在其一生中从未停止过理论的构建工作。现实生活的需要是詹尼斯所有理论的出发点和落脚点，正如他在《压力、态度和决策》(*Stress, Attitudes and Decisions*) 一书前言中所说的：我认为，下面这个问题是对所有心理健康基础理论的一个考核标准，即"这个理论能否促进干预措施的产生，以有效地帮助人们避免心理创伤、达成其目标或是改善他们的生活质量？"在这一思想的指引下，无论是他的决策冲突理论、社会支持理论，还是关于心理创伤的理论体系，一经提出，随即就对临床心理健康工作乃至公众社会生活产生积极而巨大的影响。

以詹尼斯的主要研究领域，戒烟和减肥为例，在 20 世纪 70 年代，美国心脑血管疾病和癌症的死亡率达到巅峰，政府在医学技术和设备上投入了大量的资金却收效甚微，公众对于这类疾病充满了恐慌和无助。随后的研究发现，民众不健康的生活方式，如吸烟、酗酒、不良饮食习惯等与其罹患心脑血管疾病、癌症之间存在着密切的联系。在这一背景下，詹尼斯将初具雏形的决策冲突理论运用到咨询工作中，协助民众做出理性的戒烟、减肥决策，并摸索出一整套通过提供社会支持促使其坚持既定决策的干预措施，并卓有成效地进行了推广。到了 20 世纪 70 年代末期，美国心脑血管疾病及癌症的死亡率呈现明显下降的趋势，虽然这不能完全归因为詹尼斯的努力，但是可以肯定，詹尼斯作为一个健康心理学工作者，在这一过程中发挥了其应当发挥的社会作用。这些研究的开展和理论的提出，增进了人们对心理咨询的了解，扩大了咨询工作的社会影响，促进了心理健康职业的飞速发展。

促进学科进步方面。值得注意的是，詹尼斯在促进心理健康咨询科学化过程中所起的重要作用。他将"把心理咨询从一门艺术转化为一门科学"作为自己毕生追求的目标。在具体工作中，詹尼斯着重强调心理健康理论研究必须要和实验研究相结合。他的大部分理论构思来源于临床工作中的观察和思考，然而，詹尼斯对现象学因果分析的可靠性存在深深的质疑。相对于许多同时代的心理学家，詹尼斯提出的理论并不多，他不能容忍通过几个个案的观察归纳就草率地归纳成理论的行为，每一个理论构思，他都会设计一系列精巧的实验对其进行严谨的验证，修改。正如他自己所言，"我最欣赏的是那些始于理论、终于理论，但两者并不相同的研究"。他一直强调，设计实验不能仅仅为了考察某一理论推导出来的假设的正确性，而要同时考察使这些假设成立的条件限制。毫不夸张地说，詹尼斯为数不多的理论，个个都是"十年磨一剑"的产物。

在具体研究方法的选择上，詹尼斯从不掩饰自己对于有控制的现场试验

（controlled field experiment）的偏爱，他认为这种方法如果使用得当，能够集实验室实验、社会调查等多种方法的优点于一身。对于干预方法，詹尼斯同样会设计实验对其进行系统研究，考察其适用的人群以及发生作用的条件。拜这种严谨治学之风所赐，詹尼斯的心理健康理论在产生深远影响的同时却很少受到其他学者的质疑和抨击，这在心理学发展史上都是不多见的。

应用方面，詹尼斯指出："在基础研究和应用研究之间不该也不能画一条界线。"在严格验证自身理论，确信其蕴含着真理的成分之后，詹尼斯会将其充分运用到各个领域。以决策冲突理论为例，詹尼斯用这一理论帮助了一系列受戒烟、减肥、婚姻冲突、择校、职业生涯规划等问题困扰的患者，同时也运用在自身的生活与决策中。布鲁斯·拉赛特（Bruce Russet）曾经回忆："在 1972 年，《冲突解决杂志》（Journal of Conflict Resolution）将编辑部搬到了耶鲁大学后，我们随即邀请詹尼斯担任编辑部的主席职位。我现在还能清晰地回忆起他教科书般的决策过程，詹尼斯拒绝当场给出任何承诺，在随后的几天中，他如同进行一项研究般认真分析了接受或拒绝这一职务的理由，最终做出了接受的决定。"在其生命的最后几年，詹尼斯将决策行为从个体的心理健康领域扩展到外交政策制定领域，考察国家领导集团在古巴导弹危机、核威胁等压力情境下的决策行为。第二次世界大战的经历，使得詹尼斯对战争的残酷以及对军人、普通民众所造成的心理创伤有着深入的了解，他希望通过对以往错误行为的研究和分析，为之后的决策提供警示和参考，以避免不必要的国家冲突，促进世界和平。

在我们看来，詹尼斯是心理学研究者的典范。在生活中，他谦逊有礼，温文尔雅，深具人格魅力；在学术上，他关注现实问题，注重理论建立，又能做到理论应用于实际。他把毕生精力贡献给所钟爱的心理学研究工作，以全人类健康、幸福、和平为最终目标。如果一定要挑出不足之处的话，我们认为，詹尼斯的心理健康理论建构稍显狭隘，他的理论大都是专门性的，直接针对需要研究的具体问题，并以解决该问题为理论构建的最终目的，较少表现出对人性的深入思考，也没有建立更为宏大的理论体系。这似乎不能称之为缺点，只能算是一种遗憾。

六、结语

詹尼斯一生横跨了诸多研究主题：态度改变、压力与应对、个体决策、群体决策，以及危机管理。同时，他并未受到学派桎梏的影响，有时面对同一问题，能自由游走于精神分析、行为主义等差异巨大的理论之间。他对方法的使用也展现出极大的灵活性，理论分析、访谈、问卷、实验室实验、准实验、现场实验、有控制的现场实验，心理学几乎所有类型的研究方法都为其所用。他的心理学思想中，同时体现出行为主义、心理动力学，以及勒温场论的影响，可能最大的影响来自认知心理学。

詹尼斯在心理健康领域的三个研究"亮点"照亮了后来者的道路，它们皆以压力为核心。

第一，在危机事件来临前，个体如何做好充分心理准备，以缓解危机来临时的压力。詹尼斯从弗洛伊德精神分析理论中得到启发，提出了情绪接种与工作担忧两个核心概念。工作担忧是一种应对策略，即当个体面临威胁性事件前，通过担忧和焦虑而使自己对其有更充分的准备，继而提高了对威胁事件真正发生时的忍耐水平。情绪接种与之类似，指的是当情绪事件发生前，如果个体能预先"接种"较少剂量的情绪，就会减少事件真正发生时的情绪紧张状态。这两个概念的提出，最初来自詹尼斯在第二次世界大战时的研究经历，源于他所要解决的实际问题：如何通过战前训练减少士兵在战场上的恐惧感。后来，詹尼斯的工作受到认知治疗专家的重视，接受梅钦鲍姆的建议，将"情绪接种"修改为"压力接种"，从而将这一概念最终融入认知治疗理论中。

第二，个体在面对压力情境时，如何在重大决策中做出正确的反应。詹尼斯与曼发展出决策冲突模型，对个体在压力下进行不同方式决策或采取不同应对方式的过程，分成先决条件、中介过程和后果分别进行描述。其中先决条件描绘了个体所处的环境；中介过程描述了个体对环境的知觉、心理压力的大小，以及最有可能选择的应对方式；后果则描述了个体应对方式所造成的对信息搜索、评价及相应的行为计划。根据该模型，个体会根据环境状况（先决条件），形成对决策风险的知觉，以及是否有希望和时间找到更好的决策方案的判断（中介过程），从而形成压力情境下决策的五种策略（后果），即无冲突坚持、无冲突改变、防御性回避、过分紧张和警觉。詹尼斯继而提出，采取诸如对合理化保持觉知，情绪性角色扮演，决策平衡表、后果心理剧等方法就可以提高决策质量，使决策者能够在面临具有压力的重大决策时，可以更多地采取"警觉"的方式应对。

第三，个体如何克服压力，把既定的艰难决策顺利执行下去。詹尼斯将心理咨询分为两种类型，第一种是帮助咨询者，促成其人格完善，这需要与咨询者共同发现问题的答案。第二种则是咨询者自己知道行动方案，但只是因为在执行过程中面临压力，而很难执行下去。对于这种如何帮助决策者把既定的艰难决策执行下去的问题，詹尼斯在吸收丰富的临床经验，以及大量阅读文献的基础上，发现可以通过社会支持的动态变化达到助人效果。詹尼斯据此将心理咨询过程依次分为三个阶段：建立参照权力，使用参照权力，以及在咨询结束后维持参照权力并促进其内化。三个阶段中又分出 12 个可操作和检验的步骤。这些步骤的核心就是咨询师帮助咨询者逐渐建立起自己执行决策的自信，并保证他们在咨询后也能将这种自信维持下去。詹尼斯这一对社会支持的论述，也可以从咨访关系的角度理解。与精神分析的权威—受众关系不同，与人本疗法一致的无条件积极关注也不同，詹尼斯的观点认为，咨访关系应是动态变化的，大致是一个先热，后温，再冷的过程，随咨询过程的推进，逐渐由咨询师过渡到咨询者扮演主导角色。

然而，詹尼斯看待压力的视角，与一般的视角还有所区别。一般来说，心理学关心的是变量，以及变量之间的关系，特别是变量之间的因果关系。以逻辑实证主义视角来看，变量只要在具体研究中有操作定义，能够被研究者很好地操作或测量，就符合心理学研究的要求。但纵观詹尼斯在上述三个领域中研究的压力，都不是一个简单的概念，它是个体面临的一种整体的、全面而真实的感受；它不是个体心理状态的某一方面，而是个体心理状态的全部。可以说，个体是被压力所笼罩的。詹尼斯在上述三个领域中有关压力的研究，也从未将压力非实体化，他也从未分析过心理压力的"心理结构"这种琐碎的问题；他考虑的是对个体来说，作为整体存在的压力感受的"功能"。可以说詹尼斯研究的哲学是具有现象学倾向的。因此，压力是詹尼斯一生研究的关键点，而现象学则是理解他整个研究脉络的钥匙。

综上，不仅詹尼斯心理健康的相关论述对我国心理健康领域的研究者、实践者具有重要的启发意义，而且其个人成长、理论建树、方法特色、研究哲学等诸多方面，也都值得我们学习和借鉴。这里借用美国心理学会将1981年的杰出科学贡献奖授予詹尼斯时的评语作为总结：授予这个奖是由于他对于冲突的理解以及解决所做的贡献。无论是在家庭中还是在实验室中，他开创性的实验以及细致的观察深入探讨了个体间及群体间的冲突。他关于说服以及决策的研究有着里程碑式的贡献。他在压力以及自我调整方面所做的开创性研究是健康心理学的基石。他关于群体思维的分析剖析了群体决策的误区，并为政策制定提供了参考。他的成就不仅为心理学，也为其他社会科学提供了理论和实证基础。

第十八章

─────────

拉扎鲁斯：情绪与应对研究的翘楚

　　理查德·拉扎鲁斯，1922 年 3 月 3 日出生于美国纽约，美国心理学家，是"情绪与应对"理论的代表人物之一。他针对情绪和应对开展了大量研究，明确指出了认知评价的重要性，这是心理学"情绪与应对研究"中的标志性研究成果。

一、拉扎鲁斯的生平与学术事迹

　　拉扎鲁斯 1942 年毕业于纽约城市大学，第二次世界大战期间在美国军队服役三年半的时间。1946 年从军队退役之后，他曾去拜访并请教纽约城市大学的知名教授加德纳·墨菲（Gardner Murphy），自己该去哪里攻读博士学位。实际上，在战争开始之前，拉扎鲁斯已经进入了哥伦比亚大学，此时他仍可以回到那个学校，但是，墨菲教授认为他的兴趣在于心理动力学，因此建议他去克拉克大学。但是，这所大学拒绝了拉扎鲁斯。后因为匹兹堡大学的韦恩·丹尼斯（Wayne Dennis）正在努力建设一流的心理学系，所以，墨菲教授也推荐他去这所学校。因此，从 1946 年起，拉扎鲁斯开始在匹兹堡大学读研究生。1948 年，拉扎鲁斯从该校获得了博士学位，随后在约翰霍普金斯大学（1948—1953）和克拉克大学（1953—1957）任职。从 1957 年开始，他在加州大学伯克利分校任职，领导开展临床心理学的研究项目，1991 年拉扎鲁斯教授从加州大学伯克利分校退休。

　　拉扎鲁斯对心理学的发展有重要贡献。在他职业生涯早期，正当行为主义盛行，人们普遍认为有机体是通过联想、奖励或惩罚来进行简单学习的，但是，他当时就认为认知非常重要。他用实验的方法考察了知觉中无意识的作用，就是被他称为"阈下知觉"(subception)的现象。这项研究的引用率很高，并且领先于那个时代很多年。拉扎鲁斯等人的工作在某种程度上证明了情绪的无意识性质，而与此类似的研究直到20世纪80年代才由神经生理学家所开展。

拉扎鲁斯最为著名的研究是关于情绪和应对的研究。在约翰霍普金斯大学期间，除了军事领域之外，他对情绪与应对研究几乎没有什么兴趣。但是，到了20世纪70年代的时候，他的专著《心理应激与应对过程》(*Psychological Stress and the Coping Process*)的学术影响力逐渐显露出来，这使他认识到情绪和应对不仅在军事上重要，对学术界亦有重要贡献。因此，这激发了他对情绪与应对的研究兴趣。1966年的这部书最终成为行为科学中的经典著作，它对社会学、人类学、生理学和医学等都有深远的影响。

20世纪50年代末期，在加州大学伯克利分校，拉扎鲁斯教授开展了一系列有影响的研究。这些研究采用动作影片去唤醒应激和情绪，通过改变电影影响被试的方式，让被试的自我防御机制起到不同的作用。在这些研究中，拉扎鲁斯发现影片的呈现方式影响了被试对电影中这一事件的评价，而这种评价会影响一个人的情绪和他们对情绪应激的应对。因此，在拉扎鲁斯的概念中，认知评价是非常重要的。这些实验导致拉扎鲁斯成立了伯克利大学应激和适应项目组，他用评价来解释应激是什么，以及应对包括什么。基于这个项目，他和他的学生福尔克曼(Folkman)出版了一部书《应激，评价和应对》(*Stress, Appraisal, and Coping*)(1984)，后来，这部书在心理学界中被广泛阅读和引用。1999年，这部书出版了续集《应激和情绪：一种新的结合》(*Stress and Emotion: A New Synthesis*)。在这部书中，他强调应激可以视为情绪的一部分，日常生活事件和重大生活应激都可能是应激的来源，两者也是相关的，同时他强调，无论是哪一种应激，个体的评价也是十分重要的，即事件对个体的意义和影响是什么。

虽然拉扎鲁斯1991年从加州大学伯克利分校退休了，但是，他的著述和研究并没有停止。他的13部著作中有5部都是在他退休之后完成的。1991年他出版了《情绪与适应》，这部书被视为是现代历史上情绪方面最重要的著作之一。在这部书中，他从理论和实验的角度说明了评价如何导致18种情绪的产生。他也说明了评价是怎样解释一个人情绪和行为意义的；一个单一的反应，例如微笑怎样体现在不同的情绪中；总体上不同的反应，如报复（retaliation）或被动攻击（passive aggressiveness）怎样表现在相同的情绪中。1994年他与妻子伯尼斯（Bernice）合著出版了《激情和推理：理解我们的情绪》（*Passion and Reason*：*Making Sense of Our Emotions*）一书。1997年，他出版了自己的文章汇编：《拉扎鲁斯五十年的研究和理论：历史和常见问题的分析》（*Fifty Years of the Research and Theory of R. S. Lazarus*：*Analysis of Historical and Perennial Issues*）。这部书介绍了他自己的思考，心理学的历史演变以及他对20世纪后半叶心理学的一些看法。1998年，他的自传《著名心理学家的生活和工作》（*The Life and Work of an Eminent Psychologist*）出版发表。2006年他最后一部著作《情绪的老年化》（*Emotion in Aging*）出版，这是他与妻子及助手约瑟夫·坎波斯（Joseph Campos）教授合作完成的。同时，退休后，他也撰写了很多有影响的文章。虽然，他晚年批判性地评论了积极心理学，但是，在他去世之前，他还完成了"感恩"这一积极情绪的专题研究，而这种情绪在心理学中很少被研究或讨论。

拉扎鲁斯十分重视学术交流，他和妻子伯尼斯经常被邀请到国外大学访问。在1963—1964年，他获得日本东京的早稻田大学的科研奖金，去该校进行了访问，1965—1976年，他经常去瑞典斯德哥尔摩的卡罗林斯卡研究所讲学和访问；1980年他在海德堡大学做客座教授；1984年，他在珀斯的西澳大利亚大学做客座教授，1991年和1997年在丹麦的奥尔胡斯大学做客座教授。在1975—1995年，他还被邀请去以色列做了多次演讲和报告。

拉扎鲁斯在其职业生涯中获得了无数荣誉。例如，1969—1970年他被授予古根海姆奖金。1984年，加州心理学会对他的杰出贡献授予了特殊酬劳。1989

年，美国心理学会授予了他"杰出科学贡献奖"。拉扎鲁斯还非常荣耀地获得过两个荣誉博士学位，一个是 1988 年德国约翰尼斯·古腾堡大学授予的，另一个是 1995 年以色列海法大学授予的。在接受海法大学名誉博士学位之际，他提到，他的妻子伯尼斯对他事业的成功有很多帮助。

2002 年，年近 80 的拉扎鲁斯由于在家中不幸摔倒，于 11 月 24 日在美国加州去世。拉扎鲁斯教授一生共有 150 多篇学术论文和 20 多部著作在全世界广为流传。

链接：【拉扎鲁斯生平重大事件】

1922 年 3 月 3 日，出生在一个普通犹太人家庭。

1938 年，进入纽约城市大学，主修心理学。

1945 年，与伯尼斯结为伉俪。

1948 年，获得匹兹堡大学博士学位。

1948—1953 年，在约翰霍普金斯大学任助理教授。

1953—1957 年，在克拉克大学任助理教授，临床训练项目主任。

1957—1991 年，在加利福尼亚大学伯克利分校任职。

1989 年，获美国心理学会"杰出科学贡献奖"。

1991 年，从加州大学伯克利分校退休。

2002 年 11 月 24 日，不幸逝世，享年 80 岁。

二、拉扎鲁斯心理学理论产生的历史背景

扎鲁斯生活在一个瞬息万变的时代。从历史的角度来看，拉扎鲁斯生活的年代不仅心理学自身在变化，发生的历史事件也相当繁多。这些大的历史事件包括 20 世纪 30 年代的经济大萧条、第二次世界大战、五六十年代经济和职业扩张、朝鲜战争、越南战争以及冷战和苏联解体，等等。在他的一生中，商业、工业、金融和通信等方面发生了巨大变化。正如拉扎鲁斯自己所言，自己的特

殊经历也与这些时代的大背景有关。由于大萧条，拉扎鲁斯童年的家庭经济条件发生了巨大变化，父亲的失业、母亲的抑郁，使他没有感受到多少家庭的温暖和关爱；由于第二次世界大战，拉扎鲁斯应征入伍，在军队中从事的情绪稳定性研究为他后来的学术生涯奠定了基础，也使他获得了很多积极的体验，慢慢认识到了自己的能力和优势；由于越南战争，他早期在加州大学的研究工作经常被打断……

　　除了时代的变迁，心理学自身也是新兴学科，伴随着拉扎鲁斯的一生也是在不断发生着变革。当 20 世纪 20 年代拉扎鲁斯出生时，心理学还处于学派林立、众说纷纭的状态。构造主义、机能主义、行为主义、格式塔心理学和精神分析共存，不同学派追求各自不同的目标。在 20 世纪 50 年代及 60 年代早期，只有精神分析和行为主义仍被认为是具有影响力的、完整的思想派别，而这两个学派也正是对拉扎鲁斯的人生影响较大的学派。对于拉扎鲁斯本人来说，精神分析学派对他的影响是最早的，也是最大的。在 16 岁的时候，他就曾拜读过弗洛伊德的三本名著：《日常生活中的心理分析》《梦的解析》以及《性别理论的贡献》。尽管弗洛伊德的理论并不完善，也受到了很多批评，但是许多人还是坚信，弗洛伊德实际上对心理学做出了特殊的贡献。弗洛伊德最大的贡献莫过于他影响了一大批杰出的人物。因此，我们不难想象拉扎鲁斯一定也像很多出生在那个年代的学者一样，深受精神分析思想的影响。年少时候的拉扎鲁斯曾经不畏辛苦地半夜爬起来记录自己的梦境，以便做自我分析；在军队中热情地参与为军人咨询的工作；在霍普金斯大学和克拉克大学从事临床心理学工作，甚至还考取了临床心理学的执照，担任了克拉克大学临床训练项目的主任……可见，这些人生体验证明了弗洛伊德对拉扎鲁斯确有影响。精神分析的这种影响不仅体现在拉扎鲁斯的职业发展中，也体现在他的学术研究中。其实，拉扎鲁斯自己也不否认精神分析对自己的影响，他坦诚地认为应对的研究最早来源于精神分析中自我防御的概念。

　　除了精神分析之外，在行为主义盛行的年代，拉扎鲁斯也不可能对这个流派避而不闻。然而，随着年龄的增长，这个羞怯的少年显然变得更加成熟了，他对行为主义不再是全盘接受，而是批判地看待了这一学派的理论。拉扎鲁斯认为行为主义过于简化了人们的心理，因此他在学术生涯早期主要用实验的方法考察了知觉中无意识的作用，就是被他称为"阈下知觉"现象。

伴随着行为主义的没落，在 20 世纪 50 年代，认知心理学流派开始出现并于 70 年代开始兴起。它强调人是进行信息加工的生命机体，人对外界的认知实际就是一种信息的接受、编码、操作、提取和使用的过程。认知主义学派对拉扎鲁斯的深远影响主要体现在他的认知评价理论中。拉扎鲁斯的认知评价理论主要来源于一系列应激和应对研究。在 20 世纪 60 年代，拉扎鲁斯成立了伯克利大学应激和适应项目组。这一时期他的研究主要是采用动作影片去唤醒应激和情绪，通过改变电影影响被试的方式，让被试的自我防御机制起到不同的作用。例如，给大学生被试播放一部名为《创伤》(Subincision)的无声影片。该影片描绘了澳大利亚石器时代的原始部落中，男孩在成人典礼中接受生殖器包皮环切手术的情景。共有 6 例这样的手术，手术原始、简陋，那些男孩显得无比痛苦，电影共持续 17 分钟。如果电影仅以事实的形式描述这一程序，被试所带来的情绪性反应有可能会少；而如果电影强调了主人公的疼痛，则被试的情绪性反应将被提高。在这些研究中，拉扎鲁斯发现影片的呈现方式影响了被试对电影中这一事件的评价，而这种评价会影响一个人的情绪和他们对情绪应激的应对。基于这些研究拉扎鲁斯提出了应对的认知评价理论。按照拉扎鲁斯的观点，应对是指个体不断改变着的认知和行为的努力，这种努力控制着(包括容忍、降低、回避等)那些被评价为超出个体适应能力的内部的或外部的需要。拉扎鲁斯对应对研究做出的开创性工作受到了世人的瞩目，他提出的应对理论也为后来的许多研究者所认同和赞誉。

链接：【《感性与理性》简介】

该书共分为十四章。第一章为绪论，开篇首先澄清了人们对情绪的两个错误认识：情绪是非理性的；情绪会妨碍我们的适应。第二章到第六章为第一篇，详细介绍了 15 种具体情绪，总结和归纳了情绪的基本要素及其内涵；第七章到十章为第二篇，重点介绍了如何理解情绪。其中分析了生物和文化因素对情绪产生的影响，以及如何应对和管理情绪，重点阐述了情绪的逻辑，提出了"情绪是理性的"这一核心观点。第十一章到第十四章为第三篇，介绍了与情绪有关的具体应用，包括：压力与情绪、情绪与健康，以及当人们应对情绪失败时，心理治疗所起的作用。该书的写作方式打破了传统学术著作的风格，跨越了临床心理学术语与生活心理学的界限，采用通俗易懂的语言介绍了情绪的唤起、加工处理，以及人们如何理解情绪，情绪在人们生活中的应用等。

链接：【《心理应激与应对过程》简介】

该书出版于 1966 年。全书侧重于理论导向而非方法导向，尝试将"应激"这一心理学主题置于更广阔的研究背景下来论述，这些主题包括焦虑理论、弗洛伊德的防御机制、对极端情境的探讨、治疗的实验方法、攻击的实验分析、情绪导向的社会心理学研究、社会心理学药理作用、这些作用过程的物理和生理基础，对唤醒、压力和适应的心理，以及生理和社会学作用过程。该书第一、第二章首先描述了有关应激的一般主题和它在生理学、心理学和其他社会科学中的发展历史。在第三、第四章中，作者介绍了对评估威胁起决定作用的刺激因素和人格因素。第五章关注次级评估过程，在这一过程中，威胁程度和刺激构成中的因素将决定产生哪种应对反应。第六章则关注刺激评估和应对方式选择过程中涉及的人格因素，包括动机模式、自我资源、应对倾向、对环境和个人可用资源的一般信念。第七章对应对反应模式进行分类并评估，形成了系统的分类模式，包括四种主要的应对模式：①旨在增强应对危害的个人资源的行为；②攻击；③回避；④防御。第八章和第九章关注了测量心理应激的方法学问题，涉及口头报告的情感、动作行为反应和生理反应。第十章给出了关于心理应激和生理应激作用的清晰的流程图。该书通俗易懂，对所有章节都做了精确的总结，对于重要的区别和一般性的原理都用斜体标出，清晰而实用。

拉扎鲁斯终生从事着应激、应对和情绪的研究，他思考敏锐、分析精细、学风严谨，提出的应对与情绪理论至今仍在心理学研究中发挥着重要的作用。

三、拉扎鲁斯的应对观及其心理健康思想

在人们适应应激的过程中应对起着关键的作用。拉扎鲁斯及其合作者开拓性地对应对开展了系统性的研究。拉扎鲁斯认为，应对不仅可以作为特质来看待，更应该关注应对的过程研究取向。在系统的实验研究基础上，拉扎鲁斯提出了认知评价理论。这一理论着重强调了认知评价在应对和情绪产生中的作用。因此，在情绪研究领域，拉扎鲁斯的理论也得到了许多心理学家的关注和支持，他的理论也被认为是情绪产生的认知理论的代表之一。

(一)过程取向的应激和应对概念

人们每个人都会遇到来自外界环境或个人内部的多种干扰，这种干扰有时超过了我们的负荷，或者我们没有足够的资源和能量去适应的时候，就使人们处在一种应激的状态中。对于应激的概念有三种取向。第一种取向将应激视为挑战性的事件或环境，第二种取向将应激视为反应，第三种则将应激视为一个过程。过程取向主要以拉扎鲁斯为代表，他认为应激是一个过程，人是一个积极的行动者，能够通过行为、认知和情绪状态来改变应激物的影响。在这一概念中，拉扎鲁斯认为应激的两个基本要素是"需要"和"适应"能力。其中"需要"又分为环境需要和内部需要。环境需要是指需要适应的外部环境；内部需要是指个体的计划、任务或目标、价值观和信念。如果这两种需要未满足，就会产生消极的结果。适应能力是指可以满足需要，避免因失败而带来消极后果的潜在能力。需要与适应能力之间的平衡与否，决定了人们是否会产生应激。可见，拉扎鲁斯认为，心理应激与人和环境之间的特殊关系有关。

按照拉扎鲁斯的观点，与应激相对应，应对是指个体不断改变着的认知和行为的努力，这种努力控制着(包括容忍、降低、回避等)那些被评价为超出个

体适应能力的内部的或外部的需要。这个定义同样将应对视为一个过程，强调在应激事件中人们的认知和行为随时间和事件发展的变化。同时，"控制"这个词在应对的定义中非常重要。它表明应对的结果可能是各种各样的，不一定必然导致问题的解决。应对的结果可能会，也应该力求做到纠正或控制发生的问题。但是，它们也可能仅仅是帮助个体改变了对威胁情境的认知，使人们容忍或接受带来的伤害或威胁，或者逃避这一应激性情境。应对过程不是一个单一的事件，因此，拉扎鲁斯将其视为一个不断的评价和再评价以转变个体和环境之间关系的动态的连续过程。

(二) 应对过程中的认知评价

在应对过程中，拉扎鲁斯认为认知评价是一个重要的核心概念。认知评价主要是针对两个方面的因素：需要是否威胁个体身体或心理健康；资源对满足个体需要的有效性。这种认知评价是不断进行着的，有初级评价和次级评价之分。

1. 初级评价

当人们面临一个应激性事件时，首先要评估事件对个体健康的意义，这一过程被拉扎鲁斯称作初级评价。初级评价有三种结果：①无关。刺激事件被评价为与个人的利害无关。这一评价过程立即结束。②有益。情境被解释为对个人有保护的价值。这类评价表征为愉快、舒畅、兴奋、安宁等情绪。③紧张（或应激）。情境被解释为会使人受伤害，产生失落、威胁或挑战的感觉。严重的紧张性评价表征为应激。他们可以是实际上的，包含着直接行动，如回避或攻击行为；也可以是观念上的。人们为了改变与环境之间的关系，用这样的方法去接近或延续现存的良好条件，或去减少或排除存在的威胁。它们带来的冲动以及伴随而来的生理唤醒，形成情绪的基本方面。评价的背景包括这个体的生物成分和文化成分、个体的生活史和心理个性结构等诸多制约因素。

2. 次级评价

次级评价是初级评价的继续，当初级评价结果为紧张（或应激时），个体会认为需要去处理这些威胁或挑战，那么，再评价过程就出现了。再评价会预估采取行动的后果，考虑适宜的应对策略，选择有效的应对手段。

初级评价和次级评价是相互依存的，不可分割。例如，如果人们经过次级评价的过程，确信有某种应对策略能够成功地控制威胁，经受挑战，那么把事件评价为威胁的初级评价本身就会被改变。也就是说，如果一个人意识到潜在的威胁可以轻易地避免，那么这种威胁就再也不成为威胁了。相反，如果次级评价所获的信息使人确认自己刚刚选择的应付策略不能解决面临的问题，那么威胁就会被极大地增强。

(三)过程应对的研究方法

拉扎鲁斯等人多次在不同文章中，对应激与应对的研究方法提出了自己的见解。综合来看，他们主要强调了如下四个方面的问题[①]：

(1)强调自然性。他们认为，实验室研究有很大局限性。首先，实验室研究不可能研究整个的应对过程，只能研究一个或几个过程。其次，适应的结果需要经过一定的时间才能出现，如对身体健康和精神状态的影响，就需要相隔一段时间，才能显现出来，但是，在实验室中可以支配被试的时间没有那么长久。再者，由于道德方面的原因，也不能让被试经受日常生活中同样内容和强度的紧张刺激。

(2)强调过程。即强调在应激性事件中实际发生些什么，以及发生的事情是如何变化的。

(3)强调多水平的分析。即从社会、心理、生理这三个有关联的因素着手，进行研究。

(4)强调个体内与个体间相结合的研究方法。所谓个体内就是一个人的不同侧面，或同一个人在不同场合与环境下是如何活动的。而个体间的研究方法是指研究许多人的一般规律，即寻找适合于任何人的共同规律。

---

① 莫文彬:《应激与应付的认知现象学理论简介》，载《心理学动态》，1991(1)。

拉扎鲁斯在后来的研究中，也谈了自己对采用问卷法来研究应对的看法。他认为问卷法是理解应对的一种最初方法，不能用它来揭开应对表象去识别目标和情境意图，特别是那些个体未知的部分。其弟子福尔克曼（Folkman）深知导师的这些观点，因此，在她对应对的研究中就采用了其他的方法，比如深度访谈法和观察法，也运用了纵向研究设计。① 这得到了拉扎鲁斯的好评。实际上，拉扎鲁斯在研究设计上也多次强调，要研究应对的过程，应多采用纵向研究、前瞻性设计研究，以及采用微观分析的方法。

四、拉扎鲁斯的情绪观及其心理健康思想

拉扎鲁斯的研究，不仅为应对的研究提供了新的视角，而且，对情绪的研究有重要的影响。拉扎鲁斯曾说过："我难以相信，在研究心理现象或人与动物的适应行为时，能够避而不谈情绪的重要作用。那些忽视了这一点的理论和实践心理学是落伍的，应该被淘汰。"在当时行为主义盛行的时候，拉扎鲁斯就能够清醒认识到情绪的重要性，这是十分难能可贵的。

（一）拉扎鲁斯对情绪的基本看法

第一，拉扎鲁斯认为情绪是一种"反应综合征"（Response Syndrome），不能将情绪单纯地归结为生理激活这个单一变量。情绪应该包括生理、认知和行为的成分，每种情绪都有它自身所独有的反应模式。

第二，拉扎鲁斯认为，情绪也不是一种动机或驱力。他认为，如果把情绪单看作是动机，将只会引导人们从动机去推测行为的适应或不适应性的情绪模式，而不去注意情绪反应的独特性质。与对应对的观点相一致，拉扎鲁斯认为个体对自身的遭遇或生活本身的评价是情绪体验的基础。可见，他同样强调了

---

① Folkman, S. & Greer, S., "Promoting Psychological Well-being in the Face of Serious Illness: When Theory, Research and Practice Inform Each Other," *Psycho-oncology*, 2000, 9(1), pp. 11–19.

认知评价在情绪产生和发展中的重要作用。

(二)拉扎鲁斯的情绪定义

拉扎鲁斯认为情绪是对意义的反应,这个反应是通过认知评价决定和完成的。他指出:

(1)情绪的发展来自环境信息;

(2)情绪依赖于短时的或持续的评价;

(3)情绪是一种生理心理反应的组织。

拉扎鲁斯也考虑到了生物学因素和文化因素对情绪的重要意义。他指出文化可以通过如下四条途径影响情绪:

(1)通过我们知觉情绪刺激的方式;

(2)通过直接改变情绪表达;

(3)通过决定社会关系和判断;

(4)通过高度仪式化的行为(如悲痛)。

同时,拉扎鲁斯也强调,我们在对情绪进行解释时,完全可以从个体认知的角度来解决问题,不必去强调情绪是受了生物因素的影响还是文化因素的影响。按照情绪的定义,拉扎鲁斯列出了 15 种具体情绪及其"核心相关主题"[1](见表 18-1)。

表 18-1　情绪与其核心主题

情绪	核心相关主题
发怒	对我及我的所有物的贬低或攻击
焦虑	面对不确定的存在条件
害怕	一种直接的、真实的、巨大的危险
内疚	道德上的违反
害羞	过错归咎于自己

---

[1]　彭聃龄:《普通心理学》,396 页,北京,北京师范大学出版社,2019。

续表

情绪	核心相关主题
悲伤	体验到不可挽回的丧失
羡慕	想别人所有的东西
嫉妒	憎恨他人得到别人的爱，希望他失去进步
厌恶	从事或接近令人讨厌的物体、人或思想
高兴	向着一个真正的目标
骄傲	由于自己的成就得到别人承认或认同而使自我增强
放松	沮丧的情景得到改善
希望	怕坏的结果，想要更好的结果
爱	经常渴望的情感而不要回报
同情	被他人的遭遇所感动而愿帮助他

五、结语

从犹太移民的贫穷后代，到依靠自己的后天努力成为享誉世界的著名心理学家，拉扎鲁斯的确可以为自己的成功人生感到自豪。虽然身处变革的年代，但拉扎鲁斯的人生依然活得真实而精彩。

在职业生涯和学术生涯中，锐意进取的拉扎鲁斯取得了巨大的成就，获得了世人的赞誉，这些都一定与他勤奋、努力、有目标、有抱负、有自控力的品质有关。拉扎鲁斯一生精力充沛，勤思勤做勤写，加上才思敏捷，因此他一生学术成就显著。即使在"第二次世界大战"期间，他也一直念念不忘要继续攻读博士学位，还开展了一些情绪稳定性的研究。在匹兹堡大学攻读博士期间，由于他勤奋、努力又有学术头脑，因此三年的时间就拿到了博士学位，这在当时和现在都是不可思议的事情。在后来的职业生涯中，拉扎鲁斯也是从未停止过对学术的钻研和追求，因此提出了至今经久不衰的认知评价理论。在退休之后、疾病缠身的时候，我们看到拉扎鲁斯仍然笔耕不辍、孜孜不倦地完成了一些课题，出版了诸多著作。此外，深受其他杰出心理学家影响的拉扎鲁斯，也不忘记诲人不倦，积极地培养自己的学生。在克拉克大学工作期间，拉扎鲁斯作为临床训练项目的主任，负责安排临床心理学研究生的实习训练，他每周都会有固定的时间给学生讲课、与学生讨论。在加州大学伯克利分校的时候，他带领很多博士生和博士后开展了应激和应对项目的研究。"授人以鱼，不如授人以渔"，拉扎鲁斯就是这样一位授人以渔的好导师。很多年轻的学生在跟拉扎鲁斯学习期间，不仅与拉扎鲁斯合作开展了很多课题，而且还与老师合作发表了一些论文、撰写了一些书籍。这样的学术经历无疑对学生后来的发展有很大的帮助。

在生活方面，拉扎鲁斯是一个热爱生活的乐观主义者。虽然，在拉扎鲁斯年少时母亲患有抑郁症，但这对拉扎鲁斯影响似乎不大。我们看到尽管他工作繁忙，在去世界各地参加学术交流的时候他也不忘带上妻儿，去了解一下当地的风土人情，去欣赏一下当地的秀美风景。同时，拉扎鲁斯也非常重视家庭生活，他和妻子的感情非常好，结婚 50 周年的时候还专门开了庆祝会。晚年时，一儿一女也都与他住得很近，经常来往。此外，拉扎鲁斯在晚年的时候，虽然患上了多种疾病，但是，他仍然很乐观地看待自己的身体状况，希望有更多时间做更多的事情。

作为心理学界著名的学者，拉扎鲁斯在其职业生涯中有超过 50 年的时间都是围绕应激、情绪和应对过程的研究展开的。早期的传统心理学和哲学把情绪和理智看作是绝对对立和互相排斥的，但是，拉扎鲁斯的认知评价理论纠正了这一错误观念。拉扎鲁斯认为情绪与认知是互倚与整合的关系，这个观点近年来得到了情绪神经科学研究的有力支持。例如，前额皮层长期被认为是产生认知、使心理活动得以表征的神经回路的重要组成部分。格雷等人使用功能磁共振成像证明，有些情绪信息加工与一些人们已知的特殊认知加工发生在前额皮层(PFC)的相同区域，前额皮层可能是一个认知信息加工与情绪信息加工的重要集中地。因此，拉扎鲁斯的理论对心理学的发展产生了重要影响，他本人也被认为是应对这一研究领域的领导者。

　　无论是对应对领域还是情绪领域来说，拉扎鲁斯的认知评价理论都是迄今为止最为著名的认知理论之一。这一理论框架强调个体差异，强调与认知—动机相关的评价概念，以及以过程为中心的整体观。① 拉扎鲁斯以过程的取向来看待应对和情绪，将环境事件、认知、评价、情绪、应对看作人的社会行为的连续过程，实际上这更能充分体现心理发展的变化性和动态性。拉扎鲁斯认为自己研究取向的底线是关系的意义，即个体在人与环境中建构的关系意义。这种关系是对社会影响、物理环境和个人目标、有关自我和世界的信念以及资源进行评价的结果。从这一观点，我们可以看出，拉扎鲁斯虽然强调认知评价，但是他也强调了其他因素的影响。这与他对待应对的整体观是一致的。除了上述对拉扎鲁斯理论的评述之外，他在晚年提出的一些其他观点也值得我们关注和深思。

　　首先，他在一些著述中，提到了应对效能的评价问题。他认为，除了目前常用的主观幸福感之外，还应有其他的标准来衡量应对的效能，如行为指标、生理指标以及客观的健康检查的结果等。

　　其次，如前所述，拉扎鲁斯早年对精神动力学比较感兴趣，也接触过这方面的心理学家，如荣格等。因此，他在研究应对的过程中，一直都很重视自我防御的概念，认为仅从意识层面研究应对是不充分的，在研究应激、应对和情绪时必须强调无意识加工和自我防御。这一观点后来得到了情绪研究者的重视，目前已有无意识情绪的相关研究。

　　最后，拉扎鲁斯晚年，正是积极心理学兴起之时，他对积极心理学也做了较为中肯的评价。相对积极心理学来说，应对研究似乎多是消极的心理现象，因此，拉扎鲁斯似乎成了研究"消极心理学"的代表人物之一。在拉扎鲁斯逝世之前，杂志《心理学研究》（*Psychological Inquiry*）试图在积极心理学与应对等消极心理现象研究中建立一次沟通和对话，该杂志曾邀请他撰写了一篇有关积极

---

　　① Lazarus, R. S., Cognitive-Motivational-Relational Theory of Emotion. In Y. L. Hanin（Ed.）, *Emotions in Sport. Human Kinetics*, 2000, pp. 39–64.

心理学评价性的文章，作为靶子文章，其他学者对他的文章进行了评价，其后，他又对这些评价进行了回应。拉扎鲁斯去世后，这些文章发表在该杂志 2003 年第二期上。总体上，拉扎鲁斯认为积极心理学正如其他心理学研究思潮一样，总是会有些影响，但是也终将会被其他研究思潮所替代。积极心理或者积极情绪其实是与消极情绪不可分割的，不能把两者严格分割开来。他指出，积极情绪与消极情绪经常是相伴而生。比如所谓的积极情绪"爱"与"希望"，有时在现实生活中也会经常伴随有消极的体验，而"愤怒"有时则会有积极的体验。例如，当一个人表达了愤怒的时候，他的自我或者社会自尊可能会得到修补。

虽然如此，拉扎鲁斯的理论也并不是完美无缺的。比如，拉扎鲁斯把情绪看作认知评价的功能或结果，情绪是由认知决定的。这是正确的，但又不可避免地忽略了情绪对认知和行动的意义和作用而走向了副现象论。此外，"评价"这一概念过于广泛而且含糊，因此要评定个体的"评价"就会显得比较困难，且有时难免会失之偏颇。

图书在版编目(CIP)数据

心理健康教育研究 / 俞国良著. —北京 : 北京师范大学出版社, 2023.12
ISBN 978-7-303-29752-8

Ⅰ. ①心… Ⅱ. ①俞… Ⅲ. ①心理健康-健康教育-教学研究-中国 Ⅳ. ①G444

中国国家版本馆 CIP 数据核字(2023)第 247524 号

图 书 意 见 反 馈 gaozhifk@bnupg.com 010-58805079

心理健康教育研究·第五卷 心理健康经典理论思想研究
XINLI JIANKANG JIAOYU YANJIU · DI-WUJUAN
XINLI JIANKANG JINGDIAN LILUN SIXIANG YANJIU
出版发行：北京师范大学出版社 www.bnupg.com
　　　　　北京市西城区新街口外大街 12-3 号
　　　　　邮政编码：100088
印　　刷：北京盛通印刷股份有限公司
经　　销：全国新华书店
开　　本：710 mm×1000 mm 1/16
印　　张：26.5
字　　数：400 千字
版　　次：2023 年 12 月第 1 版
印　　次：2023 年 12 月第 1 次印刷
定　　价：528.00 元(全六卷)

策划编辑：周雪梅　　　　　责任编辑：姚祝耶　　王思琪
美术编辑：焦　丽　李向昕　装帧设计：焦　丽　李向昕
责任校对：陈　民　　　　　责任印制：马　洁